sociología
y
política

¡SALSA, SABOR Y CONTROL!
Sociología de la música "tropical"

por
ÁNGEL G. QUINTERO RIVERA

Premio Casa de las Américas 1998

siglo
veintiuno
editores

MÉXICO
ESPAÑA

siglo veintiuno editores, s.a. de c.v.
CERRO DEL AGUA 248, DELEGACIÓN COYOACÁN, 04310 MÉXICO, D.F.

siglo veintiuno de españa editores, s.a.
CALLE PLAZA 5, 28043 MADRID, ESPAÑA

portada de patricia reyes baca
sobre pintura *el club* de nick quijano

primera edición, 1998
segunda edición, 1999
© siglo xxi editores, s.a. de c.v.
isbn 968-23-2149-2

derechos reservados conforme a la ley
impreso y hecho en méxico/printed and made en mexico

ÍNDICE

PREFACIO	13
1. DEL CANTO, EL BAILE... Y EL TIEMPO	32
2. DE "EL PABLO PUEBLO" A "LA MAESTRA VIDA": Mito, historia y cotidianeidad en la expresión salsera	87
3. EL TAMBOR CAMUFLADO: La melodización de ritmos y la etnicidad cimarroneada	201
4. PONCE, LA *DANZA* Y LO NACIONAL	252
5. LO ÍNTIMO Y LO SOCIAL: EL BOLERO Rafael Hernández, el nomadismo y los tríos	300
6. POLIRRITMO, SONEO Y DESCARGAS: *Salsa*, democracia y la espontaneidad libertaria	311
7. SONEO EN SONATA: Lo espontáneo y lo elaborado. El desafío salsero en la música "erudita"	342
BIBLIOGRAFÍA	365
DISCOGRAFÍA	387

A Moncho "Barranquitas" Colón,
   el primer buen músico que conocí
   (maestro, y analista social, además);
   miembro fundador y segundo cuatro del grupo de parrandas Los verdugos de la canción;
a Colo, Luis Manuel, Mareia, Wence, Rafael Ángel, Ilca, Ernesto, Augusto, Amed, Héctor, Javier y Ana María...
   los más constantes participantes de este improvisado ventetú aficionado intergeneracional: tradicional e innovador;
   con quienes compartí, vivencialmente, mucho de lo que en este libro intento, sociológicamente, presentar
y a todos los que nos recibieron y se unieron:
   éste, mi aguinaldo inconcluso.

A.G.Q.R.

Que ¿de dónde vengo,
que pa'dónde voy?
Que ¿de dónde vengo,
y pa'dónde voy?
Vengo de la tierra
de la dulzura.
Qué ¿pa'dónde voy?:
voy a repartir ricura;
la sabrosura
rica y sandunguera
que Puerto Rico puede dar.
Lo le lo lai, lo le lo lai, lo le lo lai.

Yo la reparto
por donde quiera...

Soneo:
Oye, de Borinquen* vengo yo
por eso traigo
¡Salsa, sabor y control!

    Héctor Lavoe, "el cantante de cantantes", soneando, de su propia inspiración, "Paraíso de dulzura", del LP *La Voz*, Nueva York, Fania F-461, 1975.

* Nombre indígena de Puerto Rico.

¡¿Quién de mi gente,
no ha sabido levantarse una mañana,
con aroma de café en su ventana,
mirando, porque anuncia
el comienzo de un día más?!

¿Quién de mi gente,
no ha llorado
al sentir alguna pena,
y no ha bailado
con el *sabor* de Roberto Rohena
sintiendo por sus venas
nuestro ritmo *tro-pi-cal*?

Los caminos de la gente de mi tierra
están llenos de alegría y de tristeza;
de saber
que habrá un mañana
que será mucho mejor,
aunque a veces nos confunda ver
tanto dolor.

Los caminos de la gente de mi pueblo
están llenos
de esperanza y sentimiento;
de llevar la frente en alto
aunque a veces la razón
nos repita que hace falta más amor.

¿Quién de mi gente...

    Salsa de uno de los originales "mulatos del sabor":
Roberto Rohena y su Apollo Sound (1994)*

* Canción "Los caminos de mi gente" de Gil Francisco, en el CD de Roberto Rohena, *El Pueblo pide que toque...*, Miami: Musical Productions, MPCDP.6143.

PREFACIO

En plena euforia conmemorativa de los preparativos para el Quinto Centenario del Descubrimiento de América, y como parte de las celebraciones del triunfo del pueblo sobre la tiranía duvalierista, un grupo de jóvenes haitianos descabezó la estatua de Cristóbal Colón en Port-au-Prince y lanzó la cabeza del almirante al mar. Pocos meses después, los *tonton macoutes*, vestigios aún tan poderosos del duvalierismo, asesinaban impunemente a muchos de estos jóvenes. Mientras ocurrían estas terribles matanzas, en uno de los muchos seminarios académicos que se organizaron entonces sobre *La crisis haitiana*, el más destacado sociólogo de ese país, el admirado colega y querido amigo Gerard Pierre-Charles, me sacudió profundamente con la siguiente confesión: Aunque reconocía la importancia de estos seminarios, me señalaba que estaba ya un tanto cansado de participar en ellos; añoraba, en vez, me decía, otro tipo de coloquio que discutiera, con toda la seriedad que merecían, *las contribuciones del Caribe a la alegría en el mundo*. Este libro responde, en gran medida, a la preocupación del colega caribeño hermano.

En general, para los académicos imbuidos en las transformaciones de la sensibilidad contemporánea y los estudios culturales, preocupaciones como ésta son consideradas "temas interesantes" empíricamente –como tantos procesos de nuestro *orientalismo*.[1] Aunque, para muchos, resultan a la postre irrelevantes teóricamente. ¿Qué nos dice el estudio de las contribuciones del Caribe a la alegría en el mundo sobre el *postindustrialismo* o la *globalización*? El mundo académico contemporáneo, incluso sus sectores más innovadores, aun con toda su proclamada atención al valor de la heterogeneidad, no ha logrado, en términos generales, superar en su práctica el eurocentrismo. En este libro quisiera unir mis esfuerzos a otros tantos de una literatura emergente que en el mundo académico anglófono se ha denominado "poscolonial", en su intento por desarrollar, en el análisis cultural, una verdadera heterogeneidad de perspectivas: lo que el estudioso Homi Bhabha ha llamado

[1] Término elaborado por Edward Said, *Orientalism*, Londres, Routledge & Kegan Paul, 1978.

The (re) Location of Culture[2] (la relocalización de la cultura).

Y es que, desde una sociedad –y una historia– como la haitiana, que tanto tiene que enseñarle al mundo (en el siglo XVIII, la colonia que más riquezas le produjo a Europa, donde se ensayó la más feroz *modernidad agraria* de entonces; a principios del XIX, la primera revolución de esclavos exitosa y la primera República de Latinoamérica; lugar de dramáticos "encuentros" interétnicos y "traslados" de población, donde se experimentaron por primera vez muchas tecnologías y procesos comerciales), la propuesta contemporánea de Pierre-Charles no representa sólo una innovación temática, sino, sobre todo, una recolocación de perspectivas. Pensar la alegría conlleva, necesariamente, hablar también de la tristeza, pero desde la alegría; meditar e investigar y reflexionar sobre aquellos procesos que la dificultan, y las posibles avenidas de su desarrollo futuro. *¡Salsa, sabor y control!* intenta abordar los complejos procesos sociales –comunitarios, nacionales, regionales y globales– en torno a una de nuestras grandes alegrías.

En el Caribe antes del verbo fue el tambor, el ritmo y el movimiento. En situaciones problemáticas de "encuentros" entre "migrantes" de diversas lenguas, la música y el baile antecedieron a los primeros "discursos". La conformación de las identidades socio-culturales ha estado entre los caribeños indisolublemente vinculada al desarrollo de nuestras formas de expresión y comunicación sonoras. Pero la relación entre música e identidades, de importancia transparente en el Caribe, es –como intento examinar en el capítulo introductorio– una problemática universal. Modestamente, pero con profunda convicción de la importancia de los temas que aborda, *¡Salsa, sabor y control!* no quisiera *sólo* analizar al Caribe, sino interpelar *desde* el Caribe al mundo. Y teorizar, partiendo de la investigación de experiencias concretas, sobre la época que compartimos todos, o en la cual estamos inmersos en el presente.

La música que vino a llamarse –originalmente desde una mirada externa– "*tropical*", no llegó a "cristalizar", como forma de expresividad sonora propia, sino hasta el período atravesado por las profundas contradicciones que acarreó –parafraseando a Walter Benjamin–[3] la reproducción mecánica del arte de los sonidos. Es decir, hasta el surgimiento del disco y la radio (y posteriormente, la vellonera –rocola

---

[2] Londres, Routledge, 1994.

[3] "The Work of Art in the Age of Mechanical Reproduction" [1936], republicado en su antología de ensayos, *Illuminations*, Nueva York, Harcourt, 1968.

o *Wurlitzer*– el cine sonoro, la televisión...). Aunque los procesos asociados a su reproducción mecánica son parte fundamental de lo que esta música es, ella no es producto sólo de esas prácticas, sino de una larga trayectoria histórica que se remonta a otras experiencias anteriores que remiten a la formación misma de las sociedades caribeñas. *¡Salsa, sabor y control!* centra su interés en las relaciones entre música y sociedad para el Caribe de hoy y sus posibles proyecciones al futuro. Pero es fundamental para ese análisis, considerar conjuntamente la compleja trayectoria histórica de esas relaciones: ¡tan central en el presente... y en su por-venir! Por eso, los capítulos de este libro se mueven por diversas temporalidades.

Aunque esa diversidad temporal permea a cada uno de los ensayos, y es tema central de los capítulos 1 y 2, los capítulos siguientes siguen cierto ordenamiento cronológico. El capítulo 3 concentra en los siglos iniciales de la formación cultural caribeña –los primeros tres siglos de colonización, "encuentros" y desencuentros. El capítulo 4 aborda el período en que esa incipiente conformación cultural va tomando el carácter de una sociedad civil: fundamentalmente, la segunda mitad del siglo XIX. El capítulo 5 se centra en la transición entre la música producida y "consumida" directamente y su reproducción mecánica; es decir, principalmente entre las décadas de los veinte y treinta del siglo XX. Los capítulos 6 y 7, finalmente, como el capítulo 2, se concentran en transformaciones de las últimas tres décadas.

La música *"tropical"* (según empleo acá el término) abarca sonoridades principalmente del Caribe hispano; expandiendo este concepto desde su centro –Cuba, la República Dominicana y Puerto Rico–, hasta sus fundamentales "periferias": Veracruz, Mérida y la capital –el DF– en México; Panamá, Colombia, Venezuela, tal vez Guayaquil en Ecuador y El Callao en Perú, y, definitivamente, la *diáspora* latino-caribeña en los Estados Unidos –particularmente, Nueva York (y seguramente otros "territorios" me reclamarán con razón). La sociología histórica de la música *"tropical"* requiere trascender los límites de las fronteras nacionales, que tradicionalmente han enmarcado los estudios históricos y las ciencias sociales.[4] Este libro quisiera unirse a otros esfuerzos que inten-

---

[4] También ha enmarcado a las historias de la música. Un libro tan valioso como, por ejemplo, el de Natalio Galán, *Cuba y sus sones*, Valencia, Pre-textos, 1983, es precedido por un prólogo funesto del gran escritor de *ficción* Guillermo Cabrera Infante, donde, manifestando con absoluta miopía el poderoso *cubacentrismo* que hemos padecido todos en el Caribe, le adjudica "cubanidad" a sonoridades que son en realidad mucho más

tan superar estas limitaciones; pero es preciso reconocer que estamos meramente comenzando. He intentado incorporar material producido en otros países del Caribe, pero el libro está escrito claramente *desde* Puerto Rico: sólo acá pude realizar investigación sobre fuentes primarias y llevar a cabo estudios de campo; de acá son las vivencias que atraviesan los análisis; y todos los capítulos están marcados por mis concepciones y preocupaciones, es decir por las concepciones y preocupaciones de un puertorriqueño. Espero que estudios subsiguientes –de otros compañeros o propios– nos lleven a revisar sus acercamientos y "conclusiones", con las necesarias investigaciones más amplias.

Aunque para facilitar la explicación de unos procesos he colocado, como señalé, los ensayos siguiendo una cierta cronología, la división por capítulos no es, en realidad, temporal sino temática. Inicio el libro con un capítulo introductorio que he titulado "Del canto, el baile... y el tiempo", que intenta ubicar el estudio de la relación entre la sociedad caribeña y su música *"tropical"* en los grandes debates de la sociología de la música, que se han dado más bien, hasta ahora, principalmente en torno a las sonoridades de la modernidad "occidental". Me concentro en la importancia de la música para las diversas maneras de sentir y expresar el tiempo. Argumento cómo la música "occidental" fue atravesando, especialmente a partir del siglo XVII, un intento de *sistematización* de manera similar y, concurrentemente, a la ciencia moderna –a la trayectoria iniciada por los seguidores de Newton–, donde todos sus elementos fueron *gravitando* en torno a la sincronía de la tonalidad. Paralelamente, las músicas principales del Nuevo Mundo, de los márgenes mulatos de la modernidad "occidental", combinando la composición (cerrada) y la improvisación (abierta), y otorgando una voz propia al ritmo, fueron desarrollando diálogos libertarios y creativos entre la dimensión sincrónica del tiempo y la larga duración. Las músicas "mulatas", sobre todo desde mediados del siglo XIX, fueron quebrando así el paradigma moderno "newtoniano" con elementos más próximos a lo que simultáneamente desarrollaban la mecánica cuántica, la termodinámica y la ciencia de la relatividad. De esta manera, estas músicas expresan otras sensibilidades respecto al tiempo, que conllevan otras visiones sobre las identidades sociales.

En este capítulo intento conceptualizar algunos temas tratados, a

abarcadoras (lo que no invalida el papel protagónico de Cuba –que en muchos momentos fue la potencia cultural hegemónica en el Caribe– en la conformación y desarrollo de la música *"tropical"*).

través de investigaciones concretas, en los capítulos siguientes. En ese sentido, me vi forzado a recurrir a términos y argumentos más técnicos o "académicos" que los que encontrarán en general en el libro. Aquellos que no quieran enfrascarse al inicio de su lectura en este tipo de consideraciones, pueden pasar directamente a los capítulos siguientes y regresar más tarde a este capítulo introductorio para una reflexión más teórica sobre la música "tropical". Aunque adelanté algunos de sus argumentos en artículos cortos,[5] de manera amplia su argumentación se publica por primera vez en este libro.

El primer borrador de ¡Salsa, sabor y control! se escribió cuando, no obstante sus interesantes debates, el campo de la sociología de la música no contaba aún con muchas investigaciones. En los últimos años han proliferado las nuevas contribuciones, principalmente en el mundo académico de lengua inglesa, y sobre todo relativas a la cultura "popular", generándose incluso revistas especializadas y congresos académicos. El lector no debe esperar del capítulo introductorio un balance de esta amplia literatura, que hubiera requerido una revisión general de su primera versión. Sólo pretende resaltar la posible contribución del análisis de la música "tropical" a repensar líneas generales en esta área de estudio.

El próximo capítulo y, por mucho, el más extenso –"De 'el Pablo Pueblo' a 'la Maestra Vida'"– retoma la problemática de las concepciones del tiempo, pero no de manera abstracta, sino específicamente en aquella expresión de la música "tropical" que ha gozado de mayor arraigo popular en las últimas tres décadas: la *salsa*. Esta manera de hacer música, profundamente enraizada en las tradiciones sonoras del Caribe, se fue conformando inicialmente, como movimiento expresivo, entre jóvenes del migrante mundo latino caribeño en Nueva York. El capítulo vincula pues, necesariamente, el examen de las formas de sentir y expresar el tiempo con los desplazamientos territoriales masivos de población (las migraciones) que ha experimentado de manera dramática el Caribe en *diversos* momentos de su historia, y que constituyen hoy uno de los elementos centrales de la realidad social contemporánea en escala internacional. A través de esta vinculación, el capítulo intenta analizar

---

[5] Por ejemplo, "'La gran fuga': las identidades socio-culturales y la concepción del tiempo en la música 'tropical'", en Lowell Fiet y Janette Becerra, eds., *Caribe 2000: Definiciones, identidades y culturas regionales y/o nacionales*, San Juan, UPR, 1997, pp. 24-44; *"Salsa, democracia y cultura"*, revista *ArchipiéLAgo* (México), año 2, número 10, enero-febrero de 1997, pp. 45-48, entre otros.

las redefiniciones o desafíos salseros a ciertos conceptos y maneras de examinar lo social que han sido centrales en la tradición intelectual heredada de la modernidad "occidental", como lo es la noción de "cultura nacional".

Su análisis social integra procesos sociohistóricos en un análisis musical que combina el examen de las "letras" de las canciones, con sus expresiones más estrictamente sonoras. Analiza composiciones de exponentes de la *salsa* en distintos momentos de su historia –tanto en grabaciones, como en presentaciones en vivo–, concentrándose al final en el análisis de la *trayectoria* de uno de sus principales forjadores: Rubén Blades. Este ensayo se escribió específicamente para el presente libro y aparece publicado por primera vez.[6] Sienta las bases para los entrejuegos temporales presentes en cada uno de los capítulos subsiguientes.

El capítulo 3 –"El tambor camuflado"– se centra en la problemática de la *etnicidad*, fundamental en la conformación de las sociedades caribeñas y sus formas alternas de entender la modernidad y su tiempo. Intenta analizar cómo las maneras en que fueron dándose los "encuentros" de diversas etnias en la ruralía del Caribe hispano, marcaron el tipo de "mulatería" musical sobre la cual la música "tropical" se asienta (aunque en su dinámica ha ido integrando muchos otros elementos). Otorga atención especial a la práctica de camuflar identidades a través de la "melodización" de ritmos, que trastoca las connotaciones socioculturales de los timbres sonoros. La problemática de lo étnico abordada en este capítulo se entrecruza con las relaciones de género (las relaciones entre lo masculino y lo femenino).[7] Versiones preliminares de este ensayo han aparecido en varias publicaciones,[8] aunque su revisión actual

---

[6] Bajo el título de "Salsa: ¿desterritorialización?, nacionalidad e identidades" se adelantó su primera sección en la *Revista de Ciencias Sociales* (San Juan, UPR), núm. 4 (nueva época), enero de 1998, pp. 105-123. Este número de dicha revista tuvo de tema central *Música popular e identidad cultural en América Latina y el Caribe* e incluye otras buenas investigaciones sociales sobre la "música tropical".

[7] Ello se trabaja de manera más explícita en el libro *Vírgenes, magos y escapularios*, San Juan, CIS-UPR, 1998, que escribí partiendo de una revisión de este capítulo.

[8] Originalmente se publicó en el catálogo de una exposición sobre la presencia africana en Puerto Rico montada por el Centro de estudios de la realidad puertorriqueña (CEREP) en San Juan en 1992: Lydia Milagros González, ed., *La tercera raíz*, San Juan, ICP-CEREP, 1992, pp. 43-55. Fue reproducido en el *Boletín Americanista* (Barcelona) 42-43, 1992, pp. 87-106, en la revista *Africamérica* (Caracas), II, 2, enero-junio de 1994, pp. 15-24 y en la revista *América Negra* (Bogotá), núm. 8, diciembre de 1994, pp. 51-80. Una versión reducida en inglés se publicó en la revista *Caribbean Quarterly* (Kingston, Jamaica), vol. 40, núm. 1, marzo de 1994, pp. 27-37 y fue incluido en los libros de Gerard H. Béhague,

incluye considerable investigación adicional.

El capítulo 4 –"Ponce, la danza y lo nacional"– da continuidad al estudio de la melodización de ritmos, examinando esta práctica en la primera música que fue considerada *nacional* en Puerto Rico. Contrario a los géneros musicales analizados en el capítulo anterior, ésta fue una música conformada en el ámbito urbano. Su centro temático está, pues, en el fenómeno nacional y la importancia para éste de la relación campo-ciudad. Intenta abordar lo nacional y urbano en sus relaciones intrínsecas con las dimensiones "raciales" y clasistas de las identidades socioculturales, expresadas en una música compuesta *por* los sectores sociales subalternos, pero en gran medida *para* los sectores dominantes.

"Ponce, la danza y lo nacional" es el ensayo más antiguo de este libro.[9] Lo escribí mientras preparaba el libro *Patricios y plebeyos*[10] y muchos de sus argumentos fueron incorporados en su primer capítulo.[11] Su lectura podría ayudar a una comprensión más cabal de los procesos sociales que enmarcan la relación entre música y sociedad.[12] Para *¡Salsa, sabor y control!* he revisado extensamente las versiones originales, para añadir nueva investigación e incorporar aquellos argumentos de *Patricios...* más

---

ed., *Music and Black Ethnicity, The Caribbean and South America*, New Brunswick, Transaction Pub., 1994, pp. 47-64 (para el cual originalmente se escribió) y Wim Hoogbergen, ed., *Born Out of Resistance, On Caribbean Cultural Creativity*, Utrecht, Holanda, ISOR, 1995, pp. 23-34.

[9] Una primera versión fue publicada en el suplemento *En Rojo* del semanario *Claridad* (14-20 de septiembre de 1984, pp. 14-16); una versión ampliada apareció en la revista *Música* de Casa de las Américas en La Habana (vol. 107, enero-junio de 1986, pp. 5-21); traducido por Oscar Montero, se publicó en inglés en la revista *Cimarrón* (Nueva York) 1:2, invierno de 1986, pp. 49-65, y fue incluido en el libro editado por Vernon W. Boogs, *Salsiology, Afro-Cuban Music and the Evolution of Salsa in New York City*, Nueva York, Greenland Press, 1992, pp. 43-58. Una nueva traducción, más precisa, se preparó para el libro que edita Donald Thompson, *Music in Puerto Rico, An Anthology of Writings* (en prensa). Algunas secciones de su revisión actual fueron adelantadas en la revista *Cupey* XII:1 y 2, 1995, pp. 106-123, bajo el título "La danza puertorriqueña: ¿'blanquita' o mulata? ¿'populachera' o señorial?"

[10] *Patricios y plebeyos: burgueses, hacendados, artesanos y obreros*, San Juan, Huracán, 1988.

[11] "La capital alterna: los significados clasistas de Ponce y San Juan en la problemática de la cultura nacional puertorriqueña en el cambio de siglo", aborda el tema de la relación entre lo urbano y lo nacional, intentando combinar analíticamente fenómenos demográficos, económicos, políticos y culturales.

[12] También útil sería la lectura de otro ensayo previo muy poco conocido: "Socialista y tabaquero: la proletarización de los artesanos", revista *Sin Nombre* (San Juan), VIII: 4, enero-marzo de 1977, pp. 100-137 (publicado también en inglés en la revista *Latin American Perspectives* 37 y 38, primavera y verano de 1983, pp. 19-38).

relacionados. La nueva versión, aquí incluida, intenta integrar dos de los principales intereses disciplinarios de mis investigaciones: las relaciones de clase y la sociología urbana en la intersección de lo nacional.

Muchas de mis investigaciones más recientes sobre el surgimiento de la *danza puertorriqueña*, se incorporan más bien en el ensayo "The somatology of manners: class, race and gender in the history of dance etiquette in the Hispanic Caribbean"[13] que podría servir también de lectura complementaria, pues aborda las concepciones sobre lo nacional a través también de la música, pero desde otro ángulo: el baile y las relaciones interpersonales en ese umbral entre lo público y lo privado que se aprecia y recoge en los modales y su codificación en las reglas de etiqueta.

Si a través de los modales y el baile en el mencionado ensayo comenzamos a acercarnos al estudio de la relación entre "Lo íntimo y lo social", ello constituye el centro temático del quinto capítulo del presente libro. Allí se intenta examinar las expresiones de la intimidad en los comienzos de la reproducción mecánica de la música. Ese momento en que la música deja de ser una forma de comunicación directa, para convertirse también en una comunicación *mediatizada*, es tremendamente importante para el estudio de la relación entre lo comunitario, lo nacional y lo transnacional.[14] Es sumamente significativo que las manifestaciones más dramáticas de la intimidad se van a expresar, en ese momento, a través del primer tipo de música que podemos llamar, con toda propiedad, *latinoamericana* y no meramente de tal o cual región o país: el *bolero*. La popularización del *bolero* por toda América Latina estuvo asociada a un timbre que agrupó también

---

[13] Cap. 8 del libro editado por Gert Oostindie, *Ethnicity in the Caribbean, Essays in Honor of Harry Hoetink*, Londres, Macmillan, 1996, pp. 152-181. Una versión ampliada en español está programada para ser incluida en mi próximo libro (en preparación), *De la fiesta al festival, Ensayos de estudios culturales del Caribe* y, previamente, en la revista *Historia y Cultura*, núm. 5 (de Cartagena, Colombia, en prensa). Una primera sección fue ya publicada por la revista *Nómada*, 2, octubre de 1995, con el subtítulo de "'El Carreño' y el análisis de la emergencia del orden civil en el Caribe".

[14] En otro contexto –en el mundo popular inglés–, es sugerente el trabajo de Colin MacInnes, *Sweet Saturday Nights*, Londres, MacGibbon & Kee, 1967. Éste examina el período inmediatamente previo: los *music halls* entre 1840 y 1920, período en que se da "*a historic gap between a dying folk song, and a commercialized pop*". Sus aproximaciones pioneras resultan valiosas para el examen de la relación entre lo comunitario y lo social-nacional, aunque no aún para lo transnacional, que requerirá la masificación de la reproducción mecánica.

al continente: los cantares de diversas voces acompañadas por guitarras, sobre todo en *tríos*.

El capítulo 5 intenta una aproximación colectiva –sociológica– a estos fenómenos, pero a través de una figura individual: Rafael Hernández. Analiza la relación entre la sonoridad que él y otros habrían de producir, y el *nomadismo* que empezaban a atravesar entonces los sectores populares de la América hispana. El *jíbarito* Rafael, nacido en un pequeño pueblo de Puerto Rico, vivió también en Nueva York, Cuba y México, y en todos esos países (y en la República Dominicana, que visitó con frecuencia) sus composiciones se asumen como propias y emblemáticas de la nación. El capítulo fue escrito, originalmente, para conmemorar el centenario de su natalicio en la revista cultural de un periódico.[15] Contrario a los demás ensayos, que son en general más académicos, he intentado retener en éste su carácter original –corto y liviano– de artículo para periódico dominguero.

El capítulo 6 vuelve sobre la música "tropical" más popular (y, tal vez, más "*mediatizada*") de las últimas décadas: la *salsa*, Su preocupación central, no obstante, es la *democracia*.[16] Contrario a la mayoría de los géneros previos de ese tipo de música, la *salsa* representa una manera de elaborar sonoridades que se define más por sus prácticas que por sus contenidos específicos. En ese sentido constituye una expresión abierta –dinámica, variada, libre, indeterminada. Su carácter abierto de dinámica tensión dialógica se manifiesta en la expresión popularizada como grito identitario a comienzos de este movimiento musical: *¡Salsa y control!* Esta *llamada* a la intensidad de la expresión sonora evoca muchos de sus numerosos diálogos internos: desenfreno expresivo y *afinque* comedido, *descarga* rítmica y *ostinato mesurado*, improvisación y tradición... entre muchos otros: *¡Salsa y control! ¡Salsa y control!* El capítulo intenta resaltar el significado social de la popularidad de un tipo de expresión de elaboración sonora como ésta para formas políticas como la democracia, donde las prácticas relacionales son también fundamentales.

Concibiendo como definitorios sólo los contenidos –y entendiéndolos sólo en términos de las estructuras o *fórmulas* que identificaban tradicionalmente los distintos géneros–, muchos músicos y comentaristas autorizados han llegado a argumentar incluso que la *salsa* como tal

---

[15] *El Nuevo Día*, San Juan, 27 de octubre de 1991, pp. 4-9 del Suplemento *Domingo*.

[16] Como evidencia una primera publicación que adelanta algunas de las ideas que elaboro acá: "La cimarronería como herencia y utopía", *David y Goliath* (Buenos Aires, CLACSO), núm. 48, noviembre de 1988, pp. 37-51.

no existe. No existiendo un ritmo que propiamente podamos llamar *salsa*, sino escuchando como "*salsa*" muy variados ritmos afrocaribeños identificados con géneros previos, otros sostienen que la *salsa* es sólo un término "sombrilla" que agrupa los muy distintos géneros de la música "tropical". Limitándonos a los contenidos, repito, y a las "fórmulas" ello podría ser cierto. Pero en este capítulo (como también en el segundo) propongo, desde la sociología histórica, un abordaje diferente. ¿Cómo examinar el fenómeno de que a partir de finales de los años sesenta aproximadamente, se ha ido conformando un movimiento musical –muy heterogéneo y variado– que su público ha identificado más con esos que llaman "unos *sonidos*" que con un género en particular? "Unos *sonidos*" repito, que son producto más de unas novedosas *maneras de hacer música* (es decir, unas *prácticas*) que de unas estructuras o "fórmulas". Más aún, cuando uno de los elementos principales de esas "maneras de hacer música" ha sido una muy libre combinación de ritmos, formas y géneros afrocaribeños tradicionales que, precisamente, en su libre combinación evitaba o evadía su posible fosilización en fórmulas.[17]

En este capítulo, intento examinar, los elementos centrales, a mi juicio, de esta *manera de hacer música*, es decir, las *prácticas* de la música salsera. Me concentro en la importancia de la libre combinación de formas y géneros musicales, y de los nuevos giros en el *soneo* (o la improvisación en el cante) y las *descargas* (o la improvisación instrumental). Estos tres elementos, manifestaciones de una espontaneidad libertaria, están estrechamente vinculados a las prácticas de la cultura democrática.

Como podrán ver en las entrelíneas de los capítulos anteriores, la preocupación en torno a la democracia es central, no sólo en el capítulo 6, sino para todo el libro. De hecho, los primeros borradores de este capítulo (que intentaban vincular música, democracia e identidades) fueron a su vez los primeros esbozos del libro en su totalidad.[18] El

---

[17] Es preciso reconocer que, como en toda expresión artística atravesada por la comercialización de su reproducción mecánica, desde sus comienzos el movimiento *salsa* ha enfrentado la tensión entre sus prácticas libertarias y los intentos por encajonarla en fórmulas que se probaron exitosas (*¡Salsa y control!*). Muchos de estos intentos provinieron, claro, de la industria disquera; pero también de músicos puristas de los géneros tradicionales que la fueron conformando, para los cuales la libre combinación, que alteraba las "reglas" de los géneros, resultaba "*disparatada*". En esta tensión podemos encontrar numerosísimos ejemplos de composiciones que se denominan *salsa* que ejemplifican ambas tendencias, aunque la fosilización en fórmulas desnaturalice una de las prácticas centrales de este movimiento.

[18] En 1986 presenté en el Congreso Latinoamericano de Sociología celebrado ese

capítulo 6 reelabora los argumentos de estos trabajos previos específicamente para este libro y, en su forma actual, se publica ahora por primera vez. Sirve de puente, además, para el capítulo final, permeado también por esta preocupación.

A través de los análisis de los capítulos 2 y 6 espero poner de relieve que la *salsa*, sin abandonar la importancia de la espontaneidad popular, es una expresión sonora musicalmente muy elaborada, sobre todo en las manifestaciones de sus artistas más destacados (compositores, directores de orquestas, cantantes, músicos y arreglistas, como Willie Colón, Eddie Palmieri, Ralphy Leavitt, Tite Curet Alonso, Rubén Blades, Ismael Rivera, Andy Montañez, Ray Barreto, Papo Lucca, Larry Harlow, Roberto Rohena, "La India", Tommy Villarini, Isidro Infante, Marc Anthony, Sergio George y Gilbertito Santarrosa, entre muchos otros). Como en todo tipo de música ampliamente difundida, existe naturalmente también muchísima *salsa* mediocre o de baja calidad. La elaboración musical es también muy sofisticada (en el sentido anglo positivo de elaborada complejización) en la extraordinaria vertiente popular contempóranea del *jazz latino* (Dave Valentín, Chick Corea, Néstor Torres, Michael Camino, Gonzalo Rubalcaba, Giovanni Hidalgo...), en la cual participan muchísimos músicos salseros (como Palmieri, Barreto, Papo Lucca y Tito Puente, entre otros). En el capítulo 7 –"Soneo en sonata"– intento examinar la decisiva presencia de esas elaboraciones desarrolladas desde el mundo popular en la composición de tradición académica, "erudita" o "clásica".

En ese capítulo final intento abordar la compleja relación entre lo

---

año en Río de Janeiro la ponencia "La música puertorriqueña y la contra-cultura democrática; Espontaneidad libertaria de la herencia cimarrona", que se publicó pocos años después en la revista *Folklore Americano* (del Instituto Panamericano de Geografía e Historia, México y Quito), núm. 49, enero-junio de 1990, pp. 135-167. Paralelamente, respondiendo a una invitación del admirado y estimado maestro Richard Morse, presenté una versión revisada en inglés en el *Latin American Program* del Wilson Center, Smithonian Institution, Washington, que ellos publicaron como *working paper 178: Music, Social Classes, and the National Question of Puerto Rico*, Washington, 1989. Ambos trabajos inician y concluyen sus argumentos con *salsa*, pero realmente dedican muchos más esfuerzos a su trasfondo histórico, que en esta ocasión he incorporado en los capítulos 3 y 4. Adelanté algunas de las elaboraciones posteriores, ya directamente a través de la *salsa* en un escrito en conjunto con Luis Manuel Álvarez, "La libre combinación de las formas musicales en la Salsa", *David y Goliath* (Buenos Aires, CLACSO) 57, octubre de 1990, pp. 45-51. Los argumentos en torno al *soneo salsero* fueron adelantados en el semanario *Claridad* (San Juan), 17-23 de agosto de 1990, suplemento *En Rojo*, pp. 20-21 y con un poco más de desarrollo en la revista *Studia* (Barranquilla), I:1, 1995, pp. 9-16.

llamado "culto" y lo "popular", desde un ángulo un tanto diferente a como tradicionalmente se ha examinado en la música. No se trata, en este caso, de la incorporación de melodías o sonoridades populares en la elaboración "erudita", fenómeno que ha sido importante en la tradición "clásica" desde sus propios inicios. El capítulo se concentrará, más bien, en la importante influencia de la música popular sobre la "clásica" más a nivel de *prácticas* que de contenidos, influencias en las *maneras* de hacer música, a través de las cuales se manifiestan valores y visiones socioculturales. En ese sentido, el capítulo recoge diversos fenómenos examinados a lo largo del libro en referencia, principalmente, a la música "popular", para el estudio de la composición llamada "de concierto". Intenta analizar cómo, tanto en la *salsa*, como en la composición "clásica"[19] puertorriqueña contemporánea, se han ido quebrando en sus expresiones sonoras la tradicional separación entre lo espontáneo y lo elaborado que, con tanta fuerza ha servido, a nivel internacional, para consolidar distinciones sociales.

El primer borrador de este último capítulo fue escrito a invitación de los organizadores del Primer Foro de Compositores del Caribe, celebrado en San Juan en 1988. Agradezco a los compañeros Cordero, Álvarez, Vázquez y Cabrer el honor, que bastantes dificultades les causó, ante aquellos que no podían concebir que fuera a un sociólogo y no a un músico o musicólogo, a quien se le encomendara la ponencia central del evento. Les agradezco también su constante interés en mis investigaciones, que ha representado un gran estímulo para completar el libro. Tanto el primer borrador, como el ensayo actual se mantuvieron inéditos hasta este momento.[20]

Muchos lectores atentos se habrán percatado de que, no obstante su relativa amplitud, muchos temas importantes han quedado fuera de *¡Salsa, sabor y control!*; así como importantes expresiones sonoras, compositores y músicos de las sociedades del Caribe. Esta música es tan rica, que es imposible abarcarla toda en un libro, y me he visto precisado a intentar un balance entre alcance y profundidad. Los análisis de este libro, además –como cada capítulo–, jamás se pensaron como "conclu-

---

[19] También en el *jazz latino* y la *nueva trova* tropical, pero su consideración requeriría otros trabajos, que espero que otros investigadores se interesen en llevar a cabo en el futuro próximo.

[20] Aunque algunos argumentos los adelanté en un artículo periodístico: "La música de Ernesto Cordero, Redefiniciones de 'lo culto' y 'lo popular'", *Diálogo* (San Juan, UPR), marzo de 1997, pp. 34-35.

yentes", sino como aperturas, como brechas, a través de las cuales quisiera estimular a otros investigadores a inmiscuirse en este, a mi juicio, fértil campo de la sociología de la música. Muchos, seguramente, ampliarán, complementarán, revisarán y/o polemizarán con los balbuceos primerizos del presente libro en este campo.

Tampoco debe esperar el lector que el libro le provea una historia de la música "tropical". Afortunadamente, investigadores minuciosos, como Pedro Malavet Vega, César Miguel Rondón o Cristóbal Díaz Ayala, entre otros, se encuentran dedicados a diversos aspectos de esa historia. El libro no pretende más que examinar, desde una perspectiva histórica, *algunos* aspectos sociológicos que he considerado medulares para comprender la relación entre la música "tropical" y su entorno social. Quisiera, sobre todo, que ustedes los lectores –la gran mayoría de los cuales seguramente han disfrutado o gozado esta (y con esta) música– puedan escucharla, tocarla, componerla o bailarla teniendo en mente otras perspectivas.

Aunque desde que inicié formalmente el proyecto de investigación para el libro concebí las distintas aproximaciones temáticas y analíticas como una unidad, diversas coyunturas históricas me llevaron a irlo subdividiendo en ensayos que intentan ser autosuficientes. En el momento de volverlos a agrupar en el libro para el cual fueron pensados, he decidido retener, en cierta forma, su carácter de ensayos. Analíticamente los capítulos forman parte, pues, de una heterogénea unidad, no una reunión de fragmentos.

Podrían señalársele, a esta agrupación, enormes lagunas: ¿cómo no dedicar, al menos, una sección de un capítulo a músicas socialmente tan importantes como la *plena*, la *ranchera*, el *jazz latino* o la *Nueva trova tropical*? ¿Cómo no mencionar siquiera, fenómenos socialmente tan reveladores como Menudo, los ánimos que enardecieron Lucesita Benítez y Danny Rivera, la revitalización del *merengue* y las *bachatas* por Juan Luis Guerra, los *cerebros*[21] ante las atrevidas baladas de Ednita Nazario, los desafíos del *rap* y el *rock* en español, o los desmayos juveniles ante un Ricky Martin o Chayanne? Pero trabajando su unidad como una articulación de heterogeneidades, y no como un engranaje mecánico (y por ende, imprescindible) de sus *componentes*, espero que sus múltiples lagunas temáticas no imposibiliten entender los procesos que aquí se intentan analizar.

Lo étnico, lo nacional, las relaciones de clase, de generación y género;

---

[21] Significativamente, llamamos *cerebros* en Puerto Rico a las gustosas fantasías eróticas.

los modales, la intimidad, los símbolos e imaginarios; la subjetividad, las pasiones, la líbido; la sociabilidad, el goce, la celebración... no son fenómenos o conceptos alternativos, sino realidades discontinuamente entrelazadas de nuestra compleja humanidad. Reconociendo la importancia de los debates contemporáneos sobre los peligros del "holismo" que reaccionan, con razón, ante el determinismo sistémico, considero necesario continuar intentando aproximarnos al análisis de la sociedad como una *totalidad*;[22] totalidad complejamente heterogénea, pero no irremediablemente fragmentada. Contrario al "gran relato" monista –con sus principios ordenadores, a lo "Newton", y sus derivaciones lógicas cartesianas– de la modernidad "occidental", mi modesto "gran relato" *tropical* está construido sobre la base de una multiplicidad de asedios, desde distintas miradas que se complementan. Por eso, en lugar de un "tratado", he preferido presentar mis argumentos en capítulos autónomos interrelacionados.

Aunque la música ha sido una dimensión fundamental de mi vida desde mi temprana infancia –cuenta mi familia que identificaba las letras en las carátulas de los discos antes de aprender a leer– y aunque mis primeros trabajos sociológicos contenían algunas alusiones a la música, la idea de abordar de frente el análisis musical para el estudio de la sociedad surgió de una conversación con el sociólogo peruano Aníbal Quijano –a mi juicio, uno de los más importantes sociólogos a nivel internacional, cuya amistad he tenido el privilegio de disfrutar. Estando Quijano en la Universidad de Puerto Rico como investigador visitante en el año de 1982 y habiendo acordado reunirnos para discutir uno de mis escritos sobre las clases sociales y sus conflictos, murió el gran timbalero y conguero Rafael Cortijo, figura fundamental en la historia de la música "tropical". Llamé por teléfono a Quijano para indicarle que debíamos posponer nuestra sesión académica ya que planeaba asistir al entierro, y de paso lo invité a acompañarme; invitación que, con su fino sentido sociólogico y humano, aceptó sin titubear. Quijano llevaba ya cerca de mes y medio residiendo en Puerto Rico y me confesó que ninguna experiencia le había ayudado tanto a sentir de qué se trataba el Caribe, como aquel entierro, y me pidió que le hablara más de Cortijo y de la música. Días después nos reunimos en mi casa, con una guitarra

---

[22] Entre los debates puertorriqueños de esta amplia y compleja temática, me parece sugerente el ensayo de Rafael Aragunde, "Cuestionamiento y defensa actuales de la categoría de totalidad para un filosofar desde Puerto Rico", en Francisco José Ramos, (ed.), *Hacer: Pensar*, San Juan, Ed. UPR, 1994, pp. 13-32.

y frente al piano, y con la ayuda de los incisivos comentarios de otro *apasionado* de la música "tropical", el amigo novelista Edgardo Rodríguez Juliá, con quien nos habíamos topado en el entierro,[23] fui hilvanando, para Quijano, los primeros esbozos del libro que está frente a ustedes hoy.

La investigación para este libro contó con el apoyo (como he contado en toda mi carrera) del Centro de Investigaciones Sociales de la Universidad de Puerto Rico (UPR-Río Piedras), y durante los años de 1986 y 1987, también del Centro de Investigaciones del Instituto de Cultura Puertorriqueña. Realicé investigaciones además en España e Inglaterra, gracias a una sabática que disfruté de la UPR durante el año 1985. En Inglaterra, quisiera consignar el apoyo que recibí del *Centre for Caribbean Studies* de la Universidad de Warwick, y el valioso intercambio intelectual, principalmente con los profesores John King y Robin Cohen. En España viví en Madrid, donde se encontraban los archivos y bibliotecas en las cuales necesitaba llevar a cabo la investigación. Durante una visita corta a Barcelona, conocí a otro apasionado investigador de los mundos "fronterizos" ("cimarroneados") que, como yo, había iniciado su vida académica en el estudio de la historia obrera: Miquel Izard, con quien he mantenido desde entonces un rico y aleccionador intercambio. De Barcelona, debo mencionar también a los compañeros americanistas Tona Mascareñas y Javier Laviña.

¡*Salsa, sabor y control!* fue fraguándose a través del intenso intercambio académico sostenido con la comunidad de científicos sociales de América Latina y el Caribe, para el cual los congresos de la Asociación Latinoamericana de Sociología (ALAS) y los Seminarios del Consejo Latinoamericano de las Ciencias Sociales (CLACSO) han sido fundamentales. Son tantos los colegas que han contribuido a este libro (directa o indirectamente), que sería imposible mencionarlos a todos; pero quisiera consignar de manera muy especial el apoyo de algunos. En primer lugar, del antropólogo haitiano Jean Casimir, quien junto a Quijano, a mi padre Ángel Quintero Alfaro, a mi consejero de tesis en la London School of Economics, Ralph Miliband, al líder sindical y novelista, César Andreu Iglesias, y al director del Programa de Estudios de Honor cuando iniciaba mis estudios universitarios en la UPR, Charles Rosario, considero como mis más influyentes maestros.

En segundo lugar, quisiera señalar la importancia para el desarrollo

---

[23] Quien casi de inmediato escribió la sugestiva crónica *El entierro de Cortijo*, San Juan, Huracán, 1983.

de los argumentos del libro del compañero sociólogo Fernando Calderón, de Cochabamba, Bolivia. Su estimulante entusiasmo con mi trabajo, lo llevó no sólo a ofrecerme numerosas sugerencias, muy agudas, (que me llevaron a pensar y a leer sobre muy diversos ángulos que en este libro incorporo), sino además, quizás en su función como secretario ejecutivo de CLACSO, me ayudó a conocer e iniciar comunicación con muchos otros colegas que han sido fundamentales para mi crecimiento intelectual y para este libro. Compartí también con Fernando innumerables preocupaciones teóricas y metodológicas, estudiando sociológicamente él la plástica y yo la música, cuando ambos habíamos trabajado antes, más bien, temas de sociología política, cuyo interés tampoco habíamos (ni hemos) abandonado. Además polemizamos –fraternalmente– con dureza, pues compartiendo acercamientos básicos, hemos diferido, con frecuencia, en los diversos énfasis.

Quisiera consignar también la importancia del estímulo y el intercambio con Susan Craig de Trinidad, Manuel Moreno Fraginals de Cuba, Isis Duarte de la República Dominicana, Rossana Reguillo y Sergio Zermeño de México, Edelberto Torres Rivas de Centroamérica, Dina Krauskopf de Costa Rica, Jesús Martín Barbero de Colombia, Hernán Ibarra y Fernando Carrión de Ecuador, Abelardo Sánchez León de Perú, Alfredo Rodríguez, Malva Espinosa y José María Bulnes de Chile, Ricardo Falcón, Waldo Ansaldi, y Atilio Borón de Argentina, Laís Abramo, Roque Aparecido da Silva, Marcia de Paula Leite, Alberto Noé, y (de manera particularmente especial) el maestro Octavio Ianni de Brasil. Además, las lecturas sobre la cultura popular en México de Néstor García Canclini y Carlos Monsiváis.

Quisiera mencionar también el estímulo y la colaboración de compañeros latinoamericanos etnomusicólogos o estudiosos de la música: muy especialmente, Odilio Urfé y Argeliers León de Cuba (que lamentablemente ya no están con nosotros), Rex Nettleford de Jamaica, Jesús "Chucho" García de Venezuela, José Luis Acevedo y Manuel Monestrel de Costa Rica y José Jorge de Carvalho de Brasil.

Este libro guarda una profunda deuda, de manera un tanto oblicua, con el caluroso intercambio intelectual y amistoso que sostuve con el sociólogo ecuatoriano Agustín Cueva, quien falleciera prematuramente algunos años atrás. Agustín fue uno de los colegas latinoamericanos que más interés mostró en mis trabajos iniciales sobre las relaciones de clase y los conflictos políticos. Vio con cierto escepticismo –y abiertamente lo manifestó– el movimiento temático de mis investigaciones hacia lo que interpretaba como "consideraciones lúdicas". Constituyó para mí un importante desafío demostrarle a Agustín –y a través suyo, a muchos como él– la importancia de estos temas "lúdicos" para la lucha y la aspiración, que compartimos, por un mundo más solidario, democrático y humano. No estoy seguro de que este libro lo hubiera convencido; pero, en todo caso, siento mucho que no haya podido leerlo.

No puedo dejar de destacar la marcada presencia en este texto del impacto de las múltiples dimensiones de las colaboraciones de mis colegas puertorriqueños. En primer lugar, Luis Manuel Álvarez (etnomusicólogo, compositor y cómplice en las parrandas), prácticamente coautor de mucha de la investigación de este libro. Álvarez ha sido mi más estrecho colaborador a lo largo de todo el proceso de prepararlo: desde sus concepciones generales, hasta sus más minuciosos detalles. He aprendido enormemente de su profunda sabiduría; y también de su generosidad, de su alegría, su calor y solidaridad.

Quisiera mencionar, en segundo lugar, a Arcadio Díaz Quiñones, Marcia Rivera, Fernando Picó, Emilio González Díaz, Rafael Irizarry, Lydia Milagros González, Eliseo Colón Zayas, Emilio Pantojas y Juan José Baldrich, con quienes he mantenido a lo largo de muchos años un continuado diálogo, que permea, inevitablemente, todo mi trabajo. Entre todos he colocado como primera mención, y quiero volver a destacar a Arcadio pues, para la temática del libro, sus conversaciones, sus críticas y su trabajo han sido particularmente estimulantes. He aprendido enormemente de su fino sentido para descubrir significados, a primera vista insospechados, de las relaciones humanas; así como de su decidida vocación caribeñista y de la amplitud y la pasión de su trabajo intelectual.

Un poco más reciente es el intercambio sostenido con Ramón López, el artesano de los *Pleneros de la 23 abajo*, uno de los más agudos analistas de la cultura popular caribeña; y con dos de los más imaginativos y meticulosos jóvenes historiadores puertorriqueños: Erick Pérez y Cruz Miguel Ortiz Cuadra. Pérez ha dado continuidad –enriqueciendo y profundizando– a mis trabajos iniciales sobre historia obrera; me he sentido tranquilo (pues no le he dicho jubilosamente *adiós al proletariado*) con el movimiento temático de mis esfuerzos, sabiendo que el importante campo de los estudios laborales se encuentra hoy en el *relevo* de mejores manos. El impacto de mis intercambios con Ortiz Cuadra, involucrado apasionadamente en la *historia de las mentalidades*, es evidente en varias partes del libro.

A Mareia Quintero, mi hija, le debe este libro un agradecimiento más que especial. Tengo la dicha enorme de que investiga, para sus estudios de posgrado, temas relacionados a los abordados en *¡Salsa, sabor y control!* y he aprendido enormemente de sus nuevos acercamientos.[24] El libro sólo le debe más a Luis Manuel, que a ella. Todo esto, además de las tantas cosas ¡innumerables! de la vida que he aprendido con ella, y de ser una de las dos o tres personas que más quiero (y quiero mucho a muchas) en este mundo.

Sobre música en particular, además de Luis Manuel y Mareia, el libro se benefició de la colaboración de Pedro Escabí, Ernesto Cordero, Cristóbal Díaz Ayala, Keith Negus, Alma Concepción, el fenecido pionero Paquito López Cruz, de manera muy especial Noraida Agosto, Jorge Pérez Rolón y Héctor Rodríguez (mejor conocido como el percusionista de Atabal), así como de la inspiración del maestro Jack Delano.

Justo antes de comenzar la revisión final del manuscrito, en el año de 1994, participé en un proyecto que consistía en presentar el foro Las Identidades Socioculturales, la Juventud y la Música en quince distintos recintos universitarios a través del país. Se utilizaba el film documental de Ana María García, *Cocolos y rockeros*, como punto de partida para la discusión. Las observaciones de compañeros profesores en esas diversas universidades y, sobre todo, de los jóvenes que participaron, me hicieron repensar muchas cosas, que me han servido enormemente en el proceso de revisión final de mis borradores. Agradezco a la Fundación Puertorriqueña de las Humanidades el haber hecho posible ese proyecto y a Ana María García, su compañerismo.

No puedo dejar de consignar también, la valiosa ayuda en diversas fases de la preparación de este libro, de mis compañeros del CIS, especialmente, Wenceslao Serra Deliz. Están muy presentes, además, en éste mis estudiantes (muchos de los cuales se convirtieron prontamente en colegas): en ocasiones por medio de sus preguntas y comentarios; pero, sobre todo, por su entusiasmado interés. Fueron, nuevamente, muchos, pero recuerdo especialmente a la compañera dominicana María Batista; a la cubano-puertorriqueña María Elena Díaz (quien me introdujo hace unos quince años a Bajtín); a las boricuas Magdalena Cortés en Chicago y Elsie Calderón en Nueva York; al peruano Mario Gutiérrez y a la chileno-brasileña Verónica Arevena en Brasil; y en Puerto Rico a Pedro Adorno, Luis Manuel Santiago Torres y, de manera

---

[24] Véase, por ejemplo, su sugerente ensayo "Música 'inmoral' de las Antillas, algunos antecedentes a los debates sobre el rap", *Diálogo*, septiembre de 1995, pp. 14-15 y/o *A Cor e o Som da Nação: A idéia de mestiçagem na crítica musical do Caribe Hispánico Insular e do Brasil (1928-1948)*, tesis de maestría, Universidad de São Paulo, 1996.

particularmente especial, a Patria Román.

En este momento de agradecimientos, me vienen a la mente, de manera muy intensa, mis padres, que tanto interés mostraron siempre en todos mis proyectos (interés que han perpetuado, con inteligencia y calor, mis hermanas Ana Helvia e Ileana). También los amigos recientemente fallecidos Nemesio Vargas Acevedo y José "Pepito" Marcano. Al hermano Marcano agradezco además que ante la muerte de mis padres, me ayudara tremendamente, como amigo y profesionalmente, a redescubrir los *ritmos* de mi tiempo interior.

La música y el erotismo son difícilmente separables, y la pasión que espero encuentren en este libro está, definitivamente, marcada, mucho más de lo que ella seguramente se imagina, por mi relación amorosa con Margarita González, mi desafiante "chueta" de Ciales, ¡¡de quien me enamoré, *bailando*!!

1

DEL CANTO, EL BAILE... Y EL TIEMPO*

> *Para Patria Román*
> *cuyo trabajo y amistad*
> *estimularon mis primeras reflexiones*
> *sobre el tiempo, la música y las relaciones humanas.*

> ...debemos comenzar donde estamos: psíquicamente desnudos... obligados a explotar a los demás y a nosotros mismos, para sobrevivir; y sin embargo, a pesar de todo, agrupados por las mismas fuerzas que nos separan, vagamente conscientes de todo lo que podríamos ser unidos [nos encontramos también, dispuestos y deseosos de]... desarrollar *identidades* y vínculos mutuos que puedan ayudarnos a seguir juntos, mientras el feroz aire moderno arroja sobre todos nosotros sus ráfagas... frías y calientes.
> MARSHALL BERMAN, *Todo lo sólido se desvanece en el aire, la experiencia de la modernidad*[1]

> ...en la historia de la ciencia moderna... lo diverso y lo cambiante debían ser reducidos a lo idéntico y lo permanente. El *tiempo* tenía que ser, pues, eliminado.
> ILYA PRIGOGINE e ISABELLE STENGERS, *Order out of Chaos, Man's New Dialogue with Nature*[2]

---

* He tomado el título para este capítulo introductorio de uno de los más importantes libros escritos sobre la música del Caribe: del maestro cubano Argeliers León, *Del canto y el tiempo*, La Habana, Ed. Letras Cubanas, 1984 [1ra. ed., 1974].

[1] México, Siglo XXI, 1988 [1ra. ed. en inglés, 1982], énfasis y paréntesis míos. Para el paréntesis, consulté la edición original en inglés. El título de este libro alude al siguiente pasaje del *Manifiesto comunista*: "Una revolución continua en la producción, una incesante conmoción de todas las condiciones sociales, una inquietud y un movimiento constantes distinguen la época [nuestra] burguesa de todas las anteriores. Todas las relaciones estancadas y enmohecidas, con su cortejo de creencias y de ideas veneradas durante siglos, quedan rotas; las nuevas se hacen añejas antes de haber podido osificarse. Todo lo sólido se desvanece en el aire; todo lo sagrado es profanado, y las personas al fin se ven forzadas a considerar serenamente sus condiciones de existencia *y sus relaciones recíprocas*." Reproducido en *ibid.*, pp. 89-90, corchetes y énfasis míos.

[2] Nueva York, Bantam Books, 1984, p. 293, énfasis y traducción míos.

LA SONORIDAD Y LO SOCIAL

Estrictamente hablando, éste no es un libro *sobre* música. Más bien intenta, a través del análisis de la relación entre la sociedad y sus expresiones sonoras, abordar –desde el Caribe– uno de los grandes temas de las Ciencias Sociales: las sutilezas y complejidades de la dinámica histórica de las identidades colectivas. ¿Qué significa y cómo se siente ser caribeño? ¿Cómo coexisten –se complementan, se nutren mutuamente, rozan o luchan– diversas maneras de serlo? ¿Sobre qué realidades se basan esas diferencias y sobre cuáles los puentes de identidad compartida? ¿Cómo fueron constituyéndose formas propias de sociabilidad en una región atravesada desde sus orígenes por poderosas fuerzas "externas", por fenómenos que remiten a realidades internacionales, por el colonialismo (en los diversos significados de su historia), por la lógica del mercado y por procesos que hoy se han identificado como de "globalización"? ¿Y cómo estas formas propias –y las identidades colectivas que se van construyendo sobre ellas– han reaccionado, incorporado, asumido o redefinido las crecientes tendencias contemporáneas hacia una mundialización cultural homogeneizante?

Pero, ¿por qué abordar, se preguntará el lector, estas interrogantes a través de la música?; ¿cómo puede la música ayudarnos a formular y discutir preguntas como éstas? Espero que los ensayos que conforman este libro –en la investigación sobre la cual se basan, y en sus propios enfoques, argumentos y análisis– contribuyan, aunque de manera necesariamente parcial, a ilustrar cómo y por qué. Pero en realidad se trata de un problema muy profundo de conocimiento, que en este libro sólo pretendo estimular a repensar, ¡jamás a resolver! No obstante, en este capítulo introductorio quisiera adelantar, en forma esquemática y un tanto abstracta, algunas ideas preliminares al respecto, que quisiera fueran tomando *carne* posteriormente, a través de las propias realidades que se abordan en los capítulos siguientes.

Quizá por ser tan evidente –parte tan esencial de la naturaleza, del propio mundo físico– muchas veces olvidamos o pasamos por alto (y ha pasado por alto, en general, el análisis social) que la vida está llena de sonidos. Sólo la muerte es silente,[3] como bien señala Jacques Attali en un debatible, pero muy sugerente libro sobre la economía política de la

---

[3] Aunque en muy diversas culturas muchos ritos frente a la muerte incluyen la música como elemento esencial. Entre las clases populares en el Caribe es muy frecuente esta vinculación.

música.⁴ Es posible que nada esencial humano ocurra en ausencia de sonido; o en esa dialéctica entre sonoridad y silencio, donde este último representa más bien un contraste que resalta globalmente la presencia del primero. Como bien señala John Blacking, uno de los pioneros de la etnomusicología, la música es una forma de estructurar, significativa, emocional y/o estéticamente el sonido; y es tan importante, tan parte de la vida, que no se ha encontrado una sola sociedad que no tenga algún tipo de música, de *organización humana del sonido*.⁵ La música representa, pues, una forma en que las personas interactúan con su mundo; un intento de ejercer cierto control sobre su materialidad, sobre su biología, resignificando colectivamente uno de los elementos consustanciales a la existencia. Tiene, por lo tanto, en todas las sociedades una importancia enorme: una función decisiva en la configuración simbólica de lo social.⁶

Esta importancia le imprime a la música repercusiones fundamentales de tipo político; no necesariamente en la inmediatez del partidismo, sino en el sentido amplio de la política, como imposiciones y resistencias, solidaridades y conflictos por el ejercicio y la distribución del poder. Históricamente, su apropiación y control (la mayor parte de las veces, indirecto) ha sido un elemento central en las luchas sociales, y la multiplicación de su ejercicio –componer, tocar, cantar, bailar– parte de las aspiraciones democráticas y la conservación ritual de la memoria.

En sociedades como las de nuestra época, donde el poder está tan estrechamente vinculado a la comunicación y a lo económico, la mercantilización de la organización de los sonidos es otro proceso que no podemos soslayar. Ello, en parte, por la tensión entre el intento y la imposibilidad de contener la música en el intercambio. Como toda expresión de sentidos, en el mercado la música transita en un umbral

---

⁴ *Bruits, essai sur l'économie politique de la musique*, París, Presses Universitaires de France, 1977. Existe traducción al español: *Ruidos. Ensayo sobre la economía política de la música*, México, Siglo XXI, 1995.

⁵ Frase de Blacking en, *How Musical is Man?*, Seattle, University of Washington Press, 1973.

⁶ Véase una discusión abarcadora en otro de los "clásicos" de la etnomusicología: Alan P. Merriam, *The Anthropology of Music*, Bloomington, Indiana, Northwestern University Press, 1964, particularmente capítulo XII de la parte 3. El ensayo de Rafael José Menezes Bastos, "Esboço de uma teoria da música: para além de uma antropologia sem música e de uma musicologia sem homen", *Anuário Antropológico 93* (Río de Janeiro, Tempe Brasilero), 1995, presenta un sugerente "esbozo" histórico de esta tradición analítica.

que quiebra la distinción tradicional entre lo emotivo y lo conceptual, entre lo predecible y la sorpresa, entre la repetición y la invención, entre la elaboración y lo espontáneo.

Por último, como bien argumenta Attali, la música encierra el carácter contradictorio de intentar, por un lado, presentar una imagen de orden coherente en su organización de los sonidos existentes y, por otro, crear constantemente nuevos efectos sonoros que quiebran su propia "coherencia" previa. Es pues, o puede ser, tanto elemento conservador como transgresor; expresión que fortalece permanencias, como elemento heraldo de utopías transformadoras.

El análisis de la música es también central para comprender lo social por su importancia respecto a una de las dos grandes coordenadas donde se da la vida: el tiempo. La otra coordenada es el espacio; y en el baile, se representa musicalmente la vinculación entre ambas.[7] A diferencia de otros sentidos vitales –colores, olores, gustos...– los sonidos entrañan necesariamente un elemento de tiempo: son físicamente vibraciones y su naturaleza está dada por la intensidad en que ocurren en un espacio temporal.[8] La organización humana de los sonidos o la música es también una forma de organizar, expresar o simbolizar el tiempo.

La música combina muy significativamente diversas dimensiones del tiempo. Por un lado, el tiempo sucesivo se manifiesta de manera más inmediata en la música a través de las pulsaciones que conforman los metros, sobre los cuales se elaboran los ritmos (su elemento más primigenio y vital). Lo que se ha denominado *diacronía* (o la larga duración) se expresa de diversas maneras; también aparece en los desarrollos rítmicos que expresan el tiempo sucesivo, pero se manifiesta de manera más abarcadora en la estructura general de lo que se llamaría una pieza o composición. La *sincronía*, o la simultaneidad temporal, por otro lado, se expresa en el tono o la nota. Por ejemplo, la nota *la*, que captamos como un instante único, es en realidad un fenómeno temporal: 440 vibraciones regulares por segundo. Más vibraciones o las mismas

---

[7] Anya Peterson Royce, *The Anthropology of Dance*, Bloomington, Indiana University Press, 1977, define el baile como "*the human body making patterns in time and space*" (p. 3). John G. Younmans, *Social Dance*, Palisides, Calif., Goodyear Pub., 1969, comienza con la siguiente oración: "*The historical development of recreational social dance may be termed a study of body movements as it relates to time and space.*", (p. 1).

[8] Véanse detalles, por ejemplo, en John R. Pierce, *The Science of Musical Sound*, Nueva York, W.H. Freeman and Co., 1992; o el "clásico" de Wilmer T. Bartholomew, *Acoustics of Music*, Nueva York, Prentice Hall, 1942.

en un tiempo más corto hacen el sonido más agudo, y menos vibraciones en el mismo tiempo (o igual número en un tiempo más largo) hacen el sonido más grave. El tono o las notas son la base para la organización de la melodía o la *tonada*.

Aunque existen también razones acústicas muy importantes, pero no determinantes, no es coincidencia, a mi juicio, que en el *lenguaje* musical de varias culturas –incluyendo la cultura "occidental" donde ha sido tan importante la conciencia del tiempo– la base estructural sonora de la configuración melódica –las escalas– se hubieran ido constituyendo en los mismos términos en que hemos organizado el transcurrir temporal. Las escalas en la tradición "occidental", por ejemplo (que han ido, además, hegemonizando las formas de expresión melódica a nivel *global*), se fueron estableciendo sobre la base de doce sonidos (o medios tonos) organizados en conjuntos de siete (a través de combinaciones de 3 y 4, factores de 12, pero sumandos de 7). Estos doce sonidos son los que hemos denominado *do*, *do* sostenido, *re*, *re* sostenido, *mi*, *fa*, *fa* sostenido, *sol*, *sol* sostenido, *la*, *la* sostenido y *si* (*mi* y *si* no tienen sostenidos), hasta alcanzar nuevamente el *do*, es decir, el primer sonido pero a un nivel más agudo (el doble de vibraciones por segundo del sonido inicial). Las escalas, sobre las cuales se conforman las melodías, se constituyen a base de 7 de esos 12 sonidos. Por ejemplo, la escala popularmente más conocida en esta tradición –*do*(1), *re*(2), *mi*(3), *fa*(4), *sol*(5), *la*(6), *si*(7)– está compuesta (como todas las escalas diatónicas –mayores– en cada uno de los 12 sonidos) de 7 notas: tono, tono y semitono (3), tono, tono, tono y semitono (4).[9] Ahora bien, el 12 y el 7 han sido también las unidades de medida básicas en las dos grandes formas que se han dado en la historia para medir el tiempo: la forma solar y la forma lunar. El 12 es la unidad de organizar el tiempo en términos solares (12 meses; 24 horas –idealmente 12 de luz y 12 de sombra) y el 7 en términos lunares (7 días en la semana) que a su vez está indisolublemente vinculado al ciclo de vida en términos de la fertilidad en la especie humana: el ciclo lunar de 28 días (4 × 7): nueva,

---

[9] Tan imbuidos como estamos en esta tradición de expresión sonora, nos parece ahora "natural" esta manera de dividir los sonidos, cuando en realidad han existido en otras épocas o culturas otras formas de organizar la expresión melódica: escalas de cinco notas, por ejemplo, o subdivisiones en términos de 1/4 de tono. En su estudio de la ciencia de los sonidos musicales, Pierce, *The Science...*, p. 68, se pregunta: "*Is there a 'sensible' explanation for this scale, which is used in so many cultures?*" Y muy agudamente responde: "*There 'is' an explanation* [acústico-científica, las comillas son del original], *but you must judge for yourself how sensible it is.*"

creciente, llena y menguante, coincide con el ciclo menstrual de la mujer y seguramente por ello en nuestras sociedades lo lunar se identifica generalmente con lo femenino; cuando, por otro lado, lo solar tiende a asociarse, en contraposición, más bien con lo masculino. Es significativo que en la mitología greco-romana Apolo, símbolo de la belleza masculina, fuera simultáneamente el dios de la música y el que guiaba el carro del sol.

No es casual que estas maneras de estructurar el tiempo y de organizar los sonidos en la música constituyan unidades de medida de importancia fundamental en la configuración simbólica de dichas sociedades. Es el caso, por ejemplo, del 12 en los mitos fundantes (masculinizados) de diversas sociedades "occidentales": 12 las tareas de Hércules, 12 las tribus de Israel, 12 los apóstoles, 12 los caballeros de la Mesa redonda en Inglaterra, 12 los pares de Carlomagno en Francia, entre otros. También el 12 se ha mantenido como unidad de medida de especiales valores simbólicos: por ejemplo, en la mayoría de estas sociedades los huevos, con su connotación de fecundidad y vida (prolongación en el tiempo) y que en español, además, se asocian con los genitales masculinos, se miden (o venden, luego) siempre, hasta hoy, en docenas.

En varios países europeos el 12 y el 7 se utilizaron, aunque no en forma tan preponderante, respecto a otras unidades de medida: 12 pulgadas, 7 leguas, 12 reales, etc. Pero es muy significativo que en los inicios de la hegemonía de la ideología de la modernidad –con su intento, contradictorio, de supeditar la emoción al raciocinio– la política racionalizadora de la Revolución francesa de convertir toda medida al sistema decimal tuviera éxito (aunque no siempre inmediato) respecto al espacio (así como en la temperatura, la moneda y otros contextos), pero *no* respecto al tiempo (aunque intentos serios hubo).

Una forma de expresión simbólica que respecto a una de las dimensiones del tiempo –la sincronía–, combina la temporalidad solar y la lunar, que es decir también lo masculino y femenino, como (entre otras) las escalas "occidentales",[10] será vehículo expresivo fundamental, además, de la relación entre los géneros (*género*, en este contexto, como las construcciones sociales en torno a lo masculino y femenino). No es de

---

[10] La combinación entre *raga* y *ragini* en la configuración melódica de la música hindú (con muchas más subdivisiones en la *octava*) es, según el estudio del compositor catalán, Manuel Valls, *La música en el abrazo de eros, Aproximación al estudio de la relación entre música y erotismo*, Barcelona, Tusquets, 1982, p. 123, otra forma de representar en la sonoridad la relación entre lo masculino y lo femenino.

extrañarnos, pues, que el desarrollo melódico –al menos, "occidental", que es el que mejor conocemos– esté muy relacionado al lirismo asociado con el amor romántico.[11] Por otro lado, el erotismo se expresa más, significativamente, en las dimensiones diacrónica y sucesiva del tiempo en la música, sobre todo en el ritmo, sobre el cual volveremos más adelante.

Algunos tipos de música están indisolublemente vinculados al baile, que es pues, entre otras cosas, una forma de expresar con el cuerpo la relación entre el tiempo y el espacio. En la medida que el baile no es una mera multiplicación de reacciones corporales a particulares sonidos, sino encadenamientos de movimientos en los cuales se producen figuras o configuraciones expresivas,[12] entraña interrelaciones especiales con las dimensiones sucesiva y diacrónica del tiempo en la música, es decir, principalmente, el ritmo. Precisamente las formas de música en las cuales el elemento rítmico reviste un mayor protagonismo, son por lo general aquéllas más claramente inseparables de su expresión espacial bailable.

En sus investigaciones sobre la música campesina de Europa oriental, Béla Bartók dividía la expresividad sonora primigenia entre aquélla más orientada a la palabra (al canto) y la dirigida al movimiento corporal (al baile). Las primeras formas, que denominó *parlando-rubato*, eran más autónomas del ritmo (aunque nunca, ¡claro!, independientes de éste), mientras en las segundas, el ritmo ocupaba una posición esencial.[13] Siendo una de las dimensiones importantes de la relación entre géneros

---

[11] El estudio de Valls, *ibid*, constituye un intento, en partes, sugerente, pero en su conjunto, a mi juicio, no del todo exitoso, de examinar esta relación.

[12] Judith Lynne Hanna, *To Dance is Human, A Theory of Nonverbal Communication*, Austin, University of Texas Press, 1979, enfatiza, a través principalmente de estudios antropológicos en África, el carácter expresivo del baile. Su trabajo es muy revelador en este sentido, aunque su análisis se encuentra, a mi juicio, limitado por una concepción unidimensional del baile como relación entre el *"perfomer"* (o el coreógrafo) y el "observador", dejando fuera la comunicación *entre* los que bailan, ya sea en una danza comunal o en un baile en parejas, actividad esta última tan importante en la sociabilidad "occidental" moderna. Es decir, su valiosa investigación sobre la significativa comunicatividad del baile queda limitada por su visión de éste como *"performance"*.

[13] Por ejemplo, *Escritos sobre música popular*, México, Siglo XXI, 1979. Algunos musicólogos han asociado la forma *canto* con la expresividad íntima y la forma *danza* con la dimensión social de la sonoridad, imbuidos en una forma de diferenciación característica de la modernidad "occidental" (sobre la cual volveremos más adelante en el texto), que traiciona el intento integrador (que no es decir, amalgamador) entre individualidad y colectividad de la obra de Bartók.

la continuidad multiplicada de la vida en el tiempo, el baile y el erotismo se encuentran intrínsecamente relacionados en importantes expresiones sonoras (especialmente, rítmicas). Por ello, las danzas-ritos de fertilidad han existido en numerosas culturas y persisten en diversos inconscientes colectivos.

Y... ¿qué tienen todas estas dimensiones que ver con las identidades sociales, que a comienzos de este capítulo señalé como la preocupación medular de este libro? Seguiré elaborando sobre ello en un breve recorrido introductorio por algunos de los debates centrales en la trayectoria de la sociología de la música; intentando, hacia el final, darle mayor coherencia a mis argumentos. Puedo adelantar, no obstante, que una configuración simbólica donde el tiempo juega un papel esencial, como lo es la música, tendrá significados especiales en el desarrollo de identidades colectivas cimentadas sobre la temporalidad. Podríamos pensar en ejemplos diversos, pero para fines ilustrativos basta ahora con uno. La relación entre identidades, música y temporalidad es evidente en la conformación durante las últimas décadas de una identidad juvenil constituida alrededor de toda una simbología estrechamente asociada, principalmente, al *rock*.[14] Sin embargo, la identidad juvenil se entrecruza en la cotidianidad de maneras muy diversas (y complejas) con otras formas de identidad colectiva constituidas históricamente,[15] como examinaré, para la *salsa* en el próximo capítulo. Uno de los propósitos de este libro es, precisamente, examinar las formas a través de las cuales se entretejen las identidades socioculturales; y, en la medida en que tanto éstas como sus entrecruces constituyen procesos históricos, su dinámica aparece especialmente reveladora en la expresión musical, donde el tiempo representa un elemento central.

---

[14] Para un examen más abarcador de este proceso véase el libro del sociólogo y crítico de *rock* Simon Frith, *Sound Effects, Youth, Leisure, and the Politics of Rock'n'Roll*, Nueva York, Pantheon, 1981. Además de sus sugerentes análisis, el libro incluye una útil bibliografía comentada. Véase también el capítulo 7, "Rock and Youth" del libro de Lawrence Grossberg, *We gotta get out of this place, Popular Conservatism and Postmodern Culture*, Nueva York, Routledge, 1992, pp. 171-200.

[15] Ejemplos muy ilustrativos de este proceso (particularmente de la forma como se dio en el Puerto Rico de los años ochenta) se encuentran en el film documental de Ana María García, *Cocolos y rockeros*, San Juan, Pandora Films, 1992.

SOCIOLOGÍA Y MODERNIDAD EN LA MÚSICA "OCCIDENTAL"

No es fortuito, a mi juicio, que una de las figuras cimeras en la historia de la sociología, Max Weber, investigador y pensador fundamental en el desarrollo de un análisis social inseparable del estudio de la historia, le dedicara una atención especial a la música para la comprensión de los procesos civilizatorios.[16] Una de las preocupaciones centrales en la sociología de Weber, quizá el más importante articulador teórico de la modernidad burguesa, fue el desarrollo de las instituciones sociales; de la interacción colectiva estructurada, cimentada sobre la racionalidad, en lugar de lo emocional o la costumbre. En el desarrollo institucional, precisamente, en el creciente proceso de racionalización en las relaciones sociales –racionalización entendida como correspondencia entre medios y fines–, radica, según Weber, la "superioridad" de la cultura "occidental", que ha colocado a estas sociedades en la posición hegemónica que ocupan en la historia universal. La acción racional –frente a la emocional o consuetudinaria– posibilita el cambio acumulativo, entendido como *mejoramiento*, (inseparable, en su concepción, del orden) y constituye, por tanto, la base del *progreso*.

El estudio de la música ocupa un lugar importante en la sociología histórica de Weber porque –resumiendo apretadamente un análisis complejo, que manifiesta su gran rigor y erudición, su atención a los detalles y matices– representa la esfera, en la cultura "occidental", en la cual el proceso racionalizador fue penetrando lo expresivo colectivo, más comúnmente asociado con las emociones o la tradición.

La creciente complejidad en la división social del trabajo del desarrollo capitalista (en sus orígenes de impulso fundamentalmente "occidental") fue manifestándose a nivel sonoro en la transformación de la melodía individual o el cantar unísono, a conjuntos polivocales cada vez también más complejos e internamente jerarquizados. Este proceso tomó varios siglos, pero fue precisamente en medio de "las grandes revoluciones *burguesas*" –utilizando la terminología de Hobsbawm–[17] (entre la Revolución francesa y norteamericana y la Revolución industrial), período en que van consolidándose los principios centrales de la

---

[16] *The Rational and Social Foundations of Music* (escrito en 1911 y publicado por primera vez un año después de su muerte, en 1921) uso la edición de D. Martindale *et al.*, Nueva York, Southern Illinois University Press, 1958.

[17] Eric J. Hobsbawm, *The Age of Revolution 1789-1848*, Nueva York, Mentor Books, 1964.

"modernidad", cuando alcanza en Europa su máxima expresión institucional: la orquesta sinfónica. En dicha música, la contribución de cada instrumento en cada parte se da en función de una línea melódica que expresa un sentimiento o idea individual. La contribución de cada instrumento ha sido previamente establecida por el compositor y coordinada autoritariamente por el director de orquesta (que además, en sus comienzos, coincidían frecuentemente en la misma persona).

Esta gran institución de la música "occidental" para la expresión pública, apropiada después por otros, corre paralela a la gestación de la estupenda maquinaria polivocal para el disfrute doméstico de ese proceso de desarrollo sonoro que fue el piano,[18] con sus amplias posibilidades de producir simultáneamente distintas voces. Es significativo que durante el siglo XIX, éste fuera convirtiéndose en parte del mobiliario fundamental de la casa burguesa.[19]

Este desarrollo de la producción musical polivocal, que alcanzó en "las revoluciones burguesas" extraordinarios niveles de elaboración, se edificó sobre tres de las más importantes contribuciones de la *racionalidad* "occidental" a la música: lo que llamó Bach "la escala bien temperada", que "ordenaba" el universo sonoro estableciendo una relación aproximada equivalente entre nota y nota para cada tonalidad; la escritura o notación musical que dicho ordenamiento posibilitaba (y que facilitaba los dictados del compositor y la coordinación autorizada del director, convirtiendo a los músicos en *ejecutantes*); y los principios de la armonía (de la combinación simultánea de diversos sonidos) que,

---

[18] Weber, *op. cit.*, capítulo 7. La referencia al espacio doméstico nos sugiere la importancia de examinar también las transformaciones en los *espacios* donde se socializa a través de la experiencia musical, fenómeno que reconozco aparece sólo de manera muy marginal en este trabajo. Constituye el eje central de la investigación de la joven académica Patria Román sobre las discotecas y los *clubes sociales* de baile de música "tropical" entre los migrantes latinoamericanos en Londres: *The Construction of Latin Identities and Salsa Music Clubs in London: An Ethnographic Study*, tesis doctoral en Comunicaciones en la Universidad de Leicester, 1996. Entre los pocos escritos previos que he encontrado al respecto, el ensayo de Penelope Summerfield, "Deliberate Selection in the Evolution of Music Halls in London", en Eileen y Stephen Yeo (eds.), *Popular Culture and Class Conflicts 1590-1914. Explorations in the history of labour and leisure*, Sussex, The Harvester Press, 1981, me ha parecido muy sugestivo. En dicha antología, véase también de Vic Gammon, "Babylonian Performances, the Rise and Suppression of Popular Church Music".

[19] Sobre el piano, las clases sociales, la domesticidad y la relación entre los géneros, véase también el excelente (erudito e imaginativo) trabajo de Arthur Loesser, *Men, Women and Pianos. A Social History*, Nueva York, Simon and Schuster, 1954.

comprendiendo bien su carácter jerárquico, el mundo popular denominó "acompañamiento".

En la medida en que fue desarrollándose esta sonoridad polivocal, fue tornándose más evidente un *misterio* o "error" acústico en el desenvolvimiento de las escalas, si se insistía en mantener –como ocurrió– las subdivisiones de 7 y 12 que evocaban las representaciones femenina y masculina del tiempo en la memoria cultural, en las imágenes arquetípicas que llamó Jung "el inconsciente colectivo". Evitando entrar en tecnicismos musicológicos, básicamente el "error" o *misterio* consistía en la imposibilidad de lograr una exactitud en la correspondencia entre una división equivalente de la octava (en medios tonos) y la proporción entre las distintas notas para el desarrollo de las armonías. El problema se "resolvió" en términos prácticos a través de la aproximación; es decir, en el ejercicio de la racionalidad instrumental, la correspondencia de medios a fines de que hablaba Weber. No es fortuito que ello ocurriera en los momentos iniciales de la modernidad: a nivel conceptual por los enciclopedistas y a nivel práctico por el gran compositor Johann Sabastian Bach en lo que se denominó, como señalé, *la escala bien temperada*, que permitía una afinación equivalente "universal" para todos los instrumentos melódicos y unas proporciones establecidas entre cada nota y otra que posibilitaban las mismas armonías en todas las escalas. *La escala bien temperada* era para Weber evidencia de la penetración de la racionalidad "occidental" en la expresión musical:

the transformation of the process of musical production into a calculable affair operating with known means, effective instruments, and understandable rules.[20]

Es, a mi juicio, muy significativo que en su examen de la creciente penetración del *ethos* racionalizador en la música "occidental", Weber concentrara su análisis en las relaciones entre melodía y armonía (*tonada* y *acompañamiento*), dejando prácticamente fuera de toda consideración histórico-teórica a uno de los elementos constitutivos de la música como es el ritmo. Ello le imposibilitó percatarse de la importancia de la relación entre la música y las *diversas* dimensiones del tiempo.

Previo a la emergencia de la modernidad "occidental", existían en distintas culturas formas sencillas de armonía simultánea (sincrónica) –es decir, para cada nota de la melodía–, principalmente en octavas (una

---

[20] Don Martindale y Johannes Riedel, "Max Weber's Sociology of Music", introducción a *The Rational and Social...*, *op. cit.*, p. LI.

nota y su equivalente más grave o aguda) y algo también en quintas (una nota y otra con distancia de cuatro notas entre ellas –lo que para *do* sería *sol*, para *re la*, etc.). La gran contribución armónica de la modernidad "occidental" –además de una paulatina elaboración mucho más compleja de los acordes– fue el desarrollo de una armonía diacrónica, que enriqueciera la manifestación de una melodía en *el tiempo*, tomando en consideración no sólo cada sonido individual sino sus *progresiones*, su *desarrollo* como *tonada*, como composición total. Ello suponía (...o quizá fueron desarrollándose simultáneamente en mutua interacción –la cronología no es clara) lo que Finkelstein denominó la estructura "redondeada" de la expresión sonora, la transformación

from an "open", continuous, constantly repetitive or evolving form, to a "closed" or rounded song structure, with a beginning, middle and end apparent to the ear.[21]

Entrañaba una concepción de la pieza o canción como *unidad*, adelantando los paralelos con Newton, como *universo definido*. El compositor y etnomusicólogo húngaro Béla Bartók, en sus investigaciones pioneras sobre la música folklórica de su país, describió esta, que llamó, "forma arquitectónica", como posterior a la canción "abierta" "más *moderna* y de probables influencias *occidentales*".[22]

Ahora bien, es interesante notar que las melodías "occidentales" –como formas "redondeadas"– van a *moverse* armónicamente (su sonoridad temporal diacrónica) en las mismas combinaciones de tres y cuatro con las que fueron construyéndose las escalas (su sonoridad temporal sincrónica). La asimetría de la escala de siete notas en un universo sonoro de doce sonidos, va a "resolverse" en el desenvolvimiento de la melodía en términos de sus progresiones armónicas o *acompañamiento*: las melodías van a empezar y a concluir en la *tónica* (el acorde, en tríadas ascendentes, de la nota que define la escala sobre la cual se construye la melodía) y en su desarrollo se moverán entre su acorde *subdominante* (a distancia de tres notas de la tónica en orden ascendente –más agudas– y de cuatro en orden descendente –más graves) que normalmente sugiere el clímax del desenvolvimiento de la canción y su acorde *dominante* (a distancia inversa: de cuatro notas de la tónica en orden

---

[21] Sidney Finkelstein, "Social Origins of Melody", capítulo 1 de *Composer and Nation: The Folk Heritage of Music*, Nueva York, International Publishers, 1960, p. 30.

[22] *Hungarian Folk Music*, Londres, Oxford University Press, 1931, p. 52, énfasis y traducción mías.

ascendente y tres en orden descendente) que *llama, invita* o *sugiere* la vuelta a la *tónica* para concluir. (En la escala más popular de *do* –como tónica–, su subdominante sería *fa* y su dominante, *sol*.) Las armonías pueden ser mucho más complejas (como usualmente –es parte de su riqueza– en su música "erudita" o "clásica"), pero la *tónica*, su *dominante* y su *subdominante* constituyen el esqueleto básico del desarrollo armónico de las melodías de la modernidad "occidental". Pensemos, por ejemplo, en dos de las más difundidas canciones populares del folklore europeo, una británica y otra francesa:

My bonnie (tónica)
lies (subdominante)
over the ocean, (tónica)
my bonnie (tónica)
lies (subdominante)
over the sea. (dominante)

My bonnie (tónica)
lies (subdominante)
over the ocean; (tónica)
Oh! Bring (subdominante)
back my bonnie (dominante)
to me! (tónica)

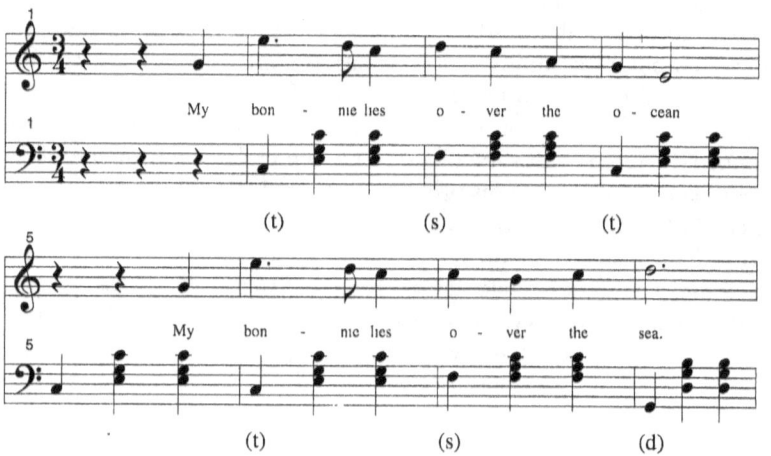

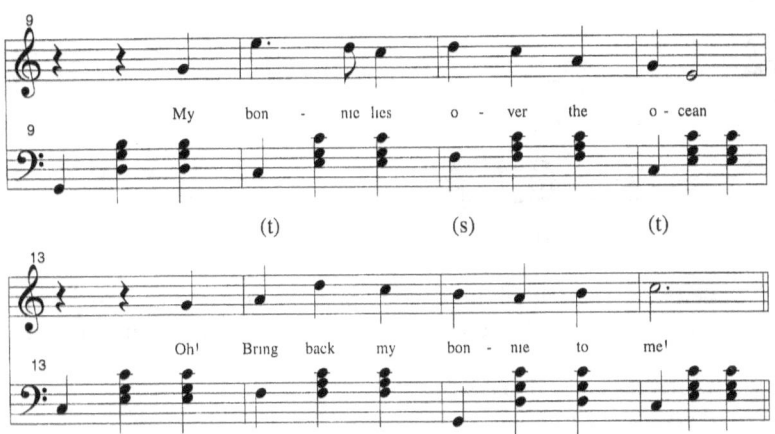

o *Frère Jacques* (tonica)
Frère Jacques (tónica)
Dormez vous? (tónica-dominante-tónica)
Dormez vous? (tónica-dominante-tónica)
Sonnent les (dominante-subdominante)
matines (tónica)
Sonnent les (dominante-subdominante)
matines (tónica)
Ding, dang (dominante)
dong (tónica).
Ding, dang (dominante)
dong (tónica).

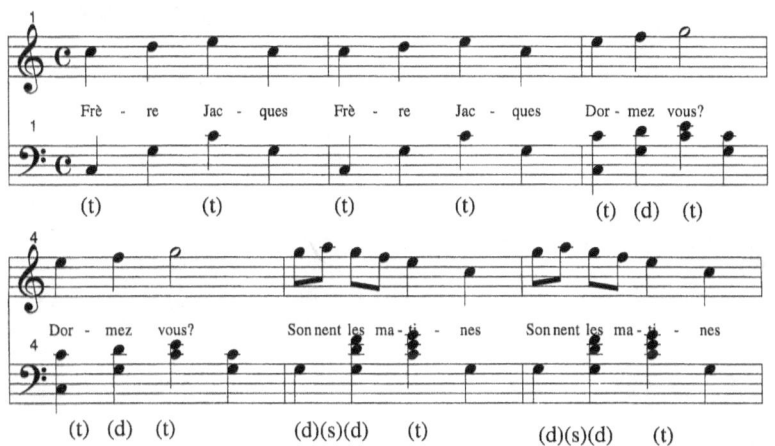

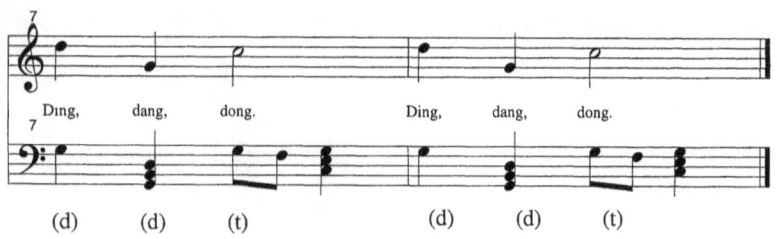

Podemos verlo también ilustrado en la mayoría de nuestros *boleros*, como el ya "folklórico" "Quiéreme mucho" del cubano Gonzalo Roig:

Quiéreme mucho *(tónica)*
dulce amor mío *(tónica)*
que amante siempre *(tónica)*
te ado-*(subdominante)*
-raré. *(dominante)*
Yo con tus besos *(dominante)*
y tus caricias *(tónica)*
mis sufrimientos *(subdominante)*
aca-*(dominante)*
llaré *(tónica)*.

Es sumamente significativo que para el mismo amplio período en que van configurándose los principios del desarrollo armónico, la música "occidental" va *estandarizándose* en metros regulares de medir el tiempo sucesivo; lo que se conoce en la musicología como los ritmos isométricos que "van a convertirse en la matriz para el desarrollo rítmico de *toda* la música desde c. 1600 al 1900".[23]

Esta métrica regular va a configurarse principalmente en términos de ritmos subdivididos también en pulsaciones de tres y cuatro: el 3/4 del ritmo de mazurka o vals (*un*-dos-tres, *un*-dos-tres..., como el ejemplo de "My Bonnie") y el 4/4 del ritmo de balada (*un*-dos-tres-cuatro, *un*-dos-tres-cuatro..., como "Frère Jacques"). Tanto en términos de los ritmos para establecer los metros, como de las progresiones armónicas, se van buscando maneras de sistematizar y hacer corresponder las dimensiones sincrónica y diacrónicas del tiempo en la música. Más precisamente, ello representó un intento de hacer corresponder sus dimensiones diacrónicas –el ritmo y las progresiones armónicas–, con la sincronía –de sus escalas. Esto es, en la sonoridad, lo más cercano, a

---

[23] Willi Apel, *Harvard Diccionary of Music*, Cambridge, Mass., Harvard University Press, 1982, p. 731. Traducción mía; énfasis añadido para recalcar las gríngolas eurocéntricas de este *clásico* libro de referencia.

mi juicio, a la concepción "newtoniana"[24] del universo, eje de la ciencia moderna, donde los procesos dinámicos se armonizan en un *sistema* de relaciones lógicas o leyes invariables; donde el cambio coincide con la continuidad.

Aun con toda la profundidad de sus análisis, Weber no se percata de la importancia de este desarrollo, aunque los principios de éste subyacen también a su concepción sociológica. No hay que olvidar que el análisis social de Weber surge en respuesta a, o en debate con, la *crítica* a la sociedad "occidental" moderna que, desde la perspectiva de la clase económico-estructuralmente antagónica a la burguesía, la clase obrera, elabora Marx –me atravería a llamar–, *el* otro gran historicista en los inicios del desarrollo del análisis sociológico. Frente a una idea del cambio (y el progreso) que implicara rupturas, como señalaba Marx, Weber va a intentar fundamentar teóricamente la importancia del progreso lineal, del cambio acumulativo basado en el desenvolvimiento de la racionalidad. Frente a la necesidad de la revolución social para la democratización del progreso, Weber realzará, en sus estudios históricos y políticos, el papel del reformismo (cambio "armónico"con la *naturaleza* de lo humano y lo social, equivalente *al sistema* en Newton) de la mejor tradición iluminista de la burguesía más progresista de su época; frente a las contradicciones, la lógica de las interrelaciones; frente a los antagonismos, el consenso; frente a una dinámica cimentada en los intereses de clase, el papel (en torno al cambio) de las ideas y el conocimiento.

La pretensión "occidental" de *sistema*-tizar la música intentando, entre otros elementos, armonizar las diversas dimensiones del tiempo que en ella se expresan, es parte de todo un *ethos* que se asocia con la modernidad. Es pertinente, por lo tanto, ubicar el desarrollo de la música en los grandes debates de la sociología, que, en gran medida, se han centrado –como abundaremos más adelante en el texto– en torno a significados encontrados de la sociedad *moderna*. El proceso *racionali-*

---

[24] Entre comillas, pues, como ocurre generalmente con la obra de importantes pensadores sobre la cual se "construyen" *escuelas*, distinto es lo que señalaron en sus escritos originales a lo que interpretaron "seguidores" posteriores. Los estudios de C. Truesdell han demostrado que las ecuaciones que llamamos hoy "newtonianas" fueron elaboradas en realidad más de 50 años después de la publicación de *Principia*. No se trata, pues, de la revolución epistemológica de una obra personal, sino de toda una tradición: *Great Scientists of Old as Heretics in "The Scientific Method"*, Charlottesville, University Press of Virginia, 1985, p. 82; véase también su libro *Essays in the History of Mechanics*, Nueva York, Springer, 1968, capítulo 3.

zador (con su secularización "progresista") "libera" la expresión sonora del ritual y el mito, facilitando la creatividad individual; fortaleciendo su dimensión autónoma como arte. Ello tuvo, a su vez, al menos dos importantes consecuencias sociales. Dentro de las propias sociedades "occidentales"

> *this autonomy has resulted in the isolation and alienation of both art and artist from society within which music has become largely a matter of passive experience... has long ceased to be music to be played, but has become only music to be heard.*[25]

La autonomía artística de la creatividad individual, conjuntamente –en aparente paradoja– con el desarrollo de la polivocalidad –de la expresividad en conjunto (que el proceso *racionalizador* había posibilitado)– sirvieron de base a la formidable elaboración de la música "occidental" en la modernidad. La "época de oro" –el llamado período *clásico*– de esta música coincide con la conformación institucional de la orquesta, a través de la cual la producción musical presenta la imagen de la gran industria: la tensión entre la producción *colectiva* –con una compleja división de trabajo– y el diseño, dirección o control *individual*; la tensión entre el *enriquecimiento* extraordinario de las capacidades productivas y el *empobrecimiento* real (o creciente pasividad) del papel de la mayoría en lo producido. Esta concentración de la creación musical, y su jerarquización social, facilita los intentos de controlarla en las luchas sociales por la apropiación simbólica; el desarrollo interno de la sonoridad está vinculado pues, como había adelantado, a la dimensión política de la música.

La segunda gran consecuencia de este proceso *sistema*-tizador radica más bien en el ámbito de la relación de las sociedades "occidentales" con lo que éstas fueron considerando sus "*otros*". El proceso coincide con el amplio período de expansión de la cultura europea que Wallerstein ha analizado como la conformación de un *"world system".*[26] En su enfrentamiento a los *otros* y su intento de dominio, la cultura "occidental" elaboró la dicotomía entre *civilización* y *barbarie*. Aquellas expresiones sonoras que no exhibían su tipo de desarrollo "moderno" (incluye-

---

[25] W.V. Blomster, "Sociology of Music: Adorno and Beyond", *TELOS* 28, verano de 1976, p. 92.
[26] Immanuel Wallerstein, *El moderno sistema-mundial*, México, Siglo XXI, vol. I, 1979, vol. II, 1984; véase también de Eric R. Wolf, *Europe and the People Without History*, Berkeley, University of California Press, 1982.

ran o no elaboraciones de otras índoles) serían subvaloradas como "primitivas".[27]

Habrán notado que en las referencias a Weber he aludido, en contraposición, a Marx. Parecería que corremos en dirección inversa a la corriente de estos tiempos con este contrarreferente, cuando hemos presenciado el derrumbe de intentos de reorganización social supuestamente inspirados en sus escritos, y mucho del pensamiento social del momento se centra en intentos de distanciarse o "liberarse" de sus paradigmas. Pero gran parte de la historia de la sociología (y la sociología de la música no escapa de ello) se enmarca en los debates entre las concepciones clasistas encontradas que Marx y Weber sistematizaron; y el intento contemporáneo de modificar o "trascender" los términos de esta dicotomía no puede obviar, a mi juicio, las bases sobre las cuales se desarrolló.[28] No es éste, evidentemente, el lugar para discutir a fondo estas concepciones; sólo quiero resaltar unos aspectos especialmente relacionados con el tipo de sociología de la música que intento en los capítulos que siguen.

Marx, como el movimiento obrero de su época, compartía con la visión presente en Weber, la fe en la modernidad y el progreso, y la vinculación entre éstos y la racionalidad "occidental"; pero difería en algunos elementos de la concepción misma de estos términos. Es, sobre todo, fundamental al respecto su visión de la modernidad como una exacerbación de contradicciones.[29] Como tal, encierra múltiples posibilidades, por su visión dialéctica del progreso histórico como síntesis de la tensión entre opuestos, que engendra a su vez nuevas contradicciones que posibilitan una nueva síntesis... y así sucesivamente, pero a niveles cada vez más "elevados" de las potencialidades humanas. La posibilidad de que una identidad devenga en antagonismo (contenga "las semillas de su propia destrucción": de su polo opositor dialéctico) quiebra la lógica de medios a fines que definía la racionalidad para Weber. En esta concepción, la racionalidad no tiene que ser siempre directa, ni el progreso lineal[30] (sino, en ocasiones, oblicua; transitando por caminos

---

[27] Un ejemplo estupendo, en adición a las músicas afroamericanas que discutiremos más adelante en el texto, pero también referente a variaciones rítmicas, es analizado con rigor (y admiración) por Bartók en su ensayo "El denominado ritmo búlgaro" (1938), incluido en *Escritos...*, pp. 164-173.

[28] Véase por ejemplo, de Jacques Derrida, *Specters de Marx*, París, Ed. Galeleé, 1993.

[29] Véase el sugerente análisis de Berman, *Todo lo sólido...*, capítulo 2.

[30] Desde otra perspectiva, desde los debates en las ciencias naturales, ha ido generán-

insospechados). Sobre todo, precisamente, en la modernidad, con su acelerada transformación de la naturaleza para fines humanos, con el formidable desarrollo de los medios para esta transformación –las fuerzas productivas–, las contradicciones de la organización social en torno a la "humanización" de la naturaleza –las relaciones de producción– revisten a las clases sociales y sus antagonismos de una importancia central, para Marx, en el devenir histórico.

Contrario a Weber, Marx no elaboró los significados de estas distintas concepciones para la sociología de la música; pero otros investigadores han realizado, posteriormente, valiosos intentos. Sidney Finkelstein, por ejemplo, examina el formidable desarrollo de la música "occidental" en términos, no de la creciente incorporación del *ethos* racionalizador, como Weber, sino de la tensión entre opuestos que conlleva la forma "redondeada" de canción, y la riqueza de la incorporación de la creatividad popular en los conflictos de clase que se expresan en esa tensión dialéctica.[31] Así, mientras la creciente penetración de la racionalidad en la música podría suponer una también creciente elitización de ésta –un distanciamiento entre la elaboración musical y la espontaneidad popular– (aunque Weber, con su fe en la generalización de la racionalidad, no lo planteara así), para Finkelstein toda la gran música "occidental" está cimentada en la expresividad popular en lucha con los poderes establecidos. A través de todo su libro va evidenciando la protagónica incorporación de temas populares o folklóricos en la obra de los grandes compositores de "occidente", desde Monteverdi en el siglo XVI hasta Falla y Bartók en el XX (pasando por Vivaldi, Bach, Mozart, Beethoven, Brahms, etc.). Simplificando enormemente para fines de esta exposición

---

dose una literatura (sobre todo a partir de los años veinte de este siglo) muy importante en torno a la racionalidad, la incertidumbre y el cambio, sobre la cual volveremos en la próxima sección. El libro de Prigonine y Stengers, *Order out of Chaos* que cité a comienzos, incluye estupendas síntesis dirigidas a un público lector no especializado. Este libro es, en realidad, una versión retrabajada del original publicado en francés en 1979 y para el cual existe traducción al español con el título original: *La nueva alianza. Metamorfosis de la ciencia*, Madrid, Alianza editorial, 1983. He citado de la versión en inglés sólo en aquellos casos donde el texto original fue retrabajado por los autores. Véase también, aunque menos profundo, John L. Casti, *Complexification, Explaining a Paradoxical World Through the Science of Surprise*, Nueva York, Harper, 1994, entre otros. El libro de Antonio Benítez Rojo, *La isla que se repite*, Hanover, Ed. del Norte, 1989, muy sugerente para el análisis cultural del Caribe (enfatizando en la literatura), desarrolla elementos centrales de su análisis apoyándose o inspirado por este tipo de escritos (véase su "Apéndice").

[31] *Composer and Nation... op. cit.*

una investigación y análisis mucho más complejos, la dimensión social de la gran música del período "clásico" entre los siglos XVIII y XIX (Haydn, Mozart, Beethoven), por ejemplo, radicaría, según Finkelstein, sobre todo en la crítica a la aristocracia, al orden del "Antiguo Régimen". Lo social en el Romanticismo del siglo XIX (Liszt, Chopin, Schumann...), se encontraría en una expresión de la importancia del mundo popular campesino en la definición de la nación ante los desarrollos de la concentración burguesa del poder, y una defensa de su vida "libre". La música de Sibelius en el cambio de siglo, expresaría en su dimensión social la lucha por la libertad de una nación oprimida (Finlandia); y la de Bloch, en la primera mitad del siglo XX, la conciencia de un pueblo discriminado o perseguido (los judíos); etcétera.

Es sumamente revelador, a mi juicio, que la naturaleza dialéctica –la tensión de opuestos– que encuentra Finkelstein en la forma "redondeada" de expresión musical, a través de la cual se manifiestan los antagonismos sociales, alcanzara sus más altos niveles de elaboración o complejidad, precisamente en el momento cumbre del desarrollo de la polivocalidad que la penetración racionalizadora había posibilitado: en el período de la emergencia de la orquesta sinfónica y del piano, cuyas manifestaciones *centralizadoras* en la producción de la música hemos ya apuntado. Se trata de lo que se conoce en la música "clásica" como la forma *allegro-sonata* del primer movimiento de las sinfonías, que va desarrollándose en el siglo XVIII, hegemoniza la expresión sonora "occidental" a finales de ese siglo –con las sinfonías de Haydn y Mozart– y alcanza su más elevada manifestación –como la orquesta– a principios del siglo XIX con Beethoven. Ante las múltiples variaciones de un tema musical de la forma *fugada* del Barroco (Bach, por ejemplo), la forma *allegro-sonata* constituye una forma compleja (y muy elaborada, como aquélla) de desarrollar temas, pero no meramente en términos de *variaciones*, sino de *contrastes* –melódica, armónica y rítmicamente–[32]

[32] Una explicación accesible a los lectores poco familiarizados con la terminología musicológica puede leerse en el libro del compositor norteamericano Aaron Copland, *Como escuchar la música*, México, Fondo de Cultura Económica, 1980 [1ra. ed. en inglés, 1939], pp. 140-147. Considero este breviario muy útil para muchos otros términos también. Interesantemente, Copland incluye el contraste "masculino-femenino" –en la expresividad dramática y lírica– entre los contrastes presentes en la forma *allegro-sonata*. Lamentablemente no se le ha dado continuidad, que yo conozca, a la profundización en torno a esta dimensión –las relaciones de género– en los análisis subsiguientes que se han realizado sobre esta extraordinaria manera de organizar la expresividad musical en términos de contrastes. Otros aspectos de la importancia del género en el análisis de la

en una composición "redondeada", es decir, donde el movimiento temporal es elemento intrínseco al desarrollo significativo de los contrastes:

...the whole principle of the sonata form depends upon the relationship of one section to its antecedent. Development is meaningless without exposition, and recapitulation is meaningless without development.[33]

Como analiza sugestivamente el musicólogo marxista Christopher Ballantine

Sonata... grew up around the time of Revolution and sprang from the same impulse... Its starting point is the difference between the reality and the potenciality...as in...dialectic. Sonata dramatizes the principle whereby something may become something else under the driving force of contradiction: it is the highest musical articulation of the idea of forward movement through conflict.[34]

Y más adelante añade

The replacement of stable fugue subjects by unstable sonata subjects belong intimately to the movement that dissolved the stable categories of traditional formal logic into the unstable dynamic of a philosophy whose forms shift and swirl about under the stresses of contradiction.[35]

Este período que llama Hobsbawm *"the age of revolution"*, fue tanto una época de grandes transformaciones sociales (en lo político con las revoluciones democráticas y en lo económico con la Revolución industrial), como el momento de la consolidación de la modernidad "occidental" y su proyección mundial, proceso que venía desarrollándose desde varios siglos antes. Fue, por consiguiente, un período tanto de "aperturas" definitivas, como de importantes "cierres". Por eso, su más dramática e influyente manifestación sonora –la gran música de Beethoven– ha sido objeto de agudas controversias, incluso entre aquellos analistas que comparten una aproximación dialéctica, basada en las

música "occidental" son tratados muy sugestivamente por Susan McClary, *Feminine Endings, Music, Gender, and Sexuality*, Londres, University of Minnesota Press, 1991.

[33] John Sheperd *et al.*, *Whose Music? A Sociology of Musical Languages*, New Brunswick, Transaction Books, 1977, p. 111.

[34] *Music and Its Social Meaning*, Johannesburg, Ravan Press, 1984, p. 32.

[35] *Ibid.*, p. 36.

contradicciones y en los antagonismos sociales (es decir, influidos por las concepciones adelantadas por Marx). Así, mientras para Adorno[36] o Elie Siegmeister,[37] la música de Beethoven recogía las aspiraciones de una burguesía en ascenso, y para Finkelstein y Ballantine (con mayor precisión, a mi juicio) la crítica a la aristocracia, al *Antiguo orden* (desde esa conjunción de clases, añadiría yo, que conformaba lo que entonces llamaban *el tercer estado* –el pueblo– que incluía entre otros a campesinos y proletarios, aunque lidereados por la burguesía), para Maynard Solomon, en sus investigaciones aún más detalladas y abarcadoras, representaba "el último grito" de una aristocracia ilustrada en declive histórico.[38] La tensión dialéctica de la forma *allegro-sonata*, según Solomon, se encuentra realmente entre la racionalidad y la fantasía, resolviéndose utópicamente a favor de la primera. En este sentido, la música de Beethoven sería la mayor expresión sonora de la tradición de la Ilustración y la identidad social de su significado estaría vinculada a la aristocracia del despotismo ilustrado (de corte mercantilista), frente tanto al feudalismo terrateniente tradicional, como a la amenaza revolucionaria democratizante del *tercer estado*.

Aunque las conclusiones centrales de Maynard Solomon no son, a mi juicio, convincentes,[39] su investigación apunta hacia unas realidades fundamentales: la creciente presencia del *ethos* racionalizador –a través de la herencia de la Ilustración– en la gran música "occidental" de ese momento, y las complejas interrelaciones entre una identidad modernizante y las relaciones de clase. Y es que los valiosos análisis de Finkelstein, Ballantine y otros, no invalidan las pioneras aproximaciones sociológicas de Weber al desarrollo de la música "occidental" (aproximaciones que, de hecho, nunca enfrentan directamente). Sí muestran claramente lo limitado de su análisis, por lo parcial de los procesos sobre los cuales éste

---

[36] *Introduction to the Sociology of Music*, Nueva York, Seabury Press, 1976 [1ra. ed. en alemán 1962].

[37] *Música y sociedad* México, Siglo XXI, 1980 [1ra. ed. en inglés, 1938].

[38] Véanse sus ensayos, "Beethoven, Sonata and Utopia", *TELOS* 9, otoño de 1971, pp. 32-47; "Beethoven and the Enlightenment", *TELOS* 19, primavera de 1974, pp. 146-154; "Eleven Theses on Beethoven", *TELOS* 27, primavera de 1976, pp. 182-184; y *Beethoven Essays*, Cambridge, Mass., Harvard University Press, 1988. Lamentablemente su libro *Beethoven*, Buenos Aires, Javier Vergara, ed., 1983 [1ra. ed. en inglés 1977], aunque incluye mucha valiosa información, no tiene la riqueza analítica, dialéctica, de sus ensayos, constituyendo una biografía de tipo, más bien, tradicional.

[39] Comparto la crítica que le formulara Robert C. Solomon, "Beethoven and the Sonata Form", *TELOS* 19, primavera de 1974, pp. 141-146.

se basa; pero, igualmente parcial, podría argumentarse, son sus dialécticas aproximaciones centradas en los antagonismos de clase.[40] ¿Hasta qué punto representan estos tipos de análisis enfoques mutuamente excluyentes –como las aspiraciones clasistas sobre las cuales se originaron–, o en qué medida apuntan, aunque parcialmente, a dos procesos –ambos, reales–, que sería necesario incorporar, en sus múltiples interrelaciones, a los nuevos intentos analíticos que los complejos procesos históricos que vivimos hoy nos están exigiendo? ¿No será fundamental tomar en consideración para el análisis, tanto la inescapable y avasallante realidad –que muchos quieren ocultar– de las relaciones de clase en –parafraseando a Berman– nuestra "feroz modernidad",[41] como otras dimensiones de las identidades socioculturales –civilizatorias (como las analizadas para la música por Weber), nacionales, étnicas, generacionales o de género y sexualidades– que, aunque heterogéneas, no tienen por qué ser necesariamente antagónicas? ¿Cómo se entrecruzan estas diversas dimensiones de la vida y de la historia?

Es imposible que este libro enfrente sistemáticamente todas estas interrogantes, amplias y complejas. Ello sería pretensioso e irreal. Sí

---

[40] Ello, para fines de argumentación, pues, en honor a estos autores, es necesario aclarar que incorporan otras consideraciones en sus análisis que no me ha parecido pertinente discutir aquí.

[41] En uno de mis primeros escritos –"Algunas aclaraciones imprescindibles para el análisis dinámico de la clase obrera", *Revista de Ciencias Sociales* (UPR, San Juan), XVIII:1-2, marzo-junio de 1974, primero de una serie de cinco artículos sobre *La clase obrera y el proceso político en Puerto Rico*– presenté, con cierto detenimiento, las visiones contrastantes del concepto de clase en Marx y en Weber. Mientras para el primero el concepto refería a relaciones basadas en la producción (por ejemplo campesinado, terratenientes, artesanado, proletariado, burguesía...), para la tradición sociológica que daba continuidad a la obra del segundo, la clase social hacía referencia al acceso diferenciado al consumo (por ejemplo ricos, pobres, clase media, media alta, media baja...). En aquel momento defendí la conceptualización del primero, sobre bases filosóficas que aún sostendría: la importancia positiva fundamental de la producción en la definición de *lo humano*. Pero, en términos históricos, la creciente importancia del mercado en el circuito de realización del capital, sobre todo a partir del *fordismo* (del cual hablaremos más en este libro) en la industria norteamericana de principios del siglo XX, y, concomitantemente, la más creciente importancia aún del consumo en el desarrollo de identidades colectivas, me han llevado a repensar la importancia de ambas dimensiones –producción y consumo– para la conformación histórica de las relaciones de clase. En otras palabras, confrontar abstracciones filosóficas con realidades socio-históricas contemporáneas me llevaron a intentar el trascender la anterior dicotomía. Sobre la importancia del consumo en el desarrollo de las identidades contemporáneas, véase de Nestor García Canclini, *Consumidores y ciudadanos, Conflictos multiculturales de la globalización*, México, Grijalbo, 1995.

quisiera, no obstante, contribuir –a través de estudios específicos sobre diversas dimensiones de la relación entre música y sociedad en el Caribe– al proceso de ir tanteando posibles formas de abordarlas.

♩♩ ♪♪ ¡TROPICAL, YO VIVO EN LO TROPICAL![42] ♩♩ ♪♪

> ¡Oye como va, mi ritmo;
> bueno pa' gozar, mulata!
> TITO PUENTE[43]

Ninguno de los acercamientos alternativos al análisis de Max Weber sobre la trayectoria de la música "occidental" que hemos ido viendo, afronta los procesos centrales de sus hipótesis: a mi entender, los intentos de *sistema*-tización de las formas de expresión sonora que experimentó esta tradición musical en la consolidación de la modernidad "racionalizadora". Los diversos conflictos sociales que nos ayudan a entender las transformaciones históricas que experimentó esta música, que examinan Finkelstein, Ballantine, Solomon, Adorno y Siegmeister, entre otros, corren paralelos a su "ordenación"[44] en términos de principios rectores a la manera de la ciencia moderna. Es decir, una "ordenación" que suponía el desarrollo de un cuerpo de conocimientos de aplicación universal donde la práctica correspondiera con la teoría a través de un principio ordenador de las relaciones entre los diversos componentes de un conjunto, del cual se derivarían las diversas *leyes* explicativas de las distintas manifestaciones de las relaciones. La búsqueda de este *principio* y estas *leyes* no se limitó al estudio del mundo de los

---

[42] Estribillo de la canción "Tropical", de Noel Hernández (inédita), uno de los principales forjadores de la música de protesta en el Puerto Rico de los años setenta.

[43] Del disco de larga duración –que en adelante mencionaremos como LP– *El rey bravo*, Nueva York, Tico Division Rulet, 1962. Tito Puente ha sido desde los años cincuenta de este siglo, uno de los más destacados exponentes de la música "tropical", tanto en el *mambo* y la *salsa*, como en el *jazz* latino. La canción "Oye como va", ha sido grabada posteriormente en innumerables ocasiones, tanto por Puente, como por otra veintena de intérpretes. Enorme difusión tuvo la versión "rockera" de Santana, en su participación en el famoso festival juvenil alternativo de Woodstock. Agradezco al compañero músico y radiodifusor Roberto Guzmán Delerme (lamentablemente recién fallecido) mucha de esta información.

[44] Entre comillas, pues en realidad fueron *intentos* de éxitos sólo parciales.

objetos; permeó el examen de lo humano y lo social, tanto, entre otras, en la tradición intelectual weberiana, como en las principales corrientes marxistas.

Para la ciencia moderna, basada en la física "newtoniana", el principio ordenador fue *la ley de la gravedad*; su equivalente en la música sería la tonalidad, que estructuraba la relación entre las notas para el desarrollo de las escalas –sobre las cuales se construyen las melodías– y la relación entre las notas para *las leyes* de la armonía.[45] Razón tuvo Weber, dentro de esta concepción, para centrar su estudio de la creciente penetración en la música del *ethos* racionalizador en estos elementos. Incluso en el extraordinario desarrollo de la forma *allegro-sonata*, basada en la dialéctica de los contrastes, la sonoridad de la modernidad "occidental" no lograba escapar a "la ley inmutable de la gravedad" de la tonalidad, como principio ordenador de todo dinamismo o cambio. Aún con todas las tensiones de sus contrastes y la extraordinaria manifestación libertaria de la sección intermedia (también llamada *de desarrollo*) de la forma *sonata*, las tensiones o contrastes se "resolvían" finalmente en la tónica, elemento alrededor del cuál *gravitaba* la composición.

Aproximadamente a principios del siglo XX, con investigaciones y reflexiones suscitadas por la teoría de la relatividad, la mecánica cuántica y la termodinámica, la ciencia moderna experimenta una profunda transformación, en la cual se encuentra todavía inmersa. Las categorías cimentadas por los *newtonianos* –universales, deterministas, objetivas (independientes del observador)– que enfatizaban el equilibrio y la permanencia (la noción de *sistema*), serán objeto de reexamen ante lo relativo, paradójico, inestable y cambiante. Paralelamente, en la música *clásica* "occidental" (que, no por coincidencia, se le denomina también *erudita* en este siglo) se desarrollaron interesantes intentos de escapar de las *determinaciones* de la tonalidad. Aunque sin duda abrió nuevas posibilidades expresivas, el movimiento atonalista no escapó al intento *sistema*-tizador del *ethos* racionalizador e incluso contribuyó a ampliar las distancias entre la elaboración musical y la espontaneidad popular, no

---

[45] En el tercer capítulo del libro de Sheperd *et al.*, *Whose music...*, *op. cit.*, p. 105, se relaciona el principio ordenador de la tonalidad con la cosmovisión industrial, en términos de la relación jerárquica que establece entre sus componentes. Ésta es una idea sugerente, pero que requeriría, a mi juicio, mayor concreción. La tonalidad es reconocida por muchos autores como la fuerza alrededor de la cual *gravitó* el desarrollo de la música "occidental" entre 1600 y 1900 aproximadamente: véase, por ejemplo, Eric Salzman, *Twentieth-Century Music. An Introduction*, New Jersey, Prentice Hall, 1967, parte I.

empece los esfuerzos admirables –prácticos y teóricos– de algunos compositores como Hanns Eisler.[46] El desarrollo de este movimiento coincide con los inicios de lo que va a conocerse como música *pop*: la expansión cuantitativa y empobrecimiento cualitativo de la producción de sonoridades *para* el consumo popular, caracterizada, como Adorno ha examinado, por la *estandarización*.[47]

Para mantener su desaforado optimismo (estimulante y admirable) respecto al protagónico papel de la sonoridad popular para la elaboración musical, Finkelstein se ve obligado a abandonar *la vieja Europa*, a trasladar su análisis al nuevo foco hegemónico de lo "occidental": los Estados Unidos, cifrando (con matices) en el *jazz* –que denomina *a People's Music*– sus esperanzas en el desarrollo democrático de la música.[48] Pero, aunque Finkelstein se manifiesta consciente de ello, no incorpora, a mi juicio, suficientemente en su análisis el hecho de que el *jazz* no es meramente música de las clases populares norteamericanas, sino originada por unos particulares sectores de esas clases –los sectores negros. La dimensión étnica de las identidades no puede, respecto a esta música, soslayarse. ¿Será correcto incluir al *jazz* en una trayectoria que sólo considera la música de la modernidad "occidental"?

Como sugerentemente explican Prigogine y Stengers, la transformación que han experimentado las ciencias físicas en el siglo XX está en gran medida centrada en el redescubrimiento del tiempo, sobre todo en la importancia de los procesos irreversibles.[49] El reconocimiento de

---

[46] De Eisler véase por ejemplo, *Escritos teóricos, Materiales para una dialéctica de la música*, La Habana, Ed. Arte y Literatura, 1990 (recoge escritos entre 1926 y 1962). El más destacado atonalista, Schoenberg, manifestaba, sin embargo, su elitismo abiertamente.

[47] *Introduction...*, *op. cit.*, p. 25.

[48] Igual entusiasmo en torno al *jazz* manifiesta Siegmeister (no sólo en su libro, sino también en su obra como compositor); no así Adorno, que incluye al *jazz* entre el fenómeno *pop*, que abiertamente aborrece. Las referencias a la música popular contemporánea en el cap. 2 del libro de Adorno, así como en el último capítulo del estudio de Valls, *op. cit.*, están permeadas de un eurocentrismo elitista (donde músicas tan importantes como el *jazz* son incluidas entre aquellas que califican de "ligeras") que, como en muchas supuestas historias *de* la música (cuando son realmente sólo de la tradición "occidental", por ejemplo Josep Soler, *La música*, vol. II, *De la Revolución Francesa a la época de la economía*, Barcelona, Montesinos, 1982) no le permite examinarla en toda su complejidad. Es justo aclarar que respecto a la música *"clásica"*, el libro de Soler tiene buena información y el de Adorno, estudios excelentes.

[49] *Order out of Chaos...*, capítulo VII (en *La nueva alianza...*, capítulos VIII y IX). Véase también de Prigogine, *El nacimiento del tiempo*, Barcelona, Tusquets, 1993.

este tipo de fenómeno choca con la concepción "newtoniana" del universo como una gran maquinaria, como un conjunto integrado de relaciones infinitamente repetibles, como un *sistema* en equilibrio eterno. Sin querer forzar paralelos respecto a otras esferas de conocimiento, pero consciente de sus interrelaciones en términos de cosmovisión, de paradigmas, me atrevería a sugerir que la verdadera revolución en la sonoridad –de impactos profundos y decisivos en torno a la relación entre música y sociedad– no se encontraba en la avenida de los fenómenos relativos a la tonalidad; estaba centrándose –como las transformaciones en la ciencia– en el reconocimiento de la importancia del tiempo y sus procesos irreversibles. De acuerdo con los conceptos que hemos venido utilizando, la liberalización de los límites impuestos por la *sistema*-tización vendría, no en la manifestación sincrónica del tiempo, expresada en la música a través de la tonalidad, sino en su dimensión diacrónica: en la forma de la composición, en las progresiones o el desarrollo de la armonía en ésta y, sobre todo, *sobre todo*, recalco, en el ritmo.

En el mundo de los objetos, el redescubrimiento de los procesos irreversibles no significó echar por la borda todos los extraordinarios avances que logró la ciencia moderna sobre el paradigma *newtoniano* de la gravedad, sino la importancia de buscar formas de entender la compleja interrelación entre el análisis de lo recurrente (a lo cual se había dedicado la ciencia *newtoniana*) y de lo cambiante (que había soslayado):

poniendo fin, por consiguiente, de una vez por todas, a la esperanza de descubrir *un único* esquema conceptual, común a *todos* los niveles de descripción[50] ...¿Cómo podemos colmar la brecha entre *ser* y *devenir* [how can we bridge the gap between *being* and *becoming*, en la versión inglesa] –dos conceptos en abierto conflicto– y, sin embargo, necesarios (ambos) para dar una descripción coherente de este extraño mundo en el cual nos hallamos?[51]

Una transformación de paradigma equivalente en la música no

---

[50] *La nueva alianza...*, p. 216 (en *Order...*, p. 222), énfasis añadidos. Es pertinente aclarar que para el desarrollo de su argumentación, Prigogine obvia las complejidades no deterministas en la mecánica clásica, donde fenómenos irreversibles son tratados desde Galileo. Es significativo que Pierre S. de Laplace, con quien se ha asociado la formulación determinista de la ciencia *newtoniana*, escribiera al respecto en un libro popularizador sobre *Teoría de probabilidades*.

[51] *Ibid*, p. 187 (en *Order...*, p. 209), énfasis y paréntesis míos.

significaba tampoco ignorar los extraordinarios avances en el desarrollo de la expresión sonora que representó el proceso *sistema*-tizador centrado en la tonalidad; sino, impugnando su pretensión unidimensional, explorar las complejidades entre el ser y el convertirse, entre lo sincrónico y lo diacrónico, entre lo cantable y lo bailable, entre la tonalidad y el ritmo.

Es sumamente significativo que los desafíos más decisivos a la hegemonía absoluta de la música "*sistema*tizada" de la modernidad "occidental"[52] se hayan producido en este siglo, no desde la sonoridad de las otras antiguas culturas tradicionales (aún con toda la riqueza que encierran), ni tampoco desde el proletariado o las clases subalternas en el centro de las sociedades de "occidente",[53] sino desde el llamado "Nuevo Mundo". Fue desde los sectores populares subalternos en los *márgenes* de la modernidad, donde se quebró la creciente globalización del proceso *sistema*-tizador sonoro. Numerosas experiencias –entre las cuales resalta la desgarradora trata esclavista– *amelcocharon* muy diversos planos de tiempos históricos, trastocando –y problematizando– radicalmente las maneras de sentir y concebir el tiempo.[54] Es precisamente de culturas

---

[52] ..."sistematizada" entre comillas, pues a lo que apunta sabiamente Weber era una *tendencia*; tendencia, además, preñada de tensiones, como el propio Weber enfatiza, y como es evidente en toda la gran música "clásica".

[53] El musicólogo húngaro János Marothy, *Music and the Bourgeois, Music and the Proletarian*, Budapest, Akademiai Kiado, 1974, concluye un estudio sumamente minucioso, amplio, erudito e imaginativo, sobre la trayectoria histórica de la música y las cosmovisiones de clase, planteando los inicios de la superación de la cosmovisión burguesa por las composiciones del realismo socialista, principalmente de Eisler en la -entonces- Alemania oriental, Prokofiev y Shostakovich en la Unión Soviética y Kodály y Bartók en Hungría, que, según su interpretación, adelantan una cosmovisión proletaria. Aunque enfáticamente recomiendo el estudio de esta obra monumental, sus análisis resultan a veces mecanicistas y sus conclusiones me parecen forzadas; creo que la historia reciente lo confirma. La reseña que escribieron Richard Norton y John Bokina sobre este libro en la revista *TELOS* 28, verano de 1976, pp. 227-234, menciona algunos de estos puntos.

[54] En un libro previo, intento presentar, respecto a la historia de Puerto Rico, la importancia analítica del examen de la combinación simultánea de diversos tiempos históricos para sociedades "periféricas" o del "Tercer Mundo": *Patricios y plebeyos: burgueses, hacendados, artesanos y obreros, Las relaciones de clase en el Puerto Rico de cambio de siglo*, San Juan, Huracán, 1988, particularmente, pp. 292-302. En su presentación al libro de Jesús Blanco, *80 años de son y soneros en el Caribe, 1909-1989*, Caracas, Fondo Ed. Tropykos, 1992, Luis Antonio Bigott recalca la importancia, para la historia de ese género, central en la música del Caribe, de esta diversidad simultánea de tiempos: "La Habana... donde confluyen diversos tiempos... Esa especie de confluencia de época donde se

conformadas por estas vivencias, de sociedades constituidas por el proceso modernizador mismo, pero en sus márgenes, donde han surgido las tres tradiciones de expresión sonora (muy relacionadas entre sí) que han quebrado la hegemonía absoluta que la extraordinaria música de la modernidad "occidental" parecía haber alcanzado hacia principios de siglo.[55] Estas son, a mi juicio, la música afronorteamericana, en sus vertientes del *jazz* y del *rock* (aunque fueran prontamente internacionalizadas, quizá por haberse producido en el seno de la sociedad que se ha convertido en el nuevo centro hegemónico de "occidente", los Estados Unidos), la música brasileña y la música caribeña, en sus vertientes anglo (de, por ejemplo, el *reggae*) y *latina*, en la música (que ha denominado *el otro* como) "*tropical*".[56]

Estas tres tradiciones musicales, aun con sus profundas limitaciones y contradicciones, abrieron –sobre todo en el siglo XX– enormes avenidas de expresividad sonora. Su amplia popularidad extraterritorial en un período marcado por procesos de globalización, no puede interpretarse meramente en términos de éxitos de mercadeo,[57] aunque todas estas músicas –unas más y otras menos– se fueron conformando en su mercantilización.[58] Tampoco puede, a mi juicio, interpretarse como

entretejen simultáneamente tiempos culturales y truncos, inacabados de premodernidad, modernidad y formas postmodernas..." (p. 3). Lamentablemente, el libro, después, no elabora sobre ello.

[55] Ese "amelcochamiento" incluyó la mezcla sincrética de diversas "racionalidades" y "sentidos comunes". Llama la atención, por ejemplo, cómo en la imaginería popular "mulata" caribeña muchas veces se articulan discursos mitológicos en los cuales sorprende la aparente ausencia del "axioma del tercio excluso" (la Ley de no contradicción de la lógica formal). Esto tiene como consecuencia que en este ámbito no pueden descartarse creencias por reducción al absurdo. Agradezco al compañero matemático (y además estudioso de la música y las culturas afrocaribeñas) Erol Montes el haberme hecho consciente de esta dimensión, así como de muchas de las referencias a los debates de las ciencias naturales en este capítulo.

[56] Sería interesante examinar, aunque su consideración rebasa el ámbito del presente trabajo, el impacto sobre la trayectoria de la música "occidental", sobre todo a partir de finales del siglo XIX, de las músicas de los márgenes europeos de la modernidad: la música eslava, gitana, húngara y española. Tal vez algunos elementos examinados por Marothy, *op. cit.*, desde su dimensión clasista –como expresiones de una cosmovisión proletaria–, pueden justipreciarse mejor como expresiones también de una otredad étnica.

[57] Como interpreta la difusión de la *salsa* Sylvia Arocho Velázquez, "En búsqueda de una socio-historia económica de la música puertorriqueña", *Homines* X:1, enero-julio de 1986, p. 81.

[58] Roger Wallis y Kriester Malm, *Big Sounds from Small Peoples, The Music Industry in Small Countries*, Nueva York, Pendragon Press, 1984, incluyen mucha información

secuela de "la creciente enajenación en el capitalismo del hombre contemporáneo". Ha pasado suficiente tiempo de reiterada popularidad más allá de los ámbitos culturales de donde emergieron como para abribuírsela a un fenómeno de moda, tan importante para la aceleración del consumo. El *jazz* y el *rock*, la *samba* y el *bossa nova* (o, más ampliamente, lo que los brasileños llaman MPB: música popular brasileña), el *reggae*, el *soka*, el *calypso*, el *mambo*, el *bolero*, el *merengue*, la *nueva trova tropical*, la *salsa*, el *jazz latino*, la tradición "clásica" de Villa-Lobos, Gershwin, Lecuona, Amaury Veray, Leo Brower o Ernesto Cordero, son expresiones sonoras sumamente vitales que han tocado una fibra de sensibilidad fundamental en este siglo. No se trata solamente de sus logros más evidentes: la variedad y complejidad de sus ritmos, ni la riqueza expresiva del polirritmo. Se trata, sobre todo, de maneras liberadoras de expresar la relación entre lo sincrónico y lo diacrónico y sucesivo, quebrando, en la sonoridad, la *sistema*tización referente a la *gravitación* en torno de la sincronía (la tonalidad) del paradigma *newtoniano* de la modernidad "occidental".

La importancia protagónica del ritmo evidencia el trasfondo africano de estas formas de organizar la expresión sonora, tanto del África negra como del Magreb. Pero éstas no son músicas de África transportadas al Nuevo Mundo, sino músicas *del* Nuevo Mundo, con toda la continuada hibridez que ello entraña y los trastoques dramáticos que los desplazamientos territoriales representaron y representan en las formas de experimentar el tiempo. Se transportaron, es cierto, numerosos *toques*, ritmos, giros, estilos... todavía presentes maravillosamente en diversos géneros "negros" de estas sociedades. Pero no son ésos –con todo y su riqueza– los que han desafiado internacionalmente el predominio absoluto de la sonoridad de la modernidad "occidental". El desafío se ha dado, más bien, desde las músicas arriba mencionadas que, ya que manifiestan la expresividad melódica de la música "occidental" y las repercusiones en la elaboración sonora de la forma "redondeada" de composición, algunos han denominado como "*mulatas*", y que yo preferiría caracterizar como *de los mulatos márgenes de la modernidad*.

Estas músicas "mulatas" no supeditan la melodía al ritmo, como algunas formas negras tradicionales; no intentan transferir, de la tonalidad al ritmo, el foco de la *gravedad*. Más bien desarrollan interconexio-

---

interesante y, contrario a la referencia anterior, muy valiosa, relacionada con este proceso (en referencia, sobre todo, a la música del Caribe de lengua inglesa).

nes de *relatividad* entre sus diversas dimensiones expresivas. El que la tonalidad pierda su carácter de principio ordenador unidimensional no significa que se abandone la tonalidad (como intentó el atonalismo); tampoco que se sustituya necesariamente por otro principio ordenador unidimensional. Lo interesante y, a mi juicio, verdaderamente revolucionario de estas músicas, son los entrejuegos libres –a veces tensos y a veces fluidos– entre lo sincrónico, lo diacrónico y lo sucesivo: los entrejuegos entre la tonalidad, las formas, el ritmo y las progresiones o el *desarrollo* de las armonías (muy rico y sorpresivo en el MPB, en la etapa *rebop-bebop* del *jazz*[59] y en algunas vertientes del *rock*[60]).

Una de las manifestaciones más importantes de estos entrejuegos, que evidencia claramente un distanciamiento respecto a la "*sistema*-tización" *newtoniana*, se expresa en lo que se denomina en la música como los metros: los patrones que ordenan el transcurrir sucesivo de las melodías. Algunas páginas atrás señalamos cómo, a partir del siglo XVII, la música de la entonces incipiente modernidad "occidental" fue estructurándose isométricamente, es decir, con acentos regulares recurrentes; donde, además, primó una subdivisión del tiempo en términos de tres y cuatro (3/4 y 4/4) correspondiente a las subdivisiones melódico-armónicas de la tonalidad.

A partir del siglo XVII, el diseño rítmico de las melodías y las progresiones armónicas estará contenido en y relacionado al esquema métrico subyacente a cada composición, que se indica por su compás ("*time signature*", e.g. 3/4, 4/4, etc.).[61]

En el siglo XX, paralelamente al redescubrimiento del tiempo en las ciencias de la materia, la gran música "occidental" (a través de compositores como Stravinsky, Bartók o Hindemith, y del impacto en ella de

---

[59] Ya a principios de los años cincuenta, el pionero de la etnomusicología caribeña, Fernando Ortiz, apuntaba este desarrollo: "La influencia afrocubana en el jazz norteamericano" (1950), reproducido en *Etnia y sociedad*, La Habana, Ed. de Ciencias Sociales, 1993, pp. 245-251, particularmente p. 248. Sobre este proceso en el *jazz*, véase, entre numerosos escritos, el "clásico" de Henry Pleasants, *Serious Music and All That Jazz!*, Nueva York, Simon & Schuster, 1969, específicamente p. 136.

[60] Véase el sugestivo ensayo del renombrado musicólogo Deryck Cooke, "The Lennon-McCartney Songs", incluido en su libro *Vindications, Essays on Romantic Music*, Cambridge, Cambridge University Press, 1982.

[61] Sir Jack Westrup y F. Ll. Harrison, *Collins Encyclopedia of Music*, Londres, Chancellor Press, 1985, p. 354, traducción mía.

las músicas afroamericanas: de Villa-Lobos, Amadeo Roldán, la *rumba*, el *tango*[62] y el *jazz*, por ejemplo) ha experimentado un tremendo incremento en el interés en torno a las variaciones en los ritmos y metros.[63] Se han desarrollado composiciones donde la métrica simple ternaria y binaria ha sido enriquecida con o sustituida por metros más complejos, como 5/8, 7/16, 13/16,[64] o composiciones multimétricas, que van moviéndose sucesivamente por distintos metros. La música "clásica", no obstante, mantuvo la subdivisión en términos de unidades equivalentes: 5 unidades de tiempo equivalentes (de corcheas) por compás, o 7 unidades de semicorcheas en cada compás, o 13, etc. (siguiendo los ejemplos arriba mencionados de 5/8, 7/16 y 13/16).

Las músicas mestizas "mulatas" del Nuevo Mundo contribuyeron a los cambios en paradigma que la relatividad y el redescubrimiento del tiempo representaron para la cosmovisión *newtoniana*, previamente y, a mi juicio, de una manera más radical. En su proceso de configuración como formas propias de expresión sonora resistieron la tentación –y la presión– *civilizatoria* de *sistema*-tizar, a la manera "occidental", su métrica. Como examinaremos con mayor detalle en el capítulo 4, en el surgimiento de la primera música de salón criolla caribeña –la *danza*– a mediados del siglo XIX, la óptica *civilizatoria* denunciaba su supuesto "defecto en forma": la incongruencia métrica entre lo que debían tocar la mano derecha y la izquierda en el piano, es decir, entre su canto –la melodía– y su *basso ostinato* que definía su ritmo bailable.

La música del campesinado antillano, también "mulata" como analizaremos en el capítulo 3, manifestaba igualmente ese tipo de "incongruencia". El primer libro escrito sobre la música puertorriqueña,

---

[62] Sobre los orígenes y la naturaleza afroamericana del *tango* véase, por ejemplo, el minucioso estudio de Vicente Rossi, *Cosas de negros. Los orígenes del tango y otros aportes al folklore rioplatense*, Córdova, Argentina, s.ed., 1926. Rossi evidencia también el impacto del tango en Europa.

[63] La erudita investigación de Curt Sachs, *Rhythm and Tempo, A Study in Music History*, Nueva York, W. W. Norton & Co., 1953, enfatiza en su último capítulo la importancia del impacto del *jazz* en los metros de la música "clásica" occidental del siglo XX. (Menciona, también, aunque de manera secundaria, a la *rumba*.) Sobre la importancia del elemento del ritmo en la música "clásica" de nuestro siglo véase también, de Adolfo Salazar, *Música y sociedad en el siglo XX*, México, FCE, 1939 o *La música moderna*, Buenos Aires, Losada, 1944.

[64] Incorporados, en ocasiones, de la música popular o folklórica de los márgenes europeos de "occidente", como las tradiciones eslavas y húngara, evidente en las composiciones de Bartók: véase sus escritos, *op. cit.*

claramente desde una óptica *civilizatoria*, señalaba del principal género de la música campesina –el *seis*–

La métrica de su movimiento acompañante es una mezcla del ritmo ternario con el binario, aunque al llevarlo a notación... se fija como compás de 2 × 4.[65]

Sin abandonar la pretensión a un enriquecimiento y desarrollo melódicos propios (extraordinario en los *spirituals*, pero presente, con mayor o menor intensidad, en todas las músicas "mulatas"), éstas intentaron mantener la ordenación sucesiva de la composición en el estilo métrico heredado de la tradición africana: a través de una subdivisión recurrente basada en pulsaciones temporales heterogéneas –lo que se conoce en la vertiente *"tropical"* de estas músicas como *las claves*. Modificando la notación "occidental" –pues no se ha desarrollado aún otra forma, que yo conozca, de plasmarla en la escritura–, la *clave* que define la métrica de la mayor parte de la música puertorriqueña se formularía así:

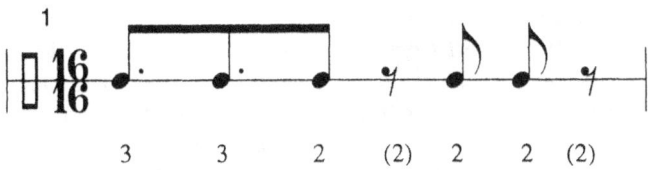

Ésta es conocida entre los ejecutantes como la *clave* 3-2. Otros ejemplos de *clave*, entre *numerosas variaciones*, son la *clave* de *samba*

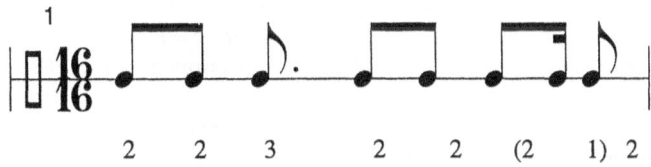

---

[65] Fernando Callejo, *Música y músicos puertorriqueños* [1ra. ed. 1915], San Juan, Ed. Coquí, 1971, p. 243. Este fenómeno ha sido analizado, con referencia a varios géneros –tanto campesinos, como urbanos– principalmente de Cuba y Puerto Rico por una de las más importantes contribuciones de la musicología cubana contemporánea: de Rolando Antonio Pérez Fernández, *La binarización de los ritmos ternarios africanos en América Latina*, La Habana, Premio Casa de las Américas, 1988.

o la *clave* 2-3 utilizada en la *bomba holandé* puertorriqueña, en el *guaguancó habanero y matancero* y en la mayor parte de la música de la santería cubana

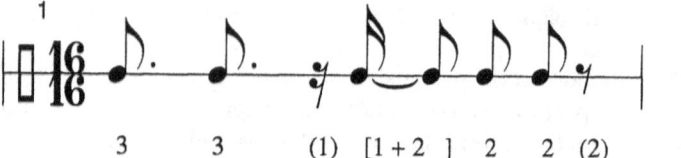

Aunque la expresividad melódica en la tradición musical africana y de las músicas "negras" de América requiere estudiarse y justipreciarse con mayor detenimiento, lo cierto es que en éstas, con frecuencia, las *claves* supeditan las melodías a un papel básicamente de acompañamiento a los ritmos. El estudioso Janheinz Jahn apunta, por ejemplo, que: "los tambores dirigen la actuación de los cantantes a tal punto que cabe decir que el canto acompaña a los tambores".[67] Aunque los *toques de santos* evidencian que no siempre es así.

No obstante, lo cierto es que predomina el canto antifonal –de llamada y respuesta: solista y coro– y la manifestación melódica se expresa, generalmente, en un fluir repetido de frases reiterativas dentro de lo que Finkelstein y Bartók identificaban como forma "abierta" de canción (en contraposición con la forma "redondeada" que, como antes analizamos, posibilitó un mayor desarrollo melódico y las progresiones armónicas). En las músicas "mulatas", por el contrario, las *claves* estructuran métricamente unas formas "redondeadas", donde la elaboración melódica y armónica no están reñidas con la elaboración rítmica, permitiéndose un mayor sentido dramático. Más aún, son formas "redondeadas" que por lo general incorporan internamente la "forma abierta", en secciones señaladas para la improvisación virtuosística instrumental –incluyendo floreos rítmicos percusivos–, o para la improvisación en el cante del solista en partes "abiertas" destinadas a la "llamada y respuesta". (Más adelante volveremos sobre estos recursos.)

Las *claves* ordenan el desenvolvimiento temporal de las melodías y las progresiones armónicas dentro de una concepción no lineal del

---

[66] Agradezco al compañero etnomusicólogo L.M. Álvarez estas transcripciones.

[67] *Muntu: Las culturas neoafricanas*, México, Fondo de Cultura Económica, 1963 [1ra. ed. en alemán, 1958], p. 310.

tiempo: no como flujo a la manera de una onda,[68] sino a base de células rítmicas constituidas por golpes de pulsaciones no equivalentes.[69] Aunque las *claves* son métricas "rítmicas", no debe confundirse la *clave* con el ritmo: las *claves* constituyen patrones de ordenación métrica –equivalente al *un*-dos-*un*-dos... del 2/4 europeo, o al *un*-dos-tres-*un*-dos-tres... del 3/4, al *un*-dos-tres-cuatro-cinco-*un*-dos-tres-cuatro-cinco... del 5/8, etc.– que subyacen (en ocasiones de manera implícita, es decir, no explicitadas por los instrumentos percusivos) toda una composición o un segmento definido de una composición. Sobre cada *clave* se elaboran numerosos ritmos distintos y combinaciones polirrítmicas que definen o caracterizan los diversos géneros que conforman una tradición musical. La *clave* 3-2, en diferentes *tempos*, subyace métricamente, por ejemplo, tanto a algunas de las más señoriales *danzas*, como a la más bullanguera *guaracha*, o a la *plena* festiva, al melancólico *seis mapeyé*, o a las combinaciones polirrítmicas de la *salsa*, para poner sólo ejemplos de la tradición musical puertorriqueña que, siendo la que he podido estudiar con más detenimiento, predominará en los análisis de los capítulos que siguen.[70]

He preparado, con la colaboración especial del etnomusicólogo Luis Manuel Álvarez, unos ejemplos ilustrativos de la diversidad rítmica sobre una misma *clave*. Hemos transcrito fragmentos de tres ejemplos de los distintos géneros arriba mencionados entre los que se estructuran sobre la métrica de la *clave* 3-2. En la parte inferior de la partitura (en el "primer piso") hemos transcrito la *clave*. Sobre ella, hemos colocado el ritmo que caracteriza al género (que puede ser percusivo o establecido por alguno de los instrumentos melódico-armónicos), y en la parte superior hemos colocado un fragmento de la melodía (que encierra también ritmos, lo que analizaremos con mayor detalle en el capítulo 3).

El primer ejemplo está tomado de la versión folklórica de la danza *La Borinqueña* de mediados del siglo XIX, y que es hoy el himno nacional de Puerto Rico. En este caso, el "segundo piso" de la partitura, referente

---

[68] Ojo a los paralelos con las discusiones introducidas por la mecánica cuántica en la ciencia.

[69] Ello rompe, de paso, la distinción entre lo analógico y lo digital.

[70] Véase también el ensayo de Luis Manuel Álvarez, "La presencia negra en la música puertorriqueña", incluido en Lydia Milagros González ed., *La tercera raíz, presencia africana en Puerto Rico*, San Juan, CEREP, 1992, pp. 29-42. Álvarez desarrolla mucho más sus argumentos en su excelente *Antología de la música jíbara puertorriqueña*, San Juan, Ed. UPR (en prensa).

al ritmo, lo hemos transcrito en forma melódica ya que en los conjuntos de *danzas* el ritmo se expresaba con una segunda voz melódica –un *obbligato*– ejecutada por los vientos-metal, sobre todo el bombardino, del cual hablaremos mucho más en el cuarto capítulo:

El segundo ejemplo es una transcripción de un tipo de música campesina –el *seis*– de tiempo "inmemorial" (que en el Caribe puede ser fácilmente el siglo XVIII), que discutiremos con mayor detalle en el capítulo 3. En este género, el ritmo se establece principalmente desde la armonía: por el *acompañamiento* de la guitarra y, de mayor importancia aún, por los *obbligatos* (segunda voz melódica suplementaria) –respecto a la voz– de su principal instrumento melódico, el *cuatro*, que es una versión criolla del laúd. Estos *obbligatos* de *cuatro*, respecto a los cuales volveremos con mayor profundidad analítica en el tercer capítulo, identifican –para el trovador– las distintas variantes de *seis*, sobre la cual deberá improvisar el cantante. Para el ejemplo –la variante *Mapeyé*–, hemos transcrito el ritmo en la forma melódica del *obbligato* de *cuatro*:

El tercer ejemplo es de una de las *plenas* más populares: "Cuando las mujeres quieren a los hombres". La *plena* es música originada en las primeras décadas del siglo XX e identificada con el proletariado. Hemos colocado dos niveles de ritmo: el ritmo básico en el nivel inferior (inmediatamente sobre la *clave*) que lo produce generalmente un pandero, y un ritmo complementario, también percusivo, en un nivel superior, que es el que produce el güiro; de tal manera que los lectores pudieran tener un ejemplo de la *clave* sobre una combinación polirrítmica (en este caso, muy sencilla):

Al intentar ordenar en la notación de la modernidad "occidental" composiciones en métrica de *clave* (sobre todo en los compases predominantes de 2/4, 3/4 y 4/4) se produce una irregularidad en los acentos que la musicología "occidental" ha denominado como formas *sincopadas* y que, según esta musicología, caracteriza a todas las músicas "mulatas". Aparte de que estas músicas utilizan también acentos móviles (que chocan con la "estabilidad" de acentos de la sonoridad de la modernidad "occidental"), incluso en momentos en que no son utilizados, la métrica en *claves* –que rompe con la regularidad temporal– genera, para oídos "eurocéntricos" (y el paradigma *newtoniano* de la filosofía de la ciencia moderna) la imagen de una particular disposición al caos. Como señala la voz "autorizada" del *Harvard Dictionary of Music*, "*Syncopation is*... any *deliberate* disturbance *of the* normal *pulse of meter*".[71]

---

[71] *Op. cit.*, p. 827, énfasis añadido.

Por su valor descriptivo y de síntesis, he utilizado el término *músicas "mulatas"*, pero siempre colocando la segunda palabra entre comillas, pues tengo algunos reparos al concepto. Denominando así a estos tipos de música, podría parecer que otorgamos primacía a su dimensión étnico-racial.[72] Podría darse la impresión de que su característica definitoria la constituye la *combinación* entre elementos musicales europeos y africanos a la manera de los rasgos somáticos en la genética, donde priman las permanencias –ahora combinadas– de "unos trasfondos". Este libro quisiera experimentar –respecto a una de las vertientes de estas músicas: *la música "tropical"*– una aproximación diferente. No concentraré mi análisis en los trasfondos ("los genes"), sino en su ("termo")dinámica, en los "procesos irreversibles" de su conformación y expresión: en los procesos sociohistóricos que fueron marcando las maneras en que los trasfondos se combinaron, y las expresiones sonoras novedosas que fueron surgiendo en –y más allá de– las combinaciones. En otras palabras, examinaré las músicas "mulatas", no sólo por "los ingredientes" que combinan esos *sancochos* o *ajiacos* –para usar la conocida metáfora de Fernando Ortiz– sino principalmente por su proceso de *cocción*: es decir, como partes de una historia (o historias).

La relación entre estos procesos sociohistóricos y las expresiones sonoras que en ellos fueron cuajando, nos dice mucho de estas músicas; así como también sobre los procesos sociohistóricos mismos. La consideración de la dimensión étnico-racial de las relaciones sociales en los procesos sobre los cuales estas músicas "mulatas" fueron conformándose y transformándose será de importancia central en la investigación de los capítulos que siguen. Pero será fundamental, además, incorporar al análisis otras dimensiones de las relaciones sociales, indisolublemente vinculadas a aquella en la dinámica histórica. Particularmente importante, como hemos visto en la discusión precedente, son las dimensiones civilizatorias y epocales, las relaciones de clase y de género, y las tensiones

---

[72] El investigador Philip Tagg, "'Black music', 'Afro-American music' and 'European music'", *Popular Music* vol. 8, 1989, pp. 285-298, argumenta también contra conceptos que caracterizan músicas en términos étnicos. Algunos de sus argumentos son similares a los presentados aquí; no comparto, no obstante, su crítica a la identificación cultural de formas musicales como "esencialistas", pues la identificación cultural puede ser *histórica* y, en ese sentido, cambiante. Tampoco comparto su aparente nominalismo, *i.e.* reducir en última instancia el análisis a los individuos. El hecho de que cualquier persona pueda llegar a ser diestro y creativo en cualquier tipo de música no significa que unos tipos se identifiquen históricamente con unas culturas. Espero quede claro en los argumentos que siguen.

entre lo comunitario, lo nacional y lo global. *¡Salsa, sabor y control!*, a través del examen de las relaciones entre la dinámica histórica de la sociedad caribeña y su música "*tropical*", quisiera experimentar formas de combinar analíticamente las diversas dimensiones de lo social.

"¡YO QUIERO UN PUEBLO QUE BAILE EN LAS CALLES!"[73]
LA MÚSICA COMO PRAXIS Y LAS DIVERSAS DIMENSIONES DE LAS IDENTIDADES COLECTIVAS

Las aproximaciones a la sociología de la música que hemos visto hasta ahora se concentran, principalmente, en la dimensión social que expresan distintas elaboraciones de la sonoridad. Centran su análisis, en otras palabras, en aquello que la música expresa. Pero la sociología de la música se ha enriquecido con otra corriente de investigación, desarrollada principalmente desde el nuevo campo académico de la comunicación social, cuyas contribuciones convendría tomar en cuenta en este trabajo. Esta corriente aborda los procesos sociales en la conformación y las repercusiones de ese vehículo de expresión; es decir, desde el punto de vista de la producción, circulación (o distribución) y utilización (o "consumo") de la música.

En el "Epílogo" a su *Introducción a la sociología de la música*, Adorno elaboró magistralmente argumentos a favor de la importancia del análisis de la relación entre los significados de la música y lo que llamó "la vida musical" (el entorno social de su producción, circulación y consumo), relación que él reconoce ausente en el cuerpo de su propio libro. No obstante, reaccionó inicialmente en forma negativa al surgimiento de esta corriente investigativa. Se refería a ella, en forma un tanto despectiva, como "*Empirical Sociology of Music*", a mi juicio equivocadamente, pues entiendo –como parecería derivarse también de los argumentos de su "Epílogo"– que toda sociología conlleva una dimensión

---

[73] Frase de la canción "Yo quiero un pueblo" del compositor argentino Salako Telechea; la canción fue popularizada en el Caribe por Danny Rivera en el LP *Mi hijo*, Velvet LPVS-1450, Hialech, Florida, 1971. Danny Rivera, puertorriqueño de cuna obrera, estaba en ese momento escalando la cima de la popularidad como cantante (principalmente romántico), popularidad que 25 años más tarde aún conserva. "Yo quiero un pueblo" se ha mantenido como una de las canciones de contenido sociopolítico más populares en Puerto Rico.

empírica, lo que es distinto del "empiricismo" que significaría limitarse a ella. Ciertamente esta corriente produjo en sus inicios trabajos muy pobres;[74] escritos permeados de un sociologismo que, deslumbrado por las encuestas de opinión y las estadísticas de preferencias o reacciones subjetivas en torno a la música, obviaba el análisis de la música en sí. De esta manera, dichos trabajos soslayaban, en la música, su naturaleza de expresión artística, donde su dimensión estética no puede estar ajena a sus significados. Como fustigaba Adorno,

A sociology of music in which music means more than cigarettes or soap in market researches takes more than an awareness of society and its structures, and more than a purely informational knowledge of musical phenomena. It requires a full understanding of music itself, in all its implications.[75]

Uno de los intentos musicológicos más complejos y minuciosos de escudriñar las formas específicas de la música misma como vehículo de expresión, se encuentra, a mi juicio, en el trabajo de Deryck Cooke, *The Language of Music*.[76] Cook manifiesta, en este caso de manera implícita, una aversión similar a lo que Adorno llamaba "sociología empírica", al acercamiento que

...disregarding the quality of the object, treat it as a mere stimulus of projections, and confines itself to determining, measuring, and classifying subjective reactions to the object...[77]

Su intento es especialmente valioso respecto a la expresión de las

[74] Véase, por ejemplo, de uno de los más renombrados iniciadores de esta corriente, Alphons Silbermann, *Estructura social de la música*, Madrid, Taurus, 1962.

[75] *Introduction...*, *op. cit.*, p. xii.

[76] Londres, Oxford University Press, 1959.

[77] Adorno, *op. cit.*, p. xii. Otro intento, muy distinto –desde la etnomusicología–, está recogido en el trabajo de Alan Lomax, *Folk Song Style and Culture*, New Brunswick, Transaction Books, 1968. Éste es sumamente minucioso y sugerente respecto a las categorías y los elementos de la música a considerar en las investigaciones y los análisis; pero la *avalancha* de información que se recoge a través de sus sofisticaciones metodológicas queda sin integrarse en interpretaciones significativas. El trabajo resulta, pues, un gran montaje que finalmente dice muy poco. En parte, creo que esto es debido a que examina los diversos elementos internos de la música (incluyendo el baile) en términos comparativos entre grandes bloques culturales a nivel territorial, sin examinar la dinámica dentro de esas culturas, ni sus contradicciones ni antagonismos internos, quedando, pues, las culturas básicamente como entelequias abstractas.

emociones y, como tal, se concentra en lo íntimo individual, es decir, en la comunicación entre el compositor y el oyente. Soslaya, pues, la dimensión social de la expresividad, sobre la cual enfatiza Adorno, que incluye pero a su vez trasciende las emociones individuales. La sociología de la música se concentra en esta segunda dimensión.[78] Ello no significa, necesariamente, descartar la importancia de la intimidad, sino examinar sus vínculos con lo social, como en cierta medida intenta Edward W. Said en sus *Musical Elaborations*[79] y, de manera más modesta, respecto al *bolero*, el capítulo 5 de este libro.

Deryck Cooke basa su análisis en la gran música de la modernidad "occidental", la música que ha venido a llamarse "erudita" o "clásica".[80] Es entendible, pues, que abordara la expresividad musical en términos de los individuos, ya que la cosmovisión de la modernidad "occidental" está permeada por lo que se conoce en la teoría política como la *filosofía social del contrato*, que ha caracterizado ejemplarmente MacPherson como la "teoría del individualismo posesivo".[81] En ésta, la sociabilidad se explica solamente en términos de lo que representa para los individuos: la sociedad se entiende como un *contrato* entre individuos para fines de su bienestar. No es fortuito tampoco que, al basar su análisis en la música de la modernidad "occidental", Cooke concentre en la melodía: factor alrededor del cual *gravitan* sus otros elementos, que él caracteriza meramente como *"vitalizing agents"*.

El intento de Cooke de buscar en la música misma los procesos de su expresividad, es valioso pero limitado. No hay que olvidar, que el surgimiento de la música "clásica" está indisolublemente vinculado a su secularización: al distanciamiento de la música del ritual y el mito, que facilitó que se le concibiera como arte, abriendo las posibilidades de la manifestación de una sensibilidad individualizada. Su expresividad está relacionada, por tanto, a las prácticas que la fueron conformando.

---

[78] El libro de Ivo Supicic, *Music in Society: A Guide to the Sociology of Music*, Suyvesant, Nueva York, Pendragon Press, 1987, incluye una amplia bibliografía, aunque muy poco selectiva. El libro es valioso también por su enumeración de los aspectos que cubre la disciplina; sus análisis propios, sin embargo, son sumamente pobres.

[79] Nueva York, Columbia University Press, 1991, especialmente su ensayo "Melody, Solitude and Affirmation".

[80] También Said, lo que puede aparecer sorprendente después de sus impactantes denuncias al eurocentrismo en libros tan importantes como *Orientalism*, Londres, Routledge & Kegan Paul, 1978, entre otros.

[81] C.B. MacPherson, *The Political Theory of Possesive Individualism, Hobbes to Locke*, Londres, Oxford University Press, 1962.

Previo al surgimiento de la modernidad, la producción, circulación y "utilización" de la música constituían un fenómeno prácticamente simultáneo, imposibilitando, de hecho, estas diferenciaciones. Al ser penetrada la música por la cultura letrada, con el desarrollo de la notación o escritura musical (en el desenvolvimiento histórico del *ethos* racionalizador, que discutía Weber), se inició un proceso de diferenciación entre estas esferas, de repercusiones fundamentales para la relación entre las sonoridades y la sociedad: la elaboración y expresión sonora de significados va a estar mediatizada por la *comunicación*. Este proceso no alcanza, sin embargo, proporciones dramáticas hasta el período de *la reproducción mecánica del arte de los* sonidos: hasta el surgimiento de los medios modernos y el mercado, que algunos prefieren llamar *cultura de masas*, es decir, fundamentalmente hasta el siglo XX.

Es una enorme limitación del estrecho sociologismo que fustiga Adorno, pasar por alto que su objeto de estudio representa un arte. Pero –habiendo atravesado un proceso de diferenciación entre su generación y su realización– es igualmente limitante ignorar la existencia de las redes establecidas por la comunicación social y el mercado, a través de las cuales se "realizan" sus significados. Los significados de la música están, pues, tanto en su sonoridad, como en sus prácticas. O, dicho de otro modo, las sonoridades y las prácticas musicales se encuentran indisolublemente vinculadas en la realidad.

La música es un arte, es cierto; pero a partir del capitalismo (y, particularmente en su etapa *fordista* de consumo masivo en el siglo XX) diversas artes, de manera muy especial la música, se han convertido también en mercancías. Hoy por hoy, la industria musical es una importante generadora de ingresos que "mueve millones": en 1990 la venta mundial de discos y *cassettes* sobrepasó los veinticuatro mil millones de dólares (y estas cifras no incluyen los millonarios réditos de los espectáculos musicales, ni otras facetas de la industria, como videos, etc.).[82] Las "estrellas" del *performance* musical han alcanzado los más altos

---

[82] Cifras de la International Federation of Phonographic Industry, según han sido citadas por Keith Negus, *Producing Pop, Culture and Conflict in the Popular Music Industry*, Londres, Edward Arnold, 1992, apéndice 2, pp. 159-160. Este apéndice subdivide las ventas por países. Las ventas de grabaciones en los Estados Unidos fueron en 1990, 7 541 millones de dólares. Según el periódico *El Nuevo Día* (San Juan) 1 de marzo de 1995, p. 21, éstas parecen haberse elevado a sobre 12 000 millones en escasamente cuatro años. Los boletos para espectáculos musicales representaron para el mismo año (1994) 1 400 millones de dólares.

escalafones de ingresos; ciertas maneras de "practicar" música se han convertido en unas de las más importantes vías de mejoramiento económico y ascenso social, y el sueño del estrellato, en una de las más poderosas ilusiones en el mundo popular.

La reproducción mecánica de la música y su avasallante proceso de mercantilización han dramatizado la importancia de estudiar la relación entre los significados sociales de diversas formas de sonoridad y las prácticas musicales; relación que, como hemos venido argumentando, es importante considerar también en el estudio sociológico de la música para períodos previos. El mundo del mercado ha penetrado, incluso, las músicas conformadas antes del desarrollo de este proceso: la música "clásica" y muchas músicas *folklóricas*, por ejemplo.[83] Pero el fenómeno reviste particularidades especiales cuando se trata de músicas conformadas (o que han logrado una cristalización sonora característica propia) en el período impresionantemente atravesado por su reproducción mecánica, como la música *"tropical"*. En éstas, el mercado no sólo ha influido sobre la producción de sonoridades, como en el caso de las músicas conformadas previamente, sino ha sido uno de sus elementos constitutivos y fundamentales. La relación entre su producción, circulación y consumo resulta analíticamente inseparable de los significados sociales que expresan.

No es, por lo tanto, fortuito que algunas de las más importantes contribuciones europeas a la sociología de la música respecto de las prácticas musicales hayan sido investigaciones sobre el fenómeno *pop*, es decir, sobre una música atravesada por la comercialización y por la importancia de su reproducción mecánica.[84] Estos estudios incluyen

---

[83] En América Latina se ha ido desarrollando una importante corriente analítica que aborda la relación entre capitalismo y folklore, aunque lamentablemente aún no ha profundizado sobre el folklore musical, concentrando sus investigaciones más bien en las artesanías. Véanse, por ejemplo, el libro de Mirko Lauer, *Crítica de la artesanía. Plástica y sociedad en los Andes peruanos*, Lima, DESCO, 1982 y los trabajos de Néstor García Canclini, *Arte popular y sociedad en América Latina*, México, Grijalbo, 1977; *Las culturas populares en el capitalismo*, México, Ed. Nueva Imagen, 1982 y más recientemente *Culturas híbridas*, Buenos Aires, Ed. Sudamericana, 1992. Véase también el valioso libro de William Rowe y Vivian Schelling, *Memory and Modernity, Popular Culture in Latin America*, Londres, Verso, 1991, que se nutre de los desarrollos de esta corriente analítica.

[84] El libro de Keith Negus, *Popular Music in Theory*, Cambridge, UK, Polity Press, 1996, recoge los elementos centrales de análisis y polémicas en esta literatura, e incluye numerosas referencias bibliográficas. Entre estos estudios merecen destacarse, entre otras, las investigaciones de Dave Harker, *One for the Money, Politics and Popular Song*, Londres, Hutchinson, 1980; Simon Frith, *Sound Effects...*, *op. cit.*; y del propio Negus,

valiosa información y proveen interesantes sugerencias analíticas que podrían utilizarse en investigaciones y análisis de otros tipos de música. Reproducen, no obstante, el creciente distanciamiento que se fue dando en la sonoridad de la modernidad "occidental" durante este siglo entre las denominadas música "clásica", "folklórica" y "popular" (llamadas también "música de arte", "música tradicional" y "música comercial"), en lugar de convertir este distanciamiento en objeto de análisis. Las prácticas que caracterizan a la música *"tropical"* más importante de las últimas décadas, la *salsa*, aunque ubicadas principalmente en el ámbito de la llamada "música popular", nos conducen a examinarlas en su interrelación con los otros tipos de música. La *salsa* incorpora mucho de folklore, y es influida e influye decisivamente la composición "erudita".

Urge, pues, quebrar lo que Walter Guido llamaba la "interignorancia" entre los estudios de la música "clásica" y la "popular".[85] No tomar su distanciamiento como un dato, sino como un proceso, que, además –entiendo–, en los últimos años ha comenzado a revertir. *¡Salsa, sabor y control!* quiere situarse en esa línea.[86] Me propongo examinar la relación entre procesos sociohistóricos y formas de expresión sonora, sean consideradas "folklóricas", "populares" o "eruditas" (en las tres de las cuales existe "arte", "tradición" y también hoy, "comercio"), atento

---

Producing Pop..., *op. cit.* Una importante excepción es el libro de Attali, *Ruidos...*, citado a comienzos de este capítulo introductorio, que presenta un panorama abarcador, polémico y sumamente sugestivo sobre las prácticas musicales previo a su reproducción mecánica, concentrándose, de hecho, en la música "clásica". Otra notable excepción, particularmente valiosa respecto a las vinculaciones entre las prácticas musicales y la relación entre los géneros (lo femenino y masculino), sobre todo de la manera en que se manifiestan en las artes plásticas, es el libro de Richard Leppert, *Music and Image; Domesticity, ideology and socio-cultural formation in 18th Century England*, Cambridge, Cambridge University Press, 1988.

[85] "'Interignorancia' musical en América Latina", en Isabel Arentz, ed., *América Latina en su música*, México, Siglo XXI-UNESCO, 1977, pp. 286-314.

[86] Los ensayos incluidos en el libro editado por Christopher Norris, *Music and the Politics of Culture*, Londres, Lawrence & Wishart, 1989 y el libro de Alan Durant, *Conditions of Music*, Southampton (UK), Macmillan, 1984, constituyen valiosos intentos previos. También el último libro de Simon Frith, *Performing Rites, On the Value of Popular Music*, Oxford, Oxford University Press, 1996, tiende a moverse en esa dirección. Véase también, a nivel conceptual, el excelente ensayo del etnomusicólogo brasileño José Jorge de Carvalho, "As Duas Faces da Tradição, O Clássico e o Popular na Modernidade Latinoamericana", *Dados* XXXV: 3, 1992, pp. 403-434 (en español fue reproducido por la revista *Nuevo texto crítico* IV: 8, 1991, pp. 117-144).

respecto a todas –aunque de maneras diferentes– a la dialéctica entre expresividad y prácticas.

Los análisis de esta relación se concentran en la influencia de diversas prácticas sobre las sonoridades, cuando en realidad, a mi juicio, la relación se mueve en ambas direcciones. El hecho de haber cristalizado en un período altamente marcado por el dominio del mercado en las prácticas de su reproducción mecánica, representó para las músicas "mulatas" que sus expresiones estuvieran atravesadas de importantes contradicciones y limitaciones. Por otro lado, la gran contribución de su expresión sonora quebrando las limitaciones de la cosmovisión *newtoniana* en sus entrejuegos libertarios entre las diversas dimensiones del tiempo, repercutió en sus prácticas. Prácticas que, a su vez, incidían en o fortalecían el desarrollo de cosmovisiones alternativas especialmente significativas para las identidades y las relaciones sociales. Veamos.

En primer lugar, en las músicas "mulatas" –como en la tradición "occidental", y contrario a muchas músicas folklóricas tradicionales de otras culturas– existe la práctica de la *composición* y la noción de compositor: de un creador musical que previo a la ejecución de la música, ha pensado y elaborado posibles desarrollos de ideas sonoras para una unidad expresiva "redondeada", que plasma (gracias al desarrollo de la notación musical) en una partitura. Pero en contra de la trayectoria de la modernidad "occidental", en estas músicas no se pretende que el compositor lo determine todo. En las más trabajadas de estas músicas "mulatas" la elaboración de sonoridades es un proceso en colaboración y abierto. La práctica de la composición no es, generalmente, autoritaria ni individualista: está basada en el reconocimiento de la presencia de otros e, intrínsecamente vinculado a ello, en una visión de la música, no sólo como expresión, sino como *comunicación* (y en diversas direcciones, por añadidura). Generalmente existe, además del compositor, un *arreglista* artista, quien no sólo transcribe los dictados del compositor, sino enriquece la pieza con diversos giros y detalles sonoros. El *arreglista* es figura de gran importancia en estas músicas.

Pero más fundamental aún, a mi juicio, es la participación activa que las prácticas de composición en estas músicas permiten a (o, mejor aún, promueven entre) los músicos que van a tocarla. Los músicos, incluyendo al cantante en las piezas vocales, no son meros *ejecutantes*; participan activamente en la elaboración de la sonoridad resultante a través de la incorporación de giros y frases (vocales o sonoras) en las cuales manifiestan la individualidad de sus estilos propios. La cosmovisión determinista del "universo" sistémico se quiebra ante la sorpresa de la ornamentación y la improvisación espontánea, es decir ante la presencia de *procesos irreversibles*.[87]

La importancia que otorgan estas músicas a la improvisación es, de hecho, la segunda práctica fundamental que quería adelantar acá.[88] Las más elevadas expresiones de estas músicas "mulatas" no sólo permiten la ornamentación improvisada de los instrumentistas a lo largo de la pieza, a base del conocimiento de sus instrumentos y sus particulares estilos de ejecución, sino además desarrollan formas que promueven la improvisación: composiciones que incluyen secciones específicas dedicadas a la manifestación virtuosística de los diversos componentes de un conjunto musical. Éstas se conocen en el *jazz* como los *jam sessions* y en la música *"tropical"* como las *descargas*. En estas formas, la improvisación es un fenómeno de *comunicación*, pues se responde a lo que el compositor y el arreglista han querido expresar, y en entrejuego con la improvisación de los instrumentistas que le han precedido en la sesión. En rigor, se trata de un diálogo vivo. Las improvisaciones no son, pues, manifestaciones individuales, sino expresiones de individualidad en una labor de conjunto; trascendiendo, en esa forma, la tradicional diferenciación entre lo singular y lo plural. La composición es una práctica colaborativa, dialogante, que quiebra, en la producción simbólica, la teoría del individualismo posesivo. La improvisación es expresión de *reciprocidad*, donde la individualidad se constituye, no en términos de lo que busca o lo que recibe (como en el individualismo posesivo de la teoría social del "contrato"), sino de lo que ofrece, de lo que da.

La comunicación a través de la cual se elabora la sonoridad resultante en la música *"tropical"* no se da únicamente entre los que producen la

---

[87] Éstas eran caracteríticas fundamentales de la música europea también, previo a la modernidad, según el ensayo de Barry Hayward (quien dirige un grupo que ha grabado numerosos CDs de la llamada "música antigua"), *Memory and Creativity in the Interpretation of Early Music*, Paris, 1991 (mimeo), p. 9. Algunos elementos perduraron en las *Fugas* y en las *cadenzas* de algunos conciertos. Complicaría demasiado la argumentación de este capítulo, examinar los procesos irreversibles de la *ejecución* aún en músicas que no propician la improvisación. Podemos sugerir al respecto la lectura del sugerente ensayo de Edward W. Said, "Performance as an Extreme Occasion", incluido en su libro *Musical Elaborations, op. cit.*

[88] La relación entre significados y prácticas en torno a la improvisación, es sugerentemente trabajada para la música "occidental", el *jazz* y el *rock*, por Alan Durant en su ensayo, "Improvisation in the Political Economy of Music", incluido en el libro de Norris, ed., *Music and the Politics... op. cit.* Sobre la improvisación en el *jazz*, podría consultarse, entre otros, el libro de Peasants, *Serious Music and All That Jazz!... op. cit.*

música (el compositor, el arreglista y los músicos), sino también entre éstos y sus receptores, es decir, quienes la "utilizan" o "consumen". El creciente distanciamiento entre los músicos y su "público" en la producción sonora que ha experimentado la gran música de la modernidad "occidental", ha permeado también a toda música que trasciende el ámbito puramente comunitario, pero en grados diferentes. Manifestando una distinta concepción de la sociabilidad, el "público" en la música *"tropical"* es rara vez pasivo. Se comunica constantemente con los músicos, siguiendo la *clave* con las palmas de las manos, cantando el coro, demandando intensidad o *¡sabor!* y, sobre todo, bailando.

En la actividad *¡Pa' la calle, bailador!*, celebrada el 3 de marzo de 1995 en el Centro de Convenciones en San Juan, Papo Lucca, director musical de la orquesta salsera La Sonora Ponceña, estimulando la participación del público, expresaba desde la tarima, abiertamente y "a todo pulmón": *"¡de eso se trata la salsa: de la comunicación entre ustedes y nosotros!"*

(En las músicas "negras" existen numerosos ejemplos de una intensa comunicación recíproca entre bailadores e intérpretes, donde la sonoridad resultante es, de manera determinante, producto de ese diálogo, de esa intercomunicación. En el capítulo 3 discutiré el caso de la *bomba* en Puerto Rico. Un fenómeno similar ocurre en músicas de los márgenes europeos de "occidente", como el *flamenco*, o lo que en general se conoce como *el baile español*. En las músicas "mulatas" del Caribe hispano, muy influidas por ambas tradiciones, esta comunicación recíproca se mantiene muy viva en la memoria cultural, aunque su manifestación se encuentra hoy muy mediatizada ante el quiebre de su entorno comunitario, perdiendo mucha de la intensidad presente en las tradiciones originales.)

Esta comunicación *desde* el público es muy importante para el desarrollo espontáneo de las ornamentaciones y la improvisación, pues los músicos responden a las reacciones en torno a lo que están tocando y, en ese sentido, puede decirse que, de cierta manera, se quiebra la división tajante entre productores y "consumidores" en la elaboración de las sonoridades. Quiebra también esta práctica la concepción de la composición como *universo predeterminado* a "lo Newton", infinitamente repetible por la partitura, ante la incorporación constante de dichos "procesos irreversibles". Esta comunicación multidireccional, esos múltiples diálogos ejemplifican maravillosamente la relación entre los *significados* que un tipo de sonoridad encierra y las *prácticas* musicales a través de las cuales se constituye.

La última de estas prácticas musicales que quisiera mencionar, se ubica en la valoración que otorgan las más desarrolladas de estas músicas "mulatas" a la heterogeneidad de los timbres, es decir. a quebrar la jerarquía entre los distintos instrumentos. La *relativización* de las leyes de la *gravedad* tonal está entretejida a unas prácticas distintas de interrelación entre las voces instrumentales.

El timbre en musicología es "la cualidad del sonido producido por un determinado agente sonoro... es en música análogo al color en la pintura",[89] de hecho, el término más utilizado en inglés para timbre es *tone-colour*.[90] Aunque, técnicamente, incluye otras sutilezas,[91] en términos generales los timbres identifican a los distintos instrumentos. Una misma nota, o grupo de notas, o una misma melodía, suena distinto si se toca en un violín o un clarinete o una trompeta o un piano.

El timbre es un elemento fundamental en la expresividad de la música, cuya dimensión social quisiera abordar, para el Caribe, a lo largo de este libro.[92] En sociedades de culturas híbridas, cuya expresividad sonora incorpora diversas tradiciones musicales, los timbres adquieren un significado especial asociado a la herencia de sus tradiciones constitutivas. Aunque a veces estas connotaciones resultan pedestres e, incluso, incorrectas, en el Caribe, por ejemplo, el timbre de violín se asocia con la sonoridad europea, con el núcleo central original de la modernidad "occidental"; la guitarra, con la tradición española (o hispano-árabe); el güiro con la tradición indígena; y los tambores, con la herencia africana. Ahora bien, de maneras muy interrelacionadas con ello, los timbres fueron adquiriendo otras connotaciones asociadas a otros tipos de identidades sociales, especialmente de clase social, que se entretejen con su función de expresividad estética. El timbre metálico de los instrumentos de cuerda con plectro –el *cuatro*[93] *y el tres*, principalmente– como también el güiro, se vinieron a identificar con el mundo campesino; el acordeón (o más precisamente, la sinfonía de mano) con el mundo popular transeúnte de, especialmente, los marineros; los tam-

[89] Aaron Copland, *Cómo escuchar...*, p. 64.

[90] Westrup y Harrison, *Collins Encyclopedia...*, p. 548.

[91] Por ejemplo, las distintas cualidades de sonido producidas por cada una de las cuerdas de una guitarra que son de distintos grosores; o por si son éstas de metal o de nylon; o si se tañen con uña –plectro– o con dedo, o utilizando la técnica de *apoyando* o *tirando*.

[92] Compañeros especialistas en estudios literarios me señalan que en la narrativa europea el tambor y las trompetas se asocian a la épica, mientras la flauta y el laúd a lo pastoral.

[93] En Cuba, la criollización del laúd mantuvo su nombre original y, como el *cuatro* en Puerto Rico, se identifica con su música guajira.

bores, con los esclavos, y los panderos con el proletariado; los vientos-metal (en Puerto Rico, especialmente el bombardino), con los trabajadores urbanos diestros, los artesanos (asociado su timbre a las bandas militares y siendo éstas en el siglo XIX una importante vía de ascenso social para los mulatos y negros libres). Los timbres connotan también identidades generacionales: la sonoridad de tríos, por ejemplo, identifica hoy "la música del ayer"; mientras que la guitarra eléctrica ha significado "juventud", en los últimos ¡cuarenta! años.[94] Estas asociaciones de los timbres sonoros con los diversos tipos de identidades sociales, no es, evidentemente, mecánica. Es parte de la compleja dinámica de interrelación entre música y sociedad que en este libro se intenta examinar.

Un gran aporte de la modernidad "occidental" a la organización humana de los sonidos fue el extraordinario desarrollo de la polivocalidad (de la producción sonora basada en la combinación simultánea de diversas voces). Este desarrollo estuvo asociado a una música conformada por una gran heterogeneidad de agentes sonoros o familias de instrumentos. Fue acompañado, no obstante, por una clara jerarquización de éstos. Ésta tomaba un carácter un tanto fluido; como fluida era a su vez la estratificación social en la sociedad capitalista sobre la cual se iba paralelamente asentando, donde la movilidad social individual era posible (contrario a la sociedad estamental del *Antiguo Régimen*), mientras se mantenía una estructura social estratificada. Solistas de diversos instrumentos podían brillar en algún concierto o en alguna particular sección de alguna composición, pero a nivel grupal general las jerarquías tímbricas estaban claramente establecidas. Éstas se manifestaban, incluso, en la distribución espacial de los diversos grupos de instrumentos en la orquesta sinfónica.[95] En un primer plano encontramos los instrumentos de cuerda con arco (violín, viola, *violoncello* y contrabajo) que podría argumentarse representan al *tercer estado*, al pueblo, que en el momento de la consolidación de la orquesta irrumpía protagónicamente en la

---

[94] Aunque no es tan pertinente para la música "*tropical*", es preciso añadir que los timbres han asociado también identidades epocales. Por ejemplo para Mozart, el timbre de oboe (tan utilizado en la música cortesana y el Barroco) significaba *tradición*, mientras el timbre de clarinete, instrumento de reciente incorporación a la orquesta en aquel momento, expresaba *modernidad*, como intento argumentar en el ensayo "Notas sociológicas sobre Mozart y su Sinfonía Haffner", Semanario *Claridad*, 5-11 de octubre de 1984, suplemento *En Rojo*, pp. 16-17.

[95] Sería interesante examinar su relación con la historia de la arquitectura de las salas de concierto.

historia. Estos instrumentos eran, como los ciudadanos de las emergentes repúblicas, iguales y a su vez distintos; lidereados por el violín, como debía supuestamente liderear la burguesía al *tercer estado*. De hecho, el *concertino*, es decir, el primer violín, está establecido que sea el líder de la orquesta. En un segundo plano se colocan los vientos madera (la flauta, el oboe, el clarinete y el fagot), que, como sonoridad de conjunto, se asocian a la aristocracia cortesana.[96] En un tercer plano aparecen los vientos metal (trompa, trompeta, trombón y tuba) cuyo timbre evoca al militarismo del feudalismo superado; y finalmente se encuentra la percusión, que la modernidad "occidental" asociaba con lo primitivo. Era de esperar que en una sonoridad que *gravitaba* en torno de la tonalidad, se colocara en la jerarquía inferior a los membráfonos (en términos amplios, los tambores): a los instrumentos cuyo timbre no produjera tonos, imposibilitados, por lo tanto, de expresar melodías.

Las más elaboradas expresiones de las músicas "mulatas" aprovechan la tradición polivocal y la riqueza instrumental, pero quebrando la jerarquización establecida. (En los conjuntos de *salsa*, a manera de ilustración, la percusión se coloca –desafiante e irreverentemente– en la línea frontal.) Estas músicas fueron rompiendo con la idea de que unos timbres –y sus instrumentos– lleven "la voz cantante", mientras los otros los "acompañan". En su sonoridad que expresaba "la *relativización* de las leyes de la *gravedad* tonal" fueron desarrollando una expresividad basada en la multiplicación integrada de timbres, ejerciendo cada uno una voz propia. Paralelo a lo que fui explicando respecto a la importancia otorgada a la improvisación de los diversos componentes de un conjunto, estas músicas fueron desarrollando paulatinamente formas que no sólo permiten, sino que estimulan la manifestación virtuosística de las diversas voces propias de los distintos instrumentistas. En los *jam sessions* del *jazz*, como en las *descargas* de la *salsa*, la elaboración virtuosística de las diversas voces se expresa tanto en los timbres valorados por la música de la modernidad "occidental" –el violín, el piano o la flauta...–, como en aquellos que ésta había subvalorado: el trombón, el bajo, la batería, los bongós o las congas.

Igualmente, aunque la polivocalidad basada en la combinación de voces propias matizaba la importancia de un líder, el liderato en la coordinación sonora de los conjuntos de las músicas "mulatas" no recae

---

[96] ...aunque cada instrumento provoca también otras asociaciones, como antes señalamos para el clarinete y la modernidad; identificación que se ha fortalecido en el siglo XX por la asociación de este instrumento con el *jazz*.

siempre en un mismo instrumento, como es en la orquesta sinfónica el *concertino*. El liderato coordinador puede ejercerse tanto desde la tímbrica del piano, como desde el timbre del trombón, de la trompeta, del bajo, o de la percusión.[97]

Dados los significados que expresan los diversos timbres sonoros en términos de las identidades socioculturales –civilizatorias, étnicas, clasistas...–, la valoración presente en las músicas "mulatas" a la heterogeneidad de sus timbres, trae consigo implicaciones fundamentales en torno a las concepciones de la sociabilidad, reafirmando así la utopía de una democracia que incorpore el respeto a las diferencias.

Esto nos lleva a una última consideración. En la segunda sección de este capítulo, comencé a presentar algunas diferencias centrales entre las dos grandes corrientes de los inicios de la sociología histórica. Me concentré en ese momento en sus visiones encontradas sobre la modernidad. He ido adelantando en las dos secciones subsiguientes otra diferencia central, que quisiera redondear ahora. Se trata de la concepción weberiana de la racionalidad como correspondencia entre medios y fines, fundamental para la teoría del individualismo posesivo –de la sociabilidad como un "contrato" *para* el bienestar de los individuos. Esta filosofía social fue medular en la conformación de la modernidad "occidental", desde Hobbes y Locke en el siglo XVII. Ha sido recogida en las ciencias sociales norteamericanas de las últimas décadas con el concepto del *economic rational man*: el hombre de racionalidad económica.

Marx, intentando sistematizar teóricamente la cosmovisión de la condición proletaria cimentada sobre el interés de trascender la contradicción entre una producción cada vez más colectiva y su apropiación cada vez más individual, atisbó –aunque a mi juicio no elaboró– una concepción diferente. La racionalidad no podía concebirse sólo como una correspondencia entre medios y fines, porque, colocado de esta manera, se hacía referencia sólo a un tipo (aunque muy importante) de acción social: aquella dirigida a fines ulteriores. Pero, como muy bien vieron muchos siglos antes los ciudadanos de la *polis* griega (y sobre lo cual Aristóteles teorizó en su *Ética a Nicómaco*), existe también un tipo de acción humana cuyo fin se realiza en la acción misma; o, dicho de otro modo, cuyo fin es inseparable del ejercicio de la acción (donde la

---

[97] Esta variedad tímbrica de liderato, puede evidenciarse de manera contundente en la rica información sobre los directores musicales de los conjuntos de *son* (incluye a casi todo lo que acá denominamos *"tropical"*) que provee Jesús Blanco, *80 años de son y soneros en el Caribe, 1909-1989...*, op. cit. En el capítulo 6 añadiré información particular de la *salsa*.

racionalidad, por tanto, no puede establecerse diferenciando medios de fines). Este tipo de acción es lo que aparece en la *Ética* (y otros escritos de Aristóteles) como *praxis* (actuar u obrar) –en contraposición a *poíesis* (producir)– contraposición que se manifiesta, volviendo a términos "modernos", en fenómenos interpersonales o sociales como el amor, la amistad y la solidaridad.[98]

La visión solidaria que Marx filosofó nos ayuda a entender esta dimensión fundamental de la sociabilidad: la sociabilidad como praxis. Pero entiendo que ésta no es sólo, como en los escritos de Marx, un *telos* –una finalidad hacia la cual debemos dirigirnos, transformando las condiciones socioeconómicas y políticas que nos mantienen a los individuos separados–; sino también una dimensión de la vida que se experimenta cotidianamente a través de las identidades colectivas. Las identidades socioculturales –civilizatorias, epocales, nacionales, étnicas, clasistas, de género, de sexualidades, generacionales...– no son meramente grupos de presión *poiésicos*, partidos, asociaciones... *para* adelantar o alcanzar sus intereses (aunque puedan constituirse en tales), sino dimensiones de la sociabilidad, entendida como praxis societaria, como formas de relacionarse por el valor mismo de la relación. Las identidades socioculturales son, pues, manifestaciones concretas de sociabilidad.

Recordando los argumentos con los cuales inicié este capítulo introductorio, estas praxis societarias se manifiestan como identidades a través de las dos grandes coordenadas donde la vida transcurre: el tiempo y el espacio. En la medida que la música es una manera de sentir y expresar el tiempo –y su dimensión bailable, la espacialización de éste–, constituye uno de los campos de análisis más fértiles para el examen de la compleja dinámica de las identidades socioculturales y sus interrelaciones. Entre otras formas, manifestamos lo que somos (incluyendo lo que hemos sido y seremos): componiendo, tocando, tarareando, cantando y bailando.[99]

Por ello, no es de extrañar que, ante la crisis profunda en los paradigmas sociales que hemos atravesado en las últimas décadas, una de las canciones que en Puerto Rico calara más hondo en la sensibilidad popular decía:

---

[98] En la Teoría del individualismo posesivo estos fenómenos realmente no podrían existir pues, como bien se expresaría en bolero, "el amor *interesado* no es amor".

[99] Estudiando la música de los puertorriqueños de Nueva York, la etnomusicóloga Roberta Singer intitula su tesis doctoral "My Music is Who I am and What I Do", citando a uno de sus informantes. Bloomington: PhD diss., Indiana University, 1982.

Tu pueblo es mi pueblo que sufre y trabaja.
Tu pecho es mi pecho que siente y que ama.
Tu sangre es mi sangre; tu selva es mi playa;
tu lucha es mi lucha por ser siempre nada.

Tu puerto es mi puerto de barcos piratas;
y somos muñecos de aquel que nos paga,
con unas mentiras, monedas baratas,
sembrando pobrezas, banderas en casa.

¡Yo - quie - ro un -pueblo -
que ría y que *cante*;
yo quiero un pueblo que baile en las calles...[100]

---

[100] Danny Rivera cantando la composición de Telechea, *op. cit.*

2

DE "EL PABLO PUEBLO" A "LA MAESTRA VIDA":
Mito, historia y cotidianidad en la expresión salsera

*Para Simón Pachano,
"el relojero de Ambato" y*

*a la memoria de Rafael Cortijo
y su pionero,
la Máquina del tiempo*

SOMOS EL SON: ¿DESTERRITORIALIZACIÓN? Y NACIONALIDAD

Una de las más populares orquestas de *salsa*, La Selecta, que dirige Ralphy Leavitt, grabó a mediados del decenio de 1980 una canción titulada "Somos el son",[1] que recibió de inmediato el respaldo popular, ocupando por varias semanas los primeros escalafones del "hit parade" en Puerto Rico. La letra de "Somos el son", como su propio título, verbaliza la importancia del lenguaje musical en la expresión de las identidades y la nacionalidad: *"representando... a nuestro pueblo, su bandera y cultura"*, señala en una de sus primeras líneas; *"Somos el son de una Patria que renace..."*, continúa.

La definición de identidad que esta canción propone es sumamente interesante, pues rebasa límites estrechos de tiempo y espacio, moviéndose simultáneamente por varios planos. Combina herencias históricas con problemáticas contemporáneas y añoranzas de futuro. Expresa paralelamente un sentimiento nacional puertorriqueño y las aspiraciones de un mundo sin fronteras. Identifica a Puerto Rico como entidad propia dentro de un ámbito de identidad más amplio, la hermandad latinoamericana. Contrario a la concepción excluyente de la noción nacional tradicional del Estado-nación, los distintos ámbitos de identidades (territoriales y temporales) no se presentan en "Somos el son"

---

[1] Canción de Víctor Rodríguez Amaro, arreglo de Isidro Infante en el LP (disco de larga duración) identificado con el mismo título, San Juan, Bronco 139, 1986.

como antagónicos, sino complementarios. La expresión musical aparece, precisamente, como vía hacia los diversos planos de identidad. El coro, que en las músicas antifonales –de llamada y respuesta (solista y coro)– generalmente emblematiza la voz social, en esta *salsa* repite

Somos el son de Borinquen	(nombre indígena de Puerto Rico)
Somos el son hispano	(en su adscripción *neoyorquina* actual de hispanoparlante
Con este son unimos	(fíjense en el entrejuego entre singular y plural)
a todos nuestros hermanos	(hermanos, en la doble acepción de puertorriqueños y hermanos latinos).

Este movimiento entre una multiplicidad de planos se expresa también, con gran emotividad, en un nivel cultural-territorial en la estrofa-resumen con la cual la canción concluye

Cuando *vaya* por *tu* tierra   (latinoamericano)
no me des sólo un estrechón de manos.
Anda ven: ¡dame un abrazo! de hermano
¡jíbaro soy![2]

Dada la condición colonial de Puerto Rico frente a la "América anglosajona", su reafirmación latinoamericana revierte significativas connotaciones políticas contemporáneas en el terreno cultural, lo que le otorga a la canción un aire de desafío en su definición nacional de identidad. El tono no es, pues, nostálgico ni conservador.

Sin trabas en la lengua canto al pueblo;
no sé tapar la verdad.
Sólo el que hace mal conoce el miedo,
¡no tengo por qué callar!

La *salsa* no es *un* particular ritmo o forma musical. Es más bien "una manera de hacer música",[3] una de cuyas características centrales es,

---

[2] El concepto *jíbaro* es una relocalización popular de la nacionalidad, una revaloración positiva del término, originalmente despectivo, con el cual se denominó en Puerto Rico, desde el siglo XVIII, al evasivo campesino autóctono, semi nomádico, conformado por una amplia amalgama étnica, como analizaremos con mayor detalle en el capítulo 3.

[3] Definición de la *salsa* que adelantó el disc-jockey puertorriqueño Mariano Artau en la radio (agradezco al percusionista del grupo *Atabal*, Héctor Rodríguez, esta referencia).

precisamente, su libre combinación de *diversos* ritmos y géneros del Caribe. Examinaremos en mayor detalle esta libre combinación de formas en el capítulo 6, pero es necesario adelantar en éste (que aborda las concepciones del tiempo –y la relación tiempo y espacio– en la *salsa*) su carácter tanto sincrónico como diacrónico. Es decir, las combinaciones de diversos ritmos y formas se dan en las mejores composiciones de *salsa* tanto de manera simultánea –el polirritmo conformado cuando los diversos instrumentos ejecutan al unísono distintos ritmos (sobre la base de una métrica común que lo posibilita)–, como a lo largo de la pieza, con cambios sucesivos en la rítmica predominante. Es, a mi juicio, sumamente significativo que una canción salsera puertorriqueña como "Somos el son", configurada en torno a la presentación o manifestación desafiante de una identidad colectiva –nacional y simultáneamente continental–, una canción que a su vez adquirió rápidamente una gran popularidad en el contexto de lo que se conoce comúnmente como "música comercial" (es decir, en el ámbito de las cambiantes modas impulsadas por la necesidad de circulación de productos de la industria disquera), iniciara su diversidad diacrónica con un ritmo muy antiguo que se identifica con nuestra herencia étnica africana. Aunque la canción combine, como las mejores *salsas*, diversos ritmos (de varios países de la cuenca del Caribe), y predomine posteriormente, como en la mayoría, el ritmo de *son* o *tumbao*, "Somos el son" se inicia con repiqueteo de *bomba*, que es en Puerto Rico la música más claramente asociada históricamente a la plantación esclavista y la población negra.

Sin embargo, en "Somos el son" el repiqueteo de *bomba* es retrabajado, elaborado en tal forma que su presencia no resulta directa ni evidente. Un ritmo atávico no hace referencia, pues, solamente a un pasado remoto; se retrabaja, se contemporaniza. Se trata, después de todo, como antes citamos, de una *patria que renace*; no se refiere a una patria ancestral, sino a una patria que constantemente se reconstituye. Como bien señalara el sociólogo afrobritánico Paul Gilroy

The history of the black Atlantic yields a course of lessons as to the instability and mutability of identities which are always unfinished, always being remade.[4]

El repique cárácterístico de uno de los dos tambores en una de las variantes de *bomba* se presenta en "Somos el son", no en su plano

---

[4] *The Black Atlantic, Modernity and Double Consciousness*, Cambridge, Mass., Harvard University Press, 1994, p. XI.

percusivo original, sino a través de instrumentos melódicos. Es decir, el ritmo se melodiza, se presenta melódicamente.

Inicio de "Somos el son"

[5]

Aparece primero en los instrumentos más graves –el bajo y los bajos del piano– y es luego reiterado (entre los compases 11 al 15 de la partitura) por los más brillantes –los metales. Ello simula movimientos de timbre característicos del tambor repicador de la *bomba*, logrados originalmente a través de combinaciones de golpes del centro a los bordes de la membrana extendida, entre otros recursos. Evoca también momentos fundamentales en la historia social de la música caribeña, donde, en la segunda mitad del siglo XIX, las tradiciones expresivas de la plantación y del campesinado *jíbaro* se camuflaron a través de los metales en la música de salón (véase capítulo 4). La canción expresa, por tanto,

---

[5] Transcripción de Luis Manuel Álvarez, cotejando la versión grabada en el LP con la partitura del arreglista Isidro Infante. Hemos transcrito el ejemplo en 4/4 en lugar del 2/2 de la partitura, para que cada compás corresponda a la métrica rítmica –la *clave*, véase capítulo introductorio– y poder apreciar más fácilmente la sobreimposición de una segunda *clave*, sobre la cual se ejecutan normalmente los repiques. Aquellos lectores que conozcan de notación musical, pueden fijarse también en el *mi bemol* del repique que, en el tono de *la menor* de esta canción, constituye lo que se conoce en la tradición del *jazz* como el *"blue note"* y en la tradición popular latinocaribeña como "el mixolidio" (en referencia a la escala griega así denominada) que corresponde a los armónicos naturales de instrumentos de una cuerda de ascendencia africana –como el *berimbau* brasileño– y es muy común en la armonía de la música afroamericana.

musicalmente, diversos tiempos históricos.

La introducción instrumental de "Somos el son", una especie de dedicatoria a Latinoamérica, cierra en *coda* (para volver al repiqueteo de *bomba* justo antes de comenzar propiamente la canción) con una cita melódica, por los vientos-metal, a otro tipo de música puertorriqueña muy tradicional –el *aguinaldo*. Éste, junto al *seis*, constituyen las formas expresivas fundamentales del mundo *jíbaro*, es decir, históricamente identificado con el campesinado libre. Pero la cita es también *retrabajada*. Una frase del preludio instrumental del aguinaldo original –*aguinaldo cagüeño*, en este caso– que se toca tradicionalmente en tono mayor por la variante puertorriqueña del laúd, el *cuatro*, es variado en "Somos el son" por las trompetas al interpretarlo en su relativo menor y modificando la tradicional secuencia armónica. Al tiempo del mundo *jíbaro*, como al de la plantación, se le da carácter contemporáneo. Los *aguinaldos* constituyen también formas tradicionales de melodizar, en el acompañamiento de *cuatro*, ritmos de *bomba*[6] y colocándolo en "Somos el son" como *coda* entre repiqueteos de *bomba* melodizados, La Selecta manifiesta en forma creativa e innovadora, la hermandad (durante tantos años obviada por los musicólogos) entre estos géneros, fundamental para su propuesta, alegremente desafiante, y constantemente reconstituyente, de identidad colectiva.

Introducción tradicional de aguinaldo cagüeño:

[7]

---

[6] Luis Manuel Álvarez, "La presencia negra en la música puertorriqueña", en Lydia Milagros González, ed., *La tercera raíz: Presencia africana en Pueto Rico*, San Juan, CEREP-ICP, 1992. Veremos este fenómeno con mayor detalle en el capítulo 3.

[7] Transcripción y análisis de la *bomba* en el *cagüeño* tomado de Álvarez, *ibid*, p. 40.

Variante de aguinaldo cagüeño en "Somos el son":

"Somos el son", a través del bajo a partir del compás 11, sigue en términos rítmicos la forma básicamente de *tumbao*, lo que con la hegemonía cubana en la música "tropical" se ha llamado también ritmo de *son*.[8]

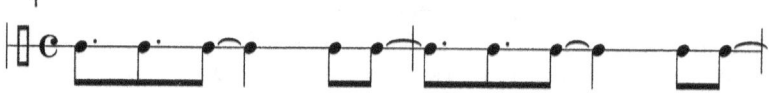

El ritmo *tumbao*, de evidente ascendencia africana, es (como la forma *son*) aparentemente muy antiguo entre un campesinado caribeño de una amplia y compleja heterogeneidad étnica.[9]

No es ni siquiera descartable la posibilidad de que el son haya surgido *simultáneamente* en diferentes áreas *rurales* de Cuba (y del Caribe, añadiría[10]), donde el empleo de instrumentos de cuerda pulsada haya asumido concepciones de ejecución tomadas de los instrumentos de percusión provenientes de África.[11]

Lo popularizó, no obstante, en las primeras décadas de este siglo, un campesinado migrante a las zonas costeras de producción cañera y/o a

Álvarez gentilmente transcribió la frase alusiva al aguinaldo cagüeño en "Somos el son", específicamente para este capítulo.

[8] La palabra *tumbao* tiene diversos significados en el argot de la música folklórica y popular del Caribe. Acá lo utilizo para referirnos a un tipo de ritmo básico (que normalmente ejecuta el bajo, o los bajos de una guitarra u otros instrumentos), que subyacen las variaciones rítmicas de diversos géneros (véase ejemplo en el texto, transcrito por Luis Manuel Álvarez).

[9] Argeliers León, *Del canto y el tiempo*, La Habana, ed. Letras cubanas, 1984, capítulo 5; James Robbins, "The Cuban Son as Form, Genre, and Symbol", *Latin American Music Review*, vol. 11, núm. 2, diciembre de 1990, pp. 182-200.

[10] En Puerto Rico, por ejemplo, numerosos *seises* tradicionales se estructuran sobre el ritmo *tumbao*.

[11] Olavo Alén, *De lo afrocubano a la salsa, Géneros musicales de Cuba*, San Juan, ed. Cubanacán, 1992, p. 41, énfasis y paréntesis añadidos.

las ciudades. Bien señala el más célebre entre todos los *sones*:

> Mamá yo quiero saber
> de *dónde* son los cantantes,
> que los encuentro galantes
> y los quiero conocer,
> con sus trovas fascinantes
> que me las quiero aprender.
>
> ¿De dónde serán, mamá?
> ¿Serán de La Habana?
> ¿Serán de Santiago, tierra soberana?
> No, ya verás:
> Son de la *loma* y cantan en el *llano*...[12]

Las referencias a esta realidad nomádica, al movimiento y, concretamente, al desplazamiento territorial son frecuentes en esos primeros sones que se popularizaron ampliamente:

> A la loma de Belén, de Belén nos *vamos*...[13]

como los nómadas Tres Reyes Magos (símbolo de la heterogeneidad étnica) en búsqueda del pesebre de Belén, de la tierra del futuro prometido (simbolizado por el *niño* Dios), aunque originalmente pudiera referirse a un barrio en La Habana. O

> Quisiera, linda *paloma*,
> *salir* a tu palomar,
> junto contigo *volar*,
> aunque a mí me parta un rayo.
> Y que se *pierda el caballo*
> que está en la *puerta*
> *allá* en el *camino* real.
>
> *Pica mi caballo*
> que está en la *puerta*
> allá en el camino real.[14]

No es fortuito que un movimiento musical como la *salsa*, cimentado (como se argumentará más adelante) en el fenómeno de una particular modalidad de migración, tomara como género central, en su libre

---

[12] "Son de la loma" de Miguel Matamoros, 1923.
[13] Guillermo Castillo, guitarrista del Sexteto Habanero, c. 1928.
[14] "El fiel enamorado" de Paco Portela (década de 1920).

combinación de formas, una música de tales evocaciones nomádicas;[15] y entre las *salsas* también, no podía de otro modo ser, el grito identitario de La Selecta, "Somos el *son*".

La orquestación de esta canción en su base percusiva (en la sincronía polirrítmica que atraviesa los diversos cambios diacrónicos de la composición en "su larga duración") es, no obstante, fundamentalmente guarachera. Esto es muy significativo porque ya desde el siglo XIX, cuando el mundo caribeño era todavía fundamentalmente rural, se identificaba a la *guaracha* con el "populacho" urbano,[16] y la importancia del mundo popular urbano para la emergencia contemporánea de la *salsa* es una realidad incuestionable. De hecho, el libro más importante publicado hasta hoy sobre la *salsa* lleva como subtítulo "*Crónica de la música del Caribe urbano*"[17] y como "música del Caribe popular urbano" define también la *salsa* uno de sus principales cantautores, el panameño nuyorikeñizado Rubén Blades.[18]

Melódicamente, "Somos el son" se inicia en los metales con una cita al *aguinaldo cagüeño*, como antes mencionamos, a la música *jíbara*. El acompañamiento está basado en combinaciones armónicas que evocan la tradición árabe-andaluza, mientras el ritmo entremezcla *bomba, guaracha* y *tumbao* (o *son*). Finalmente, la canción se establece en el estilo antifonal del *soneo*, donde el solista improvisa frases sobre un estribillo constante que repite el coro. El canto antifonal se identifica, en nuestra música, fundamentalmente con la tradición de la influencia afro (aun-

---

[15] El antropólogo Jorge Duany ("Popular Music in Puerto Rico: Towards an Anthropology of Salsa", *Latin American Musical Review* 5:2, otoño/invierno de 1984, pp. 187-216) define la *salsa* como un "*hybrid genre... a mixture of mixtures... amalgamation of afro-caribbean musical traditions centered around the Cuban son*" (más adelante reconoce que el *son* es en realidad "*a typically* Caribbean *musical form*" p. 198). También señala que "*salsa is the product of a seminomadic population, perpetually in transit between its homeland and exile*" p. 197; pero no vincula esta realidad con sus expresiones sonoras, concentrándose más bien en el análisis de sus letras. No obstante algunas limitaciones, este valioso ensayo es de los pocos trabajos académicos serios publicados desde las ciencias sociales sobre un fenómeno sonoro socialmente tan significativo como la *salsa*. Otro esfuerzo meritorio es el ensayo de Félix M. Padilla, "Salsa: Puerto Rican and Latino Music", *Journal of Popular Culture*, vol. 24, 1990, pp. 87-104, que plantea la relación entre la industria disquera y la expresividad popular en el proceso de ampliación de una expresión, según él, fundamentalmente puertorriqueña-*niuyorkina* en una "latina" amplia.

[16] León, *Del canto...*, p. 174.

[17] Del disc-jockey venezolano César Miguel Rondón, *El libro de la salsa*, Caracas, ed. Arte, 1980.

[18] Entrevista personal, San Juan, 1983.

que existía también en la música indígena). Antes de comenzar el *soneo*, sin embargo, el solista incorpora una décima incompleta (combinando dos primeras cuartetas) cantada en el estilo de *seis mapeyé*, otra de las formas tradicionales del campesinado jíbaro, que usa el ritmo afro-árabe que se identifica con la *habanera*. El *mapeyé* aparece también *retrabajado*: los metales ejecutan (o acompañan con) el *obbligato* que tradicionalmente interpretaba el *cuatro* en ese tipo de música. En el *mapeyé* se encuentran fundidas tradiciones hispanas, árabe-andaluzas y afros; y la importancia de reenfatizar esta amalgama se logra en la composición con el estilo "a caballo" (de ritmo unísono entre los diversos instrumentos, que da la sensación entrecortada del galope) que se especifica para esa sección en la partitura (compases 55 a 62). El polirritmo sincrónico hace un alto para reiterar la polifonía diacrónica. Es precisamente en esa cuarteta en *mapeyé* donde la letra hace referencia a:

> ven canta conmigo hermano
> bajo una sola bandera,

frase, en esta canción, muy importante y de significados múltiples.

Por su condición colonial, en todos los actos oficiales en Puerto Rico deben ondear dos banderas: la puertorriqueña y la norteamericana. La referencia a "*una sola bandera*" tiene, en ese ámbito, claras evocaciones nacionalistas. En el contexto musical de la amalgama étnica del *mapeyé*, sin embargo, "*con una 'sóla' bandera*" (*sóla* en este caso con tilde –aunque sea imposible gramaticalmente–, como queriendo decir "solamente con una bandera"), significa más bien (o también) la nacional unidad en la diversidad. Por otro lado, como canción de un puertorriqueño dirigida a todos los "latinos" (la letra de toda la canción comienza con la frase "Para América Latina, *mi son*"), los versos "*ven canta conmigo hermano, bajo una 'sóla' bandera*", significan romper precisamente con las distinciones nacionales: la unidad cultural extraterritorial sobre los delineamientos jurídicos del Estado-nación. Este último significado se reitera con la estrofa que inmediatamente sigue a esos versos:

> Cual *paloma mensajera*, (fíjense, nuevamente, en la referencia nomádica)
> mi son *se sigue colando*, (introduciéndose subrepticiamente, constantemente camuflándose)
> y a *todos* nos *va llegando*, (referencia otra vez al movimiento, en este caso colectivo)
> porque no tiene fronteras.

Y se reenfatiza al gritar dos veces el coro (que, como se ha apuntado ya, en la música antifonal representa a la colectividad), la segunda vez con el dramatismo de una segunda voz requintada:

> Somos el son del *hispano mundial*

Es importante notar que esta frase *internacionalista* musicalmente conforma una cadencia andaluza, que es una forma armónica de hondos significados sociales en la música puertorriqueña.[19] Aparece con mucha frecuencia en la música *jíbara* (campesina, según veremos en el próximo capítulo) y en los tres más conocidos y celebrados *boleros* sociales de Rafael Hernández (capítulo 5): "Lamento borincano", "Preciosa" y "Campanitas de cristal". Se utiliza también en una de las más famosas *plenas* (género identificado con el proletariado), "Temporal", precisamente cuando se hace referencia al país: ¡¿Qué será de mi Borinquen?! (*la, la, sol, sol, fa, fa, mi, mi*).

El significado de unidad cultural *latina* extraterritorial, sobre los delineamientos jurídicos del Estado-nación, se vuelve a reiterar, finalmente, en el último verso de la próxima estrofa –estrofa de cuatro versos que comienza cantando el solista, pero cuyo último verso canta al unísono con el coro, como expresando la síntesis entre individualidad y colectividad–:

> *te* traigo un mensaje, *a la humanidad*

donde transfiere un intercambio íntimo personal: tú a tú ("*te traigo*"), a un significado amplio universal de referencias globales. Justo antes de esta estrofa, el solista ha gritado, como consigna al margen de la canción,

Para el mundo entero:	(la intención globalizante)
¡sabor latino!	(la nacionalidad extraterritorial)
de La Selecta	(el estilo sonoro propio)
de Puerto Rico.	(la nacionalidad histórica, negada).

"Somos el son", como en general la música de *salsa*, nos plantea interrogantes muy importantes en torno a la dimensión espacio-temporal de las identidades colectivas, sobre todo en nuestra época, caracterizada por la intensificación de procesos culturales de globalización[20]

---

[19] La cadencia andaluza está constituída (en el tono de *la* de esta canción) por las armonías de *la menor, sol mayor, fa mayor y mi mayor séptima*.
[20] Octavio Ianni, *A sociedade global*, Río de Janeiro, Ed. Civilização Brasileira, 1993,

y su generalizada penetración en el mundo popular.[21] Aunque esta "manera de hacer música" tiene una larga historia (historia fundamental para entender los significados que conforman su sonoridad), tomó cuerpo, como movimiento expresivo, comenzando a manifestar sus carácterísticas propias, a finales de la década de 1960 y, sobre todo, a comienzos de los años setenta, precisamente en el período en que cambios fundamentales en el capitalismo internacional estaban cimentando a nivel global, como bien ha examinado David Harvey,[22] una radical transformación en la sensibilidad de las personas nucleada en torno a maneras distintas de concebir el espacio y el tiempo. Fue en esos años cuando, de hecho, el apelativo *"salsa"* (que en la gastronomía caribeña significativamente evoca una *combinación* de ingredientes para *añadir sabor* al elemento sustantivo) empezó a utilizarse.[23]

Es interesante que algunas músicas hoy globalizadas, parte del imaginario —como los *shopping malls* o la Coca-cola— de una cultura popular global homogeneizante, tuvieron no obstante una ubicación territorial original muy clara. En el caso de la *salsa*, nos encontramos ante una "manera de hacer música" conformada originalmente, en gran medida, alrededor de procesos dramáticos de desubicación territorial. Con raíces en tradiciones expresivas de *diversos* países del Caribe, como movimiento surgió en Nueva York; o mejor dicho, en la constante intercomunicación entre esta ciudad y las sociedades caribeñas. Surgió vinculada a un intenso proceso migratorio en un momento histórico donde la migración a las metrópolis era (como aún es) elemento fundamental de la realidad social del Caribe (y de muchas otras regiones del antes llamado "tercer mundo"). Una ancestral intercomunicación caribeña se facilita contemporáneamente en la desubicación del crisol migratorio *niuyorkino*. La *salsa* le imprimió un carácter contemporáneo —áspero-urbano— a formas musicales tradicionales del Caribe en consonancia con las transformaciones que se experimentaban en el mundo popular de estos países, donde la migración de las últimas décadas se

presenta una buena síntesis de los debates en torno a este proceso. Véase también, de Mike Featherstone, ed., *Global Culture (Nationalism, Globalization and Modernity)*, Londres, Sage, 1990.

[21] Véase por ejemplo Renato Ortiz, *Mundialização e cultura*, São Paulo, Ed. brasiliense, 1994.

[22] *The Condition of Postmodernity, An Enquiry into the Origins of Cultural Change*, Oxford, Basil Blackwell, 1989.

[23] Rondón, *El libro...* y John Storms Roberts, *The Latin Tinge*, Nueva York, Oxford University Press, 1979, pp. 187, 232.

ha sumado a otras experiencias de desplazamientos masivos de población, fundamentales en nuestra historia constitutiva (la trata esclavista, la más impactante entre ellas) que han marcado, todas, las maneras como en el Caribe se manejan las nociones de territorialidad y del tiempo, y su expresión sonora en la música.

Los movimientos poblacionales hacia y desde Nueva York, que han sido fundamentales en todo el Caribe, fueron, sin embargo, en la emergencia de la *salsa*, más profundos y abarcadores en el caso de Puerto Rico. Este país, además, no ha constituido propiamente aún su Estado-nación, encontrándose jurídicamente subordinado al país hacia donde se encaminaban sus emigrantes. No es de extrañarse, pues, que en una música caribeña conformada por la migración, atravesada por problemáticas de desubicación territorial, los músicos puertorriqueños y la tradición musical puertorriqueña (caribeña al fin) asumieran el *rôle* de liderato, ocuparan una posición hegemónica (lo cual no borra el hecho de la naturaleza caribeña amplia de esta música). Una importante característica del movimiento *salsa*, facilitada por la migración a Nueva York, es que integra no sólo diferentes tradiciones musicales (que compartían, de todas formas, raíces musicales comunes), sino también, específicamente, intérpretes de distintos orígenes nacionales dentro de unos mismos conjuntos. Aunque los músicos puertorriqueños predominan en las orquestas de *salsa*, es frecuente encontrar en éstas a músicos venezolanos, colombianos, cubanos, dominicanos, panameños, norteamericanos y de otros países también, laborando juntos.[24]

Como vimos con el ejemplo de "Somos el son" –y examinaremos con mayor detalle y ejemplos en el capítulo 6–, la sonoridad salsera incluye y combina diversos ritmos y géneros identificados con distintos tiempos y espacios: con diversas clases sociales, épocas históricas y particulares países del mundo afroamericano. Incorpora, por ejemplo, la *rumba* y la *bomba* que evocan tiempos "ancestrales" de la plantación; *guajiras* y *aguinaldos* que se asocian con el campesinado libre de la contra-plantación; elementos de la *danza*, que recuerda el intento integrador popular señorialmente hegemonizado de las últimas décadas del siglo XIX; la *plena*, y su histórica vinculación al proletariado nómada; el *son*, y el campesinado migrante (proletarizándose en parte) de las primeras décadas del siglo XX... Los géneros sobre los cuales la *salsa* libremente se mueve cargan también particulares identificaciones territoriales:

---

[24] Además de que ya hay numerosos conjuntos de *salsa* en distintos países.

como la *cumbia* y el *vallenato* con Colombia, la *guajira* y la *rumba* con Cuba, el *calypso* con Trinidad, la *samba* con Brasil, la *bomba* y la *plena* con Puerto Rico, o el *tamborito* con Panamá, entre otros. Combina la *salsa* también ritmos que comparten diversos géneros del Caribe, como el *merengue*, el ritmo de *habanera* y, muy significativamente por tratarse del ritmo predominante en esta "manera de hacer música", el *tumbao* o ritmo del "nómada" *son*. La *salsa* no es, sin embargo, una suma, sino una heterogénea integración, que manifiesta elementos comunes y diferenciables en cada composición y en cada uno de los territorios donde se produce.[25] En realidad no existe *una salsa*, sino múltiples y diversas *salsas*. Por ello vengo insistiendo en que la *salsa*, más que un género –una estructura, una entelequia–, debe entenderse, sobre todo, como una *práctica*: "una manera de hacer música".

Combinar diversos ritmos y géneros fue una práctica de elaborar sonoridades en la llamada "música latina" (realmente afro-caribeña) previa al surgimiento de la *salsa*. A través de este siglo, se habían dado antes muchos experimentos en la "música latina" de combinación de formas para la creación de nuevos géneros o tipos, siendo el *bolero-son* probablemente la más famosa.[26] Lo significativo de la práctica combinatoria en la *salsa*, que –junto a otras prácticas que examinaremos en capítulos subsiguientes– le imprimen un carácter nuevo y distintivo a esta "manera de hacer música", es que no se dirige a, ni intenta, la formación de nuevas estructuras o tipos. Las buenas composiciones salseras son sorpresivas por lo indeterminadas: se mueven libre y espontáneamente entre diversos ritmos y géneros tradicionales de acuerdo a la sonoridad que se intenta producir para el sentimiento o mensaje que se quiere comunicar. Y es, precisamente, la experimentación en esa *libre* combinación de formas una de las características fundamentales de este movimiento.

La incorporación de ritmos y géneros que se identifican con distintos países en la práctica salsera subyace las acaloradas polémicas que la *salsa* ha suscitado en torno a su identificación nacional. Por un lado, muchos

---

[25] La incorporación de elementos autóctonos en los distintos territorios es trabajada con mayor detalle por la etnomusicóloga Marisol Berríos en su tesis doctoral para la Universidad de Berkeley, en preparación, *The Significance of Salsa Music to National and Pan Latino Identity*.

[26] Cristóbal Díaz Ayala, *Música cubana, del areyto a la Nueva Trova*, San Juan, Cubanacán, 1981, describe muchos de estos intentos. Véase también, de Natalio Galán, *Cuba y sus sones*, Valencia, Pre-textos, 1983, por ejemplo, p. 212.

comentaristas y músicos (incluyendo algunos muy destacados y autorizados) argumentan que la *salsa* en realidad no existe. La consideran un mero *"slogan"* comercial para vender grupos "neoricans" (puertorriqueños de Nueva York) que tocan la buena vieja música *cubana* con técnicas modernas de sonido. (De hecho, muchos números del movimiento salsero son indudablemente eso.)

Esta interpretación de la *salsa* como *cubana* en su "esencia",[27] parte de indudables realidades históricas. Desde los años veinte de este siglo, la industria cubana –particularmente habanera– del disco y el espectáculo se estableció como una de las más importantes del continente, rivalizada en América Latina sólo por Buenos Aires y, posteriormente –con el desarrollo del cine sonoro– por México. Los conjuntos cubanos y su tradición musical gozaron de una indiscutible hegemonía en la música "latina" hasta el fuerte bloqueo a través del cual los Estados Unidos intentaron aislar a Cuba del resto del Caribe a partir de la Revolución de 1959. Sin menoscabar la enorme importancia de tradiciones propiamente cubanas en el desarrollo de la música "tropical", esta sonoridad en su conjunto –incluyendo aportaciones de otros países caribeños y tradiciones realmente compartidas– se comenzó a popularizar internacionalmente, desde la poderosa industria del espectáculo y la música, como "cubana". Como la *salsa* no inventó un nuevo ritmo o forma musical, sino que fue conformando sus prácticas sonoras principalmente a través de la incorporación de formas y ritmos tradicionales, los más populares de los cuales –como su predominante *son*– se identificaban como "cubanos", sus carácterísticas novedosas y distintivas pasaron, para muchos, inadvertidas.[28]

Por otro lado, se ha intentado interpretar la *salsa* como la música de una minoría étnica de la nación norteamericana.[29] Esta interpretación

---

[27] Entre numerosos exponentes, se puede examinar como ejemplo, de Vernon W. Boggs, ed., *Salsiology, Afro-Cuban Music and the Evolution of Salsa in New York City*, Nueva York, Greenwood Press, 1992.

[28] No fue el caso del importante trabajo de Rondón antes citado –*El libro...*–, quien claramente examina la *salsa* como un movimiento musical diferente, que no rompió con, sino desarrolló, formas tradicionales.

[29] Las limitaciones de esta visión se evidencian en los escritos de John Rockwell sobre el estupendo músico salsero Eddie Palmieri, primer músico puertorriqueño ganador de un premio *Grammy* (*All American Music. Composition in the Late XXth Century*, Nueva York, Vintage, 1984, capítulo 17). Este excelente libro, de quien fuera crítico musical del *New York Times*, trata de cubrir un amplio espectro de la composición norteamericana, desde la más *avant-garde* música "clásica" serial hasta el "hard rock". Uno de sus veinte capítulos

se basa también en realidades históricas –fue en Nueva York donde la *salsa* se originó como movimiento–, pero obvia tanto su historia previa, como su trayectoria posterior. Por último, en distintos países del Caribe, especialmente en Colombia y Puerto Rico, se identifica popularmente la *salsa* como música del país, como una expresión nacional.[30] De hecho, la consigna publicitaria de las actividades del pabellón de Puerto Rico en la célebre Feria de Sevilla del 1992 fue "¡Puerto Rico *es salsa!*". Esta última interpretación popular se basa también en sólidas realidades: Puerto Rico y Colombia son, junto a Venezuela y Panamá, los países donde en las últimas décadas más se han producido –y se producen– *salsas*.

Ahora bien, ¿cuál es el sentido de intentar encajonar en una particular y excluyente identificación nacional un movimiento evidentemente caribeño amplio que, además, surgió en el entorno de una emigración hacia otra "territorialidad"? Más que una música de ésta o cualquier nación, entiendo que la *salsa* es tan importante para el análisis de los fenómenos culturales del mundo contemporáneo porque desafía el concepto tradicional de "cultura nacional" –de una clara ubicación territorial– que fue desarrollando, paralelamente con el Estado-nación, el mundo burgués "occidental" moderno en los últimos dos siglos. ¿Significa, por ello, que lo nacional no tiene cabida en el análisis de la *salsa*?, ¿que es ésta una música desterritorializada?, ¿otra manifestación más, como se ha tornado –en términos generales– la sonoridad rockera, de una cultura popular global? ¿O no estarán apuntando su creciente generalizada popularización internacional y su compleja polivalente historia hacia la necesidad del desarrollo de nuevos parámetros analíticos?

Somos el son, como la enorme mayoría de los puertorriqueños, identifica, de una u otra forma, la sonoridad salsera con un sentimiento nacional;[31] un sentimiento nacional, no obstante, diferente a la noción

---

lo dedica a la *salsa* de Palmieri. Es uno de los capítulos más débiles precisamente porque la *salsa* es mucho más que un componente del "*All American Music*". Una de las críticas de Rockwell a Palmieri es, de hecho, que no ha logrado trascender –en sus términos, "superar"– su "enclave étnico".

[30] Así lo expresan, respecto a Puerto Rico, casi unánimemente, los numerosos testimonios del film documental de Ana María García, *Cocolos y Rockeros*, San Juan, Pandora Films, 1992.

[31] Evidenciado ampliamente en las ediciones que he podido asistir de la celebración anual del *día nacional de la salsa*, organizados por la estación radial Z-93. En estos conciertos al aire libre, con asistencia de miles de seguidores de esta música, los símbolos nacionales –como, por ejemplo, la bandera– tienen una presencia generalizada y protagónica.

territorial tradicional del Estado-nación:[32]

> Somos el son de una Patria que renace...

No se trata de una patria que se consolida, sino que vuelve a emerger. No es fortuito que en su mirada al futuro, "Somos el son" recurra al nombre original del territorio de una "patria" ya desaparecida

> Somos el son de *Borinquen*

y, paralelamente,

> Somos el son hispano

e inmediatamente enfatiza

> del *hispano mundial*.

Se trata de

> *mi* son (que) sigue colándose...
> porque *no tiene fronteras*.

"Somos el son" intenta rescatar la importancia del sentimiento nacional en el proceso simultáneo de transformar radicalmente su significado territorial.

En este capítulo de *¡Salsa, sabor y control!* intentaré examinar cómo la *salsa* representó, en gran medida, una alternativa afro-caribeña popular a los procesos homogeneizantes de globalización sonora que la difusión internacional del *rock* inicialmente significó.[33] ¿Hasta qué punto –es necesario preguntarse– ese rejuego de territorialidades y de tiempos que caracteriza, como en "Somos el son", a la mejor música de *salsa*, significó una reacción defensiva a la globalizante crisis espacio-temporal de la modernidad, que Harvey examina?, ¿o en qué medida, por el contrario, insertándose de manera crítica en ésta, logra plantear una alternativa propia, distinta a la que por lo general aparece en las discusiones del

---

[32] Es interesante que Gilroy, *The Black Atlantic...*, refiriéndose fundamentalmente al mundo afroamericano anglófono, apunta que la música, junto a otras formas de expresión: "*have overflowed from the containers that the modern nation state provides for them*" (p. 40). Véase también las sugerentes observaciones de George Lipsitz, *Dangerous Crossroads, Popular Music, Postmodernism and the Poetics of Place*, Londres, Verso, 1994, por ejemplo pp. 30-31.

[33] Recalco "inicialmente", pues la historia del *rock* es muy compleja y dentro de esa sonoridad general se han desarrollado movimientos muy diversos, algunos que también enfrentan las tendencias homogenizadoras.

"posmodernismo", pensadas más bien para *el primer mundo*? En este capítulo quisiera analizar el desafío salsero a los procesos totalizadores de la modernidad "occidental", y su contribución, desde "la periferia", desde los márgenes de dicha *modernidad*, a las transformaciones mundiales contemporáneas en torno al desarrollo de una verdadera heterogeneidad de perspectivas.

La nación *"en-sals(z)ada"* por "Somos el son" refiere a un proyecto *histórico* –conjugando mitos y cotidianidades– que se asume, no obstante, hacia el futuro. Refiere a un proyecto profundamente distinto al *Estado-nación* de la modernidad "occidental"; un proyecto cimentado en una cultura conformada por una historia diferente, necesitada y acostumbrada a reconstituirse constantemente. La cultura de la *"nación en-salsada"* se ha ido conformando en una historia moldeada y marcada por la indeterminación y la incertidumbre.[34] Frente a ésta, en las últimas tres décadas, atravesando la modernidad "occidental" la más profunda crisis de sus paradigmas, en el Caribe una distinta *manera de hacer música* reafirma la más general y, simultáneamente, más concreta dimensión utópica: un lugar y un tiempo para compartir la vida.

No es fortuito que "Somos el son" en el Puerto Rico de los mil novecientos ochenta retome, con su *"patria que renace"*, la aspiración con la cual había concluido desde Nueva York a finales de los sesenta uno de los más importantes pioneros del movimiento *salsa* –Eddie Palmieri– su LP *Justicia*,[35] uno de los "clásicos" iniciales de esta "nueva manera de hacer música". Trasformando con modulaciones tipo *jazz* y con un marcado acento puertorriqueño la famosa moderna utopía romántica cimarrona del *musical niuyorkino* de los cincuenta West Side Story, dicho LP, con tan significativo título, concluye:

---

[34] He intentado bosquejar sus implicaciones en algunos trabajos previos: "¡Cultura! en el Caribe, nuestra consigna", en Federació Catalana D'Assocacions i Clubs UNESCO, *Identidad cultural y modernidad*, Barcelona, 1990 (reimpreso en *Estudios Sociales Centroamericanos* 54, septiembre-diciembre de 1990, pp. 85-100) y "The Caribbean Counter-plantation Rural Formation Heritage and the Contemporary Search for Fundamentals", capítulo 10 de Lieteke van Vucht Tijssen *et al.*, eds. *The Search for Fundamentals, The Process of Modernisation and the Quest for Meaning*, Dordrecht-Boston-Londres, Kluwer Academic Publishers y Netherlands' National Commission for UNESCO, 1995, pp. 175-185. Los capítulos siguientes del presente libro, sobre todo el capítulo 3, intentan abundar más sobre este fenómeno.

[35] Tico SLP 1188, s.f. ¿1968?

Somewhere a place for us	En algún sitio, un *lugar* para nosotros
Some day, a time for us	algún día un *tiempo* para nosotros
open-aired and time to spare	al aire libre y tiempo para pasar
hold muy hand and we	toma mi mano y estamos
are half way there...	a medio llegar...
Some day, somewhere	Algún día, en algún lugar
we'll find	encontraremos
a new way of living...	una nueva forma de vivir

"NO ME DIGAN QUE ES MUY TARDE YA":
LAS IDENTIDADES Y LA MULTIPLICIDAD DE TIEMPOS

La música popular de la modernidad "occidental" –de los Estados Unidos y Europa– es abrumadoramente presentista. Aborda, principalmente, sentimientos individuales, personales, de la vida diaria. Sorprende que en una época de acelerada mundialización de los arquetipos de comunicación masiva –donde, por ejemplo, los programas de noticias televisivos de todo el mundo van pareciéndose más en su estructura–, en la música hispano caribeña más atravesada por la comunicación masiva, en las mejores producciones salseras (que, significativamente, han sido además las de más amplia y prolongada popularización) se insista en la *presencia* del pasado y el futuro. Esta insistencia no se manifiesta, sin embargo, de una manera lineal. Presente, pasado y futuro se entrecruzan de modos diversos.

En 1980, quince años antes de la fecha en que escribo y unos trece años aproximadamente después de la emergencia del movimiento *salsa*, dos de los iniciadores de este movimiento, que comenzaron en la *salsa*, además, muy jóvenes –cuando tenían apenas alrededor de quince años– los puertorriqueños *niuyorkinos* Ismael Miranda y Willie Colón emprendieron el proyecto de producir un disco juntos. Este LP constituye un excelente ejemplo de la multiplicidad dialéctica de tiempos tanto en su sonoridad como en sus temáticas. El LP fue titulado *Doble energía*[36] y la carátula mostraba a los protagonistas pedaleando juntos una bicicleta doble en un paisaje otoñal meridional. La composición que escogen para abrir el disco –una *salsa* de tema romántico– lleva de título la frase

---

[36] Nueva York, Fania, LPS 99.230.

que enfatiza tanto el cantante solista como el coro: "¡No me digan que es muy tarde, ya!" La composición es del también cantautor José Nogueras, entonces un joven puertorriqueño que se había iniciado en la música como *rockero*. Nogueras participó a principios de los setenta en el movimiento de la Nueva Trova, adquirió notoriedad como compositor de *salsas* a finales de esa década y es mayormente conocido hoy día por su revitalización de la música de parrandas navideñas, componiendo en estilo salsero canciones de entronque *jíbaro*. "No me digan que es muy tarde, ya" constituye un debate jovial en torno a los significados "generacionales" del tiempo en el trayecto de una historia de vida. Elabora un dicho popular que recuerda el solista en el *soneo*: "nunca es tarde si la dicha es buena"

> El tiempo decidirá   (futuro)
> si hay verdad en mi cariño
> *busco* la felicidad   (presente)
> con mi corazón de *niño*   (pasado)

El rejuego de temporalidades toma una dirección opuesta en otra de las estrofas:

> El amor en mi pasado   (pasado)
> por no haberlo comprendido
> muchas veces me olvidó   (repetición proyectiva del pasado)
> Ya no es así;
> ahora en luz del universo,
> vivo feliz,   (presente)
> la vida me da los versos
> que son *mi* sentir
> y son *para* ti.   (futuro)

Esta estrofa es retrabajada más adelante para incorporar, en la problemática del tiempo, la dimensión espacial de la realidad migratoria y de la nacionalidad extraterritorial.

> El amor en mi pasado
> por no haberlo comprendido
> muchas veces me olvidó.
> Ya no es así;
> mi familia *ya* es muy grande,
> vivo feliz:
> por la calle va una parte
> otros lejos de aquí,
> a nadie *he perdido*.

Recalcando que

> Nunca es tarde
> en el juego de la vida,
> por eso echo pa'lante...

la canción reafirma la importancia de la conjunción entre los recuerdos y los sueños, la experiencia y la añoranza, la mirada simultánea del pasado y el futuro, que rebasa límites territoriales

> traen amor los cuatro vientos.

Reconociendo las limitaciones de su juventud, alude a la carátula del LP,

> me hace falta carretera, tengo que darle al pedal,

para señalarle a una posible enamorada, en tono un tanto de broma,

> llegas a tiempo,
> en el *ocaso* de mi vida...

A esta canción siguen en el LP otras dos composiciones de tema amoroso atravesadas también de un rejuego de temporalidades. "Cartas marcadas", de la propia autoría del cantante Ismael Miranda, abre con la frase

> Hace   (pasado al presente)
> *tiempo*   (presente)
> que estoy por decirte.   (futuro)

El coro recalca la importancia de la dimensión temporal:

> ¡Gracias a Dios! que *a tiempo* me di cuenta
>   (presente en proyección al futuro)
> y *ahora* en mi *memoria*, eres un nombre más.
>   (presente con proyección al pasado)

Pero la estrofa que tal vez mejor ilustre el rejuego de tiempos sea:

> Para vivir así
> muerto en vida y sin fe,
> es mejor morir,
> o poner fin,
> a ese amor que nunca fue.

La siguiente canción, célebre por su contrapunteo de *descargas* (solos improvisatorios instrumentales) entre el timbre campesino del *cuatro* puertorriqueño del músico de la *vieja* trova Yomo Toro y la sonoridad áspera urbana del trombón del *joven* Willie Colón, incorpora en su propio título la presencia protagónica de la temporalidad: "*Cuando* tu quieras". En su declaración amorosa, la canción está colmada de frases como "bien pronto adivinarás..."

A estas tres canciones de temas románticos siguen cinco de corte social, centradas en la temática de las identidades socio-culturales. Y el LP concluye con un interesante *bolero* de tema nuevamente amoroso. Es significativo que entre canciones de amor, que han dominado, abrumadoramente, la música popular de nuestro siglo, *Doble energía* incorpore una composición que, explicando su particular forma de hablar del amor, remita a la formación cultural original de las sociedades del Caribe. *Biatá*, también del ex rockero José Nogueras, sorprende por sus cambios dramáticos en el *tempo* de la composición, cuando la sonoridad rockera que predominaba en la música popular a nivel internacional se caracterizaba por un *tempo* constante machacón en su *back beat*. Con un *largo* o *adagio*, la canción comienza:

> Por los mares de mis islas
> aún navega el mensajero
> con la palabra que se extiende
> por todito el mundo entero.
> Con un curso firme y decidido
> viene desde tiempo'e España, señores,[37]
> la libertad lo tiene muy comprometido:
> ¡cimarrón,
> que lo diga el tangó!

La canción toma súbitamente un *tempo* de *rumba presto* y se hilvanan una retahíla de palabras de sonoridad africana ininteligibles. Como explicándolas, la canción continúa:

> Yo vine dando consejos por el *tiempo* y por el mar;
> consejos a Dios y a vivos, como los de mi papá.
> Más sabe el diablo por viejo que por diablo, tú verás.
> ¡Echa pa'cá!
> Jajajajá, jajá.
>
> Lo vi con los chiquitines, jugaban a ver pasar,
> los señores pajaritos y el mensaje en el cantar.
> "Escucha, ¡qué canto hermoso!", me decía mi mamá.
> Echa pa'cá!
> Jajajajá, jajá.

[37] La frase "desde tiempo 'e España" alude al período del colonialismo español.

E inmediatamente, luego de crear expectativas sobre el tema central de la canción, como preludio al clímax explica:

> Su abuelo tinto africano
> a escondidas se enamoró
> de una india quisqueyana[38]
> que su tierra defendió.
> Atalicio[39] es de tres razas
> las tres saben del valor
> y el amor:

Y luego de un dramático repique tamborero llega finalmente a la "tesis central" de la composición que cantan juntos, "pero no revueltos" –en inmediata alternancia–, el solista y el coro:

Coro:	*Solista*:
Soy antillano,	Soy antillano,
de corazón,	de corazón,
soy tamborero	soy tamborero
para hablar de amor	para hablar de amor.

De aquí en adelante la canción sigue alternando, sobre un complejo y rápido polirritmo, el estribillo del coro con palabras que evocan un lenguaje africano. Esta alternancia es sólo interrumpida con dos estrofas que dan palabra a la voz de los dos tambores que conforman la musicalidad central de la música de *bomba*, la música de más evidente herencia africana en Puerto Rico, con la cual había iniciado La Selecta su grito identitario "Somos el son", que discutimos antes. La música de *bomba*, como analizaremos con mayor detalle en el próximo capítulo, se conforma por la combinación de dos tambores: uno –a veces denominado *tumbador*– establece el ritmo básico o *toque* y otro –*quinto* o *repicador*– improvisa innumerables variaciones sobre dicha base. *Biatá* intenta reenfatizar la importancia de esa *Doble energía*: la continuidad y la ruptura, la tradición y la invención, lo esperado y lo sorpresivo, el tiempo mítico y el tiempo histórico.

> ¡Tamborerooooo!
> ¿Cómo está el tambor?
> Que tira
> que zumba,

---

[38] Quisqueya es el nombre indígena de la isla de Santo Domingo.
[39] Probable referencia a Cantalicio, personaje que en los anuncios muy populares de una cerveza del país representaba al criollo, emblematizando al mundo popular "nativo".

que cosa me dice
que trae la rumba.
El quinto repica
curando el cuero
al son de la tumba.

Soy antillano... etc.

y

"¡Soy el guñiaaa!",
dice el tumbador.
"Si pierdes la clave
conmigo la encuentras,
en fiesta de cueros
yo marco el sendero
en mí está la fuerza."

Coro	*Solista*
Soy antillano	Yo soy antillano
de corazón	Yo soy borincano
soy tamborero	Toco los tambores
para hablar de amor.	le canto al amor.
Soy antillano	tamborero
de corazón	tamborero, tamborero
soy tamborero,	tamborero, tamborero
para hablar de amor.	que repico y tengo sabor.

Esta identificación de la identidad caribeña con la sonoridad de los cueros y la sensualidad amorosa, aún con todos los complejos rejuegos de tiempo que manifiesta el diálogo entre el *tumbador* y el *repicador*, inmediatamente se complejiza en el LP con las cuatro composiciones siguientes. Dos de ellas –"Mayoral" de Ramón Rodríguez y "Jíbaro castao" de Julio Rodríguez Reyes– refieren al mundo campesino, jíbaro, de algunas décadas atrás, y en ambas aparece protagónica la sonoridad del *cuatro*. La primera, "Mayoral", trata del conflicto social entre los campesinos sin tierra y el capataz de una hacienda (aunque en el entrecruce de tiempos y las vinculaciones de sus significados, se use un término que evoca los "tiempos de la esclavitud"). Relata cómo este último –el mayoral– impidió a dos jóvenes hermanos atrechar por su tierra cuando intentaban avanzar para ir a ayudar en sus labores a su mamá. La canción concluye con una proyección en el tiempo: los hermanos amenazan al mayoral con "darle una *salsa* si lo encuentran por su *barrio*", *su* territorialidad popular urbana contemporánea. *Salsa* en este contexto refiere tanto a golpiza, como a su "manera de hacer música". La *salsa* se convierte en la manera de amenazar (referencia al futuro) con "a-justiciar"[40] en el presente una iniquidad del pasado histórico.

"Jíbaro castao" reafirma el valor simbólico identitario de la territorialidad perdida en el proceso migratorio. Pero, al igual que en "Somos el son", la identidad refiere no a la territorialidad de un Estado, sino al mundo al margen del Estado, al mundo *jíbaro* de la contraplantación donde se localizaba una cultura conformada por una forma espontánea de vivir al margen de la oficialidad (detalles en el próximo capítulo). Desde Nueva York, lo que el *soneo* recuerda con su alusión a la célebre *plena*

> Mamá, Borinquen me llama,
> este país no es el mío,
> Borinquen es pura flama
> y aquí me muero de frío,

los *nuyorricans* Ismael Miranda y Willie Colón cantan en español a dúo al mundo de sus antepasados:

> Oye, amigo, ésta es la tierra
> donde vivieron mis antepasados,
> la buena tierra que ellos cultivaron
> hasta cumplirse el mandato de Dios.
> Con sus manos laboriosas
> y su frente sudorosa,
> hicieron nuestro ranchito
> que fue su nido de amor.

Es importante fijarse en la reiteración salsera de la importancia del amor para el devenir histórico. El coro de esta canción repite:

> Y ¡cómo no voy a querer a esta tierra!
> si en ella nací y me criaron
> como lo hicieron mis antepasados.
> ¡Jíbaro castao, soy yo!

Castar significa cruzar diversas razas de animales para mejorar un linaje, y en Puerto Rico se usa principalmente con referencia a los gallos de pelea. Por eso, el *Diccionario de la Lengua Española* define *castado* como

---

[40] En el sentido de hacer justicia mediante castigo; no se refiere a matar.

un puertorriqueñismo que significa también valiente.[41] Es significativo que estos jóvenes salseros se identificaran en 1980 como *jíbaros castaos*: como desafiantes y arrojados (hacia un futuro incierto), precisamente por la crianza de sus antepasados, por su pasado –presentado con orgullo en el presente– de amalgama racial.

Entre estas dos canciones, el LP *Doble energía* coloca otras dos sumamente significativas e interesantes también, ambas de la autoría de José Nogueras. "Tumbao caliente" es precisamente una alabanza al ritmo de *tumbao* (como antes señalé, el predominante en la libre combinación del movimiento salsero). La composición empieza de tal manera que da la impresión de que será una canción de *rock*. Pronto, sin embargo, se establece sobre una compleja combinación polirrítmica de diversos géneros afrocaribeños, usando como instrumento protagónico las congas.

> Si no contaban conmigo,
> porque no estaba presente,
> el ritmo que aquí le inspiro
> es un tumbao bien caliente.
> Mulata ven ven ven
> a gozar.
>
> Que yo nací en las Antillas
> y que me libren de mal,
> *mi ritmo mezcla con todo*
> *viene cruzando la mar;*
> cantando siempre voy
> a la amistad.
>
> *Coro*
> Que lindo y que bueno es el cantar
> que suenen los cueros en el solar.
> ¡Oye, pa' gozar!

La segunda composición, titulada "Americano Latino", con la doble significación –por la colocación de las palabras– de Latinoamericano y "latinos" en los Estados Unidos, adelanta las proposiciones identitarias desafiantes que analizamos en la canción de La Selecta "Somos el son".

---

[41] Vox, *Diccionario general ilustrado de la lengua española*, Barcelona, Bibliograf, SA, 1986, p. 326. La palabra, como su referente al gallo de pelea, lleva también una connotación masculina –de prepotencia machista.

La canción comienza con la siguiente introducción del solista con una sonoridad que evoca a los conjuntos de los años treinta (por ejemplo, el Cuarteto Marcano o el Cuarteto Mayarí):

> Hermoso *tiempo* el que vivimos,
> a pesar de los pesares
> ya las fronteras se van cayendo
> y *el amor toma libertades.*
>
> En Jamaica bailan rumba,
> buena rumba del cubano;
> en Venezuela bailan bomba
> cantada por borincanos.
> Nuestras razas cantan juntas
> con cariño americano.
> Nicaragua está luchando[42]
> y todos le dan la mano.
>
> Oigo el viento estremecerse
> con saludo al "buen vecino"[43]
> y me siento muy feliz
> con mi sueño preferido:
> cantarle a los de Brasil,
> a Quisqueya y los haitianos,
> desde México hasta el Cono
> ¡hermano!
> Porque soy americano,
> latino.

La canción se establece entonces en la forma antifonal del *soneo*. Pero es muy significativo que en esta mirada al *futuro*, en esta alabanza (dentro del *viejo* sueño bolivariano) a la *presente* quiebra sonora de las fronteras nacionales, el cantante improvise su *soneo* con un fraseo que evoca la forma poética de la décima, que es la forma *tradicional* de la improvisación en la música *jíbara*.[44] No se sigue, sin embargo, estrictamente la rima ni la métrica tradicional. Cada verso es alternado con el estribillo

---

[42] La referencia es a la lucha sandinista.

[43] Referencia aparentemente irónica a la política norteamericana que acuñó este concepto.

[44] Concretamente se evoca un tipo de *seis* denominado *seis del Dorado* o *seis del pañuelo*, que comparte la secuencia armónica del más conocido *seis chorreao*, pero en tono menor y mucho más lento. (Análisis con la colaboración de L.M. Álvarez.)

del coro que sencillamente repite "Americano latino". En ese sentido se trata de un *nuevo* recurso expresivo: una especie de "décima antifonal". Así combina las dos principales tradiciones sonoras de la tradición musical puertorriqueña: la música jíbara de la contra-plantación y el canto antifonal de la *bomba y plena* de la plantación. La canción es simultáneamente, además, nacionalista y latinoamericanista:

Coro	*Solista*
Americano Latino	Hoy yo me siento orgulloso
Americano Latino	y quiero cantar *aquí*
Americano Latino	quiero que escuches mi canto
Americano Latino	Borinquen, *es para ti.*
Americano Latino	Y para mí es un honor
Americano Latino	poder cantar a nuestros hermanos
Americano Latino	de toda América Latina
Americano Latino	que unidos vamos de la mano.
Americano Latino	Americano Latino
A mericano Latino	a nonó, nonó, nonó.
Americano Latino	A pesar de los pesares,
Americano Latino	la pobreza y los dolores,
Americano Latino	marchitas no están las flores,
Americano Latino	la esperanza nos alumbra
Americano Latino	y vemos en la penumbra
Americano Latino	*un son que no nos castiga,*
Americano Latino	es la fe que nos abriga
Amer icano Latino	y nos guía por el buen camino
Amer icano Latino	que será nuestro destino
Amer icano Latino	y el de América Latina.

Doble energía concluye con otro cambio radical en timbre y en *tempo*: un *bolero* acompañado de vientos metal asordinados y violines. Este *bolero* de Germán Fernando se titula "Bandolera", produciendo la impresión inicial de que se trata, como la mayoría de los *boleros* de la década anterior al surgimiento del movimiento *salsa*, de una canción de despecho, pues *bandolera* representa evidentemente un epíteto negativo. Pero la "nueva manera de hacer música" se manifiesta también en la transformación positiva, tan propia del mundo popular, de conceptos negativos utilizados en su contra. En el rejuego de temporalidades, la "mujer de la calle" es comprendida y, en lugar de condenarla, se la transforma en "reina".[45]

---

[45] La tradición de reivindicación de ese tipo de personaje femenino es muy fuerte y antigua en el *bolero*. Son sumamente sugestivas las observaciones al respecto de Carlos

Si ambos ya la fe perdimos	*(presente-pasado)*
por alguien que ayer quisimos	*(pasado)*
no hay que desilusionarse.	*(presente añorado)*
Como no tengo fortuna	*(presente)*
voy a fabricarte una	*(presente-futuro)*
porque voy a ser tu amante.	*(futuro en certeza)*

Con la poética propia del género *bolero*,[46] la canción se lanza entonces a "poetizar" a la vilipendiada *bandolera* en una mitológica temporalidad futura:

> Con el manto de la noche
> cubriré tus desnudeces
> y me robaré la luna
> para alumbrarte con ella.
> Y en tu cuello de sollozos,
> haré un collar de mil estrellas
> y al resonar de mis sueños
> yo te nombraré "¡mi reina!".

Y en el clímax orgásmico del romanticismo de los violines, la canción concluye con una gentil invitación a la solidaridad sensual:

> Tengo *ganas* de prenderte
> dentro de mi corazón,
> bandolera.
> Piensa bien lo que te digo,
> ven a compartir conmigo
> *tu* locura y *mis* quimeras.

Manifestando cierta sensibilidad igualitaria, al repetirse esta estrofa se invierten los términos del verso final:

> *mi* locura y *tus* quimeras.

Me he detenido en el examen detallado del disco *Doble energía* como ejemplo de que la libre combinación de formas en esta "nueva manera de hacer música" –y la multiplicidad de tiempos que expresa– se hace presente no sólo en buenas composiciones individualmente, sino tam-

---

Monsiváis en sus crónicas sobre la cultura popular mexicana, por ejemplo, *Escenas de pudor y liviandad*, México, Grijalbo, 1988 o su ensayo "Agustín Lara, El harem ilusorio" en *Amor perdido*, México, Era, 1977.

[46] Véase comentarios en torno a "la cursilería de la canción romántica" del más grande bolerista, Agustín Lara, en *ibid.*

bién en el conjunto expresivo que representa todo un LP. Igualmente aparece en las presentaciones en vivo. Por ello, para evidenciar la continuada presencia de esa multiplicidad de tiempos en el movimiento salsero quisiera utilizar una de las más recientes grabaciones de *salsa* en el momento que escribo, que se trata precisamente, de una grabación en vivo, de la grabación de un concierto: de Gilberto Santa Rosa, *En vivo desde Carnegie Hall*.[47] Gilberto Santa Rosa ha sido, en el primer lustro de la última década del siglo, el sonero salsero más popular en todo el Caribe hispano. Produjo sus primeros LP como solista a mediados de la década anterior, alcanzando la máxima popularidad con un CD de *salsa* romántica titulado *Perspectiva* (1991).[48]

Al alcanzar el logro de presentarse en una de las más prestigiosas salas de concierto del mundo, Santa Rosa inicia su espectáculo con una canción (compuesta por Jochi LouBriel) que intenta expresar que su logro no es en realidad un éxito individual, sino de la sonoridad y la cultura que representa. Gilberto Santa Rosa abre su concierto en Carnegie Hall –lugar canónico y canonizador– con una manifestación de identidad colectiva similar en muchos aspectos a la de "Somos el son". Produciéndose como intento de apropiación de un escenario en los Estados Unidos, país tan obsesionado por las divisiones raciales, se hacía necesario aclarar la unidad en la heterogeneidad de la amalgama identitaria.

> Re-pre-sen-to
> a los que llevan la música por dentro,
> sea mambo, rumba, salsa o flamenco,
> lo que importa es el sabor y el movimiento.
> Represento
> una raza de colores diferentes
> que se funden para hacerse transparentes,
> y yo soy el vivo ejemplo
> de mi gente.

Luego de un cambio en *tempo* y ritmo, que se manifiesta vocalmente también en la lírica (en su métrica y rima), se lanza a expresar el carácter colectivo de todo sentimiento individual:

---

[47] CD (*compact disk*, los LP ya han pasado a la historia) de Sony Tropical CD2T-81647/469781-2, Miami, 1995.
[48] Sony, CDZ 80689.

	métrica	rima
Mi sangre ya, (5)[49]		(a)
ardiente está,	(5)	(a)
vibrando de emoción	(7)	(b)
lista para amar.	(6)	(a)
Y el corazón	(5)	(b)
late al compás	(5)	(a)
y ya comienza a oír,	(7)	(c)
sentir	(3)	(c)
y compartir.	(5)	(c)

Después de una repetición de la primera estrofa, la canción se establece en el estilo del *soneo*. Primero el solista da la pauta y el coro lo acompaña, y luego se invierte la relación: el coro comienza y es el solista el que sigue.

Solista	Coro
Represento	represento
sentimiento	sentimiento
a los que en este momento	represento
añoran su Patria	sentimiento
por estar muy lejos.	Represento
a los miles de hermanos	
que están a mi lado	sentimiento
buscando un abrazo.	
Represento	represento
salsa, sabor y movimiento.	

Coro	Solista
Sentimiento	yo soy latino con
represento	un sabor tropical
sentimiento	y a esta gente,
represento	siempre
	que tenga la
sentimiento	oportunidad,
represento	a cada momento
	créanme que
sentimiento	los represento;
represento	¡salsa, sabor y sentimiento!
sentimiento	por eso yo
al unísono:	
represento	represento.

[49] El lector debe recordar que el conteo silábico en el análisis de la métrica poética añade una sílaba a los versos que terminan en acento agudo.

Después de este ingenioso contrapunteo entre solista y coro en una composición de carácter identitario que precisamente intenta quebrar las distinciones entre lo singular y lo plural, Santa Rosa configurará la primera mitad de su concierto con cinco canciones de compositores de distintos países de la América Latina "tropical". Es interesante que las primeras y las últimas dos forman parte del repertorio que ya él había tornado famoso, mientras en el medio coloca un estreno para el concierto. Es significativo además que la última de estas cinco canciones fuera la más popular de su primer disco como solista, inmediatamente precedida de la más popular de su producción más próxima al concierto, manifestando de esta forma también un rejuego de tiempos.

Cantando en Nueva York, para un público fundamentalmente de migrantes latinos, o sus descendientes, es importante notar que las primeras dos canciones, luego de su introducción identitaria, traten ambas –canciones de amor– el tema de la separación. La primera –"Amor mío, no te vayas"– es de la más importante cantautora femenina del movimiento de la Nueva Trova cubana, Sara González, y la segunda –"Vivir sin ella"– es de uno de los más importantes compositores contemporáneos del movimiento *salsa*, el panameño Omar Alfanno. De esta forma, Santa Rosa incorpora un entrejuego entre las perspectivas de género –femenino-masculino– en canciones de amor que abordan, indirectamente, una de las principales problemáticas sociales del Caribe, de su historia y presente: los movimientos de población.[50] Las diversas direcciones de los desplazamientos en "Amor mío, no te vayas" combinan la temporalidad y el espacio: abundan frases como *te fuiste, volviste, te voy a buscar*

Primera luz en la ventana	(pasado)
cuando se abren tus ojos	
y pienso en el antojo	(presente)
de tenerlos mañana	(futuro)
Pero sé que a mi destino	

---

[50] Es interesante que esta dual perspectiva de género en la temática de la separación amorosa vinculada a la migración se encuentra ya presente en la tradición latino-caribeña del *bolero*, que examinaremos con más detalles en el capítulo 5. En un género donde predominaron los compositores varones, resaltan respecto a esta temática las compositoras mexicanas Consuelo Velázquez –"Bésame mucho" (*piensa que tal vez mañana te encuentres muy lejos, muy lejos de mí...*)– y María Grever, quien compuso en Nueva York, "Cuando vuelva a tu lado". Grever fue tal vez la primera gran figura mexicana de la música popular de la emigración neoyorkina.

siempre   (síntesis)
se impone un combate...

mientras el coro repite

> Amor mío, no te vayas
> que yo no quiero quedarme solo *otra vez*

El *tempo* acelerado de esta composición, donde predominan la *guaracha* y el *son*, cambia dramáticamente con la próxima pieza. "Vivir sin ella" se estructura sobre el *tempo* más sosegado que ha caracterizado a la *salsa* romántica a partir de los años ochenta. Comienza en estilo *parlatto*, prácticamente *a capella*:

> *Caminar* sin ella así sin rumbo fijo,
> *refugiarse* como un *niño*
> en los brazos de la soledad,
> *regresar* sin ella es tan delirante,
> tan nocivo, tan frustrante,
> que a la casa no quiero *llegar*.

Luego rompe a tocar la orquesta con un polirritmo controlado mientras el cantante elabora la dialéctica de la ausencia y la presencia:

> Es *como tener las manos llenas de ella*,
> -su sonrisa, sus caderas-
> y saber que ella *no está*.
> Es como sentarse a deshojar estrellas,
> bajo la luna *nueva*,
> a través del ventanal.

Y en el estilo "a caballo" que describí para el análisis de "Somos el son", la polirritmia sincrónica se detiene para enfatizar la multiplicidad diacrónica de las contradicciones

> Vivir *sin* ella es estar
> *encadenado*
> a ese cuerpo que yo amo,
> es temerle a la soledad.
> Vivir sin ella es rendirse *a cada instante*,
> es *caer*, es *levantarse*
> y por ella, *comenzar*.

> Es
> querer
> *volar*
> a *donde ella está.*
>
> La noche sin ella es
> un trago
> amargo,
> es mirar el *calendario*...

Y mientras el coro repite

> Yo no sé lo que es vivir sin ella,
> yo no sé lo que es vivir

el solista completa su improvisación, su *soneo*, con las dos siguientes afirmaciones tan significativas:

> *Solista*
>
> > se me hacen *más largas las horas*
> > sin su *presencia*
>
> *Coro*
>
> Yo no sé lo que es vivir sin ella,
> yo no sé lo que es vivir
>
> > llegar *a mi casa* solo
> > con esta tristeza *a cuestas.*

La composición siguiente –"Quién lo diría"– de la autoría de Tato Rossi y Cuco Peña (el director de la orquesta), estreno para este concierto, retoma el tema de la representación y las identidades con el cual se había iniciado el espectáculo. La canción es básicamente un reconocimiento de la importancia del público que escucha y baila en la conformación de la sonoridad que producen los músicos salseros, tema que examinamos en el capítulo introductorio. Esta importancia se hace evidente en la misma canción y a todo lo largo de este concierto grabado. Luego de una pequeña introducción cantada por el solista, "Quién lo diría" es principalmente un *soneo* improvisado inspirado por el público que lleva con las palmas de las manos la métrica rítmica de la *clave*. En muchos otros momentos del concierto el fenómeno se repetirá y en muchas ocasiones también el coro lo hace el público. Es significativo que en la composición siguiente "Sin voluntad", sea el público a coro quien, precisamente, concluya la canción: es la colectividad la que da la última palabra.

"Quién lo diría" representa también un cambio de *tempo*. La canción comienza como un *bolero* (de *tempo largo*) y súbitamente adquiere la rítmica sonera predominante en la *salsa*. La sección improvisatoria principal se establece sobre un contrapunto *andante* entre un *ostinato* rítmico de bajo y bongós y la *clave 3-2* que ejecuta el público con las palmas de las manos. Entre estos cambios rítmicos, e improvisando sobre el coro que repite "¡Quién lo diría!", recalcando la maravilla del asombro, el sonero agradece al público –pasado y presente (a *su gente*)– su historia: lo que ha llegado a ser.

> Quien lo diría
> a mí, a quien la gente
> un sueño
> *nuevo*
> ha regalado...
> Quien lo diría
> que mis sueños,
> como el viento,
> volarían *en el tiempo...*
> Quien lo diría
> son ustedes,
> los de siempre,
> sentido, luz y fuente
> que me inspira
> y da sentido a la lucha *cada día...*

Y recalcando la contemporaneidad de la historia concluye

> Por eso gracias...
> a los amigos de la calle...
> por la aventura
> de escalar acompañado
> cada barrera que la ruta
> me ha marcado,
> pues yo sólo soy
> la suma
> *de todo lo que he pasado.*

Después de este estreno, la próxima canción del concierto –"Sin voluntad"–, muy fresca en la memoria del público pues Santa Rosa la había popularizado en CD y la radio escasamente unos meses antes, abre las posibilidades a una amplia participación de todos. Se trata de una *salsa* romántica que enfatiza los significados polivalentes de la relación amorosa, sobre todo en términos de la diversidad de tiempos:

> ...este amor
> que es dolor
> y fantasía,
> alegría
> y espera.

La primera mitad del concierto concluye con la composición "Cantante de cartel", del puertorriqueño Charlie Donato, que exhibe un *tempo* mucho más acelerado. Ésta fue una de las primeras canciones que Santa Rosa popularizó como solista y que lo fueron llevando al estrellato.[51] La canción expresa cómo mientras

> mi novia quiere que yo sea un cantante,
> un cantante de cartel

él prefiere mantenerse como un sonero popular

> para qué quiero teatro elegante,
> si cantando en un baile
> es que me siento bien.

Reviste significación especial que Santa Rosa recuerde esa canción en un momento de estrellato, precisamente cantando en uno de los teatros más elegantes imaginables. Mientras el coro recalca

> Lo que quiere es
> que yo sea cantante,
> un cantante
> de cartel

el solista enfatiza

> Pero como yo soy de pueblo
> yo quiero
> ser
> como Cheo,
> Andy, Pellín e Ismael.

Las referencias son a Cheo Feliciano, Andy Montañez, Pellín Rodríguez e Ismael Rivera, cuatro de los más populares cantantes puertorriqueños

---

[51] Fue grabada originalmente en el LP *Good Vibration*, San Juan, Combo RCSLP 2049, 1986. El nombre de este LP hace alusión al estudio de grabación donde se produjeron en Nueva York muchos de los LP iniciales de la *salsa*.

de *salsa* de la generación anterior, reestableciendo la continuada importancia contemporánea de esa historia, de esa tradición. Es significativo que en las otras dos grandes músicas "mulatas" del Nuevo Mundo –el *jazz* y la música brasileña– sea también frecuente la referencia reverente a "los maestros", lo que contrasta con el intento de rompimiento generacional del *rock* que analizaremos más adelante.

Es precisamente con un homenaje a Ismael Rivera (entre los cuatro, el de más antiguo abolengo en esta tradición musical, cantante fundamental en la transición de la *bomba*, la *plena* y la *guaracha* –predominantes en los años cincuenta– a la *salsa* de finales de los sesenta y en los setenta) con lo que Santa Rosa comienza la segunda mitad del concierto. Entre el amplio repertorio de Ismael Rivera, llamado por todos en este movimiento "el sonero mayor", es significativo que Santa Rosa –puertorriqueño residente en la Isla– escogiera para cantar *en* Nueva York una canción nuevamente sobre la separación amorosa (es decir, de referencia indirecta al proceso migratorio).

> Negrita linda dime por qué,
> dime por qué me abandonastes...
>
> Déjame bendecir tu despedida,
> así como bendije tu llegada;
> no te guardo rencor, sigue tranquila,
> yo creo en la conciencia de las almas.

Esta canción, compuesta por Osvaldo Ayala, reitera la dialéctica entre diversos tiempos en la intimidad de la separación:

> Y sigue caminando como yo...
>   (el movimiento en el tiempo)
> Adiós amor,
>   (presente
> ¡que seas feliz toda la vida!,
>   proyectado al futuro)
> no olvides que esta despedida
>   (futuro en referencia al pasado)
> mucho me duele en el corazón.
>   (presente)

El concierto sigue con dos composiciones recientes de *salsa* romántica, nuevamente de *tempo* más sosegado. "Conciencia" incluye un interesante diálogo entre solista y coro en torno al contrapunteo entre la razón y el sentimiento. En "Perdóname" Santa Rosa hace alarde de sus dotes como sonero improvisador. Estimulado por el público que en medio de su *soneo* rompe a llevar la *clave* con las palmas de las manos, el cantante logra un largo encadenamiento de las más variadas rimas y métricas alrededor de la necesidad de la humildad necesaria para pedir perdón. (En el capítulo 6 se analizará el recurso del *soneo* con mayor detalle.)

Después de este estupendo ejemplo de improvisación vocal, la próxima canción se inicia con un fabuloso ejemplo del otro tipo central de la improvisación salsera: la improvisación instrumental o la *descarga*. Las *descargas* generalmente se incorporan hacia el medio o al final de las canciones. En esta presentación inicia la canción, como para recalcar el contraste con el extraordinario *soneo* de la canción anterior. El joven virtuoso del *cuatro* puertorriqueño, Edwin Colón Zayas abre "Amanecer borincano" con una *descarga* que poco tiene que envidiarle en musicalidad, originalidad y virtuosismo a las más logradas *cadenzas* de los conciertos de música "clásica".

Dice mucho que, luego de dos canciones contemporáneas de *salsa* romántica, el más popular cantante contemporáneo de *salsa*, haya decidido terminar su concierto con dos canciones que evocan las dos principales tradiciones históricas de la música puertorriqueña: la música *jíbara* del campesinado de la contra-plantación, cuyo instrumento central es el *cuatro*, y la tradición de la *bomba y la plena*, de la plantación, con su sonoridad central en la percusión de cueros. *"Amanecer borincano"* evoca la música *jíbara*, pero es en realidad una canción de principios de la década de 1970, compuesta y popularizada por Alberto Carrión como parte del movimiento de la Nueva Trova. Santa Rosa revive esta canción olvidada, lo que resulta en un reconocimiento a la importancia de aquel movimiento, sobre todo a su compromiso con la identidad nacional y su optimismo político de su proyección al futuro.

> Soy la luz de la *mañana*
> que alumbra *nuevos caminos*
> que va inundando los montes,
> los senderos campesinos.
>
> Soy el fruto del *futuro*,
> la *semilla* del *mañana*
> sembrada en estiércol puro
> de mi tierra borincana
>
> Soy un pescador de *sueños*...

Es en medio de esta canción donde Santa Rosa presenta a sus músicos. Después de decir los nombres de los componentes de cada grupo tímbrico, éstos improvisan una pequeña *descarga* por medio de la cual manifiestan su virtuosismo. Es significativo que estas pequeñas *descargas* se elaboran en este concierto sobre citas célebres de la tradición musical puertorriqueña, incorporando una vez más, a través de la sonoridad, todo un variado rejuego de tiempos históricos. Predominan referencias de hondo significado nacional, sobre todo de composiciones de Rafael Hernández, el más importante compositor popular puertorriqueño de los decenios de 1920, 30 y 40 de este siglo y uno de los más destacados boleristas de América Latina, algunas de cuyas composiciones más famosas escribió como migrante "latino" en Nueva York y otras como *latinoamericano* residente en México. (En el capítulo 5 nos detendremos sobre su música.) El coro escoge el estribillo de una de sus más celebradas canciones, de la *guaracha* antigua:

> Si yo no hubiera nacido
> en la tierra en que nací,
> estuviera arrepentido
> de no haber nacido allí.

Las trompetas basan su pequeña *descarga* sobre el más nacionalista de sus *boleros*, "Preciosa",

> (no importa el tirano te trate con negra maldad,
> Preciosa serás sin bandera, sin lauros ni glorias...)

Los trombones y saxos combinan *plenas*, *seises* y *aguinaldos*. Las cuerdas con arco tocan un pedazo de la célebre *rumba* de Rafael Hernández "El Cumbanchero". El conjunto de percusión *descarga* ritmos de *bomba*, *plena* y *tumbao*. Los teclados y el bajo interpretan un fragmento del más difundido *bolero* de Rafael Hernández por toda América Latina: "Lamento borincano", canción de temática social, conocida entre los latinoamericanos más bien como "El jibarito" y compuesta en Nueva York. Y finalmente, Santa Rosa presenta a Colón Zayas como el intérprete de "nuestro instrumento *nacional*", el *cuatro*. Éste combina en su virtuosa *descarga*, a manera de síntesis de las presentaciones anteriores, *seises*, *plenas* y los *boleros* "Lamento borincano", "Preciosa" y "En mi Viejo San Juan", este último de especial significación para un público migrante (compuesto por Noel Estrada a principios de los años cincuenta en pleno apogeo de la gran migración puertorriqueña a Nueva York). Aunque sólo se incorpora una frase melódica a la *descarga*, ella evoca toda la canción:

> En mi Viejo San Juan
> cuantos sueños forjé
> en mis años de *infancia*.
> Mi *primera* ilusión
> y mis cuitas de amor,
> son *recuerdos* del alma.
> Una tarde *partí*
> hacia *extraña* nación
> pues lo quiso el destino,
> pero mi
> corazón
> se quedó
> junto al mar
> en mi Viejo San Juan.
>
> Adiós,
> Borinquen querida,
> adiós mi reina del mar,
> me voy
> pero un día volveré
> a buscar mi querer,
> a soñar otra vez
> en mi Viejo San Juan.
>
> Pero *el tiempo pasó*
> y el destino burló
> mi terrible *nostalgia*.
> Y no pude volver
> al San Juan que yo amé,
> ¡pedacito de Patria!
> Mi cabello blanqueó,
> ya mi vida se *va*,
> ya la *muerte me llama*,
> y no quiero morir
> alejado de ti
> Puerto Rico del alma.

Pero el concierto no termina en esa onda triste melodramática; concluye en tono festivo con un *medley* de *plenas* del llamado "decano de la *bomba y la plena*" de Puerto Rico, Rafael Cepeda (quien murió pocos meses después).

> Elena toma bombón,
> bombón toma Elena,
> de canela
> y de limón
> ¡la cosa se pone buena!

Y sobre el estribillo de

> Es que allí,
> de mi país:
> te invitó a la plena,
> te invito a la plena,

y con una amplia participación del público –coreando, llevando la *clave* con las palmas de las manos y bailando– Santa Rosa concluye agradeciendo a las personas que lo han apoyado con su presencia en el concierto. Menciona músicos, tanto puertorriqueños de Puerto Rico, puertorriqueños de Nueva York, como de diversos países de la América Latina "tropical", y de distintas generaciones: desde algunos que recién comenzaban a destacarse como los jóvenes Marc Anthony y Jessica Cristina, hasta

> la *reina* Celia Cruz y el *rey* Tito Puente

terminando en evidente homenaje y deferencia a quienes han abierto el camino.

El reconocimiento de la importancia del relevo de generaciones y el complejo rejuego de tiempos que los diversos ritmos, géneros y temáticas manifiestan, nos muestran en estas grabaciones –trabajadas o espontáneas (en vivo)– un tipo de cultura musical marcadamente diferente a aquella internacionalizada desde los centros de la modernidad "occidental", caracterizada en los orígenes de su globalización por un cuasi monopolio del presente.[52] Esta "manera de hacer música" que hemos visto con una canción de 1986 –"Somos el son"– y con el conjunto de canciones en las grabaciones de 1980 –*Doble energía*– y 1995 –*En vivo desde Carnegie Hall*– la encontramos claramente ya, también, en las grabaciones iniciales del movimiento *salsa*. El "clásico" *Justicia*, del

---

[52] Me refiero a su momento de expansión vertiginosa desde la juventud anglo del *suburbia* que examinaremos en la próxima sección, pues como sugerentemente analiza George Lipsitz, su poderosa raíz afroamericana sí le otorgaba un complejo sentido temporal que convendría remirar con más detenimiento en investigaciones futuras. De Lipsitz véase sobre todo *Time Passages, Collective Memory and American Popular Culture*, Minneapolis, University of Minnesota Press, 1990, especialmente el capítulo 5.

pianista nuyorrican Eddie Palmieri (¿1967?), antes citado, es muy interesante al respecto, pues no es tampoco, claramente, una mera recopilación de canciones. Palmieri va hilvanando un *discurso* a lo largo del LP en su conjunto. Abre con una composición de su autoría titulada, como todo el LP, "Justicia", donde predomina, en la combinación polirrítmica, la *guaracha*. Sobre la base de una *guaracha* caliente, la letra clama, con optimismo, justicia para los puertorriqueños y los negros norteamericanos (*pa' los boricuas y los niggers*):

Justicia tendrán, justicia verán	(futuro)
en el mundo, los discriminados...	(presente)
Con el canto del tangó	(pasado proyectado)
mira, ¡justicia! yo reclamo.	(presente)
...si no hubiera tiranía	(pasado-presente, condicional)
todos fuéramos hermanos,	(futuro condicional)[53]
dulce paz y armonía,	
alegría,	
tu lo verás.	(certeza en el futuro)

Además del rejuego de tiempos, es interesante notar su intento de quebrar las distinciones entre conceptos que pueden a primera vista parecer abstractos y las realidades concretas, intento que permeará todo el LP.

"Justicia", como todas las composiciones de este LP, incorpora extraordinarias improvisaciones instrumentales –*descargas*– inspiradas en la mejor tradición del *jazz*. Es significativo que la *descarga* de trompetas en "Justicia" haga alusión al clásico *bolero* social de Rafael Hernández, "Lamento borincano". Mientras el coro repite en tono de añoranza cuestionada

Ay, ¡¿cuándo llegará la justicia?!

el solista reafirma la certeza del advenimiento de la utopía soñada:

Tu verás, mi socio,
vo'a *(voy a)* ponerte a guarachar,
y cuando llegue ese día,
to' será felicidad.

¡Justicia tendremos!...

---

[53] En este análisis no estamos refiriéndonos estrictamente al tiempo gramatical.

Luego el LP va entrelazando música "latina" caribeña tradicional, nuevas sonoridades que posteriormente se llamarían *jazz latino*, con música barrial negra norteamericana, combinando una enorme heterogeneidad de formas, *tempos* y ritmos. Entre composición y composición (o a veces después de dos canciones) Palmieri incorpora, como interludios, acordes de la canción "Somewhere" de Leonard Bernstein, con la cual concluirá el LP, adelantando la tesis central de su discurso sonoro. Luego del primer interludio, la segunda canción del LP es un *bolero* del célebre Rafael Hernández, "Amor ciego", que nuevamente trata el tema de la separación.

> no me *dejes* solo,
> mira que me muero si no *estoy contigo*

Este *bolero* tendría poco interés si no fuera por la manera en que Palmieri salpica una sonoridad tradicional con frecuentes acordes disonantes identificados con la llamada "música moderna", y por sus *descargas* novedosas de gran creatividad. La tercera canción alude a otro tipo de sonoridad tradicional caribeña: una *guajira* del cubano Ignacio Piñero, "Lindo Yambú". Mientras el cantante apunta que se trata de un

> guaguancó de tiempo 'e España,

adelanta la mirada al futuro añorado, de "Somewhere":

> Ya nadie nos considera...
> se acuerda de mí,
> sabrá Dios si en *otro mundo*
> *viviremos*, eternamente feliz.

Habrán notado la "confusión" (podría tal vez tratarse de deliberada combinación) entre el singular y lo plural.

Luego de un segundo interludio, el LP toma un giro claramente hacia lo novedoso, en una composición de Palmieri titulada "My spiritual Indian", es decir, con referencias alusivas al pasado remoto. La composición es toda una *descarga* instrumental. La única frase vocal aparece el final,

> India, te bendigo india.

La composición evoca el encuentro cimarrón entre amerindias (significativamente –según veremos en los próximos dos capítulos– en femenino)[54] y escapados negros. Ello se logra con una interesante combinación

---

[54] De hecho, en una grabación en vivo (en una famosa cárcel norteamericana) –Eddie

de escalas identificadas con la sonoridad indígena y ritmos claramente afrocaribeños. Las armonías novedosas y las improvisaciones instrumentales nos presentan una composición pionera de lo que años más tarde comenzará a popularizarse como "*jazz latino*", género de una larga historia en el cual Palmieri se ha destacado (como en la *salsa*) de manera excepcional.

La segunda cara del disco abre con una canción en inglés sobre una música básicamente de *hip hop* de los barrios urbanos negros norteamericanos. La música es de la autoría de Palmieri y la letra, que elabora nuevamente el tema de la justicia con la cual se había iniciado en español la otra cara, fue escrita conjuntamente por Palmieri y Bob Bianco. Recuerden que estamos hablando de una de las primeras composiciones del movimiento *salsa*. En esas primeras grabaciones de "latinos" *niuyorkinos* se incluyeron algunas canciones en inglés, pero dice mucho del carácter identitario que pronto fue adquiriendo esta "manera de hacer música" el hecho de que muy temprano, desde principios de los setenta, la *salsa* fue tornándose casi exclusivamente en una expresión en español, no empece las presiones de la industria disquera para que sus exponentes lograran lo que llamaban el "*crossover*". Así fue, incluso entre jóvenes músicos que por haberse criado en Nueva York podían expresarse en conversaciones mejor en inglés que en español. Es el caso, por ejemplo de Willie Colón: aunque podía hablar más facilmente en inglés, al momento de expresarse musicalmente recurrirá *siempre* al español. Ello es así hasta hoy. El más destacado sonero *nuyorrican* del año 95, Marc Anthony, canta todas las canciones de su entonces más reciente CD –titulado, muy significativamente para los argumentos de este capítulo, *Todo a su tiempo*– en español.[55] En la literatura que acompaña al CD, escribe en inglés sus agradecimientos, salpicado de frases en español (como al referirse a su madre que dice "Te adoro, mi negra").[56] No obstante, termina sus agradecimientos de la siguiente manera:

Gracias! to my fans, no not fans, friends. We have a long way to go together. May God bless you all. And last but not least [y termina entonces en español

---

Palmieri, *Recorded Live at Sing Sing II*, s.l.: Tico, CLP1321, s.f.-, la canción se presenta como "Mi mujer espiritual".

[55] Miami, Sony cdz-81582, 1995.

[56] Sobre este tema complejo de los usos del español y el inglés –y sus entrecruces– entre los migrantes, véase el libro de Juan Flores, *La venganza de Cortijo y otros ensayos*, San Juan, Huracán, 1997.

en letras más grandes y "bold" –en negritas–]
PARA MI QUERIDO PUERTO RICO, DE TU HIJO, MARCO.

En el LP "Justicia", el *nuyorrican* Palmieri compone en español todas las canciones que por su base afrocaribeña se identifican como *salsas*. La canción "Everything is everything" está compuesta en inglés por tratarse de música negra norteamericana. (La única otra canción en inglés de este LP es la de Bernstein –"Somewhere"– que cantan a dúo en el original –en el *musical West Side Story*– un descendiente de italianos y una descendiente de puertorriqueños.) Es desde la sonoridad barrial del gueto, enriquecida por el *jazz* (la sonoridad que *trascendió* desde allí), desde donde Palmieri le imprimirá una amplitud "tercermundista" (del "discurso subalterno") a los reclamos boricuas por justicia social y su utopía de una nueva forma solidaria de vida:

> *"Everything is everything about justice",*
> *so they tell me.*
> *But why, why, why*
> *do I see so much injustice...*
> *But tell a black man*
> *or an Indian or a Mexican...*
> *and the three of them will look at you...*
> *and tell:*
> *everything is not everything about justice.*

Y en una época atravesada de incertidumbres, intenta rescatar la belleza de lo que la poeta puertorriqueña emigrada a Nueva York, Julia de Burgos, llamaba decenios antes "la verdad sencilla",[57] que no elimina las incertidumbres, pero las matiza con algunas básicas certezas:

> *The idea of justice is so simple,*
> *that is incredible to see;*
> *if the whole World would see*
> *how simple and beautiful it would be*
> *trouble-free,*
> *it would eliminate wars,*
> *eliminate all forms of divide...*
> *It's so simple, it's so groovy:*
> I want to be your brother,
> *I want to speculate* on *justice,*
> *speculate* for *justice.*

[57] *Canción de la verdad sencilla*, San Juan, Imp. Baldrich, 1939.

Luego de otro interludio que va anunciando el "Somewhere" final, la orquesta de Eddie Palmieri se lanza a una larga descarga *jazzística* colmada de complejas polirritmias *be-bob* del más avanzado *jazz* de ese momento, que titula "Verdict on Judge Street", compuesta también por Palmieri. Y el disco concluye con una dulce vocalización de "Somewhere" que, como antes señalé, reclama un lugar y un tiempo para una *nueva* forma de vivir.

Some day, somewhere	Algún día, en algún lugar
we'll find,	encontraremos
a new way of living...	una nueva forma de vivir...

Ahora bien, ¿cuál era la forma de vivir predominante frente a la cual la música salsera intenta presentar una alternativa? ¿Cuál la concepción del tiempo que su libre combinación de formas, *tempos* y ritmos impugnaba?

"ANOTHER BORING DAY IN PARADISE"[58]
EL PROGRESO, EL "SUBURBIA", EL FORDISMO Y EL ROCK

A principios del decenio de 1950, establecida –luego de la segunda guerra mundial– la hegemonía de los Estados Unidos a nivel internacional, se fortaleció una noción del tiempo que venía fraguándose en "Occidente" desde el siglo XVIII, identificada con la *modernidad* y el *progreso*. La visión de un tiempo lineal, conformado por sucesiones lógicas de causalidad que nos encaminaban acumulativamente hacia supuestos estados de mayor bienestar, se fortalecía ante la imagen de una creciente democratización del consumo, de una mayor participación de sectores amplios de la población en el disfrute del crecimiento y la complejización de la producción. Se fortalecía, sobre todo, con el acceso generalizado a mercancías que incorporaban los avances del conocimiento o la ciencia para el *confort* cotidiano: el teléfono, la televisión, neveras y otros electrodomésticos, los materiales sintéticos –polyester, plásticos, etcétera.

Desplazado el capitalismo inglés –que se había cimentado histórica-

---

[58] "Otro día más de aburrimiento en el paraíso", canción rockera norteamericana citada por Lawrence Grossberg en su libro *We gotta get out of this place, Popular Conservatism and Postmodern Culture*, Londres y Nueva York, Routledge, 1992.

mente sobre grandes desigualdades internas (manifestadas, en la cotidianidad, en rígidas brechas entre las clases sociales) y sobre el dominio colonial de vastas regiones del planeta (el *Imperio* británico)- y derrotada en la Guerra la alternativa alemana -que había representado a un capitalismo autoritario, desarrollado "desde arriba" por su poderoso patriciado previo (los *junkers*)-, la hegemonía económica norteamericana presentaba una faz distinta que abría camino a un generalizado optimismo popular. Se trataba de un capitalismo desarrollado -al menos al nivel de sus mitos constitutivos- "desde abajo"; no por una aristocracia, sino por capitales (de ciudadanos *comunes*) construidos a través del raciocinio (del cálculo acertado) y del esfuerzo. Las historias del "*self-made man*" y del tránsito "*from rag to riches*", abundan en el imaginario de aquel nuevo capitalismo triunfante, imaginario cimentado en la idea de la movilidad social, siempre ascendente, identificada como "progresar".

Se trataba, además, de una economía dinamizada, como dicen los economistas, por el lado de la demanda: por la masificación del consumo. Una expansión del consumo, según la economía keynesiana que predominaba en los Estados Unidos entonces, estimularía el desarrollo de la producción para satisfacer con ofertas la ampliación de la demanda, desencadenando un "ininterrumpido" crecimiento económico. Los inicios de los cincuenta representaron los años más gloriosos de este tipo de capitalismo, denominado *fordista* en honor a uno de los más grandes empresarios norteamericanos de comienzos de siglo: Henry Ford, el popularizador del automóvil, icono de la movilidad individual, enser que se convertía en símbolo de esa sociedad. Ford es conocido por el desarrollo de la línea de producción en masa que, como bien él entendió, conllevaba necesariamente también el *consumo* en masa. Significaba sustituir la producción de artículos de lujo, que había sido sumamente importante en los inicios del desarrollo del capitalismo en Inglaterra[59] y en Francia,[60] por mercancías dirigidas al consumo popular. La gran innovación del *Ford modelo T* fue representar un automóvil sencillo que pudiera producirse y consumirse masivamente, y el gran sueño expreso de Ford era poder pagar salarios lo suficientemente elevados como para que sus trabajadores pudieran consumir lo que producían -estimular la expansión de la producción con su consumo-,

---

[59] Werner Sombart, *Lujo y capitalismo*, Madrid, Alianza ed., 1979.
[60] Renato Ortiz, *Cultura e modernidade, A França no século XIX*, São Paulo, Ed. brasilense, 1991, particularmente capítulo "Luxo e Consumo".

para que sus obreros pudieran llegar a la fábrica en su *Ford*, movilizarse *individualmente* a los lugares de la producción *colectiva*.

Este tipo de capitalismo fordista, que los Estados Unidos emblematizarían, alcanzaba su hegemonía internacional luego de casi dos décadas de ininterrumpido dominio político del Partido Demócrata en aquella nación, cuyas políticas públicas complementaban al fordismo. Su política keynesiana de generar empleos desde el gobierno para dinamizar la economía a través de la ampliación del consumo, conllevó, concomitantemente, el desarrollo de los servicios públicos que ampliaba el radio de la economía de bienestar. A través de esta política, que significativamente denominó *el Nuevo trato*, el presidente Franklin Delano Roosevelt –tal vez el líder más carismático de la política norteamericana de este siglo, y semejante en numerosos aspectos a los líderes populistas latinoamericanos de esa época– logró romper el círculo vicioso de la gran Depresión de 1929 y principios de los años treinta. Configuró nuevos consensos sociales basados en el principio de que el *ciudadano común* debía poder incidir en los procesos de una economía que, dada la concentración capitalista, le era cada vez más distante. Cada ciudadano ejercía su voluntad en la estructuración social a través del consumo, donde manifestaba sus preferencias, y en el sufragio popular, en esa "encarnación" del bien común que es el gobierno democráticamente electo, que incidiría a su vez en la economía a través de los servicios sociales y la planificación.

No es posible que un trabajo cuyo centro temático radique en la relación entre las sociedades caribeñas y su música "tropical" examine, con una rigurosidad equivalente, una sociedad tan compleja como la norteamericana de la posguerra. Por otro lado, es imposible no tenerla presente en los análisis. La música "tropical" –y de manera especial la *salsa*– fue conformándose vinculada a los procesos migratorios latinocaribeños a los Estados Unidos, y marcada por la inevitable relación de las sociedades caribeñas con aquella que iba alcanzando una hegemonía mundial –económica, política y culturalmente– a través de una noción de *progreso* muy atractiva para amplios sectores populares de un mundo cada vez más "globalizado". Sin pretender un análisis abarcador de los procesos por los cuales atravesaba la sociedad norteamericana (tarea que no corresponde a este trabajo), permítanme hilvanar unos comentarios –recalco, *comentarios*– sobre algunos de esos procesos, que entiendo pueden ayudarnos a comprender el marco en el cual surge la *salsa*. Ello, consciente de que dichos comentarios deberán estar sujetos a constante revisión a la luz de las investigaciones que vayan realizándose sobre diversos aspectos de esa sociedad.

La generalización a niveles populares de la idea del *progreso*, cimentada en las posibilidades de la movilidad social, se emblematizaba en los Estados Unidos en figuras representativas de los nuevos medios de consumo masivo, principalmente el cine. Es significativo que este baluarte económico e ideológico del fordismo se estableciera en la "nueva" ciudad de Los Ángeles en el oeste del país, y no en sus principales ciudades de entonces –su principal puerto cosmopolita y centro económico financiero, Nueva York; su principal centro administrativo–gubernamental, Washington; su principal centro intelectual, Boston; o la líder entre sus ciudades industriales, Chicago. Hollywood, en Los Ángeles, vincularía la nueva industria de las imágenes a la ideología del individualismo democrático que el fordismo fomentaba y que, en la conformación ideológica norteamericana previa, representaba la idea del proceso "civilizador" de la "frontera" con la "conquista del oeste": *go west!*, donde se forjaba la nación a través del arrojo y el logro individual. La colectividad, la nación, se iba "haciendo", en esta cosmovisión, en la medida en que se iban "haciendo" sus individuos; atravesada por la ideología patriarcal, en la medida que se iban "haciendo hombres" sus ciudadanos. Por eso fueron tan importantes en el ascenso de Hollywood las películas *Westerns*, y el icono del vaquero –hombre sencillo, rudo, trabajador, arrojado, haciéndose *macho* en lucha con la otredad salvaje, representada por una etnicidad diferente: por los indios, significativamente denominados, *pieles rojas*, es decir, racialmente.

A medida que la producción de imágenes era atravesada por los adelantos de la ciencia, y la nueva industria cinematográfica desde Hollywood iba masificando el consumo de dicha producción, en el decenio de 1950, años cumbre del fordismo, íconos femeninos un tanto sofisticados como la sueca Greta Garbo (quien tomó del término en español "con *garbo*" su nuevo apellido, para significar elegancia, gallardía, "buen" porte) eran sustituidos por figuras como Marilyn Monroe: sencilla, natural, atrevida, desafiante e ingenuamente trepadora. De belleza y actuación poco rebuscadas, de origen "humilde" –lo que se recalcaba en muchos de los papeles que protagonizó–, la Monroe representaba a la sirvienta convertida en celebridad. Con su belleza natural y su sensualidad ingenua cautivó al ídolo de uno de los deportes símbolo de esa sociedad (el *baseball*, deporte de héroes individuales, donde a *cada* jugador se le ofrece *su oportunidad*, "su turno al bate"): el italonorteamericano Joe DiMaggio. Igualmente cautivó al popularmente más destacado de los intelectuales que impactaron con sus escritos al mundo pequeñoburgués del *American Dream*: el descendiente de judíos Arthur Miller.[61] Cautivó incluso al mismo Presidente de la nación –al católico millonario descendiente de irlandeses, el ¡tan popular! demócrata John F. Kennedy– y a su hermano Robert –presidente, seguramente también, si no hubiera sido asesinado en plena campaña. Marilyn Monroe, la rubia platino de "boquita pintada", fue la "Gabriela-clavo-y-canela"[62] del *"melting pot"* (eso sí, blanco) de la democracia fordista norteamericana que, frente a la jerarquizada Europa, emblematizaba la tierra de las "oportunidades".

Con símbolos masculinos como los rudos vaqueros e iconos femeninos como la sencilla y popular Marilyn Monroe, los Estados Unidos de la posguerra se convirtieron no sólo en la nación militar y económicamente más poderosa del planeta, sino también en la potencia cultural hegemónica en un mundo donde las tradicionales jerarquías sociales se encontraban trastocadas. Las jerarquías tradicionales se disipaban ante la generalización de un capitalismo pujante cimentado en la erosión de la exclusividad. A nivel económico, no ya en el lujo, sino en la masificación del consumo; y a nivel político, en la noción del *ciudadano*, del hombre y la mujer común, de la democracia liberal, que incidía en la economía a través de las políticas keynesianas del estado benefactor. El socialismo, que a principios del siglo XX (frente a una Europa dividida por unas históricas jerarquías sociales) planteaba la opción de la democracia social a través de valores alternativos –la solidaridad del colectivismo frente a la competencia del individualismo–, se vio precisado, ante la democratización fordista norteamericana, a presentar su orden alternativo en los mismos términos impuestos por la noción del progreso: la línea ascendente del tiempo hacia el futuro. Sus iconos alternativos quedarían atravesados por el futurismo. No radicarían ya en la acción colectiva de los sindicatos obreros, sino en el Sputnik, en el ámbito de la máquina, y los cosmonautas –animales femeninos (Laika) o humanos masculinos (Gagarín).

El futurismo científico de la conquista del espacio sideral, tan poderoso como fue, se quedaba corto ante su conquista del espacio doméstico. Y una imagen simbólica como la de Gagarín palidecía ante la despampanante rubia platino buscando *tv-dinners* en el refrigerador o

---

[61] Autor de la popular obra de teatro *Death of a Salesman*, Nueva York, Viking Press, 1949.

[62] La referencia es a la novela del bahiano brasileño Jorge Amado (1958), publicada en español en Buenos Aires, Losada, 1969.

montada en un deslumbrante automóvil último modelo. El símbolo de Marilyn Monroe apelaba también a una de las más poderosas realidades "occidentales" de los siglos XIX y XX: el desplazamiento territorial de la continuidad de la modernidad. El posible "agotamiento" de Europa, tan preocupante en el imaginario "occidental" –tanto de la ideología fascista, como de las corrientes filosóficas spencerianas– tomaba un giro diferente –nuevo, "esperanzador"– con los logros alcanzados por los migrantes europeos en los Estados Unidos, la nueva potencia modernizadora que representaba la continuidad –territorialmente desplazada– de los "valores de Occidente". Las universidades norteamericanas, no ya pensadas como en Europa para una élite, sino –aún antes pero sobre todo a partir de la posguerra– con las facilidades de estudio para los veteranos (los ex combatientes), pensadas para "todos" –para "cualquiera que tuviera la capacidad intelectual"– y, por lo tanto, más popularmente generalizadas, resaltarán el estudio de la "civilización occidental" y muchos de sus más distinguidos profesores serían migrantes europeos. Marilyn Monroe, rubia y tetona, símbolo de la belleza angosajona, habría sido "poseída" por un judío, un italoamericano y descendientes de irlandeses católicos: intelectual, deportista y políticos respectivamente, para completar el cuadro.

Las grandes migraciones obreras del Viejo Mundo al Nuevo de finales del siglo pasado y la primera mitad del XX –alemanes, polacos, judíos, italianos, irlandeses, gallegos... particularmente a los Estados Unidos (aunque algo también a la América Latina, principalmente a Argentina y Brasil)–, se dirigieron sobre todo hacia los sectores punta de economías manufactureras en expansión: la industria automotriz, la metalurgia, la industria del acero, el procesamiento de alimentos (carnes, embutidos, enlatados, lácteos), la manufactura textil... que se convertían, precisamente, en los renglones económicos principales de la modernización de estos países "nuevos"; así como en otros renglones asociados al proceso de modernización: la construcción, transportación, comercio. En ese sentido, estos migrantes formaron parte del surgimiento de una clase obrera *moderna*; y sus luchas por el reconocimiento civil pronto adquirieron *status* de símbolo para el proletariado internacional, clase que según el credo socialista y/o de los movimientos obreros de entonces representaba el verdadero estandarte del progreso. No es fortuito que en el desarrollo de su simbología clasista, el movimiento obrero a nivel internacional adoptara la fecha del *1ro. de mayo* para sus grandes manifestaciones, para testimoniar la importancia de su presencia, siendo una fecha que rememoraba luchas en la muy norteamericana ciudad de Chicago, protagonizadas a finales del siglo XIX por obreros, muchos de los cuales –incluso en altos niveles de liderato– eran inmigrantes del viejo mundo al nuevo.[63] Entre los *mártires de Chicago*, el "número uno" era, de hecho, un inmigrante alemán. Tampoco es coincidencia que la injusticia cometida contra los obreros europeos migrantes a los Estados Unidos –Sacco y Vanzetti– fuera una de las *causas* que más aglutinaran al movimiento obrero internacional en sus luchas contra la pena de muerte en las primeras décadas del siglo XX; ni que el 8 de marzo, Día Internacional de la Mujer, originalmente una conmemoración del movimiento obrero, recordara también luchas acaecidas en los Estados Unidos.

Es significativo que mientras estos acontecimientos confrontatorios iban convirtiéndose en símbolos del internacionalismo proletario, en los Estados Unidos –en el lugar de los hechos–, en la continuidad territorialmente desplazada de la modernidad, iban perdiendo su poder de convocatoria ante el inocuo e inofensivo primer lunes de septiembre: el *labor day*, que emblematizaba la "dignificación" del trabajo. Pero no hay que olvidar, al respecto, las bases económicas y culturales de esta transferencia simbólica. El movimiento obrero norteamericano captó temprano las posibilidades democráticas del *melting pot* fordista, y fue configurando sus prácticas en torno a estas posibilidades. Bien lo expresó Samuel Gompers, líder máximo de la "American Federation of Labor" de las primeras décadas del siglo XX, cuando al preguntársele por los objetivos del movimiento obrero americano respondió sencillamente: "¡más!" Lo cualitativo se sustituía por lo cuantitativo: el movimiento obrero quería simplemente *más*; y ciertamente más habría de garantizarle el capitalismo fordista.

Pero el fordismo no fue meramente una estrategia empresarial, ni una mera filosofía económica desarrollada por el "genial" Henry Ford. Fue constituyéndose en una filosofía social profundamente enraizada en los mitos democráticos de la cultura norteamericana, que a su vez dialécticamente fortalecía y otorgaba nuevos cimientos económico-materiales a estos mitos. La organización de la economía y la configuración de las relaciones sociales en términos de la masificación del consumo fue erosionando muchas de las manifestaciones visibles de las distincio-

---

[63] Para detalles históricos, puede consultarse el libro de Maurice Dommanget, *Historia del 1ro. de mayo*, Barcelona, ed. Laín, 1976 [1ra. ed. en francés, 1953], aunque este minucioso trabajo no recalque la importancia de ubicar esta historia en la trayectoria de los movimientos masivos de población.

nes entre las clases sociales: en la "tierra de las oportunidades", entre "los diversos amantes de la Monroe", en el "*melting pot*" de los migrantes del viejo mundo al nuevo que daba continuidad a la "*civilización*", todos *aparecían* iguales. La vestimenta obrera y del *cowboy* –rudo trabajador *conquistador del oeste*, de la otredad pielroja– el *blue jean*, se convertía en símbolo nacional. Así también, los iconos de la vestimenta industrialmente producida para el consumo masivo –los "*tennis shoes*"– y la comida masificada de los *fast foods*, sobre todo el *hot dog*, los *hamburgers* y la coca-cola. La movilidad social –el "progresar"– dejó de plantearse en el fordismo, por lo tanto, en términos de la concepción marxista "clásica" de las clases sociales, como cambios en la ubicación en la estructura de la producción. "Progresar" se identificó más bien con la acumulación de riquezas y el acceso (que éstas posibilitaban) al mercado, eje de la concepción de las clases sociales en la tradición sociológica weberiana. Uno de los más agudos analistas sociales de la música popular norteamericana de entonces, Lawrence Grossberg, ha descrito este proceso de la siguiente forma:

In the 1950s, mobility was defined largely by [...] the increasing accumulation of capital (money, investments, property) and was only occasionally and indirectly based on the accumulation of cultural capital. That is, the upwardly mobile fractions of the working and middle classes were not necessarily attempting to become "upper-class;" their mobility was not a radical rejection of their own cultural tastes and styles. Rather, they created their own styles and aesthetics, building upon the available resources of the expanding consumer culture.[64]

El fordismo se insertó en, a la vez que simultáneamente estimuló y fortaleció, una cultura popular alrededor del consumo; una cultura "popular" no porque fuera *producida* desde el pueblo, sino, principalmente, por ser *consumida* popularmente, es decir, apropiada a través del consumo. Aunque para que este consumo pudiera expandirse debía responder simbólicamente a sus afectos, tocar la fibra de la "sensibilidad popular", tan fuerte en la imaginería de la cultura norteamericana. En la medida en que, sobre todo a partir de finales de los años cincuenta, el fordismo se expande internacionalmente, esta cultura popular de consumo masificado –originalmente norteamericana– de los establecimientos en cadena de *fast foods* y *shopping malls* va adquiriendo un

---

[64] *We gotta get...*, p. 141, basando su análisis en el sugerente trabajo de T. Hine, *Populuxe*, Nueva York, Knopf, 1986.

sentido de cultura globalizada, que borra distinciones territoriales y de clase en su línea del tiempo ascendente hacia el futuro.

Ahora bien, volvamos a principios del decenio de 1950, pues específicamente desde el centro hegemónico de la economía fordista –los Estados Unidos– y atravesado por sus propios parámetros –la masificación del consumo– precisamente en esos mismos años habría de surgir una primera (compleja y contradictoria) impugnación a la concepción del tiempo como línea ascendente hacia al futuro. Esta impugnación tendría repercusiones fundamentales para el análisis de la relación entre música y sociedad en el mundo contemporáneo: me refiero a la rebeldía juvenil y, estrechamente vinculados a ella, los desafíos del *rock*. Fue frente a los significados homogeneizantes que representaron los intentos de globalización comercial de este importante movimiento y sonoridad, como años más tarde *otros* migrantes (por su trasfondo y su piel) habrían de elaborar en la *salsa* una "otra" impugnación alternativa.

En 1955, el influyente *Time magazine* señalaba

The people of the U.S. had never been so prosperous... Never before had the breadwinner taken home so much money.[65]

Como han analizado sugerentemente estudiosos de la música norteamericana de ese período,[66] este incremento real en los niveles de prosperidad (un aumento de 293% en el ingreso personal entre 1940 y 1955) vino acompañado de un fortalecimiento de la ideología de la familia nuclear.[67]

Economic prosperity was channeled into and invested in individuals' own lives (experienced largely in and with the family). People bought houses in the suburbs and cars to take them to work in the city and to play [...] in the country; and they filled their houses with new consumer goods...[68]

---

[65] 30 de mayo de 1955, según citado por D. Pichaske, *A Generation in Motion: Popular Music and Culture in the Sixties*, Nueva York, Schirmer, 1979, p. 4.

[66] Pichaske, *ibid* y Grossberg, *We gotta...*, especialmente capítulos 5 al 7.

[67] Las situaciones de posguerra, con su considerable reducción de la población (sobre todo masculina) en edades productivas, tienden a fortalecer la importancia de la maternidad. Para otro contexto –Inglaterra después de la primera guerra mundial– véase el interesante trabajo de Anna Davin, "Imperialism and Motherhood", *History Workshop* 5, primavera 1978, pp. 9-65.

[68] *We gotta...*, p. 142.

El quebrantamiento de la vida citadina con la expansión del *suburbia*, fue, a mi juicio, especialmente importante y significativo. Nuevamente es imposible analizar acá este fenómeno en toda su complejidad; sólo quisiera resaltar sus repercusiones en torno a las nociones del tiempo, la modernidad y el progreso, y sus manifestaciones en la expresión sonora. En gran medida representó un intento de romper con la historia: reorganizar la vida en un ambiente donde todo fuera "*brand new*", que a su vez impartía dinamismo a la "modernización" con la expansión del consumo. Se pretendía reordenar la vida a espaldas de la histórica tendencia hacia una sociabilidad citadina que, con sus alzas y bajas, había caracterizado a "Occidente" desde los inicios de la modernidad. La ciudad, que hasta muy recientemente había significado "modernidad", aunque –en las contradicciones de sus significados–[69] también fuente de tentaciones para lo pecaminoso y asentamiento de las "clases peligrosas"[70] (en los Estados Unidos asociadas sobre todo a los negros, que emigraban desde el sur a las ciudades industriales), comenzaba a ser "invadida" por unos nuevos migrantes. Se trataba de una migración radicalmente distinta a la de los europeos de las décadas anteriores, pues no representaba un desplazamiento desde la vieja civilización "agotada" a su continuidad americana "occidental", sino un desplazamiento masivo desde el mundo del "subdesarrollo", desde la "otredad del atraso" (fenómeno que examinaremos con mayor detalle en la próxima sección de este capítulo). Los nuevos suburbios de la cúspide del fordismo se convirtieron, para la imaginería popular de los amplios sectores sociales que "progresaban" con la generalización del consumo masivo, en el resguardo familiar –"limpio y decente"– de lo verdaderamente "nuevo". La ciudad –asentamiento de lo público– era el lugar del terrible mundo del enajenante trabajo en el capitalismo; el suburbio, el remanso del placer "decente" centrado en lo privado:[71] en

---

[69] Cuya trayectoria en la modernidad examina excelentemente, para Inglaterra, Raymond Williams, *The Country and the City*, Londres, Chatto & Windus Ltd, 1973.

[70] Sobre sus raíces históricas, véase de Gareth Stedman Jones, *Outcast London. A study in the relationships between classes in victorian society*, Londres, Penguin, 1976. Jones examina muy sugerentemente también la relación entre las imágenes de lo pecaminoso y las "clases peligrosas" para los sectores dominantes.

[71] Otro libro de Gareth Stedman Jones, *Languages of Class, Studies in English Working Class History 1832-1982*, Cambridge, Cambridge University Press, 1983, particularmente el capítulo 4, contribuye nuevamente, de forma sugerente, al examen de los antecedentes de este proceso. Examina cómo, con el surgimiento de los suburbios en Londres a finales del siglo XIX, la vida comunal popular dejó de ser una extensión de la vida del trabajo, y

el disfrute *familiar* de los "avances (fordistas) de la civilización". La cotidianidad se organizaba en términos de la continuidad familiar de la línea ascendente del progreso al futuro. Como agudamente apunta Grossberg *"suburbs were imagined as 'a better place' to bring up the kids"*.[72]

En realidad, estos procesos culturales y los patrones de asentamiento estuvieron atravesados por las necesidades expansivas del capitalismo fordista. Igual que resultaba –para la producción en masa– más económico producir nuevos enseres que arreglar desperfectos en los viejos, resultaba más conveniente para los *developers* construir *from scratch* que rehabilitar sectores antiguos en las ciudades. Todo ello fortalecía una visión cultural: un imaginario de lo desechable, una desvalorización de lo antiguo, un colocarse de espaldas al pasado, una glorificación del "olor a nuevo" en la mirada siempre puesta hacia el futuro. La continuidad de la movilidad social familiar, cifrada en el llamado *"baby boom"* de la posguerra, se pensaba que era necesario ubicarla en los suburbios, y rodeada de la multiplicidad de enseres de la modernidad.[73] En los años cincuenta, el *suburbia* norteamericano creció quince veces más rápido que cualquier otro sector geográfico de dicho país y sus moradores representaron el 83% de su crecimiento poblacional total.[74] Paralelamente crecía el consumo de automóviles –el triunfo definitivo de Ford– iconos de la movilidad individual; en 1954, con 6% de la población mundial, los Estados Unidos consumían el 60% de la producción de automóviles. En aparente contradicción con este aumento en la *movilidad* personal individual, crecía vertiginosamente la proporción del tiempo de ocio que se "consumía" en la *inmovilidad*, en el seno del hogar, principalmente con el desarrollo de la recreación pasiva que significó la televisión. Mientras, al iniciarse la década existían 1.5 millones de televisores en los hogares norteamericanos, en 1954 existían ya más de 30 millones.[75]

Para los adolescentes de los años cincuenta, su niñez en el decenio

cómo una cultura centrada en el trabajo comenzó a transformarse en una cuyo centro sería la familia, el hogar, con sus evidentes repercusiones en la organización obrera y en la cultura de las luchas solidarias. El crecimiento desaforado del *suburbia* en la cúspide fordista de la postguerra exacerba vertiginosamente un proceso iniciado varias décadas antes.

[72] *We gotta...*, p. 173.

[73] L.Y. Jones, *Great Expectations: America and the Baby Boom Generation*, Nueva York, Coward, McCann y Geoghegan, 1980.

[74] *We gotta...*, p. 173.

[75] *Ibid.*, p. 138.

anterior había quedado marcada por los "excitantes" relatos de heroísmo bélico de sus padres, por el dramatismo de los *westerns* y las películas de guerra que desde Hollywood lanzaba, para exaltar el patriotismo heroico –del heroísmo individual–, la industria cultural. Para esta generación, el plácido, ascéptico y tranquilo mundo del suburbio, constituido para sus hermanitos del "*baby boom*", era poco menos que el epítome del aburrimiento. Muy perspicazmente tituló Grossberg la sección de su libro dedicada a la juventud y el surgimiento del *rock* "*Another boring day in... paradise*" (Otro día más de aburrimiento en... el paraíso), y en conjunto su libro –siguiendo una canción del grupo de *rock* "The Animals" de la década de 1960– *We gotta get out of this place* (Tenemos que salir de aquí).

En la medida en que el capital fue penetrando esferas anteriormente reservadas para la economía doméstica, como la elaboración de comidas y la confección de ropa, y ante la búsqueda desaforada de la expansión del consumo, fue elevándose la importancia económica de un sector de la población que paralelamente iba configurando una identidad propia alrededor precisamente del consumo: la juventud. Citando nuevamente el importante trabajo de Grossberg

> *By 1957, the juvenile market was worth over $30 billion a year. This was the first generation of children isolated by business (and especially by advertising and marketing agencies) as an identifiable market; despite the sociological differences within the generation, and the cultural diversity of its tastes and styles, the economic strategies were surprisingly succesful in constructing a rather coherent generational identity and a singular marketing cluster.*[76]

Esta forma generacional de identidad, sumamente compleja y contradictoria, requeriría investigaciones propias que trascienden el ámbito de este libro, incluso de esta sección de *comentarios* sobre la sociedad norteamericana. Es inevitable, no obstante, tomar conciencia de su importancia, pues constituye uno de los elementos centrales de la configuración social del mundo contemporáneo, especialmente de los países del "primer mundo" en la posguerra. Una forma de identidad configurada alrededor del consumo expresó el máximo logro sociocultural del fordismo, y no es coincidencia que fuera emergiendo precisamente en sus años cumbre.

Este nuevo ámbito de identidad fue constituyéndose en la medida en

---

[76] *Ibid.*, p. 173.

que fue ampliándose el desfase entre el ciclo vital biológico-psicológico y el ciclo vital social. Nos referimos a la conformación de una categoría de personas, biológicamente adultos y psicológicamente desarrollados como para generar una conciencia de identidad, pero no considerados adultos aún en el marco de la organización económico-social. Mientras en 1910 el 51.3% de los jóvenes norteamericanos entre los 14 y 20 años estaban ya ubicados en la economía en la esfera de la producción, es decir, trabajando (proporción cercana a la de la población en su conjunto), en 1950 menos del 40% entre las edades de 14 a 24 se encontraban entre los trabajadores o empleados regulares, lo que significa que entre los 14 y los 20 años la proporción debió haber sido mucho menor.[77] Más aún, dentro de la ideología predominante entonces de la movilidad ascendente –de "progresar"–, muchos de estos empleos iniciales de los jóvenes se concebían como meras experiencias *hacia* mejores empleos en el futuro.

Con una ubicación tan exigua y "transitoria" en la producción, la esfera del consumo sería para los jóvenes de los centros de la economía fordista mucho más importante en la conformación y/o manifestación de su emergente sentido social-identitario, sobre todo en las nuevas esferas que arrancaba el fordismo a la economía doméstica. El tránsito de la niñez a la adultez, determinado tradicionalmente por la maduración sexual –la posibilidad de procrear, de perpetuar la especie en el tiempo– y, relacionado con ello, la posibilidad de formar una familia, una unidad económica independiente,[78] será prolongado socialmente en tal forma (desde este segundo ángulo) que no podrán verse los jóvenes (evidentemente –físicamente– no niños) como meros iniciados o próximos a iniciarse en la adultez, sino como una categoría social

---

[77] Aunque la agrupación de edades del Censo de 1950 no permite establecer esta relación, censos posteriores lo evidencian de manera contundente. El Censo de 1970 señala que la tasa de participación en la fuerza de trabajo entre las edades de 20 a 24 años fue de 68%, superior a la de la población en su conjunto y casi el doble de la de los jóvenes entre 16 y 19, diferencia que lógicamente debió haber sido aún mayor si se incluyeran los jóvenes de 14 y 15 años (información que la agrupación por edades de ese Censo no provee).

[78] El libro de Jane Lewis, ed., *Labour and Love, Women's Experience of Home and Family, 1850-1940*, Oxford, Basil Blackwell, 1986, señala, por ejemplo, que en los 1890 la mujer se casaba en la adolescencia (en inglés, en sus *"teens"*, es decir entre 13 y 19 años), experimentaba un promedio de diez embarazos, lo que significaba que *"she spent 15 years either pregnant or nursing"* (p. 3). Incluye interesantes investigaciones en torno a la importancia de la relación entre matrimonio, trabajo y parentesco.

diferenciada. Su identidad se construiría alrededor, precisamente, de aquello que los diferenciaba de la niñez, y que la adultez pretendía retrasar: su sexualidad. Y se manifestaba y se fortalecía a través de unos patrones de consumo que, en la exacerbación de una sexualidad hedonista ("intrascendente" para las generaciones previas, en el sentido de no estar dirigida a la formación de una familia, a la reproducción social), recalcaban su diferenciación del mundo adulto.

Es sumamente significativo que uno de los ejes alrededor de los cuales se irá constituyendo el imaginario de la identidad juvenil en el centro del fordismo, fuera la expresión sonora de sus concepciones del tiempo –la música de *rock*– y su avasallante comercialización. El *rock* no fue, evidentemente, una mera manifestación sonora de la rebeldía juvenil. Su historia es compleja y sus corrientes y variantes expresivas, múltiples. No concierne a este trabajo analizar este complejo, importante e influyente movimiento musical, sino sólo en aquellos aspectos que puedan ayudarnos a calibrar, en contraposición, la *salsa*; sobre todo, como he venido recalcando, en términos de los significados del tiempo.

El futurismo cientificista mostró en Hiroshima y Nagasaki su potencial destructivo. La victoria combinada del capitalismo fordista y el militarismo popular soviético sobre las "aristocráticas" alternativas elitistas del desarrollo del capitalismo centralizado y autocrático del Führer alemán y el emperador japonés, no había representado, como en un momento se soñó, el fin de las soluciones bélicas a los conflictos internacionales. (La guerra en Corea, escasamente unos años después, evidenciaba la presencia del peligro de un nuevo conflicto de dimensiones planetarias.) Los antagonismos entre las cosmovisiones "democráticas" triunfantes generaron una feroz competencia armamentista nuclear entre los futurismos en la "guerra fría". La juventud de principios de los años cincuenta se criaba bajo la espada de Damocles del holocausto atómico. El *progreso* dejó de significar para esa generación sólo una línea ascendente interminable hacia el futuro, sino alternativamente también la posibilidad del absoluto final. Esta otra –macabra– cara del progreso, engendró –sobre todo frente a nuevos desafíos de un mundo "otro" diferente a los futurismos en competencia y que se empezaría a denominar, significativamente, "Tercer mundo"– un conservadurismo político en los centros del fordismo. En los Estados Unidos, luego de la *bofetada* coreana, se elegía presidente al héroe militar de la guerra anterior, al general Eisenhower concluyendo decenios del gobierno del liberalismo democratizante del Partido Demócrata. Paralelamente en Francia, ante los desafíos argelinos, se fortalecía la presidencia, bajo el liderato del también héroe militar, el general De Gaulle. Frente a las perspectivas que ofrecía el futurismo, la juventud comenzará a manifestar, sobre todo alrededor de su música, una rebeldía impugnadora centrada, por la naturaleza de esta forma de identidad, en un presentismo hedonista.

No es casualidad que una de las canciones que todos los estudiosos de este género señalan como fundamental para los inicios de la popularización masiva del *rock* llevara de título *Rock Around the Clock*:

> *One, two, three o'clock, four o'clock, rock;*
> *Five, six, seven o'clock, eight o'clock, rock;*
> *Nine, ten, eleven o'clock, twelve o'clock rock:*
> *We're gonna rock around the clock tonight*
> (sustituyendo, a veces, *tonight*, por *all night*)

popularizada por Bill Haley & the Comets en 1954, resaltando la imagen de un tiempo cíclico, de un presente eterno. Tampoco es coincidencia que esta nueva sonoridad juvenil adoptara el nombre de *rock 'n' roll*. *Rock* con su doble significado contradictorio de roca (piedra grande, dura y maciza) –la fuerza del desafío, sobre todo en movimiento, que se convierte en avalancha–[79] y de mecerse, oscilar suavemente a la manera del movimiento "eterno" del péndulo: como señala el diccionario

to move (a child) gently to and fro in a craddle, in order to soothe or send it to sleep[80]*// to bring into a state of slumber, rest, or peace by gentle motion to and fro// to maintain in a lulling state of security, plenty, hope, etc.// to move or sway (a person) to and fro, especially in a gentle or soothing manner...*[81]

Y, por otro lado, *roll*, que en el argot de los negros norteamericanos significaba "*to fuck*"[82] (que, como nuestro americanismo *chingar*, significa tanto tener relaciones sexuales, como importunar, "*joder*"). El término *rock 'n' roll*, con todas sus sugerentes alusiones contradictorias, evocaba,

---

[79] Uno de los grupos musicales más importantes del *rock* surgiría luego con el nombre de The Rolling Stones (las piedras rodantes), reenfatizando esta imagen de avalancha, y este mismo nombre se usaría en revistas y libros enciclopédicos que intentan caracterizar a todo el movimiento.

[80] Recuerden el tan popular *Lullaby* (canción de cuna o arrullo) *Rock a my baby, on the tree top...*

[81] C.T. Onions, ed., *The Shorter Oxford English Dictionary On Historical Principles*, Oxford, Clarendon Press, 1972, vol. 2, pp. 1746-47.

[82] Dave Harker, *One for the Money, Politics and Popular Song*, Londres, Hutchinson, 1980, p. 60.

pues, un desafiante hedonismo eterno, una perpetua *chingadera*.

El *rock 'n' roll* transgredía la arrulladora mecida de quien socialmente se suponía aún niño, con la suavemente constante oscilación pélvica desfachatada, que evocaba públicamente la más "sagrada" privacidad. La música y su baile estuvieron indisolublemente vinculados. No es fortuito tampoco, que su popularización fuera acompañada de la emergencia de la diversión juvenil de los *hoola-hoops*, un aro de plástico cuyo reto era mantener "eternamente" en movimiento con la oscilación rítmica de las caderas; ni que el máximo exponente de la corriente que alcanzaba una mayor popularidad en esta música, Elvis Prestley, fuera apodado "Elvis Pelvis" por su sensual y provocativo movimiento de caderas al cantar.

A través del *rock 'n' roll*. esa nueva identidad juvenil emergente que se conformaba en los Estados Unidos de los cincuenta, trastocó el significado del futurismo con una concepción del tiempo como un eterno presente.[83] Su sonoridad se manifestaba a través de timbres contemporáneos. Sus principales instrumentos fueron la voz *microfonada* y las guitarras y el bajo *eléctricos*; acompañados con un trasfondo percusivo potente de esa compleja maquinaria polirrítmica que desarrolló previamente el *jazz*: la batería, pero contrario al *jazz*, resonorizada a través de la amplificación electrónica hasta niveles prácticamente de estridencia, como para quebrar, fuera de toda duda, la tranquilidad del mundo aséptico y plácido del cual querían escapar con su *perpetua chingadera*. A veces el *rock 'n' roll* utilizaba también otro de los instrumentos mimados del *jazz* y estandarizado por los *big bands* del *establishment*: esa ingeniosa *máquina* sonora que metalizaba al clarinete –el saxofón. Contrario al *jazz*, que siguió utilizando también el clarinete, para el *rock*, el sonido de los llamados "materiales nobles" como la tan ancestral madera, resultaba prácticamente anatema. (Es significativa su relativamente poca utilización, por lo general, del piano –con algunas honrosas excepciones– en contraste con el surgimiento de los teclados electrónicos varios años después, cuando la sonoridad rockera los incorporará de manera absolutamente generalizada.) El rejuego de tiempos ¡tan importante en el *jazz*! y en los antecedentes afroamericanos del *rock* (y, como examinamos en las secciones anteriores, también en la *salsa*), se simplificaba en ese *rock* juvenil de suburbio: el futuro se hacía

---

[83] En décadas siguientes, con el desarrollo de muy variadas tendencias y corrientes expresivas en el *rock*, sus visiones del tiempo serían más heterogéneas y, en muchos casos, mucho más complejas.

presente, pero jamás el pasado, como jamás se glorificaría su pasado cronológico –lo infantil– en la identidad juvenil, que precisamente batallaba por establecer su diferencia.

Lo futurista, también, se resemantizaba para diluirlo en el presente. Es significativo que la primera canción que *The Encyclopedia of Rock* identifica como *rock 'n' roll* se titulara "Rocket",[84] en alusión, sobre todo, a los cohetes de la soñada futurista conquista del espacio sideral. El grupo con que cantaba Bill Haley (el popularizador de "Rock around the clock") se llamaba The Comets, en referencia al famoso cometa que atemorizaba periódicamente con su supuesta amenaza de acabar el tiempo... si llegara a chocar con la Tierra, irrumpiendo *cíclicamente* desde el mundo interespacial el "tranquilo" movimiento regular de los planetas, con su impredecible órbita inversa, fuera de molde.

Aún con todo su intento *"contemporanizador"*, de hacer presente el futuro de espaldas al pasado, la sonoridad *rock 'n' roll*–era inicial no pudo, naturalmente, haber surgido de la nada. Todos los más reputados estudiosos de su historia coinciden en establecer sus orígenes en una combinación de los *Rhythm and blues* de la música negra norteamericana y la música campesina de ese país, la música *hillbilly* (*jíbara*, en español puertorriqueño), luego llamada *country*.[85] Esta "mulatería" sonora generó expresiones sumamente interesantes que, nuevamente, escapan el ámbito de este trabajo. Sí es pertinente destacar que, interesantemente, la juventud del poderoso *"clean-cut American Dream"*, la juventud de la abundancia fordista y el progreso, recurriera en la elaboración de su sonoridad a las músicas de los sectores marginados. Ello no para hacer música *marginal* (aunque algunos de sus importantes exponentes, como Dylan, prácticamente terminaran en ello), sino para desarrollar una sonoridad propia, de impugnación generacional.

Muchos de estos analistas coinciden también en señalar que la complejidad polirrítmica de la música afronorteamericana sufrió, en esta combinación, un proceso simplificador. Ello, sobre todo al enmarcar la riqueza rítmica en el metro europeo de 2/4, aunque con el acento desplazado en (lo que el argot musical llama desde entonces) el *back beat*.[86] El intento de elaboración rítmica –y su *rôle* protagónico– se

---

[84] Tony Russell, Londres, Crown Pub., 1983, p. 25; la canción es de 1951.

[85] *Ibid.*, véanse también, entre otras, las citadas obras de Harker y Grossberg, y de Donald Clarke, *The Penguin Encyclopedia of Popular Music*, Londres, Penguin, 1989.

[86] Por ejemplo, Harker, p. 57. Puede verse también de Charlie Gillet, *Sound of the City: the rise of rock and roll*, Nueva York, Outerbridge & Dienstfrey, 1970, p. 195.

mantiene y alcanza en ocasiones logros significativos, pero limitado por un metro *machacón* reenfatizado con la sobreamplificación del bajo, que fortalecía la imagen del presente eterno. (No es este libro el lugar para analizar, por otro lado, sus importantes aciertos musicales, sobre todo –cuando comienza a llamarse sencillamente *rock*– a través de una atrevida experimentación armónica, que elevarán a niveles realmente asombrosos los Beatles en los sesenta, Pink Floyd y otros, y todavía presente de manera muy rica en esta tradición musical. Tampoco es el lugar para calibrar los logros poéticos de muchas de sus letras ni, como antes señalé, sus múltiples –a veces, incluso, contrastantes– variantes expresivas.)

En los años previos al surgimiento de la identidad juvenil, la industria musical fordista de los *hit factories* norteamericana (de la "fabricación" de éxitos) seguía las líneas del célebre manual de Silver y Bruce *How to Write and Sell a Hit Song*. En esos años, todavía permeados por la disciplina militar y la ideología del heroísmo bélico del puritanismo estoico, años del *baby boom* con su refortalecimiento de la importancia de la maternidad, años que sentaban las bases para la búsqueda de la felicidad en el remanso de la familia nuclear y su reclusión de las tentaciones mundanales en la tranquilidad del suburbio, compositores e intérpretes debían observar aún las especificaciones del *National Broadcasting Company*:

Direct allusions to love-making, or the use of such words as "necking", "petting" and "passion" must be avoided. Love, in popular songs, is a beautiful and delicate emotion, and marriage is a noble institution... Profanity should never be used... songs that have to do with labor... and political propaganda are also prohibited on the air...[87]

Ante ese clima, el *rock 'n' roll*, aún con todas las contradicciones de la identidad juvenil, constituyó un movimiento liberador; sobre todo, trastocando la relación entre lo público y lo privado.

Para los jóvenes, el *rock 'n' roll* significó la posibilidad de sacar a la luz una sensualidad reprimida; no sólo en sus letras y en los movimientos corporales en la manera de bailar, sino también en toda la simbología de estilos y prácticas que acompañó a este movimiento sonoro. Para los varones, los cambios en la manifestación de su sensualidad fueron realmente dramáticos. Mientras la coquetería femenina y su vestimenta sugerente habían sido históricamente aceptables socialmente, e incluso,

---

[87] Según citado por Harker, p. 38.

estimulada, todo el siglo XX se había caracterizado por la generalización de la vestimenta masculina del traje sobrio y la corbata, una de las vestimentas más asexuales imaginables. La vestimenta ceñida al punto que marcaran sus genitales, la camisa desabrochada, los materiales brillosos y los colores brillantes de los cantantes del *rock* inicial representaron un cambio radical. Igualmente, rasgar con violencia la guitarra eléctrica colocada más abajo de la cintura, creaba la imagen de una desfachatada y pública masturbación. Los gritos desaforados y desmayos de las jóvenes *teenagers* ante tales provocaciones masculinas, podrían considerarse hoy como otra manifestación más de la subordinación femenina en la ideología patriarcal, pero en aquel momento eran otras las dimensiones centrales de la rebeldía. Para aquellas *teenagers* de *pony-tail* y *pedal-pushers*,[88] expresar desaforadamente el deseo de "ser poseídas" por aquellos jóvenes machos significaba manifestar que no se les podía considerar ya como niñas. Su rebeldía en aquel momento más que de género, era generacional. Para los jóvenes –varones y hembras, hijos de burgueses, pequeñoburgueses o proletarios– su rebeldía identitaria y su música se conformaba en oposición al mundo dominante adulto; su impugnación hedonista al futurismo se manifestaba como un rompimiento entre generaciones.

¿Por qué, entre los migrantes del "subdesarrollo" en las barriadas deterioradas de las grandes ciudades norteamericanas, la rebeldía juvenil tomó caracteres radicalmente diferentes? ¿Por qué su "nueva manera de hacer música", contestataria, impugnadora también del futurismo fordista, jamás se planteó como un rompimiento generacional? ¿Por qué prefirieron los ancestrales cueros de chivos de sus bongós y tumbadoras a la guitarra eléctrica y la batería, cuando la sonoridad rockera arropaba al mundo? ¿Por qué los trombones a los saxofones, y el piano acústico *jazzeado* a los teclados electrónicos? ¿Por qué, mientras los rockeros se referían a su territorio suburbano como un "*boring paradise*", los soneros cocolos idealizaban su territorialidad perdida en la migración como un "paraíso de dulzura"?[89] ¿Por qué el innovador *new wave salsa* del joven-

---

[88] Los pantalones ceñidos a media pantorrilla de moda en aquel momento se les llamó *pedal-pushers* en referencia a la bicicleta que, es importante recordar, en el mundo norteamericano se asociaba con la niñez tardía. El automovil, icono de la sociedad fordista, era para los adultos; y manejar un automovil se convirtió en símbolo de haber alcanzado madurez, de haberse "hecho hombre o mujer".

[89] Héctor Lavóe, cantante en todas las primeras grabaciones de Willie Colón, en su primer LP como solista *La voz*, Nueva York, Fania F-461, 1975.

cito *neorrican* Ismael Miranda, su agresivo y desafiante "¡Abran paso!" de 1971, con armonías disonantes del "judío maravilloso" –el pianista *niuyorkino* Larry Harlow–, se estructura sobre ritmos de no menos de cien años atrás (*rumba, guaracha* y *guaguancó*)?[90]

Entre 1967 (cuando tenía 17 años) y 1975, el joven músico *nuyorrican* Willie Colón, que se había iniciado en la música a los 14 años como trombonista en una "banda" de *Latin jazz*, produjo trece LP salseros. Los títulos aluden todos al mundo de la marginalidad urbana, transformando en términos positivos referencias al "bajo mundo" criminal: *El malo, The Hustler, Cosa Nuestra...* La carátula de *The Big Break- La Gran Fuga*,[91] en referencia a un escape masivo de una cárcel, es al respecto especialmente significativa. Evoca también la tradición cimarrona del mundo popular del Caribe (*break* es tanto escape, rompimiento, como oportunidad). La carátula simula un parte de los que el FBI coloca en tablones de edictos de los edificios públicos, en esta ocasión con la foto de Willie Colón de frente y de costado, y sus huellas digitales. El texto dice así:

ARMED WITH TROMBONE
AND CONSIDERED DANGEROUS
Willie Colón was last seen in New York City, he may be accompanied by one, HECTOR *Lavóe, occupation "singer", also very dangerous man with his voice.*
CRIMINAL RECORD
These men are wanted by the dancing public. They are responsible for hit records as...
CAUTION
(They) have been known to kill people with little provocation with their exciting rhythm without a moment's notice.
A word to the wise: These men are highly dangerous in a crowd and are capable of starting riots, people immediately start to dance...

La Gran Fuga abre con una composición de experimentación rítmica de Colón y Lavóe –sobre la base de una *bomba sicá*– titulada "Ghana'e", en evidente homenaje a la "otra Madre Patria". Incluye canciones dedicadas a Colombia (de Tite Curet Alonso) y a Panamá (de Colón y Lavóe). Incorpora una estupenda composición de Curet Alonso sobre la incertidumbre de los tiempos, titulada "Barrunto", que según el diccionario es un puertorriqueñismo que alude al atisbo o corazonada de tiempo huracanado, y que en la canción se usa como presentimiento de una *separación* amorosa (ojo a la insistencia temática de los migrantes):

[90] Nueva York, Fania LP 7738. Detalles en Clarke, *The Penguin Encyclopedia...*, p. 515.
[91] Nueva York, Fania SLP 394, 1971.

Barrunto en el corazón,
presentimiento
de que pronto llegará la separación...
como cuando hay una sensación
de agua con viento,
tengo ya el presentimiento,
barrunto en el corazón.

Y finalmente incluye una canción dedicada a la "Abuelita" (autoría de Colón y Lavóe), que es un homenaje a la sabiduría tradicional de los refranes y dichos populares.

Jugando con el doble sentido de las frases del mundo de la marginalidad criminal, en 1971 Colón y Lavóe produjeron el LP *Asalto Navideño*[92] ("asalto" entre los puertorriqueños significa, por un lado, robo a mano armada, pero también visita sorpresiva de una parranda navideña a mitad de la noche). En este LP Colón se lanza de lleno a incorporar la sonoridad tradicional campesina puertorriqueña de los *aguinaldos* a la libre combinación de formas de esa "nueva manera de hacer música" y al timbre del *cuatro* se le otorga una participación protagónica.[93] En 1975 salió de la carcel –donde cumplía sentencia por drogas– Ramón Rivera Alers ("Mon Rivera"), un famoso cantante y trombonista de la generación anterior a Willie Colón. Este último, reconociéndose su heredero musical, aunque ya –con sus trece exitosos LP salseros– mucho más famoso que aquél, lo invitó a producir un disco juntos.[94] Fue el primer LP de Willie Colón con otro cantante principal que no fuera Héctor Lavóe, aunque Lavóe participó en los coros, junto a Fe Ortiz y al aún prácticamente deconocido Rubén Blades. Mon Rivera era famoso por sus letras cimarronas –llenas de trabalenguas– en la sonoridad proletaria de las *plenas* puertorriqueñas.

Coro
¿Qué será? ¿Qué pasará?
El taller de Mamery pide gente pa' trabajar.
Solista
Halóu, ¿quien llama? María Luisa Arcelay
(*En trabalenguas:*)

---

[92] Nueva York, Fania SLP 399.

[93] El cuatrista Yomo Toro, "representante" de "la vieja trova" había sido utilizado antes por Harlow y Miranda, pero más bien en la tradición cubana de la utilización del *tres*.

[94] Nueva York, Vaya records (Fania) VS-42.

conectando (o, que está chichando)[95] con John Vidal
dicen las trabajadoras que si no hay lana (paga)
no van pa' llá....
Empezó la huelga, ¡Dios mío que barbaridad!
las trabajadoras comenzaron a bembetear (hablar)
(*En trabalenguas*:)
Ay que si cunchincún, ay que si cunchincán.
Petra apaga esa plancha, no trabajemos ná'.
¡Qué se cree esta gente! no nos tienen piedá,
La lana que aquí nos pagan, ay no nos da pa'ná'
Ay que si cunchincún, ay que si cunchincán.
A la puerta 'e la esquina.....
(*Trabalenguas ininteligible*)

Habiendo incorporado plenamente a la *salsa* –con su *Asalto Navideño*– el *seis* y el *aguinaldo* de la contraplantación *jíbara*, Willie Colón invita a Mon Rivera a realizar un homenaje salsero al segundo gran tronco tradicional de la música puertorriqueña, a la tradición de la plantación de la *bomba* y la *plena*. Es interesante la configuración tímbrica que Willie Colón decidió para este LP. La orquesta estaba compuesta de cuatro trombones, un bajo, un piano (estupendamente ejecutado por Papo Lucca, el líder de otra de las más importantes orquestas salseras, La Sonora Ponceña), unos timbales, unas congas, unos bongós, un pandero requinto, un güiro y el coro de voces. Es decir, fortalecía con trombón, bajo y piano, la percusión predominante.

Las canciones de este LP no son todas *bombas* y *plenas* tradicionales. Siguiendo la tradición de vocero de la vida popular que habían representado las *plenas*, algunas describen la cotidianidad *niuyorkina*, como "Se te quemó la casa", de Ramón Jiménez, que alude a la nefasta práctica de los *landlords*, de la especulación en bienes raíces, quienes queman edificios deteriorados de vivienda boricua para intentar una renovación del área urbana, lo que en el *argot* "*real estate*" denominan "*urban renewal*". La carátula del disco es iconográficamente emblemática: Willie Colón y Mon Rivera aparecen abrazados vestidos de blanco, como *babalaos* santeros o bailadores de *bomba*, entrando sonrientes al mundo de los superhéroes del *media hollywoodense* de distintas épocas –Batman, Superman, Superwoman, Mickey Mouse, Tarzán y Jane, "el gordo y el flaco", Sansón y Dalila, Cleopatra y Marco Antonio, Drácula, Frankes-

---

[95] Forma popular de referirse a tener relaciones sexuales, en otros países "*follando*", "cogiendo".

tein, "Lady and Tramp", el Llanero Solitario...-. Aún con la presencia previa de personajes terribles, es con la entrada de estos dos emigrantes del "subdesarrollo" que los superhéroes "occidentales" exclaman la frase que acostumbran los norteamericanos del *suburbia* decir cuando se mudan a su barrio vecinos que harán bajar el valor de su *real estate* (y así titula su LP con Mon Rivera –de *bombas* y *plenas* salseadas– el joven *nuyorrican* Willie Colón):
There goes the neighbourhood! (¡Se chavó el vecindario!)

"¡DÉJALO QUE SUBA....!"
LA MIGRACIÓN TERCERMUNDISTA, Y LA LÍNEA DEL TIEMPO ASCENDENTE
DE LA MODERNIDAD Y EL PROGRESO FRENTE A LA "PESADA" ANCLA DE LA
ETNICIDAD

Entre los polos futuristas en competencia por cuál representaba mejor *el progreso* –la Monroe o Gagarín–, pero hermanados por la misma concepción lineal del tiempo que había ido cimentando a partir de la Ilustración en el siglo XVIII la modernidad "occidental", desde el Caribe –desde esta región conformada en los márgenes de dicha modernidad– y en los años cincuenta del siglo XX, cuando esta polaridad parecía dominar los términos en que se planteaban las luchas sociales, comenzará a aparecer una relocalización de perspectivas. Dichas perspectivas diferentes fueron paulatinamente elaborándose también en distintas regiones del planeta, al punto que pronto adquirieron el apelativo, ya un tanto –desafortunadamente– en desuso, de "tercermundistas". Pero no deja de ser significativo que esta región (donde fueron confluyendo históricamente desde su propia génesis diversas geografías y temporalidades, y para la década de 1950 prácticamente el traspatio del futurismo fordista norteamericano) se constituyera en un centro de irradiación fundamental de una visión diferente precisamente centrada en la importancia de unas formas de identidad –sociales y personales– de tipo cultural, cimentadas sobre una distinta manera de concebir y experimentar el espacio y el tiempo.

En 1951, entre París y Berlín, donde viajaba a participar en el Festival Internacional de la Juventud, el poeta cubano Nicolás Guillén, célebre ya por su poesía negroide (caracterizada por un sentido rítimico que evocaba una multiplicidad de tiempos), comenzó a escribir su impresionante poema identitario "El apellido", que continuará trabajando en

1952 en La Habana, pero que no concluirá hasta el año siguiente, estimulado por la pintura de Portinari, en São Paulo, Brasil. El poema se publicó por primera vez en 1954 en un periódico en México.[96] El nombre es la forma más primaria de identidad personal; el apellido es esa parte del nombre que se hereda, que hace referencia a la historia. Es también esa parte del nombre que se traspasa a los hijos. En el apellido confluyen pasado, presente y futuro en la determinación de la identidad. A principios de los años cincuenta, en pleno poderoso predominio del atractivo progresismo fordista, y comenzando a asomarse el progresismo "alternativo" del futurismo soviético, el antillano Nicolás cuestiona entrañablemente su apellido. Ese poema de tan revelador trayecto transnacional comienza:

> Desde la escuela
> y aún antes... Desde el alba, cuando apenas
> era una brizna yo de sueño y llanto,
> desde entonces,
> me dijeron mi nombre. Un santo y seña
> para poder hablar con las estrellas.
> Tú te llamas, te llamarás...
> Y luego me entregaron
> esto que veis escrito en mi tarjeta,
> esto que pongo al pie de mis poemas:
> las trece letras
> que llevo a *cuestas por la calle,*
> que *siempre van conmigo a todas partes.*
> ¿Es mi nombre, estáis ciertos?
> ¿Tenéis todas mis señas?
> ¿Ya conocéis mi sangre *navegable,*
> mi geografía llena de oscuros *montes,*
> de hondos y amargos valles
> *que no están en los mapas?*

Y más adelante les pregunta y se pregunta,

> toda mi *piel* viene de aquella estatua
> de mármol español? ¿También mi *voz* de espanto,
> el duro grito de mi garganta? ¿Vienen de allá
> todos mis huesos? ¿Mis raíces y las raíces
> de mis raíces y además

---

[96] Detalles recogidos en Nicolás Guillén, *Obra poética*, tomo I, 1920-1958, La Habana, Instituto Cubano del Libro, 1972, p. 554.

estas ramas oscuras *movidas por los sueños*
y estas flores abiertas de mi frente
y esta savia que amarga mi corteza?...

y sentencia con una pregunta impugnadora:

¿No veis estos tambores en mis ojos?

¡La música! ¡La música del polirritmo y la percusión! ¡La música afroamericana que había hamaqueado los cimientos mismos de la línea ascendente del *progreso* (hacia su hegemonía absoluta) de la gran música de la modernidad "occidental"! ¡La única música que en los años de 1950-1960, con sus ancestrales cueros de chivo, rivalizaría, internacionalmente, con la pujantemente emergente sonoridad electroacústica de la juventud angloamericana! Y en ese poema polirrítmico estructurado sobre los ecos del tambor, Guillén pasa de hablar del nombre al apellido, y de la afirmación a la pregunta y de la pregunta a la afirmación:

¡El apellido, entonces!
¿Sabéis mi otro apellido, el que me viene
de aquella tierra enorme, el apellido
sangriento y capturado, que pasó sobre el mar
entre cadenas, que *pasó entre cadenas sobre el mar?*
¡Ah, no podéis *recordarlo!*
Lo habéis disuelto en tinta inmemorial.

Y en un dialéctico rejuego entre lo singular y lo plural, entre lo personal y lo colectivo, entre lo comunitario y lo transnacional, entre lo vivencial y lo histórico, el poema concluye,

Sin conocernos nos reconoceremos...
en los fragmentos de cadenas
adheridos todavía a la *piel*;
sin conocernos nos reconoceremos
en los ojos *cargados de sueños*
y hasta en los insultos como piedras
que nos escupen cada día
los cuadrumanos de la tinta y el papel.
¿Qué ha de importar entonces
(¡qué ha de importar ahora!)
¡ay! mi pequeño nombre
de trece letras blancas?
¿Ni el mandinga, bantú,
yoruba, dahomeyano
nombre del triste abuelo ahogado

en tinta de notario?
¿Qué importa, amigos puros?
¡Oh, sí, puros amigos,
venid a ver mi nombre!
Mi nombre interminable,
hecho de *interminables* nombres;
el nombre mío, ajeno,
libre y mío, ajeno y vuestro,
ajeno y libre como el aire.[97]

Más o menos para la misma fecha, otro poeta caribeño, Derek Walcott, décadas más tarde reconocido con el Premio Nobel, lanzaba, también en un rejuego de territorialidades y de tiempos, y claramente desde la novel perspectiva "tercermundista" que, desde el Nuevo Mundo, desde el Caribe, se comenzaba a articular, su impactante *A Far Cry from Africa*:

> ...*Batten upon the bloodstreams of the yeldt.*
> *Corpses are scattered through a paradise.*
> *Only the worm, colonel of carrion, cries:*
> *"Waste no compassion on these separate dead!"*
> *Statistics justify and scholars seize*
> *The salients of colonial policy.*
> *What is that to the white child hacked in bed?*
> *To savages, expendable as Jews?*

El lejano llanto africano halaba el gatillo del grito antillano, que en la música percusiva, el polirritmo y la danza, nuevamente se manifestaba, desde una muerte pasada, diferente al futuro.

> ... *since civilization's dawn...*
> *Dance to the tightened carcass of a drum,*
> *While he calls courage still that native dread*
> *Of the white peace contracted by the dead.*

Y como Guillén, en la angustiosa, pero creativa, hibridez (territorial y temporal), el poema concluye atisbando una diferente perspectiva:

> *Again brutish necessity wipes its hands*
> *Upon the napkin of a dirty cause, again*
> *A waste of our compassion, as with Spain,*
> *The gorilla wrestles with the superman.*
> *I who am poisoned with the blood of both,*

---

[97] *Ibid.*, pp. 394-399, énfasis añadidos.

> *Where shall I turn, divided to the vein?*
> *I who have cursed*
> *The drunken officer of British rule, how choose*
> *Between this Africa and the English tongue I love?*
> *Betray them both, or give back what they give?*
> *How can I face such slaughter and be cool?*
> *How can I turn from Africa and live?*[98]

Los cincuenta, tiempo de optimismo popular, fueron años también en los cuales el mundo comenzó a experimentar una importante transformación social que habría de matizar dicho optimismo, y a caracterizar las décadas siguientes: una diferente modalidad en los desplazamientos masivos de población. Éstos no consistirían ya predominantemente de invasiones bélicas, como en *remotos* tiempos pasados, ni de la colonización –individual o colectiva, forzada o autogenerada– hacia tierras consideradas de "frontera", hacia "tierras *vírgenes*". Tampoco sería ya común el desplazamiento desde las viejas "cunas de la civilización", desde importantes economías agotadas (o, al menos, de un crecimiento limitado que no guardaba proporción con su crecimiento poblacional) hacia *nuevas* economías en expansión, hacia los nuevos estandartes de "lo civilizado", como las migraciones europeas a América de finales del siglo XIX y la primera parte del XX. La modalidad que iba imponiéndose desde los cincuenta consistía de procesos de desplazamiento *desde* las colonias *hacia* las metrópolis, desde el mundo "subdesarrollado" hacia los "centros" mundiales hegemónicos.[99]

Es significativo que fuera nuevamente el Caribe –región donde se inició, con la *epopeya colombina*, la *expansión* de "Occidente"; región de sociedades conformadas precisamente en la colonización, en una colonización de plantación que conllevó la *inmigración* forzada de una considerable proporción de su población constitutiva– y dentro de éste, especialmente Puerto Rico, una de las pocas colonias aún, ahora del nuevo centro hegemónico de la economía capitalista internacional, uno de los lugares donde se iniciaría más dramáticamente el predominio de este proceso. La década de 1950 registra los niveles más altos (por

---

[98] Derek Walcott, *Green Night: Poems 1948-60* (1962), incluido en *Selected Poems*, Nueva York, Farr, Stross and Co., 1964, pp. 3-4.

[99] Analistas de este tipo de migración han propuesto, de hecho, el término de "*colonial migrants*"; véase, por ejemplo, de Juan Flores, "The Latino Imaginary: Dimensions of Community and Identity", en Irma Rivera Nieves y Carlos Gil, eds., *Polifonía salvaje*, San Juan, ed. Postdata y UPR, 1995, p. 119, o en español en su libro, *La venganza de Cortijo y otros ensayos*, San Juan, Huracán, 1997.

mucho) de emigración puertorriqueña a los Estados Unidos en toda su historia, cuando los puertorriqueños podían emigrar sin restricción alguna a dicho país desde principios de siglo. Esta emigración significó el traslado, principalmente a Nueva York, en sólo un lustro (entre 1950 y 1955), de aproximadamente una cuarta parte de su población y casi la mitad de su fuerza de trabajo, ya que la migración se concentraba en las llamadas "edades productivas".[100] La emigración puertorriqueña constituyó uno de los primeros y más impresionantes desplazamientos internacionales de población en la conformación del predominio de esta modalidad, al punto que cuando el gran compositor popular Mikis Theodorakis (internacionalmente famoso por su música de *Zorba el griego*) compuso en Europa a principios de los sesenta (ya más generalizado este proceso) una canción sobre los migrantes del mundo –que cantaba con profundo sentimiento la fabulosa Melina Mercouri (la protagonista de *Nunca en domingo*)– la composición se traducía al inglés como "The Puerto Rican".[101]

Estos desplazamientos masivos de población –puertorriqueños a Nueva York (y luego dominicanos, colombianos, panameños...); jamaiquinos, trinitarios, barbadeños... a Londres; haitianos, martiniquenses y guadalupeños a París o Montreal; curazaeños y surinameses a Amsterdam; una amalgama de todos, más cubanos, a Miami; etc.– representaron, por un lado, para el mundo popular caribeño, nuevos disloques en las formas de experimentar el espacio y el tiempo, que se añadieron a una larga acumulación de experiencias históricas en torno

---

[100] José L. Vázquez Calzada, "Demographic Aspects of Migration", en History Task Force, Centro de Estudios Puertorriqueños, *Labor Migration Under Capitalism: The Puerto Rican Experience*, Nueva York y Londres, Monthly Review Press, 1979, específicamente p. 225; véase también cuadro 9, pp. 186-187. En la p. 229 se presenta la emigración por grupos de edad: el 70% entre las edades de 15 y 39 años, siendo la edad mediana 24.

[10] Es interesante que la sensibilidad cuestionadora del universalismo de los valores de la modernidad "occidental" que aflora, desde la vitalidad popular masculina, en *Zorba el griego* y, desde la vitalidad popular femenina, en *Nunca en domingo* surgieran en Grecia que, aunque ideológicamente se presentaba como "cuna de lo occidental", constituía entonces parte de los márgenes de la civilización europea; cuna más bien de migrantes hacia los países "centrales": Alemania, Francia, Inglaterra... La música de estos dos films fue precursora de lo que llamaría más tarde la industria disquera (dominada por el "centro" de "occidente" –Inglaterra y los Estados Unidos) "*world music*". Tanto Theodorakis, y Melina Mercouri, como Kazanzakis, autor de la novela sobre la cual se basa *Zorba el griego*, fueron artistas comprometidos con la lucha antifascista y antimilitarista del socialismo griego, que atisbaba valores diferentes al futurismo del comunismo del "segundo mundo", más cercanos a lo que se identificaba como el "tercero".

a estos desplazamientos territoriales. Por otro, para el mundo metropolitano, significaron la emergencia, paralelamente, de nuevos parámetros sobre los cuales se basarían las distinciones sociales, y nuevas concepciones de la otredad.

La "nueva" modalidad de los desplazamientos masivos de población predominantes –de las colonias a las metrópolis– de la cual los puertorriqueños fuimos importantes pioneros, no se dirigió, como fue el previo *melting pot*, hacia sectores dinámicos –"de punta"– de una economía en expansión. Se ubicó, más bien, en sectores rezagados de dichas economías y los remanentes "subdesarrollados" del industrialismo: en la manufactura "liviana" –que pronto empezaría a desplazarse hacia el tercer mundo–, en las fases de uso intensivo de mano de obra de la agricultura industrializada –las cosechas de frutas y vegetales–, en empleos "poco diestros" de la construcción y, sobre todo, en los servicios personales –conserjes, lavaplatos, porteros, etc. Esta frágil ubicación estructural se combinó con la manifestación racial de su otredad étnica, que marcaba en el cuerpo su procedencia territorial de "áreas subdesarrolladas" (de "la barbarie" a los ojos de la *civilización* de la modernidad "occidental"), para dificultar su incorporación a una clase obrera "moderna" atravesada por el optimismo futurista e integrada, a través del fordismo, a la amalgamadora aspiración al *progreso* (al ¡*más!* de Gompers). Las diferencias de clase entre los "occidentales", radicalmente imborrables en una sociedad capitalista –aunque matizadas por el fordismo–, quedaban, no obstante, relegadas a un segundo plano frente a la presencia interna de la "barbarie", frente a la otredad que encarnaban los "representantes del atraso" –*There goes the neighbourhood!*–, frente a migrantes que llevaban marcadas en la piel unas distintas concepciones de la geografía y del tiempo.

No es fortuito que fuera desde la metrópoli, Francia en este caso, pero combinando en sus análisis la lucha anticolonial con los procesos de la subjetividad entre los migrantes de este "nuevo" cuño, que un psiquiatra antillano, Frantz Fanón, intentaría articular teóricamente la voz de "los condenados de la tierra".[102] En 1952, mientras Guillén escribía en español "El apellido" y Walcott en inglés su *A far cry from Africa*, Fanon publicaba en francés *Peau noire, masques blancs*,[103] su trabajo tal vez más

---

[102] *Les damnés de la terre*, París, Maspero, 1961 (primera ed. en español, México, FCE, 1963).

[103] París, Ed. du Seuil, 1952 (traducido al español como ¡*Escucha, blanco!*, Barcelona, Ed. Terra Nova, 1970).

profundo, donde intentaba analizar la importancia de la relación entre cuerpo, *psyche*, historia e identidades para las relaciones humanas construidas sobre la *otredad*.[104] En 1959 escribe su ensayo sobre "La cultura nacional", que incluye en su libro más difundido, prologado por Jean-Paul Sartre, *Los condenados de la tierra*, que en 1961, junto a las luchas anticoloniales del mundo de la posguerra, hamaqueó los parámetros sobre los cuales se pretendían basar las alternativas de la lucha social: los proyectos futuristas globalizantes del fordismo y el socialismo soviético.

Aun con todas las grandes limitaciones que podríamos hoy discutir sobre sus intentos teóricos, los escritos del antillano Fanon fueron fundamentales para la conformación de una relocalización de perspectivas en el análisis social. Abrió paso a una literatura "tercermundista", muy influyente en la década de 1960,[105] y considerablemente disminuida luego (al amainar la lucha anticolonial con el advenimiento de la independencia política de la mayor parte de las colonias europeas), pero de la cual se reconocen herederos hoy los contemporáneos "*post-colonial studies*",[106] literatura en gran medida producida por migrantes de las ex colonias a las metrópolis. En una época obsesionada con el "desarrollo" y el progreso (desarrollo y progreso identificados con la modernidad "occidental"), el tercermundismo de Fanon intentó colocar a la cultura en el centro de las luchas sociales.[107] Combinó lo nacional, clasista, étnico-racial y las relaciones de sexualidades y género (las construcciones

---

[104] Véase el sugerente ensayo de Homi Bhabha, "Remembering Fanon: Self, Psyche and the Colonial Condition", Prefacio a la reimpresión inglesa de *Black Skin, White Masks*, Londres, Pluto, 1986.

[105] A veces, por las razones equivocadas, como examinan para la izquierda francesa, con claras gríngolas eurocéntricas, Jean-Pierre Garnier y Roland Lew, "From the Wretched of the Earth to the defense of the West", *The Socialist Register* 1984.

[106] Veáse, por ejemplo, su presencia en las más difundidas antologías de esta corriente analítica: Patrick Williams y Laura Chrisman, eds., *Colonial Discourse and Post-colonial Theory*, Nueva York, Columbia University Press, 1994 y Bill Ashcroft, Gareth Griffiths y Helen Tiffin, eds., *The Post-colonial Studies Reader*, Londres, Routledge, 1995. Véase también el capítulo 2 -"Interrogating identity: Frantz Fanon and the postcolonial prerogative"- del libro de Homi Bhabha, *The Location of Culture*, Londres, Routledge, 1994, pp. 40-65.

[107] Me parece hoy significativo que, mientras estudiaba en Londres a finales de los sesenta, este caribeño que suscribe decidiera intentar -para mi tesis de maestría- un andamiaje académico disciplinario a esta proposición de Fanon, y así lo consignara abiertamente: A.G. Quintero Rivera, *Culture and Politics in Contemporary Political Sociology*, MSc diss., Universidad de Londres (London School of Economics and Political Science), 1969.

sociales de lo masculino y femenino) en un intento analítico totalizante de sociedades que atravesaban, en las migraciones, desmembramientos geográficos y, simultáneamente, disloques entre diversas temporalidades.[108]

Ahora bien, el tercermundismo de Fanon no fue meramente una proposición intelectual. Intentaba articular una relocalización de perspectivas que estaba fraguándose en el propio mundo popular que intentaba analizar. En esos mismos años, a mediados de la década de 1950, desde la calle Calma de Santurce en Puerto Rico, lo que había sido originalmente un *rumbón* de esquina irrumpía en la entonces emergente comunicación masiva de la televisión, con sonoridades y letras que representaban una cosmovisión diferente a aquella que se mundializaba como "occidental". Santurce había sido, en las décadas anteriores, el área de mayor crecimiento poblacional en Puerto Rico. Conformada históricamente desde el siglo XVIII en los márgenes de San Juan, principalmente por negros libres que brindaban servicios personales a los habitantes de la ciudad capital colonial,[109] se encontró invadida en las décadas de los veinte a los cincuenta de este siglo, por migrantes del interior del país que, ante la crisis de la economía dependiente de los enclaves agrícolas de plantación, buscaban en la ciudad del subdesarrollo algunas formas de sobrevivir.[110] Entre 1919 y 1936, mientras la población del "casco" de San Juan (la ciudad colonial antigua) aumentaba en 5% y la de su más próximo barrio extramuros –Puerta de Tierra– en 145%, la población de Santurce aumentaba en 1 647%.[111] Y aun en los años

[108] Véase también de Fanon, *Sociologie d'une révolution*, París, Maspero, 1966 (1ra. ed. en español, México, Era, 1968).

[109] Gilberto Aponte Torres, *San Mateo de Cangrejos (Comunidad cimarrona en Puerto Rico)*, San Juan, Comité Historia de los pueblos, 1985. En su último Censo como municipio independiente (pues luego pasó a ser parte del municipio de San Juan), en 1861 se clasificó en Santurce un 87% de su población como mulatos y negros libres, 5% esclavos y 7% blancos, cuando la población clasificada blanca representaba alrededor del 60% de la población del país. En 1887 el 94% de la construcción en Santurce era de bohíos de yagua y casas de madera de una planta, cuando en San Juan era principalmente de mampostería (Aníbal Sepúlveda y Jorge Carbonell, *Cangrejos - Santurce, Historia ilustrada de su desarrollo urbano (1519-1950)*, San Juan, CARIMAR, 1987, p. 21).

[110] Detalles en mi artículo, "Las contradicciones de la acumulación capitalista y el llamado 'problema de población': análisis de las migraciones internas y el empleo entre 1900 y 1940 en Puerto Rico", *Anales del Caribe* (Casa de las Américas, La Habana), núm. 2, 1982, pp. 97-137.

[111] Manuel A. Pérez, *Estudio preliminar de las condiciones de vida en los arrabales de San Juan*, San Juan, PRRA, 1939.

cuarenta, cuando parecía haberse cubierto todo su territorio (incluyendo los manglares y terrenos rescatados del agua de la bahía de San Juan), su población aumentó dos veces y media más que el promedio general del país.

Esta dramática migración interna a Santurce fue para muchos el preámbulo a la gran emigración puertorriqueña a Nueva York, como bien captó el dramaturgo René Marqués en su célebre recreación literaria de estos movimientos poblacionales, significativamente titulada *La carreta*, que data de 1951.[112] La inestabilidad residencial en los arrabales de Santurce era enorme. Un estudio sociológico realizado en 1939 encontró que el 42.7% de los entrevistados llevaban viviendo menos de un año en la casa donde en ese momento residían y otro 33%, menos de 5 años.[113] En este contexto, la calle Calma presentaba una situación particular. Estaba ubicada en el sector denominado Villa Palmeras que, como este propio nombre indica, formaba parte a principios del siglo XX (es decir previo a la gran migración santurcina) de los márgenes de la ciudad, el área de "las palmeras". Como puede apreciarse en un mapa de 1928,[114] la calle Calma marcaba casi la frontera entre la ciudad y un área litoral rural llamada Piñones, entre Santurce y el poblado de Loíza (el más negro de los pueblos del país, constituido también históricamente por negros libres). Esa franja territorial costera que incluye a los márgenes de Santurce, a Piñones y Loíza era famosa en el país por su música de *bomba y plena*. La calle Calma era pues en el 1950 un vecindario antiguo de fuerte tradición cultural y musical, pero muy próximo a los nuevos sectores arrabaleros de la gran migración santurcina. Combinaba las vivencias de un barrio de fuerte tradición histórica, con la experiencia de desubicación e inestabilidad de su dramática migración circundante.

De la tradición de los grupos que se reunían espontáneamente a tocar *bomba y plena* en las esquinas de esta calle surgió, bajo el liderato del conguero y timbalero Rafael Cortijo, un conjunto musical que habría de constituirse en el más importante antecedente puertorriqueño inmediato de la *salsa*. Cortijo combinó la tradición percusiva del *rumbón de esquina*, con la tradición latino-caribeña de los conjuntos para el baile "social" (de salón) donde predominaban los vientos-metal. La *plena*

---

[112] Originalmente publicada en la revista *Asomante*, núm. IV de 1951 y núms. I y III de 1952.
[113] Pérez, *Estudio preliminar...*, p. 11.
[114] Reproducido en Sepúlveda y Carbonell, *op. cit.*, p. 30.

había sido incorporada antes a los conjuntos de música bailable (por ejemplo, con la Orquesta de César Concepción), pero con *Cortijo y su Combo* se dio un movimiento inverso: se le incorporó a la *plena* (y a la *bomba* y la *guaracha*) la sonoridad de los metales, el bajo y el piano. En otras palabras, no se trataba de un combo (pequeña orquesta) que incorporaba a su repertorio *bombas*, *guarachas* y *plenas*, sino de un conjunto *de bombas, guarachas y plenas*, al cual se le incorporaba la riqueza tímbrica de la sonoridad de combo. Ello se manifestaba en la distribución espacial de los músicos al presentarse a tocar.

En la línea frontal se colocaba la percusión –congas, bongós y timbales– que llevaban "la voz cantante", asumían el *rôle* protagónico, contrario al papel de acompañantes al cual los había relegado la sonoridad "occidental". (En las orquestas de música social bailable del llamado "período del *swing*" –en las décadas de 1930 y 1940 sobre todo– los instrumentos de percusión se colocaban generalmente atrás.) A un costado estaba el piano y en la línea de atrás el bajo y los vientos-metal. El cantante principal y el coro eran parte de la línea percusiva: tocaban los instrumentos llamados "de percusión menor" (maracas, claves, cencerro y güiro, principalmente) y, además, coreografiaban la música, es decir, bailaban, reforzando la tradición de la *bomba* del diálogo imprescindible entre bailador y tamborero. Esta configuración tímbrica y su distribución espacial, que establece el protagonismo de la sonoridad percusiva, es la que adoptará también, en líneas generales, el movimiento *salsa*. (Las modificaciones principales fueron la incorporación del *cuatro* y el predominio, entre los metales, de la tímbrica del trombón.)

El protagonismo del ritmo en *Cortijo y su Combo* se manifestaba también en la contribución de los instrumentos melódicos y los cantantes a la compleja conformación polirrítmica de la sonoridad producida. Los contrapuntos entre el bajo y el piano, entre los saxofones y las trompetas, y entre el solista y el coro ejercían una evidente función rítmica, incorporando a una música fundamentalmente descendiente de la sonoridad de la plantación, la tradición de melodización de ritmos de la música de la contra-plantación. Por otro lado, las descargas de los vientos metal, la riqueza armónica de un piano en las manos de un músico como Rafael Ithier[115] y las modulaciones vocales del solista Ismael Rivera, "el sonero mayor", le otorgaron una complejidad y

---

[115] Hijo de uno de los guitarristas del Trío Borinquen, con el cual Rafael Hernández desde Nueva York difundiría por toda América Latina la riqueza armónica del juego de voces y guitarras en el pequeño formato de tríos (detalles en el capítulo 5).

riqueza melódico-armónica hasta ese momento insospechada a una música de "calle y esquina" fundamentalmente percusiva.

Este enriquecimiento de una música que había sido hasta entonces melódica y armónicamente muy simple, vino acompañado de un enriquecimiento de la lírica. En la *bomba* tradicional, como composición "abierta" (véase el capítulo 1), la canción prácticamente no existía. Coro y solista alternaban frases referentes, principalmente, a realidades míticas. Manifestaban la realidad cultural de un mundo social al cual se había intentado despojar de la palabra. En la *plena*, por el contrario, el proletariado móvil de las primeras décadas del siglo XX (y en la *guaracha*, el populacho urbano del siglo XIX) elaboró una forma-canción que combinaba, no ya frases, sino *estrofas* del solista con estrofas del coro, entremezclando la forma abierta con la estructura "redondeada", en unas composiciones antifonales que básicamente cantaban épicas barriales de la cotidianidad. Las *bombas*, *guarachas* y *plenas* de *Cortijo y su Combo* van a adelantar, de manera rústica, una combinación de esferas temporales que alcanzará en las mejores *salsas* dimensiones internacionalmente revolucionarias, combinaciones de lo mítico y lo cotidiano con lo histórico, como examinaremos con mayor detalle en la última sección de este capítulo.

Lo épico barrial mantendrá su carácter central, pero será enriquecido tanto a nivel endógeno como exógeno. Comenzarán a surgir canciones que combinaban la realidad barrial con la intimidad personal:

> Lo dejé llorando, lo dejé, lo dejé llorando,
> al negrito de mi corazón, pero seguí andando...[116]

Y otras que integraban a la sensibilidad barrial acontecimientos históricos a nivel internacional:

> En qué pararán ¡Dios!
> en qué pararán las cosas,
> los rusos han tirado un satélite a la vuelta del mundo.[117]

o

> Allá en Katanga hay un revolú,
> entre Lumumba y Kasavubú.

---

[116] Composición de Sammy Ayala, miembro del Combo, grabada en el LP *Baile con Cortijo y su Combo*, San Juan, Gema, 1958.

[117] Composición de J. Marrero, grabada en el LP *Bailar con Cortijo y su Combo*, San Juan, Tropical, TRLP-5107, c. 1957.

A mediados de los cincuenta, mientras comenzaba a arropar al mundo la sonoridad rockera de los jóvenes norteamericanos de suburbios, que impugnadoramente gritaban *We gotta get out of this place*, precisamente en años cuando miles de puertorriqueños iniciaban las migraciones masivas a las metrópolis que habrían de caracterizar la realidad social internacional de las décadas siguientes, desde la antigua calle Calma del migrante mundo santurcino, *Cortijo y su Combo* popularizaban en Puerto Rico su mirada –desde el entrecruce de diversos tiempos históricos– de la movilidad ascendente. Obviamente presentes los movimientos migratorios que se vivían en la vecindad, pero en evidente referencia a la gran migración constitutiva del Caribe –la trata esclavista– a ritmo de *bomba* sentenciaban

> ¡Déjalo que suba a la nave,
> déjalo que ponga un pié!
> ¡Que van a *llevar* latigazos,
> hasta los que están por nacer![118]

"DIME ¿CUÁNDO (DÓNDE) Y CUÁNDO?..."

Uno de los conciertos de *salsa* de mayor envergadura en los últimos años, del más popular sonero del Caribe de la generación actual, Gilberto Santa Rosa, celebrado en la más importante de las salas del Centro de Bellas Artes en San Juan dos años antes de su concierto en Carnegie Hall, incorporó el siguiente boceto teatral: Luego del entusiasmo de las primeras canciones, el público es sorprendido y sobrecogido ante un desperfecto técnico: se ha caído con estruendo un foco de luz dejando a oscuras el escenario, lo que amenaza, incluso, el poder continuar el espectáculo. Aparece en escena un joven con ropa de mecánico que se dirige a arreglar el desperfecto. (Éste es iluminado por un *spot light* que, para alivio de los espectadores más alertas, por primera vez sugiere que se trata de parte del libreto.) Se establece una conversación entre el cantante y el joven mecánico. Éste, ante la dificultad de arreglar el desperfecto para que toque la orquesta, se ofrece a acompañar a Santa Rosa con una guitarra eléctrica. El sonero le señala que es imposible que aparezca ese instrumento tan identificado con la música

[118] Composición de Encarnación García en *Baile con Cortijo...*, *op. cit.*

rock en un concierto de *salsa*. Escasamente unos años antes, la juventud puertorriqueña se dividía –estructuraba sus identidades– en términos de sus preferencias musicales entre la *salsa* y el *rock*, que se entendían como social, nacional y musicalmente antagónicos.[119] Finalmente, simulando encontrar una guitarra eléctrica, deciden cantar juntos; unión que mágicamente arregla el desperfecto. El joven se despoja de su disfraz de mecánico y, sorprendentemente, resulta ser *una* joven, una adolescente: la muy atractiva cantante de música variada juvenil, Jessica Cristina, que habiendo justamente comenzado a destacarse como artista es invitada por el ya famoso Santa Rosa a participar en el concierto.

Hasta ese momento, Santa Rosa había interpretado composiciones recientes. Con la novel Jessica Cristina canta una canción de una generación previa a ambos, identificada con Tito Rodríguez, el más popular cantante de música "latina" de los años cincuenta y principios de los sesenta, es decir, justo previo al surgimiento del movimiento musical que habría de identificarse como *salsa*. Significativamente, la canción escogida fue una colmada de referencias al *tiempo*

> Dime cuándo tú verás
> me pregunto ¿cuándo, cuándo?...
>
> El tic tac del reloj
> pasa como los años...

Santa Rosa empieza cantando la canción en su forma original afrocaribeña y alterna con Jessica Cristina que canta segmentos en forma de *rock*. Súbitamente intercambian momentáneamente estilos (como si hubieran confundido sus papeles) y, habiendo probado (y gustado de) la alternancia, finalizan cantando y bailando juntos la canción, ya en la libre combinación salsera.

Este boceto teatral en el concierto de *salsa* probablemente más importante de los celebrados en San Juan en el año 1993 es sumamente significativo por varias razones. El más destacado representante del movimiento *salsa* del momento invita a una cantante mujer más joven, a quien no se le identificaba popularmente como salsera, sino con una sonoridad juvenil variada que incluía tanto géneros afrocaribeños como baladas y *rock*, para cantar juntos en Puerto Rico una canción centrada en referencias al tiempo, y popularizada unos treinta años antes por el más renombrado cantante de la música "latina" producida en Nueva

---

[119] Véase, por ejemplo, el film documental *Cocolos y Rockeros, op. cit.*

York. Tito Rodríguez nació en San Juan en 1923. A los trece años grabó su primer disco con el Conjunto Típico Ladí y cantó también en esos años con el Cuarteto Mayarí, dos de los grupos musicales más representativos de la música puertorriqueña de la década de 1930.[120] (Su sonoridad –básicamente guitarras, trío de voces, *cuatro*, trompeta con sordina, bongós y percusión menor– en los géneros de *bolero, guaracha, son, plena, aguinaldo* y *seis*, es principalmente la que hoy se identifica en Puerto Rico como "música del ayer".) Al completar su escuela secundaria, emigró a Nueva York y fue allá donde se desarrolló realmente como músico y alcanzó notoriedad. Empezó cantando en las más renombradas orquestas "latinas" de formato grande (las llamadas *big bands*) del Nueva York de entonces: la dirigida por el puertorriqueño Noro Morales y las lidereadas por los catalanes cubanizados Enric Madriguera y Xavier Cugat, famosos por haber popularizado en los Estados Unidos (y, desde los Estados Unidos, por el mundo) la música del Caribe hispano. Con estas orquestas fue, de hecho, con las que el concepto de "música latina" (o *Latin beat*) se consolidó.[121]

Los más reputados músicos, y comentaristas de la música, consideran que las orquestas de Madriguera y Cugat, ambos violinistas de formación y europeos de nacimiento, "aguaban" la fuerza rítmica y la complejidad polirrítmica de la música afrocaribeña, para un público norteamericano fascinado por el exotismo exuberante, pero a la postre trivial, de sus recién redescubiertos "buenos vecinos" de la América Latina tropical. El fenómeno de estas orquestas puede enmarcarse en la ofensiva inversionista norteamericana, lidereada por Nelson Rockefeller, en la América Latina de la posguerra, y el creciente interés de Hollywood por iconografiar la hegemonía del nuevo polo de la modernidad civilizadora en su complejo entrejuego simbólico con la "otredad" americana. Para 1943 las películas de Hollywood de tema latinoamericano sumaban en

---

[120] Detalles de su trayectoria en Clarke, *The Penguin Encyclopedia...*, p. 1003.

[121] La historia del concepto contemporáneo de "lo latino" es sumamente interesante e importante para el análisis de las identidades sociales. Además de referirse, en forma abreviada, descriptivamente a lo latinoamericano en general, entre los migrantes latinoamericanos a los Estados Unidos fue adquiriendo también una valoración identitaria, como agudamente ha analizado Juan Flores (por ejemplo "The Latino Imaginary..." *op. cit.*). Espero que el análisis social de la *salsa* que intento en este capítulo contribuya al tan necesario mayor estudio de la trayectoria de este concepto, pues *esta manera de hacer música* es tanto *latina* en su sentido descriptivo (significando, ampliamente latinoamericana), como *latina* en el sentido de un emergente imaginario de identidad, especialmente en un mundo marcado por el desarraigante "nomadismo" o la migración.

total 30; escasamente dos años después el número había ascendido a 84.[122] Como sugerentemente manifestaba la estrella Carmen Miranda, mientras, con sensuales vestidos carnavalescos y sombreros exuberantes de frutas tropicales, enseñaba a sobrios y elegantes oficiales norteamericanos a bailar el "Uncle Samba": *Well, there's your Good Neighbor Policy. Come on, honey, let's Good Neighbor it.* "[123]

Pero Tito Rodríguez no se conformó con su papel de estrellato como cantante en estas famosas orquestas de exuberante sonoridad turística tan promovidas desde la ideologizada industria norteamericana del espectáculo. Estas orquestas, aun con todas las limitaciones de su contradictorio lugar en el emergente sentido de "lo tropical" o "lo latino", abrieron paso al surgimiento, en los cincuenta, de dos *big bands*, significativamente lidereadas ambas por puertorriqueños percusionistas (timbaleros), que habrían de constituir el más importante antecedente *niuyorkino* del movimiento salsa: las orquestas de Tito Puente y Tito Rodríguez. Principalmente a través de las presentaciones de la Orquesta de Tito Rodríguez en el gran salón de baile *niuyorkino* "El Palladium" entre 1949 y 1964, y precisamente en los años de más intenso movimiento migratorio puertorriqueño a Nueva York, la sonoridad "tropical" de los *big bands* dejó de ser principalmente música "latina" para gusto norteamericano para convertirse en el más elaborado desarrollo de la expresión musical de los migrantes "latinos". Según el agudo estudioso César Miguel Rondón, el timbalero, vibrafonista y cantante Tito Rodríguez fue el más popular representante de la música "tropical" de la década de 1950 y principios de la de 1960, y el último gran exponente del formato de *big band*.[124] Tanto Rodríguez como Puente, le devolvieron a la sonoridad "tropical" producida en los Estados Unidos su claro protagonismo rítmico, y un sentido identitario propio –latino caribeño amplio– que no se sentía obligado a manifestarse (como un amigable exótico "otro") sólo en referencia a la cultura anglo americana dominante.

[122] Donald W. Rowland, *History of the Office of the Coordinator of Inter-American Affairs*, Washington, Gov. Printing Of., 1947, pp. 68 y 74, según citado por Ana M. López, "Are All Latins from Manhattan? Hollywood Ethnography and Cultural Colonialism", en John King *et al.*, *Mediating Two Worlds, Cinematic Encounters in the Americas*, Londres, British Film Institute Pub., 1993.

[123] Es significativo que las complejas relaciones económico-políticas de poder entre los Estados Unidos y sus "buenos vecinos" países latinoamericanos tomaran una representación de relaciones de género (hombre norteamericano-mujer "latina") como agudamente examina Ana López en *ibid*.

[124] Rondón, *El libro...*, capítulo 1 "Salsa cero".

En el contexto de una migración mayoritariamente puertorriqueña, Tito Rodríguez y Tito Puente dieron continuidad –en el formato de gran orquesta– al sentido identitario latino caribeño amplio que había iniciado con sus *boleros, rumbas* y *guarachas* en el rústico formato de tríos, también inicialmente desde Nueva York, Rafael Hernández algunas décadas antes. Con toda la espectacularidad de las hollywodensemente marcadas orquestas de Madriguera y Cugat, pero con un más claro y genuino sentido identitario, la Orquesta de Tito Rodríguez no emblematizaba en forma alguna la "música puertorriqueña" (como intentaron otros conjuntos, más sencillos, de emigrantes, por ejemplo los de Canario o Ramito), sino la música *latina* (de los puertorriqueños y otros latinoamericanos, sin intentar distinciones).

La gran orquesta de Tito Rodríguez representaba la más elaborada estilización del máximo desarrollo alcanzado por la música latinocaribeña hasta entonces. Sin embargo, para los adolescentes migrantes e hijos de migrantes de principios de los sesenta, frente a la rebeldía generacional del *rock*, representaba también una música un tanto fosilizada y distanciada de su realidad: el *establishment* musical latino de sus hermanos mayores o sus padres; la orquesta sólo de los "grandes momentos" en los grandes salones. Estos jóvenes comenzaron a desarrollar entonces un proceso similar, en muchos aspectos, al que experimentaban paralelamente –desde algunos años antes– los más innovadores músicos negros en la tradición del *jazz*: un rechazo al formato del *big band* –que, a pesar de todo, manifestaba una hegemonía tímbrica de la sonoridad "occidental"– y una búsqueda de *nuevas maneras de hacer música*. De hecho, Ray Barreto, Eddie Palmieri, Willie Colón y muchos otros jóvenes latinos que iniciarían pocos años después el movimiento *salsa*, habían ido desarrollando sus habilidades, conocimientos y estilos musicales en amplia e intensa comunicación con los músicos negros del *jazz*. A nivel más amplio, por lo menos desde una década antes, la interfecundidad entre el *jazz* y la música afrocaribeña había sido amplia, enriqueciéndose mutuamente cada una de estas tradiciones sonoras con elementos y prácticas de la otra.[125] Conviene destacar cómo entre los innovadores

---

[125] Aunque concentrando en una dirección, cuando el proceso se daba en realidad en ambas direcciones, uno de los primeros en señalarlo fue el "padre" mismo de la etnomusicología caribeña Fernando Ortiz. Véase su ensayo "La influencia afrocubana en el jazz norteamericano" que data de 1950 (reproducido en una colección póstuma de sus ensayos publicada con el título de *Etnia y sociedad*, La Habana, Ed. de Ciencias Sociales, 1993, pp. 245-251). Este hecho es ya reconocido en la generalidad en las diversas historias del *jazz*, así como en los mejores análisis de la trayectoria de la música latinocaribeña.

del *jazz*, así como entre los iniciadores de la *salsa* (y distinto al *rock* inicial), la búsqueda de unas nuevas maneras de hacer música no representó romper con la historia, sino muy frecuentemente una vuelta renovada a formatos sencillos previos de *la tradición de la cual se sentían parte*.[126] Cierta rebeldía generacional existía, sin duda, pero poderosamente atravesada por otros tipos de desafíos –cultural, étnico, social...– que tornaban mucho más complejos y profundos sus experimentos sonoros impugnadores.[127]

A través de formatos más pequeños –económicamente más viables para músicos experimentales y más acorde a una sonoridad, no de gran espectáculo u ocasión especial, sino de la cotidianidad barrial– que daba preeminencia, además, a la improvización de cada instrumentista sobre la "dictadura" de la partitura, los jóvenes latinos de los barrios *niuyorkinos*, como sus homólogos del *jazz*, empezaron a experimentar nuevos formatos instrumentales que desafiaban la jerarquización tímbrica "occidental", la cual básicamente reproducía el *big band*. A principios de los sesenta, modificando el formato de "combo" que había popularizado Cortijo en el Puerto Rico de la década anterior, los jóvenes de la gran migración "latina" a Nueva York experimentaron, a través de la creación de nuevos géneros híbridos, como el *latin boogaloo* (combinación del "latino" *mambo* con el afronorteamericano *Rythm and Blues*), maneras de expresar mejor las diversas dimensiones de su rebeldía impugnadora. Pero estos géneros híbridos no pasaron de ser meras modas momentáneas. Fue en el segundo lustro de la década, ya desbandada la gran orquesta de Tito Rodríguez, y a través, no de nuevas estructuras, sino de las nuevas *prácticas* que iban conformando la *salsa*,[128] como dichos jóvenes lograron conjugar una enraizada y valorada tradición cultural y unas impugnadoras identidades generacionales, sociales y étnicas, con las transformaciones en las maneras de experimentar temporalidades y espacios de los tiempos que se avecinaban (particularmente en las formas que asumían en la migración "tercermundista").

La Orquesta de Tito Rodríguez tocaba magistralmente los diversos

---

[126] Para el *jazz*, véase, por ejemplo, el capítulo 10 de Paul O.W. Tanner, Maurice Gerow y David W. Megill, *Jazz*, Dubuque, Iowa, WCB Publ., 1988.

[127] En los sesenta, esta mayor complejidad de desafíos aparece también, aunque con parámetros distintos, en el *rock*, por ejemplo de Los Beatles.

[128] La *libre combinación* de formas y ritmos, y los nuevos abordajes de la improvisación vocal (el soneo) y la improvisación instrumental (las descargas), que examinaremos con mayor detalle en el capítulo 6.

géneros latinocaribeños. El movimiento *salsa* tomó de esta tradición del *big band* su sentido de identidad *latina*, su identidad latinocaribeña amplia extraterritorial. Revolucionó, no obstante, su sonoridad, a través de la práctica de "faltarle el respeto", como dirían los tradicionalistas, a la "integridad" de cada género; al no respetar los bordes, las "fronteras", entre uno y otro; al transgredir sus "esencias definitorias" con un entrejuego combinatorio indeterminado de porosidades mutuas, donde se hacía difícil "determinar" qué ¡diablos! se estaba tocando: si una *guaracha*, un *son*, una *rumba*, una *cumbia*, una *guajira*, un *cha-cha-chá*, un *bolero*, un *merengue*, una *plena* o un *guaguancó*. De hecho, se elimina la práctica, hasta ese momento muy generalizada, de identificar cada canción por su género en las carátulas de los discos. Siendo Tito Rodríguez símbolo de la práctica sonora anterior que se intentaba transgredir, es entendible por qué el movimiento salsero inicial no le rindiera el homenaje que merecía.[129]

Mientras en los inicios de la *salsa*, uno de sus más importantes forjadores, Willie Colón, se reconocía heredero, desde Nueva York, de un músico de "la isla", como Mon Rivera, y de la sonoridad barrial puertorriqueña de *plenas* y de parrandas de *aguinaldos*, veinte años después, ya fuertemente establecida esa nueva manera de hacer música, el salsero Gilberto Santa Rosa desde Puerto Rico se manifestaba heredero de la sonoridad "espectacular" *latina niuyorkina* pre-*salsa* de Tito Rodríguez. En 1992, pocos meses antes del concierto en Bellas Artes, habiendo grabado en los seis años anteriores varios LP o CD con gran éxito, constituidos casi enteramente por nuevas composiciones, Gilberto Santa Rosa grabó todo un disco de canciones identificadas con Tito Rodríguez, que significativamente tituló *Dos tiempos a un tiempo*.[130]

Pero Tito Rodríguez no fue el único homenajeado en el concierto de Santa Rosa del año 93. A mitad del concierto el espectáculo se interrumpe para pasar escenas en una pantalla gigantesca de la película del cineasta Enrique Trigo sobre Ismael Rivera –"el sonero mayor"–, el cantante de *Cortijo y su Combo*.[131] El más reconocido representante del movimiento *salsa*, el hoy más popular exponente de una revolucionaria manera de hacer música ya invadiendo escenarios por el mundo entero

---

[129] Aunque ya en la segunda mitad de los setenta la compañía Fania que agrupaba a la mayoría de los principales exponentes de la *salsa*, produjo el disco *Tributo a Tito Rodríguez*.

[130] Sony CDZ 80895, 1992.

[131] *Ismael Rivera, Retrato en boricua*, San Juan, Maga Films, 1988.

–no uno de los forjadores de la *salsa* sino quien se forjó en la *salsa*– al alcanzar el más distinguido escenario de su país, rinde homenaje a los dos más importantes antecedentes inmediatos del movimiento musical que representa: al antecedente *niuyorkino* del *big band* latino y al antecedente puertorriqueño de la sonoridad barrial del combo.

Pero el reconocimiento a la importancia contemporánea de una historia, se establece en este concierto de 1993 en otras formas además del merecido homenaje a los antepasados, tradición, por lo demás, muy fuerte en la herencia afro de las culturas del Caribe. Santa Rosa incorpora tres "invitados especiales" al espectáculo: una de la generación que le sigue (Jessica Cristina, mencionada antes) y dos de generaciones que le preceden, logrando una sensación de vivos entrecruces de tiempos. El invitado especial de mayor edad no fue propiamente un músico, sino un bailarín profesional retirado: Aníbal Vázquez. Éste fue uno de los bailarines más reputados en la época de los *big bands*, adquiriendo notoriedad como parte del dúo los *Mambo Aces* por sus coreografías de música *latina* en los Estados Unidos. Posteriormente formó parte de la emergencia del movimiento *salsa*, incorporándole a éste su creatividad en coreografías que combinaban libremente pasos de los géneros latinocaribeños tradicionales, ejecutados con el enorme virtuosismo que había desarrollado en los grandes espectáculos, con sorpresivos giros innovadores propios de la nueva manera de hacer música que se conformaba. A través de su participación, entiendo que Santa Rosa quiso enfatizar la importancia del baile para la música que representa. Mientras los cantantes reciben generalmente amplio reconocimiento, los bailarines –cuya comunicación corporal con los músicos es fundamental para los giros improvisatorios sonoros que forman parte tan fundamental de esa manera de hacer música– aunque nunca pasan inadvertidos en el *momento*, pasan, no obstante, desapercibidos en la *historia* de estos géneros. En un momento cuando una música constituida fundamentalmente para bailarse llega a una sala de conciertos construida sólo para escuchar, al invitar a bailar en el escenario junto a él a una figura *histórica* en la trayectoria del baile salsero, cuyo nombre seguramente la gran mayoría de los asistentes jamás escuchó, Santa Rosa está intentando –con la afirmación implícita en sus actos– transformar una injusta concepción de las temporalidades en las prácticas culturales del reconocimiento y la memoria.[132]

---

[132] A principios de los setenta, el sociólogo Irving Louis Horowitz, entonces uno de los más destacados en la disciplina, publicó un artículo muy sugerente sobre el proceso

Es significativo que el tercero de los invitados especiales fuera nada menos que Roberto Rohena, el más destacado y espectacular bailarín entre los directores de orquestas de *salsa*. Sobrino de Aníbal Vázquez, Rohena se inició en el mundo de la música como bailarín. Adquirió notoriedad como el bongosero de Cortijo y su Combo. Participó en la orquesta que podríamos denominar la continuación salsera de la tradición de Cortijo, El Gran Combo de Puerto Rico. Y en 1969 organizó y dirigió una de las más importantes orquestas forjadoras del movimiento *salsa*, El Apollo Sound, que todavía, en el momento que escribo, es una de las más populares orquestas salseras. Pero además de los simbolismos que encierra un personaje que es simultáneamente bailarín, bongosero y director de orquesta, funciones todas que ejerce en las presentaciones de su Apollo Sound, un personaje en cuya trayectoria aparece, simultáneamente, como antecedente, precursor, forjador y contemporáneo exponente del movimiento *salsa*, su incorporación como invitado especial en este concierto revistió connotaciones simbólicas adicionales; sobre todo a la luz del boceto teatral que describí al comenzar esta sección.

Formado en la tradición de Cortijo y El Gran Combo, cuando Roberto Rohena lanzó su primera grabación con El Apollo Sound en 1969, los melómanos pensaron que representaría una continuación de dicha sonoridad: una *salsa* de corte más bien tradicional centrada sobre la *bomba*, la *guaracha* y la *plena*. Roberto Rohena sorprendió con una sonoridad distinta: afincada, es cierto, en los ritmos afrocaribeños tradicionales, pero marcadamente influida por los entonces emergentes grupos norteamericanos Chicago[133] y Blood, Sweat and Tears,[134] céle-

que atravesaron primero el *jazz* y luego el *rock* al pasar de ser música bailable a lo que él llamó su *"sit-and-listen stage"*, "Rock on the Rocks -Bubblegum Anyone?", *Psychology Today*, enero de 1971, pp. 59-61, 83. Sus sugerentes apreciaciones se encuentran, a mi juicio, limitadas por la tradicional distinción entre canto y baile en la música "occidental" (véase capítulo 1) donde se le adscribe a la música bailable una simplicidad rítmica que, entre otras, las músicas afroamericanas desafían. El homenaje del *cantante* Santa Rosa al *bailarín* Vázquez en un *concierto* de música de carácter *bailable*, representa una reafirmación de la importancia de romper con esa dicotomía eurocéntrica.

[133] Robert Padilla, "La trayectoria de Roberto Rohena", ensayo que acompaña la recopilación de éxitos de Rohena en la serie *The Fania "legends of salsa"*, vol. 4, Union, New Jersey, Fania 705, 1994, p. 6.

[134] Héctor I. Monclova Vázquez, "'Yo no estoy para jugar. Mejor me quito', Entrevista a Roberto Rohena", Periódico *Claridad*, 6-12 de mayo de 1994, pp. 22-23. En dicha entrevista Rohena menciona sólo esos dos grupos ante la pregunta de las influencias de la nueva sonoridad que el Apollo Sound representó en la *salsa*.

bres en la historia del *rock* por su incorporación de la instrumentación y estilos jazzísticos a la tradición rockera.[135] (Ambos se habían constituido sólo uno o dos años antes, entre 1967 y 1968.) Elementos del *jazz* habían sido incorporados previamente a la *salsa* por Ray Barreto, Eddie Palmieri y otros; Rohena incorpora el llamado *jazz/rock fusion*. Por eso, aunque ya muchos lo habían olvidado, no es a mi juicio coincidencia que cuando visitó Puerto Rico en 1994 el rockero británico Sting, figura muy importante también para el *jazz/rock fusion*,[136] éste invitó a Rohena y su orquesta a iniciar su concierto. Esto resultó sorpresivo, pues tradicionalmente las presentaciones en Puerto Rico de figuras internacionales del *rock* comenzaban con grupos locales análogos. Un músico profundo e inteligente como Sting, prefirió invitar a un gran salsero que había reconocido la importancia del movimiento del cual él era parte y había incorporado elementos de dicha sonoridad en su *salsa*, en vez de a un mediocre imitador de la tradición rockera.

El antropólogo Kenneth M. Bilby ha argumentado que la música del Caribe, globalmente considerado, se caracteriza por ser simultáneamente tradicional e innovadora.[137] Los considerados "buenos músicos" en el Caribe –señala– son aquellos que conocen profundamente la tradición, pero no la repiten interminablemente; sino que, al elaborar su música, partiendo de ella desarrollan nuevas expresiones sonoras. La innovación no se da de espaldas al pasado, sino generalmente como parte de unas trayectorias. Aunque esta práctica, como señala Bilby, es parte constitutiva de la cultura caribeña, parte de una larga tradición de expresión sonora, en particulares momentos históricos, diversos movimientos y, entre éstos, distintos creadores, manifiestan la dialéctica de continuidad y ruptura de manera más dramática e impactante. La *salsa*, profundamente enraizada en la cultura del Caribe, es, entre sus movimientos de expresión sonora, uno de los que más conscientemente se ha dirigido a quebrar las dicotomías entre futuro y pasado, entre innovación y tradición; y entre la *salsa*, especialmente músicos como Roberto Rohena.

Ahora bien, la innovación en la sonoridad "tropical" a través de la incorporación de elementos del *rock* (o el *jazz/rock fusion*) constituye un fenómeno de especial importancia para el análisis cultural del mundo contemporáneo, sobre el cual debemos detenernos. Antes adelanté que

---

[135] Tanner *et al.*, *Jazz, op. cit.*, pp. 138-139, o Clarke, *The Penguin...*, pp. 121-122 y 233.
[136] Tanner, *ibid.*, p. 139.
[137] *The Caribbean as a Musical Region*, Washington, The Wilson Center, 1985.

la *salsa* había surgido en gran medida como respuesta de la cultura latinocaribeña al *rock* anglo de suburbio, al presentismo hedonista de sus orígenes y al intento homogenizador que su difusión por el mundo, o su "globalización", parecía conllevar. Para los jóvenes de una cultura atravesada por la incertidumbre, cultura que había tenido (y tenía) que batallar constantemente por configurarse frente a la continuada presencia de los más avasallantes poderes coloniales económicos y políticos, cultura cuya base histórica jamás podía entenderse como una trayectoria coherente ante las constantes rupturas impuestas y la convergencia caótica de diversidades de tiempos, cultura conformada en procesos dramáticos (históricos y contemporáneos) de desplazamientos territoriales masivos de población, cultura –vinculado a ello– de complejos y desiguales encuentros, heterogeneidades y amalgamas étnicas que se llevaban marcadas en la piel y atravesaban toda relación entre los géneros –el erotismo y el amor–, para esos jóvenes cuyas identidades –en sus múltiples dimensiones– se encontraban constantemente necesitadas de reconstituirse, la rebeldía generacional ante *el futuro* ("el progreso") ofrecido o empujado por el *establishment* adulto, tenía poco sentido, cuando tanto para ellos, como para sus mayores, incluso sus posibilidades mismas de futuro se encontraban cuestionadas.

Dentro de la visión "occidentalista", ¿podría "tener futuro" "la barbarie"; o tendría que desnaturalizarse para tenerlo? Si se era parte de lo que Engels eurocéntricamente llamaba "los pueblos sin historia", es decir, sin trayectoria "coherente" que vislumbrara un futuro, entonces *su* futuro ¿tendría que ser necesariamente inventado? Para los jóvenes del migrante mundo popular caribeño, para quienes la imagen del "paraíso" fordista se estrellaba en los guetos, el futuro no aparecía como una posible imposición, como un *telos* hacia el cual llevaba la línea ascendente de la modernidad, sino como una aspiración, como un proyecto identitario, necesitado, por tanto, de irse construyendo en los valorados retazos de su presente y pasado. El *poder* frente al cual habría que conformar, no sólo un futuro alternativo, sino sus posibilidades mismas de futuro, no radicaba tanto en el mundo de sus mayores, sino en las instancias que intentaban desvalorizar su propia existencia. La identidad generacional quedaba, pues, profundamente atravesada por otras identidades socioculturales –nacionales, étnicas y de clase– que marcaban sus concepciones del espacio y el tiempo.

Es significativo que mientras en otras sociedades latinoamericanas conformadas por experiencias históricas diferentes –como Argentina, Chile o México– el *rock* servía de vehículo para expresiones juveniles contestatarias, en el Caribe hispano (sobre todo en Puerto Rico, el país más estrechamente vinculado –y subordinado– a los Estados Unidos), aparecía inicialmente como la música preferida por los "niños-bien". Aunque fuera diferente en su lugar de origen e incluso radicalmente distinto en otros países –latinoamericanos y del "primer mundo" (como el caso tan importante de Los Beatles en Inglaterra)– en el Puerto Rico (y otros lugares del Caribe) de los años setenta y ochenta del siglo XX, el *rock* vino a identificarse, principalmente, con los jóvenes de los sectores sociales medios y altos que el mundo popular denomina comúnmente "los blanquitos", o directamente con la potencia colonial. La *salsa*, en contraposición, se identificó con sus orígenes en el mulato o racialmente heterogéneo mundo de los barrios populares en las ciudades o la migración.[138]

En el imaginario social del Puerto Rico de las décadas de 1970 y 1980 se conformó una división identitaria dicotómica (aunque era en realidad mucho más compleja) entre los jóvenes, centrada en sus preferencias musicales, que evidencia muy bien el film documental *Cocolos y Rockeros*.[139] Una división similar había comenzado en los años sesenta, pero con otros términos: los rockeros eran llamados "a go go" o "a ye ye" y los cocolos "conservas", en evidente referencia a "conservar" la música tradicional. Músicos como Roberto Rohena, y en general toda la *salsa* contestataria e innovadora, dieron al traste con esa terminología basada en una concepción lineal del devenir temporal: no había que ser conservador para valorar la tradición, se podía ser musicalmente revolucionario sin necesidad de darle la espalda.

La oposición binaria entre lo que significaban socialmente en el contexto caribeño la *salsa* y el *rock* (este último, no como expresión musical, sino como aceptación mimética de los poderosos procesos de homogenización cultural global por los que atravesaba el mundo y, de manera más directa e intensa, el "traspatio norteamericano", como llamaban los políticos imperialistas al Caribe) se presentó, incluso, desde la propia producción salsera. Una composición tan importante como

---

[138] Sobre Colombia veáse de Alejandro Ulloa, *La salsa en Cali: Cultura urbana, música y medios de comunicación*, Medellín, Universidad Pontificia Bolivariana, 1988; sobre Venezuela, de Juan Carlos Baéz, *El vínculo es la Salsa*, Caracas, UCV y Ed. Derrelieve, 1989; sobre el Caribe hispano en general, Rondón, *op. cit.*; sobre Puerto Rico y Nueva York, Joseph Blum, "Problems of Salsa Research", *Ethnomusicology*, vol. 22, núm. 1, enero de 1978, pp. 137-149, entre otros.

[139] Ana María García, *op. cit.* Véase también Duanny, "Popular...", *op. cit.*

"Plástico" de Rubén Blades, una de las dos canciones más populares del LP que realizara con Willie Colón, *Siembra* (la otra "Pedro Navaja"),[140] el LP más difundido en toda la historia de la *salsa* (y que todavía, veinte años después, se escucha con frecuencia por la radio), comienza con unos compases de *disco-rock* como para identificar con esa sonoridad al mundo que se lanza a parodiar:

> Ella era una chica plástica
> de esas que veo por ahí,
> de esas que cuando se agitan,
> sudan Chanel Number Three,
> que sueñan casarse con un doctor,
> pues él puede mantenerlas mejor;
> no le hablan a nadie si no es su igual,
> a menos que sea Fulano de Tal.
> Son lindas,
> delgadas,
> de buen vestir,
> de mirada
> esquiva
> y falso reír.
>
> El era un muchacho plástico,
> de esos que veo por ahí;
> con la peinilla en la mano
> y cara de "yo no fui".
> De los que por tema de conversación
> discuten qué marca de carro es mejor,
> de los que prefieren el no comer
> por las apariencias que hay que tener,
> pa' andar elegante y así poder
> una chica plástica recoger.
>
> ¡Qué fallo!
>
> Era una pareja plástica, de esas que veo por ahí;
> él pensando sólo en dinero, ella en la moda en París.
> Aparentando lo que no son,
> viviendo en un mundo de pura ilusión,
> diciendo a su hijo de cinco años,

---

[140] Nueva York, Fania 1977 (JM00-537, serie 0798). El arreglo de "Plástico" es del gran trompetista salsero Luis "Perico" Ortiz.

no juegues con niños de color extraño;
ahogados en deudas para mantener
su status social en boda o coctel.

¡Qué fallo!

Era una ciudad de plástico, de esas que no quiero ver;
de edificios cancerosos y un corazón de oropel.
Donde en vez de un sol amanece un dólar,
donde nadie ríe, donde nadie llora,
con gentes de rostros de polyester,
que oyen sin oír y miran sin ver,
gente que vendió por comodidad
su razón de ser y su libertad.

Y ante ese cuadro, hace un llamado de autenticidad en la heterogeneidad:

Oye latino,
oye hermano, oye amigo,
nunca vendas tu destino
por el oro ni la comodidad;
nunca descanses,
pues nos falta andar bastante,
vamos todos adelante
para juntos terminar
con la ignorancia que nos trae sugestionados,
con modelos importados
que no son
la solución.
No te dejes confundir, busca el fondo y su razón;
recuerda, se ven las caras, pero nunca el corazón.

Y ante un coro que repite

Se ven las caras,
se ven las caras ¡vaya!
pero nunca el corazón

Blades sonea

Re-cuer-da que el plástico se derrite,
si le da de lleno el sol...

coro

Estudia, trabaja y sé gente primero
¡allí está la salvación!

coro

Pero que mira, mira, mira
no te dejes confundir, busca el fondo y su razón

coro

Pa'lante, pa'lante, pa'lante, pa'lante
y así seguiremos unidos y al final venceremos.

Y mientras el coro acorta su estribillo a, sencillamente,

se ven las caras

Blades presenta "la otra cara de la historia" que resultan ser otras caras (en plural), primero en forma *parlatto*

Pero señoras y señores, en medio del plástico también se ven las caras de esperanza;
se ven las caras orgullosas que trabajan
por una Latinoamérica unida y por un *mañana*
de esperanza y de libertad

y luego en *soneo*

coro	*solista*
Se ven las caras	Se ven las caras de trabajo y de sudor,
Se ven las caras	de gente de carne y hueso
	que no se vendió
Se ven las caras	de gente trabajando
	buscando
	el nuevo camino,
Se ven las caras	orgullosa de su herencia y de ser latinos,
Se ven las caras	de una raza unida
	la que Bolívar soñó.
Se ven las caras,	
	¡Siembra!

Blades concluye su canción estableciendo la importancia de la unidad en la diversidad, nombrando uno a uno los países latinoamericanos mientras el coro reafirma colectivamente su presencia:

solista	coro
Panamá	¡presente!
Puerto Rico	¡presente!...

hasta terminar con

Nicaragua sin Somoza *(sin dictadura)*

y

El Barrio *(la comunidad "latina" en Nueva York)*.

Ante los poderosos procesos de globalización cultural y la aplanadora difusión internacional del *rock*, una constante en los primeros quince a veinte años del movimiento *salsa* fue la preocupación de hasta cuándo se podría resistir. Cada vez que en algún año se experimentaba alguna merma en producción, o en la difusión radial, o en las ventas de discos, o algún cambio en estilo o temáticas tratadas, comenzaban los comentarios y debates sobre si ello anunciaba su fin. De inmediato, alguno de sus exponentes se sentía en la obligación de salir en su defensa con alguna nueva producción. Después de unos treinta años de continuada producción y popularidad (con las alzas y bajas naturales de un tipo de industria como ésta, tan susceptible a las modas y a estrategias de mercadeo) y luego de más de una década de continuado y creciente reconocimiento internacional, la batalla de "la *resistencia*" parece haberse ganado. La *salsa* ha demostrado ser más que una mera moda pasajera (como fue el *latin boogaloo* o la *lambada*): se ha establecido como una de las grandes expresiones sonoras de nuestro tiempo.

Por eso fue, a mi juicio, tan significativo el boceto teatral que incluyó su más popular exponente contemporáneo –Gilberto Santa Rosa– en su gran concierto de 1993 en San Juan. La música "tropical" no tenía que presentarse ya de manera dicotómica ante el *rock*, sino reafirmar su triunfo frente al mimetismo homogeneizante. Salsero y rockera podían alternar festivamente, a la vez que se presentaba, como invitado especial, al pionero –Rohena, evidente representante de la compleja hibridez popular– que había comenzado a incorporar, en los inicios mismos de la conformación de esta nueva manera de hacer música, elementos de *rock a su* libre combinación *salsera*. Una oposición binaria (siempre frágil) de años, daba paso al reconocimiento de la heterogeneidad. Los salseros aplaudían a Jessica Cristina; como escasamente meses más tarde los rockeros locales que fueron a oír a Sting salían fascinados con el mulato

Roberto Rohena, a quien aplaudieron delirantemente, aunque siguiera cantando, como hizo,

> Agüita de ajonjolí
> para los pobres soy.
> Y no me digan que no,
> porque *con ellos estoy*
> *donde quiera que voy*.[141]

En conversaciones sostenidas con jóvenes, principalmente de sectores populares, a lo largo y ancho del país en el 1994, en quince foros celebrados sobre la película *Cocolos y Rockeros*, casi unánimemente estos jóvenes expresaban que la división dicotómica entre la *salsa* y el *rock* que aparecía en muchas escenas de la película filmadas en la década anterior, y que muchos de ellos conocían por sus hermanos mayores, no correspondía ya (a nivel musical) a la realidad que ellos estaban viviendo. La mayoría manifestaba algún tipo de relación con ambas expresiones sonoras. El *rock* no era una amenaza ya para la *salsa*; y, aunque diferentes, no tenían que presentarse, pues, como enemigos.

La *salsa* ha sido uno de los movimientos socioculturales más importantes para demostrarle al país, al Caribe y *al mundo* el valor de la heterogeneidad y las diferencias. Ante los muy poderosos y variados procesos homogeneizantes de la modernidad "occidental", ha demostrado la fuerza de maneras distintas de expresar y sentir territorialidades y tiempos.

---

[141] "Con los pobres estoy", composición de Tite Curet Alonso, grabada en *Apollo Sound IV*, Nueva York, Fania, 1972 (LP-423) e incluida en todas las colecciones antológicas posteriores de Rohena que conozco. Aunque la *salsa* ha ido penetrando en la década de 1990 las discotecas de jóvenes de clases medias y altas que años antes despreciaban esta sonoridad, ello no significa que se han borrado discriminaciones étnicas y de clase. Se trata de un fenómeno complejo que deberé abordar en otro momento. La incorporación ha sido selectiva: principalmente de algunos exponentes de la música "tropical" con buen manejo de las letras, como Rubén Blades, Gilberto Santa Rosa y Juan Luis Guerra. Sí quería establecer ahora, que no podría explicarse como un proceso de cooptación, pues estos cantantes mantienen en sus letras y música valores contestatarios enraizados en el mundo popular, como examinaré, respecto al caso de Blades en la próxima sección de este capítulo.

DE "EL PABLO PUEBLO" A "LA MAESTRA VIDA"

En 1970 apareció en los escaparates de las tiendas de música de varios países del Caribe y los barrios "latinos" en Nueva York, un disco con la siguiente carátula: un joven medio rubión ("cano", decimos en estos lares) con pinta de rockero, "hace dedo" (pide "pon" en Puerto Rico, "bola" o "aventón" en otros países) en una polvorienta carretera típica del subdesarrollo tropical. Está presto a ser recogido por un grupo de símpáticos mulatos fanfarrones en un flamante "convertible" (auto sin capota). La carátula llevaba también impreso el título de la producción: *De Panamá a Nueva York, Pete Rodríguez presenta a Rubén Blades*.

La orquesta de un migrante mulato célebre ya por sus experimentos *niuyorkinos* con el *boogaloo*, le "ofrece pon" a un hijo de cantante cubana y músico de las Antillas anglófonas (St Lucia) nacido y criado en el estrecho Istmo que une el norte y el sur de las Américas, para que se incorpore al movimiento *salsa* en la llamada "Babel de hierro". Así comienza la trayectoria migratoria de Blades que habría de devolverlo a Panamá décadas más tarde como candidato a la presidencia de su país. El caso de la producción de este cantautor es interesante, pues sería parcialmente incorrecto decir que su música surge de una situación de migración; más bien su emigración es producto del tipo de música donde quería insertarse (lo que marcará, sin duda, dialécticamente la conformación de su expresión). Hasta ahora he analizado composiciones individuales, y conjuntos de canciones que conforman discos o presentaciones en vivo (conciertos). Quisiera concluir este capítulo con el examen, en líneas generales, de una trayectoria: el movimiento de la obra de uno de los principales exponentes de este movimiento sociocultural.[142] Blades es tanto compositor –y algunas de sus obras han sido popularizadas por otros cantantes– como intérprete –de sus propias canciones y de otros compositores–, y el examen de su trayectoria nos permite una mayor amplitud en la incorporación de ambas facetas.

Una característica que atraviesa la obra de Blades en su conjunto es su reiterado énfasis en la canción-crónica; es decir, en narraciones, que ya de por sí conllevan una centralidad de lo temporal, una encadenación –no necesariamente lineal, como veremos– de sucesos en el tiempo. Es importante notar que ese énfasis coincide con desarrollos paralelos en la literatura, manifestando lo que Raymond Williams llamaba una

---

[142] Recalco *en líneas generales*, pues la obra de Blades, como la de muchos de los otros exponentes de la *salsa* mencionados, merecerían libros de por sí.

"estructura de sentimiento" (*structure of feeling*).[143] Los dos más destacados escritores puertorriqueños de la generación de Blades se han caracterizado por su énfasis en las crónicas. Frente a la extraordinaria narrativa del más celebrado escritor de la generación inmediatamente anterior, Luis Rafael Sánchez, que describe, sobre todo en su célebre *Guaracha del Macho Camacho*,[144] un mundo temporalmente apantanado (emblematizado en la imagen del embotellamiento de tráfico que llamamos en Puerto Rico "tapón", en el cual el símbolo de la movilidad moderna –el automóvil– se encuentra inmovilizado) donde ocurren un sin fin de cosas pero finalmente "no *pasa* nada", Edgardo Rodríguez Juliá y Ana Lydia Vega se lanzan, como Blades, a rescatar, sobre todo en el mundo popular, la crónica. Es interesante y significativo que sus crónicas se ubiquen (como, veremos, también las de Blades) en diversas temporalidades.

La obra de Rodríguez Juliá combina crónicas de luchas utópicas mitologizadas del mundo cimarrón dieciochesco en sus novelas *La noche oscura del niño Avilés*[145] y *La renuncia del héroe Baltasar*[146] con crónicas contemporáneas sobre los entierros del patriarca populista Muñoz Marín y el gran timbalero de *Cortijo y su Combo*, la visita del Papa a Puerto Rico, o un *show* nocturno de la ya mitológica vedette Iris Chacón,[147] entre otras. El entrejuego de tiempos no se da solamente por el momento de los "hechos" ocurridos, sino a través de la voz narrativa. Rodríguez Juliá ensaya diversos puntos de vista temporales: cronistas –uno "oficial" y otro "renegado"– del siglo XVIII, un escritor de principios del siglo XX, un académico en conferencia en el Ateneo en los años treinta de ese siglo, el mismo autor como cronista, etc. La diversidad temporal no aparece, pues, sólo en lo ocurrido, sino en las formas de observar y narrar los "acontecimientos". Ana Lydia Vega, por otro lado, que significativamente denomina a su generación literaria "los historicidas",[148] aunque no tan atrevida en las temporalidades de sus voces

---

[143] Véase especialmente el capítulo 2 ("The Analysis of Culture") de *The Long Revolution*, Londres, Pelican Books, 1971, pp. 64-88.

[144] Buenos Aires, Ed. La Flor, 1976. Veáse también su "novela" *La importancia de llamarse Daniel Santos*, Hanover, N.H., Ed. del Norte, 1988.

[145] San Juan, Huracán, 1984.

[146] San Juan, Ed. Antillana, 1974.

[147] *Las tribulaciones de Jonás*, San Juan, Huracán, 1983, *El entierro de Cortijo*, San Juan, Huracán, 1983 y *Una noche con Iris Chacón*, San Juan, Antillana, 1986.

[148] "Nosotros los historicidas", en Ana Lydia Vega *et al.*, *Historia y literatura*, San Juan, Ed. Postdata, 1995.

narrativas, incorpora una mayor diversidad temporal aun en las temáticas que aborda en sus crónicas. Su primer libro, *Vírgenes y mártires*, se concentra en relatos de la cotidianidad contemporánea,[149] pero sus libros siguientes se mueven por diversos tiempos históricos y míticos,[150] incluyendo hasta crónicas de un futuro imaginado.[151] Las diversas temporalidades son atravesadas interesantemente por diversas perspectivas: humorística, detectivesca, mítica, didáctica, histórica... feminista, generacional, clasista, étnico-racial... Ambos autores se caracterizan, como Blades, por una mirada caribeña amplia y por un interés y una agudeza especial en torno a la cotidianidad popular.

La primera canción de Rubén Blades que alcanzó gran popularidad consiste en una narración al estilo de corrido mexicano, pero ubicada a principios del siglo XIX. No la cantó originalmente Blades, sino el ya entonces famoso joven sonero Ismael Miranda.[152]

> En 1806
> era el 16 de enero
> por la llanura en Ver Aguas
> cayó Cipriano Almenteros
> Así fue.

La canción narra la historia de un bandolero célebre por ser imposible de apresar: era capturado y se volvía a escapar. En el *soneo* se recalcan las repeticiones de su escape, añadiendo otro elemento temporal que convierte la composición en una alabanza, no al bandolerismo, sino a su naturaleza indómita.

---

[149] En coautoría con Carmen Lugo Filippi, San Juan, Ed. Antillana, 1981.

[150] *Encancaranublado y otros cuentos de naufragio*, La Habana, Premio Casa las Américas, 1982; *Pasión de historia y otras historias de pasión*, Buenos Aires, Ed. de la Flor, 1987; *Falsas crónicas del Sur*, San Juan, Ed. UPR, 1991; y con Lydia Milagros González et al., *El machete de Ogún*, San Juan, CEREP, 1989.

[151] Por ejemplo, el cuento "Cráneo de una noche de verano", en *Encancaranublado...* Incluido también en la antología editada por José Luis Vega, *Reunión de espejos*, San Juan, Ed. Cultural, 1983. La más importante escritora de una generación un poco anterior (muchas veces incluida en la misma generación literaria), Rosario Ferré, se mueve también entre el pasado, presente y futuro en sus relatos o "novela" *Maldito amor*, México, Joaquín Mortiz, 1986, y en otros escritos. Podríamos mencionar también la obra de Manuel Ramos Otero y muchos otros escritores de la generación de Vega y Rodríguez Juliá.

[152] Del LP *Éste es Ismael Miranda*, Nueva York, Fania, 1975, LPS 88553.

coro	solista
Ay, ay, ay,	
se escapó Almenteros	
Ay, ay, ay	
se fugó de nuevo	
	Cabalga lo invencible sobre tiempo
se escapó Almenteros	
	Cipriano
	y su caballo
	Flor de vientos
se fugó de nuevo	
	Leyendas
	que hicieron
	nuestra
	historia
se escapó Almenteros	
	Su fuego
	alumbrando nuestra memoria
se fugó de nuevo.	

Es sumamente significativo para la comprensión de la "estructura de sentimiento" predominante entre los jóvenes migrantes que habrían de formar el movimiento *salsa*, que en pleno *boom* inicial de esta nueva manera de hacer música, atravesando la modernidad "occidental" profundas crisis en su manera de concebir el espacio y el tiempo, la canción que más popularidad alcanzara de dicho LP de Ismael Miranda fuera una crónica histórica que se refería a uno de los mitos fundacionales centrales del Caribe: el escape (sobre el cual abundaremos en el próximo capítulo).

La grabación de "Cipriano Almenteros" se da entre otras dos crónicas muy significativas de la trayectoria de Blades: "Juan González", grabada en su primer LP en el movimiento *salsa* –*De Panamá a Nueva York*–, y "Juan Pachanga", grabada con Las Estrellas de la FANIA en el LP *La máquina del ritmo* de 1977. La primera narra un cuento noticioso –la muerte de un guerrillero (recuerden que en 1970 todavía la América Latina vivía la época en que la guerrilla se planteaba como posibilidad de futuro)– y la segunda le canta a un arquetipo de la cotidianidad popular, a las contradicciones que dificultaban día a día romper con la circularidad temporal.

Y mientras la gente
duerme,

aparece
Juan Pachanga con su pena, y amanece.

La noticia, el mito histórico y el arquetipo cotidiano, agrupan ya en sus primeras crónicas una interesante –compleja y problemática– diversidad de tiempos.

Blades seguirá cultivando este género de canción-crónica a lo largo de toda su producción discográfica. No hay que olvidar que tal vez su más célebre y celebrada *salsa* sea la crónica de "Pedro Navaja", incluída en *Siembra* de 1979, que inspiró obras de teatro que alcanzaron gran éxito en Puerto Rico y Venezuela.[153] Cuando Gabriel García Márquez recibió el Premio Nobel de Literatura en 1992, el autor que generalizó internacionalmente el realismo mágico latinoamericano, que incluía, entre otros elementos, una distinta manera de conjugar diversos tiempos históricos, confesó en una entrevista pública que la *salsa* "Pedro Navaja", respresentaba lo que él realmente hubiera deseado escribir. En esta canción, desde la marginalidad social se pone en tela de juicio la ciencia fundamentada en la noción iluminista del progreso:

> La vida te da sorpresas,
> sorpresas te da la vida, ¡ay Dios!

Se plantea la importancia de lo que llamó en la física Heisenberg el principio de la incertidumbre, frente a la sucesión necesariamente lógica de los acontecimientos.

La canción introdujo en la sonoridad popular elementos de la estrategia musical que hizo célebre en la música "clásica" el famoso *Bolero* de Ravel: comenzar suavemente con un instrumento de percusión y paulatinamente ir complejizando la sonoridad con aumentos en densidad (en timbres), es decir, al irle incorporando otros instrumentos, a la vez que va *in crescendo* el volumen. Paralelamente, una línea melódica se repite pero con modulaciones cromáticas ascendentes. Cada dos estrofas, la melodía de "Pedro Navaja" y su armonía se repiten pero moviéndose de la tonalidad de do mayor, a re bemol mayor, a re mayor, a mi bemol mayor, hasta alcanzar la tonalidad de mi mayor, donde se establece el *soneo*. Esta estrategia sonora, de variaciones en la repetición

---

[153] Realmente, adaptaciones de la clásica *Ópera de tres centavos* de Bretch y Kurt Weil. En Puerto Rico, la producción de Teatro del 60 (Pablo Cabrera, director), *La verdadera historia de Pedro Navaja* subió a escena sólo un año después de aparecer el LP. Se mantuvo en cartelera por más de cien funciones, estableciendo un récord de presentaciones para el país. Para Venezuela, véase de Rondón, *El libro...*, p. 316.

anticipando un clímax aparentemente inalcanzable sobre el cual se va construyendo en torno (*building up*), es una forma también de expresar cambios en la manera de experimentar el tiempo. La aparente circularidad de la cotidianidad se va complejizando en crónica, va convirtiéndose en historia.

Después de una breve introducción instrumental, con sonidos de sirenas de los autos de policía, como anticipando el final, la canción de Blades comienza prácticamente *a capella*, con el solo acompañamiento de las congas.

> Por la esquina del *viejo* barrio lo vi pasar,
> con el tumbao que tienen los guapos al caminar...

En la segunda estrofa se incorpora muy modestamente el timbal

> Usa un sombrero de ala ancha de medio la'o
> y zapatillas, por si hay problema salir vola'o...

Al aparecer el segundo personaje de la historia, que resultará a la postre la protagonista, se incorpora el piano

> Como a tres cuadras de aquella esquina, una mujer
> va recorriendo la acera entera por quinta vez...

Y en la próxima estrofa, cuando se presenta el cuadro completo donde trascurrirá la acción, se añaden los vientos-metal

> Un carro pasa, muy despacito, por la avenida.
> No tiene marcas, pero to's saben que es policía...

que da paso a la acción, donde al cantante lo acompaña el Combo en su conjunto, faltando solamente el coro. El coro aparece sólo después de transcurrida la acción: Pedro Navaja ataca a la mujer para robarle y recibe la sorpresa de que, ya *de muerte herida*, esa aparente *sardina* resultó *tiburón*, lo mata con un sólo disparo de *revólver* que, como su nombre indica, tiene la capacidad de disparar corrido, de lanzar sucesivos disparos. Colmada de simbolismos, la mujer sentencia:

> Yo que pensaba "hoy no es mi *día*, estoy salá",
> pero, Pedro Navaja, tu estás peor, *no estás en ná*'

Y en voz de un borracho, con referencias en la música popular a la *guaracha* de Pedro Flores popularizada por Daniel Santos décadas atrás "Borracho no vale", Blades trastoca su significado al expresar con el coro la sabiduría de la máxima de la historieta –como dice el narrador cantante, *que da el mensaje de mi canción*–:

La vida te da sorpresas, sorpresas te da la vida,

máxima pronunciada hacia adelante y hacia atrás, como para recalcar las diversas direcciones temporales de la incertidumbre.

Es interesante que en un disco que produjo Blades trece años después –*Amor y control*–[154] se incluyera otra crónica donde la situación de la tradicional marginalidad (el robo) de "Pedro Navaja" se convirtiera en una de amplia cotidianidad. Contrario a Pedro Navaja, que era un personaje *lumpen*, Adán García refiere a un hombre sencillo y común: un trabajador, hombre de familia, que ha quedado desempleado, lo que sugiere un importante cambio de perspectiva.

> El último día
> en la vida
> de Adán García,
> lo halló,
> como to'
> los otros
> de su pasado:
> soñando ganarse el "Gordo"
> en la lotería,
> los hijos y la mujer durmiendo a su lado.
>
> Adán salió de su casa
> al mediodía,
> después de una discusión muy acalorada,
> su esposa quería
> pedirle plata
> a los suegros
> y Adán besaba
> a sus hijos mientras gritaba:
>
> ¡Esto se acabó!
> vida,
> la ilusión
> se fue,
> vieja, el tiempo
> es mi enemigo.
> En vez
> de vivir
> con miedo,

---

[154] Miami, Sony, 1992 (CDZ-80839, 471643-2).

mejor es morir
sonriendo
con el recuerdo
vivo.

A través de una interesante combinación de rimas internas en las aseveraciones discursivas y las frases musicales, se establece una métrica irregular, que semeja, en la letra de la canción, los ritmos sincopados de la música afrocaribeña. La combinación de estos elementos (la síncopa sonora y la irregularidad métrica poética) da la sensación de un rejuego de tiempos que rompe con la regularidad circular y/o la proyección lineal. Éste es un recurso espontáneo del sonero, no una elaboración premeditada; por lo cual no se trata de un intento personal de presentar una distinta cosmovisión del tiempo, sino de arquetipos del inconsciente colectivo que evidencian patrones culturales en la manera de experimentarlo. Así, la presencia de tradiciones europeas de expresión poética que serían equivalentes a los ritmos isométricos en la expresión sonora (siguiendo metros subdivididos en unidades equivalentes), toman otros significados con base en una subdivisión en unidades irregulares. La siguiente estrofa de esta canción-crónica podría presentarse como copla de cuatro versos tridecasílabos:

Por última vez entró a la tienda del barrio	(a)
y ahí le fiaron un paquete de cigarrillos.	(b)
Por la Avenida Central lo vieron andando	(a)
sin rumbo, las manos dentro de los bolsillos.	(b)

Pero, la rima interna subdivide los últimos dos versos así:

Por la Avenida Central lo vieron	(10)	(c)
andando	(3)	(a)
sin rumbo, las manos	(6)	(a)
dentro	(2)	(c)
de los	(2)	(c)
bolsillos	(3)	(b)

La canción continúa supuestamente en la forma de estrofas de cuatro versos tridecasílabos, pero atravesadas todas por los entrejuegos de las rimas internas "sincopadas". De hecho, el tercer verso de la próxima estrofa evidencia que las rimas internas son más importantes que la forma métrica "regular": en términos de los tridecasílabos dicho verso no rima con nada, pero en la rima interna cumple –como veremos– un papel fundamental. En esa próxima estrofa también (como en otra estrofa más adelante), encontramos la presencia de una frase entre paréntesis que rompe la métrica regular, que recuerda la tradición músico-poética árabe del *zéjel*, muy importante –según ha examinado el etnomusicólogo Luis Manuel Álvarez–[155] en la trova campesina antillana y sobre lo cual volveremos en el próximo capítulo. Siguiendo la forma de tridecasílabos dicha estrofa diría así:

> "Desde que Adán fue botado de su trabajo, (a)
>   (dijo un vecino) (b)
> noté en su forma de ser un cambio muy raro: (a)
> él siempre tan vivaracho, ahora andaba quieto, (c)
> pero en la tranquilidad del desesperado." (a)

Tomando en consideración las "síncopas" de las rimas internas a los versos, la estrofa podría aparecer así:

Desde (*se pronuncia como aguda*)	(2)[156]	(d)
que Adán fue	(3)	(d)
botado	(3)	(a)
de su trabajo,	(5)	(a)
(dijo un vecino)	(6)	(b)
noté en	(2)	(d)
su forma de ser	(5)	(d)
un cambio muy raro:	(6)	(a)
él	(1)	(d)
siem -	(1)	(d)
pre tan vivaracho, aho-	(6)	(a)
ra andaba quie-	(4)	(d)
to, pero en	(3)	(d)
la	(1)	(e)
tranquilidad	(4)	(e)
del	(1)	(d)
deses-	(2)	(d)
perado."	(3)	(a)

La palabra *quieto*, rima c en la forma de tridecasílabos, que ahora hemos dividido, es importante para el encadenamiento de rimas con la

---

[155] "African Heritage of Puerto Rican Folk-music: Poetic Structure", ms. University of Indiana, 1979. Véase también su artículo "La música navideña, testimonio de nuestro presente y pasado histórico", *Revista Musical Puertorriqueña* 3, diciembre de 1988.

[156] Tratándose de un ejercicio analítico de examinar rimas internas a los versos, cada línea no representa el verso y, por lo tanto, no añadimos la sílaba que en el conteo silábico se añade a los versos con terminación en acento agudo.

rima interna de la estrofa anterior y con la estrofa central de la canción, la única que se repite (con una ligera variación) y que es con la cual concluye la canción. Es además, significativamente, la única estrofa que no sigue de manera abierta y evidente la forma de tridecasílabos:

> ¡Esto se acabó!
> vida,
> la ilusión
> se fue,
> vieja, el tiempo (c)
> es mi enemigo.
> Y yo pa' vivir
> con miedo, (c)
> prefiero (c)
> morir sonriendo (c)
> con el recuerdo (c)
> vivo.

La rima c, además, es la de una serie de palabras claves en la canción y sus entrejuegos temporales: *recuerdo*, y la propia palabra *tiempo*. La canción establece, pues, una heterogeneidad de acercamientos posibles a sus entrejuegos de rimas, reenfatizando la diversidad temporal de los arquetipos culturales que subyacen la manifestación de su expresión.

Completaré la canción-crónica en la forma de tridecasílabos para facilitar su lectura, con la única excepción de la estrofa final que es imposible amoldar a dicha forma:

> Dice el parte policial que Adán llegó a un banco,
> y le gritó a una cajera que le entregara
> todo el dinero que ella en su caja tuviera
> y que si no lo hacía pronto que la mataba.
>
> "El hombre me amenazó con una pistola
>   (dijo la doña)
> por eso es que yo le daba lo que él quisiera;
> por la clase de salario que aquí me pagan,
> no voy a arriesgar la vida que Dios me diera.
>
> Cuentan que al salir Adán corriendo del banco
> se halló con una patrulla "parkeada" al frente.
> Que no le hizo caso al guardia que le dió el ¡alto!,
> que iba gritando y sonriendo como un demente.

Al otro día los periódicos publicaban
la foto de su cadáver en calzoncillos.
La viuda de Adán leyó en la primera plana:
"Ladrón usaba el revólver de agua de su chiquillo"

¡Esto se acabó!
vida,
la ilusión
se fue,
vieja, el tiempo
es mi enemigo.
Y yo pa' vivir
con miedo,
prefiero
morir sonriendo
con el recuerdo
vivo.

El rejuego de tiempos que evocan las síncopas vocales de las rimas internas de esta crónica tierna sobre una criminalidad engendrada en la desesperación económica aparece también en la variedad de metros y rimas de muchos *soneos* (sección improvisatoria) de las canciones de Blades. Remitimos al lector al análisis que hacemos del *soneo* de la canción "Ojos" en el capítulo 6, que evitamos repetir aquí para facilitar la lectura. La enorme variedad métrica de ese *soneo* da al traste con la regularidad *tempo*ral del *soneo* tradicional pre-*salsa*.

La primera producción de Rubén Blades que alcanzó gran popularidad como LP en su conjunto, fue la primera realizada con Willie Colón, *Metiendo mano* en 1977.[157] Éste es un LP muy significativo para el tema que abordamos acá pues recorre, tanto en los temas de sus letras como en la música, muy diversos tiempos: desde el abuso a los trabajadores en las plantaciones del siglo XVIII ("Plantación adentro", de Tite Curet Alonso) hasta las vicisitudes cotidianas de los migrantes latinoamericanos en Nueva York ("La maleta", del propio Blades). En *boleros, sones, bombas*... y libres combinaciones salseras aborda temas como el nacimiento y el recuerdo. El LP abre con la canción que, junto a "Plantación adentro", más popularidad adquirió de todo el disco: de la autoría de Blades, "Pablo Pueblo", una célebre crónica crítica de la cotidianidad con claras intenciones de definir una identidad popular arquetípica, en sus hermosuras y contradicciones. La canción está colmada de referen-

---

[157] Fania SLP 00500.

Esto sí es lo mío –reafirmación de identidad–, carátula de LP del *sonero mayor* Ismael Rivera, Tico Records 0698, 1978. Diseño de Zina Torres sobre foto original de Cándido Ortiz.

Felices días (en los cuales se alternaba la flauta y el bombardino). Histórica foto de la orquesta de danzas de Juan Morel Campos, Ponce, c. 1880. (Foto cortesía de CEREP.)

Conjunto típico de barrio popular, c. 1899. (Foto cortesía de CEREP.)

Y alegre, el jíbarito va..., Rafael Hernández, uno de los principales compositores en la historia de la música "tropical" (*El cumbanchero, Cachita, Campanitas de cristal...* y cientos de boleros) es recibi-

do en San Juan como todo un héroe a su regreso luego de años residiendo en México. Lo acompañan la alcaldesa de San Juan y el Presidente de la Cámara de Representantes. (Foto cortesía de la Fundación nacional para la cultura popular, colección Javier Santiago)

Guarachera, Celia Cruz, la cantante-reina de la *salsa*. Foto de Adál, 1986

Cuatrista, Yomo Toro, ha incorporado con protagonismo el *cuatro* (instrumento típico puertorriqueño identificado con la música campesina) a las orquestas de *salsa*. Foto de Adál, 1986.

Rafael Cepeda, *patriarca de la bomba y la plena*. Foto de Adál, 1986.

Yo quiero un pueblo que ría y que cante. Rumbón de esquina, Loíza, Puerto Rico, 1981. Foto de Jack Delano.

Yo quiero un pueblo que baile en las calles, fiestas de Santiago apóstol en Loíza Aldea, Puerto Rico, 1981. Foto de Jack Delano.

Se formó el bailongo. Bailando *salsa* espontáneamente en un festival. Frente al Capitolio en San Juan, Puerto Rico, 1986. Foto de Ricardo Alcaraz.

Bailando salsa en tarima. El director de orquesta y bongosero Roberto Rohena, el cantante Gilberto Santa Rosa y el bailarín y coreógrafo Aníbal Vázquez (antiguo miembro de los *Mambo Aces*). San Juan, Puerto Rico, 1986. Foto de Alina Luciano (cortesía del periódico *Claridad*.

Las congas en el barrio, Loíza, 1981. Foto de Jack Delano.

Las congas en tarima, el salsero Andy Montañez junto al grupo Atabal, Universidad de Puerto Rico, Río Piedras, c. 1990. Foto de Ricardo Alcaraz (cortesía del periódico *Diálogo*).

Pianista. la alegría de alegría dar, Papo Lucca, director de La Sonora Ponceña, una de las principales orquestas de *salsa,* y virtuoso improvisador. Foto de Adál, 1986.

La libertad, ¡lógico!, gran pianista de *salsa* y *jazz* Eddie Palmieri, San Juan, Puerto Rico, 1993. Foto de Ricardo Alcaraz (cortesía del periódico *Diálogo*).

¡Siembra!, Rubén Blades y Willie Colón produjeron en los setenta los discos de mayor difusión en la historia de la *salsa*, San Juan, 1993. Foto de Ricardo Alcaraz (cortesía del periódico *Diálogo*).

*Con mi color
yo voy causando sensación en New York...
volveré con el Caribe de estandarte en mi bandera...*
  Carátula del LP de Willie Colón, *Color americano*, Miami,
CBS 80351, 1990.

cias temporales diversas, pero marcadas por una problematizada esperanza, es decir, por un futuro, un tiempo distinto.

> *Regresa* un hombre en silencio
> de su trabajo cansado,
> *su paso no lleva prisa,*
> su sombra *nunca lo alcanza.*
> Lo *espera* el barrio de *siempre*...
>
> Pablo Pueblo llega hasta el zaguán oscuro
> y *vuelve* a ver las paredes con las *viejas* papeletas
> que prometían *futuros*
> en lides politiqueras
> y en su cara se dibuja, la decepción de la *espera.*

y más adelante...

> y se pregunta ¡¿hasta cuándo?!
>
> Toma sus *sueños* raídos
> los parcha con *esperanzas*...

En esta composición Blades experimenta otra forma de manifestar en el lenguaje musical la diversidad de tiempos. En el *soneo* antifonal combina frases nuevas con frases repetidas o retrabajadas de la sección de canción, pero en una secuencia –en momentos– distinta, produciendo la sensación de un entrejuego secuencial muy libre.

Coro	*solista*
Pablo Pueblo, Pablo hermano.	Trabajó hasta jubilarse y nunca sobraron chavos.
Pablo Pueblo, Pablo hermano	Votando en las elecciones pa' después "comerse un clavo"
Pablo Pueblo, Pablo hermano...	¡Echa pa' lante, Pablito, a la vida mete mano!
Pablo Pueblo, Pablo hermano	Mira a la mujer y a los nenes y se pregunta ¡¿hasta cuándo?!...
Pablo Pueblo, Pablo hermano...	Llega a su barrio de siempre cansa'o de la factoría
Pablo Pueblo, Pablo hermano	buscando suerte en caballos y jugando lotería.
Pablo Pueblo, Pablo hermano	Hijo del grito y la calle, de la pena y el quebranto.

Sobre todo después que el intento de configurar un arquetipo se torna más complejo en su obra con la poetización de una multiplicidad de *escenas* (título de una producción posterior, pero presente también en todas sus otras producciones), la persistente presencia de la esperanza vendrá siempre acompañada de la importancia contemporánea del recuerdo, de la memoria. Cuando Blades decide grabar cantada por él su crónica histórica "Cipriano Almenteros" (que había popularizado Ismael Miranda) la incorpora en el CD *Caminando*[158] precedida justo por una canción titulada "¡Prohibido olvidar!" Esta canción, de claro corte político, está inspirada en el trabajo realizado por la Comisión –presidida por Ernesto Sábato– que investigó los horrores de la represión militar en el Cono Sur. Ante la multiplicidad de prohibiciones de un Estado autoritario, la esperanza de la libertad sin prohibiciones se sintetiza en sólo una prohibición: *¡prohibido olvidar!* Reproduzcamos, a manera de ejemplo, una de sus estrofas:

> Prohibidos los comentarios, sin visto bueno oficial.
> Prohibieron el rebelarse contra la mediocridad.
> Prohibieron las elecciones y la esperanza popular
> y prohibieron la conciencia al prohibirnos el pensar.
> Si tú crees en tu bandera y crees en la libertad:
> ¡Prohibido olvidar!

La combinación de memoria y esperanza atraviesa uno de los LP de Blades más evidentemente dirigidos a la temática de la identidad latinoamericana –*Buscando a América*–.[159] Una de las canciones que más popularidad alcanzó de este LP fue su crónica del "Padre Antonio y su monaguillo Andrés", que es un homenaje de Blades a la importante tradición latinoamericana de la teología de la liberación. La crónica evoca el asesinato del Monseñor Romero en El Salvador, como queriendo grabar en el recuerdo esta iniquidad (¡prohibido olvidar!); pero no en una recreación nostálgica de la pena, sino por lo que dicho recuerdo representa para la esperanza del cambio. La canción concluye con un *soneo* festivo, donde el coro repite

> ¡Suenan las campanas!

mientras el solista improvisa:

---

[158] Sony, CD-80593, 1991.
[159] Nueva York, Elektra 960352, 1984.

solista	coro
Ya tú lo verás.	¡Suenan las campanas!
el mundo va a cambiar.	¡Suenan las campanas!
para celebrar	¡Suenan las campanas!
nuestra libertad,	¡Suenan las campanas!
por un cura bueno	¡Suenan las campanas!
Arnulfo Romero	¡Suenan las campanas!
de la libertad	¡Suenan las campanas!
por América.	

El LP *Buscando a América* abre con la problemática de las difíciles "Decisiones" de la cotidianidad (junto con "El Padre Antonio...", la más difundida canción del disco) y cierra, precisamente, con el tema de "Buscando a América", que aborda las múltiples dificultades socio-políticas para que las cotidianidades devengan en identidades. Todas las canciones del LP son de la autoría de Blades con sólo una excepción, el tema "Todos vuelven" de César Miró que, interesantemente, coloca Blades a mitad del disco. Es significativo que el único tema que Blades no compone, pero que incluye en la producción, reenfatiza la importancia de la memoria en los desplazamientos territoriales, en este caso respecto a la migración de retorno.

>...el aire que trae en sus manos
>la flor del pasado
>su aroma de ayer,
>nos dice muy quedo al oído...
>que triste es la ausencia
>que deja el ayer.

Y ante el coro que repite *todos vuelven*, el solista improvisa

coro	solista
	por lo eterno del Caribe
Todos vuelven	cuando el sol baja cansado
Todos vuelven	*el recuerdo vive libre*
Todos vuelven	*mariposa del pasado.*

Y concluye

coro	solista
Todos vuelven	*Por la ruta del recuerdo*
Todos vuelven	*y venciendo a los olvidos*
Todos vuelven	*la esperanza que no ha muerto.*

El recuerdo no se presenta como un ancla atávica; al contrario, "*vive libre*", "mariposea" por las diversas dimensiones del tiempo.

Uno de los discos más interesantes de Rubén Blades y, sin embargo, relativamente poco conocido, es su producción *Escenas*[160] que apareció al año siguiente de *Buscando a América*. Es significativo que la canción que más se popularizó de este LP fuera la más abiertamente política: una adaptación de Blades de la canción "Muévete" del músico cubano Juan Formell, que insiste en la importancia del futuro.[161]

> Del Caribe a Soweto en África
> va nuestra canción como saludo,
> pa' los que defienden su derecho a libertad
> y usan la verdad como su escudo...

La canción termina en el estilo antifonal, con el estribillo del coro *¡Muévete, mueveté!*, sobre el cual el solista sonea

coro	solista
	pa' acabar el racismo
	que hay aquí y allá.
¡Muévete, mueveté!	lo cantan los niños
	y mamá y papá.
¡Muévete, mueveté!	por nuestro futuro
	y el de América.
¡Muévete, mueveté!	

Terminando, como en el ya clásico "Plástico", nombrando uno a uno todos los países de América Latina, empezando por su país Panamá y su patria adoptiva, Puerto Rico.

Pero más interesante aún que esta sabrosa arenga contra el inmovilismo (espacial y temporal, territorial e histórico) resulta en *Escenas* la elaboración poético-musical de Blades en torno al complejo polifacético tiempo del amor. El LP es muy variado temáticamente: los engaños de la droga, la sequía en Etiopía, las sorpresas de las apariencias... Ante tal diversidad de temas, resulta interesante que la heterogeneidad del tiempo aparezca más conscientemente trabajada en el contraste entre las únicas dos canciones entre siete que comparten su temática: los silencios del amor en "Cuentas del alma" que inicia el disco y "Silencios" con el cual prácticamente concluye (justo antes de "Muévete" que es la composición final). "Cuentas del alma" –que, como dice la canción, no se *acaban nunca* de pagar– elabora sobre un *tempo de rumba presto* la

---

[160] Nueva York, Elektra 60432-1, 1985.

[161] Con referencia al mundo anglófono, Gilroy, *The Black Atlantic...*, p. 36, destaca también "*Black music's obstinate and consistent commitment to the idea of a better future*".

continuidad del amor aun después de la muerte en una pareja de ancianos; mientras "Silencios", en *tempo* lento de *balada* tipo *soul*, trata la muerte en vida del romance en una pareja de jóvenes que no obstante se quieren. "Cuentas del alma" comienza

> *Siempre* en la noche, mi mamá,
> buscando el sueño frente a la televisión,
> me pedía que por favor no la apagara,
> su soledad en aquel cuarto no aguantaba,
> aunque *jamás*
> lo confesó.

Silencios, cantada a dúo con Linda Ronstadt, señala en su clímax

> Se buscan y huyen a la vez
> entre el silencio que hay después.
>
> La soledad les da un abrazo,
> aunque no aceptan su fracaso,
> esperando devolver
> un amor que ya se fue.
> Y así pasan los días
> pretendiendo que todo está bien,
> con silencios y café
> esperando que regrese el ayer.

Aún con toda la variedad temática, de recursos y maneras como elabora Blades una heterogeneidad de tiempos que contrasta con el presentismo de la música de rompimiento generacional que se difundía desde los principales centros de "occidente" por el mundo, fue sobre todo a través de la característica central de la *salsa* –la libre combinación de formas– como dicha concepción temporal alcanzó sus manifestaciones más dramáticas. Podríamos examinar otra vez numerosos ejemplos, pero quisiera concentrarme en la canción cumbre de la más compleja y abarcadora de sus crónicas: una especie de ópera salsera en torno al ciclo biológico vital que en una producción discográfica de dos volúmenes tituló *Maestra Vida*.[162] En su conjunto, la producción rompe con la noción secuencial tradicional del ciclo de vida. La crónica no empieza con el nacimiento ni termina con la muerte. Empieza con el enamoramiento y el amor, de donde emergerá el nacimiento, que no aparece

---

[162] Compuesta y cantada por Blades y producida por Willie Colón, Nueva York, Fania JM 576 y 577, 1980.

hasta finales del primer volumen (la séptima entre ocho composiciones). La muerte aparece a comienzos y a mediados del segundo volumen. Es también interesante que la crónica tenga dos finales: musicalmente termina con las reflexiones del hijo sobre la muerte de los padres, concluyendo con la máxima "*Hay que vivir*", es decir afirmando ante la muerte la continuidad de la vida. Es, de hecho, esta máxima el título de la última canción. La narración presenta otro final: los padres habían tenido una muerte "natural", por edad; el hijo experimenta una muerte sociopolítica –a manos de la policía en un desahucio–, pero la narración añade que lo sobreviven sus hijos (los nietos de la pareja original), que en este segundo caso no es una continuidad singular, sino plural –hijo*s*– y de ambos sexos.

Aunque *Maestra Vida*, como "Pablo Pueblo", se afinca en la cotidianidad del mundo popular urbano del Caribe, podemos notar una importante transformación en los matices de su mirada: una trayectoria entre el intento de construcción de un masculino arquetipo *Pablo Pueblo*, al reconocimiento de una polifacética femenina *Maestra Vida*. Su canción cumbre, que lleva el título de la producción, comienza

> A tu escuela llegué
> sin entender por qué llegaba;
> en tus salones encuentro
> *mil caminos y encrucijadas*,
> y aprendo mucho
> y no aprendo nada
>
> *Coro:* **Maestra vida, camará,**
> te da y te quita y te quita y te dá.

La voz narrativa sigue siendo masculina, pero Manuela es tan protagonista como Carmelo, y así lo afirma en una canción identitariamente titulada "Yo soy una mujer". La protagonista principal, la vida, se presenta como maestr*a*; y sus variados y sorpresivos recovecos se abren a numerosos futuros posibles, imposibles de congelar en un arquetipo.

La canción que da título a la producción es un extraordinario ejemplo de lo que a comienzos de este capítulo llamamos la dimensión diacrónica de la libre combinación de formas. A la largo de la canción, la música experimenta cambios –a veces sutiles, pero los más, dramáticos– en la forma predominante de su polirritmia. Mientras la letra enfatiza

> Maestra vida
> voy buscando entre tus horas

el espejo de los tiempos
para ver tus sentimientos

su sonoridad se mueve de *son* a *bomba* a *guaracha* a *seis* a ¡*bolero*! a *plena*, para concluir con un *soneo* que combina sincrónicamente varios de estos géneros. La composición trastoca también la secuencia "convencional" al introducir la voz social –el coro– en los inicios mismos de la canción, cuando por lo general ésta aparece en la segunda mitad de las composiciones salseras.

Mientras los jóvenes de los centros dominantes de "occidente" internacionalizaban con una música de rompimiento generacional su interesante e impactante rechazo al futuro de "progreso y bienestar", al "desarrollo" lineal, que les ofrecía el *establishment* adulto a través de un hedonismo presentista que amalgamaba futuro y pasado en una glorificación del momento, los jóvenes salseros como Blades, expresando una visión internacional, pero significativamente localizada, reclamaban la posibilidad de un futuro colectivo propio. La *salsa* –esa "manera de hacer música", atravesada por una honda preocupación por el tiempo y las complejas combinaciones de sus diversas dimensiones– constituyó la afirmación de una alternativa tanto al tiempo lineal desarrollista que conllevaba una visión homogeneizante de la modernidad, como al presentismo hedonista *a-ye-ye*. En esos libres y espontáneos entrejuegos entre la elaboración melódico-armónica tonal del relato-canción y los muy diversos ritmos afroamericanos –*son, guaracha, rumba, bomba, plena, merengue, seis, aguinaldo, reggae, cumbia, vallenato, samba, hip-hop, guajira, tamborito...*– que combinan de mil formas –sincrónica y diacrónicamente– las más elevadas elaboraciones salseras, como "Maestra Vida" (combinaciones que re-definen los parámetros territoriales de nuestros espacios de expresión), se manifiesta una distinta manera de sentir y expresar el tiempo desde los desplazamientos territoriales de los márgenes de la modernidad. Una manera donde mito, historia y cotidianidad se entrecruzan en elaboraciones polirrítmicas sobre la posibilidad de la utopía. En las aspiraciones por una heterogénea identidad latinoamericana y caribeña constituida en términos de un futuro soñado cimentado en las vivencias de todo un proceso histórico de configuración de una cultura –de unas maneras de tratarse– mito, historia y cotidianidad se combinan en diversas direcciones para engendrar la esperanza libertaria. Por eso fue gracias a aquel desplazamiento, aquel "pon" "convertible" de la combinatoria *salsa*, por lo que Rubén Blades, en este caso entrecruzando *bomba* y *merengue*, cantaría años después

Es mi Caribe *raíz* de *sueños*,
donde jamás se agota el sentimiento.
Soy de la tierra de la *esperanza*,
llevo la sangre del que no reconoce dueños.
Soy fuego y luna, agua y *memoria*
de *amaneceres* siempre alumbrando nuestra *historia*.

Raíz de sueños
es el Caribe,
donde el sol no tiene dueño
y *la esperanza sobrevive*...[163]

---

[163] Del CD *Caminando*, Miami, Sony CD-80593, 1991.

3

EL TAMBOR CAMUFLADO:
la melodización de ritmos y la etnicidad cimarroneada

> *Para Iluminado Dávila,*
> *uno de los más virtuosos cuatristas*
> *que ha producido mi tierra.*
> *De oficio conserje*[1]
> *en las escuelas públicas de Morovis,*
> *aunque es evidentemente,*
> *un* maestro.
>
> *... Y para los Cepeda, los Ayala, los grupos Paracumbé, Calabó...*
> *por su* maestría *en la* bomba.

¡BOMBA!: RITMO Y AFRICANÍA

La música "tropical", como hemos visto en el análisis de la *salsa* en el capítulo anterior, está colmada de historia. Siendo una música viva que se encuentra constantemente reconstituyéndose, maravilla su práctica de incorporar reiteradas referencias a las tradiciones sonoras que fueron conformándola. Innovación y tradición forman, ambas, parte de su trayectoria creativa.

Es sumamente significativo, por ejemplo, que una canción salsera puertorriqueña de clara intención identitaria como "Somos el son", canción que, como vimos en el capítulo anterior, combina diversos ritmos y formas musicales del Caribe, se inicie evocando el repiqueteo de *bomba*, que es en Puerto Rico la música más identificada históricamente con la plantación esclavista y la población negra. Las tradiciones musicales africanas, muy presentes de diversas formas en otros tipos de música en el país, aparecen en la *bomba* de manera mucho más directa y evidente.[2]

---

[1] En Puerto Rico llamamos *conserje* al trabajador encargado de la limpieza.

[2] Véase por ejemplo, Héctor Vega Drouet, *Historical and Ethnological Survey on the Probable African Origins of the Puerto Rican Bomba*, tesis PhD, Wesleyan University, Conn.,

Pero, como allí examinamos, el repiqueteo de *bomba* en "Somos el son" es elaborado en tal forma que su presencia no resulta directa ni transparente. No aparece en su plano percusivo original, sino a través del bajo, el piano y, más adelante, los metales. El ritmo se melodiza, se camuflea melódicamente. Pero la melodización de ritmos no es un recurso nuevo que aporta la *salsa* a la música "tropical". Es una práctica de elaboración sonora de largo abolengo histórico en las sociedades del Caribe, y es lo que quisiera comenzar a analizar en este capítulo.[3] La melodización de ritmos en la conformación histórica de un lenguaje musical que ha venido a llamarse "tropical" es importante en este libro, pues es fundamental para entender, a mi juicio, el complejo significado de la etnicidad en la conformación de las identidades socioculturales caribeñas.

Son muchas las posibles contribuciones de las tradiciones musicales africanas a la conformación de la expresión musical en el Caribe que convendría investigar con detenimiento. Aun reconociendo amplias lagunas de conocimiento,[4] podemos afirmar que muchas de estas contribuciones están vinculadas al elemento rítmico de la música. Toda música tiene ritmo; y en toda éste es importante. Pero frente a la tradición europea, que privilegia la melodía, en las culturas africanas de donde se arrancaron para América grandes contingentes humanos esclavizados, el ritmo aparece con una importancia mayor; ocupando, incluso, un

---

1979; James McCoy, *The Bomba and Aguinaldo of Puerto Rico as They Have Evolved from Indigenous African and European Cultures*, tesis PhD, Florida State University, 1968; Emanuel Dufrasne, "La africanía de los bailes de bomba: la interacción social durante los eventos musicales", *La Revista del Centro de Estudios Avanzados de Puerto Rico y el Caribe* 9, julio-diciembre de 1989, pp. 107-112; Halbert E. Barton, *The Drum-Dance Challenge: An Anthropological Study of Gender, Race, and Class Marginalization of Bomba in Puerto Rico*, tesis PhD, Universidad de Cornell, 1995.

[3] El próximo capítulo intenta dar continuidad al examen de su trayectoria.

[4] ... a pesar de contar con excelentes investigaciones previas, trabajadas sobre todo en Cuba: desde los "clásicos" de Fernando Ortiz (por ejemplo *Africanía de la música folklórica en Cuba*, La Habana, Universidad Central de las Villas, 1965, 1ra. ed. 1950; *Estudiemos la música afrocubana y otros ensayos sobre el tema*, recogidos como separata de *Estudios Afrocubanos*, vol. v, 1940-1946) y Alejo Carpentier, *La música en Cuba*, México, FCE, 1946, hasta investigaciones más recientes de Argeliers León (por ejemplo "Continuidad cultural africana en América", *Anales del Caribe* –La Habana– 6, 1986 y "Ensayo sobre la influencia africana en la música de Cuba", separata de *Revista Pro Arte Musical* –La Habana–, 1959); Olavo Alén, *La música de las sociedades de tumba francesa en Cuba*, La Habana, Casa de las Américas, 1986; y Rolando Pérez Fernández, *La binarización de los ritmos ternarios africanos en América Latina*, La Habana, Casa de las Américas, 1987, entre otros.

papel protagónico en las formas de expresión.[5] Probablemente debido a ello, la riqueza rítmica de la música en estas tradiciones culturales es enorme, manifestándose, principalmente, a través de dos vías interrelacionadas: la *polirritmia* (o la conformación de patrones rítmicos a base de la combinación simultánea de distintos ritmos) y lo que la musicología europea denomina ritmos *sincopados*.

El sistema rítmico de la música de tradición europea (a veces denominada "occidental") está basado en "*the grouping of equal beats into two's and three's with a regularly recurrent accent on the first beat of each group*".[6]

La tradición rítmica que la herencia africana nos legó se caracteriza por patrones conformados por un número mucho mayor de pulsaciones en los que se combinan golpes y silencios de distintos tiempos. Los acentos no se establecen necesariamente al inicio del patrón, sino se encuentran diseminados de acuerdo con los distintos tipos de combinación de tiempos. La "irregularidad" de los acentos, junto a la combinación de tiempos, marca al patrón con una imagen que la "regularidad" europea considera anormal o *sincopada*

Syncopation is, generally speaking, any deliberate disturbance of the normal pulse of meter, accent, and rhythm (entendiendo por "normal" la tradición europea)... *Any deviation from this scheme* (el esquema europeo de la cita anterior) *is perceived as a disturbance or contradiction between the underlying –normal– pulse and the actual –abnormal– rhythm.*[7]

No es coincidencia que una música que valore en tal forma la riqueza rítmica otorgue también enorme importancia a los instrumentos de elaboración rítmica por excelencia, los instrumentos de percusión. En casi todas las culturas (al menos en las tres grandes familias culturales que se "encontraron" en el Caribe) existen tambores. Pero, en la tradición europea (con su énfasis en una regularidad de tiempos simple, que vimos en la cita, y una métrica regular) fueron relegados paulatinamente al papel de acompañantes, generalmente marcando un ritmo básico, sencillo. En la música africana, por el contrario, que incorpora

---

[5] Este papel protagónico es enfatizado por numerosas fuentes; pueden encontrarse buenas ilustraciones en John Storms Roberts, *Black Music of Two Worlds*, Nueva York, Morrow, 1974. Sobre el protagonismo de la tonada en la música europea, véase el capítulo 1.

[6] Willie Apel, *Harvard Dictionary of Music*, Cambridge, Mass, Harvard University Press, 1982, p. 827.

[7] *Ibid.*, paréntesis míos.

también diversos tipos de instrumentos,[8] se consideraron los tambores como fundamentales para la *elaboración* musical, ocupando generalmente planos, como indicamos antes, protagónicos.[9]

No es de sorprendernos, pues, que en diversos lugares de América, tan lejanos entre sí como el Caribe, Ecuador, Brasil y Paraguay, frente al choque de culturas, la palabra *bomba* (o palabras de sonido parecido), cuya etimología, nos señalan diversos estudiosos, se vincula a denominaciones africanas de *tambor*, fuera el término con el cual se denominaría a la música más apegada a la presencia étnica africana. El libro de Acquarone, *Historia de la música brasileña* describe que

> Al son de instrumentos groseros, danzaban los negros y las negras... con un frenesí indescriptible... En su gran variedad de movimientos, había tal derroche de acción nerviosa y muscular... Cantaban a todo pulmón y el hombre del centro gritaba: *¡Eh, bomba, eh!* Todos los asistentes repetían las *mismas palabras*.[10]

Esta descripción hubiera podido generarse en muchos lugares del continente; entre ellos, Puerto Rico.[11]

---

[8] Respecto a la presencia de algunos de estos otros tipos de instrumentos en Puerto Rico véase de Emanuel Dufrasne, "Tres cordófonos de origen africano en Puerto Rico, nuevos datos organológicos del Caribe hispano-hablante", *La Revista del Centro de Estudios Avanzados de Puerto Rico y el Caribe* 5, julio-diciembre de 1987, pp. 71-77; Cuba cuenta con la monumental investigación de Fernando Ortiz, *Los instrumentos de la música afrocubana*, La Habana, Dirección de Cultura del Ministerio de Educación, 1952.

[9] Janheinz Jahn, *Muntu: las culturas neoafricanas*, México, FCE, 1963 [1ra. ed. en alemán, 1958], p. 310.

[10] Según citado por María Luisa Muñoz, *La música en Puerto Rico: panorama histórico-cultural*, Sharon, Conn., Troutman Press. 1966, pp. 82-83.

[11] El gran etnomusicólogo cubano Fernando Ortiz, escribiendo sobre "La bomba de Puerto Rico", *Asomante* IX: 2, abril-junio de 1953, pp. 8-12, vincula la palabra con toda la América negra. Véase también, por ejemplo, de Edgardo Díaz Díaz, "La gomba paraguaya; un documento para el estudio de la bomba puertorriqueña", revista *La Canción Popular* I: 1, enero-junio de 1986, pp. 8-14. Respecto a la utilización de la palabra *bomba* para denominar a la música más apegada a la tradición africana en Santo Domingo véase Emilio Rodríguez Demorizi, *Música y baile en Santo Domingo*, Santo Domingo, Lib. Hispaniola, 1971, p. 55 y Pedro Henriquez Ureña, "Música popular de América" (1929) reproducido en *Boletín de Antropología Americana* 9, julio de 1984, p. 142 y en Cuba, el clásico de Fernando Ortiz, *Africanía...*, p. 77. Sobre Ecuador véase, por ejemplo, Carlos Alberto Coba Andrade, *Literatura popular afroecuatoriana*, Otavalo, Instituto Otavaleño de Antropología, 1980 o John M. Schechter, "Los Hermanos Congo y Milton Tadeo Ten Years Later: Evolution of an African-Ecuadorian Tradition...", en Gerard H. Béhague, ed., *Music and Black Ethnicity, The Caribbean and South America*, New Brunswick y Londres, Transaction Pub., 1994, pp. 285-305.

La *bomba* puertorriqueña es música de canto antifonal (de "llamada y respuesta" entre solista y coro) cuyas melodías y letras son generalmente muy sencillas, repetitivas y hasta monótonas. Todavía se cantan hoy letras que datan de más de un siglo e incluso algunas contienen palabras africanas (o deformaciones de éstas) que ya nadie, o muy pocas personas entienden en Puerto Rico.[12] Los instrumentos básicos de la *bomba* original eran, además de la voz humana, dos tambores.[13] Uno de los tambores, denominado a veces *guiador*, o *buleador*, establece el *toque* del tipo de *bomba* que se va a tocar, es decir, el patrón rítmico básico, que es siempre, bajo la terminología europea, "sincopado". Estos *toques* son también muy tradicionales y, todavía hoy, una de las más importantes y valoradas habilidades de un percusionista en conjuntos de música del Caribe hispano es su conocimiento del repertorio de los numerosos *toques*.[14] Sobre la base del *toque* previamente establecido de cada variante particular de *bomba*,[15] el segundo tambor –denominado *repicador*– desarrolla largas series de improvisaciones;[16] y es en estas maravillosas variaciones rítmicas, inconcebibles en la tradición musical europea, donde la *bomba* alcanza sus más altos niveles de desarrollo y sofisticación.[17]

---

[12] Manuel Álvarez Nazario, *El elemento afronegroide en el español de Puerto Rico, contribución al estudio del negro en América*, San Juan, ICP, 1974, p. 298.

[13] En algunas regiones, sobre todo en el sur del país, se utilizaba también la percusión del golpe de dos palitos llamados *cuá*; véase Emanuel Dufrasne, "La Bomba: de Ponce y de todos los puertorriqueños", periódico *El Nuevo Día*, 27/8/91, p. 75.

[14] John Storms Roberts, *The Latin Tinge*, Nueva York, Oxford University Press, 1979.

[15] Álvarez Nazario, *El elemento...*, recoge las denominaciones de muchos distintos tipos de *bomba*, aunque no es de su competencia ni intención examinarlos musicalmente. El etnomusicólogo Emanuel Dufrasne ha realizado valiosas investigaciones al respecto. Preparó, junto al grupo musical que dirige, Paracumbé, un LP titulado *Bomba y plena*, San Juan, Paracumbé inc., 1987, que ilustra muchas de estas variantes. Véase también su ensayo "Paracumbé: un proyecto para la autenticidad en música popular", revista *Cruz Ansata* 10, 1987, pp. 199-213.

[16] Muñoz, *La música...*, p. 86, destaca la importancia de la improvisación en lo que llama el floreo del *repicador*. En Puerto Rico el *repicador* tiene un registro más agudo que el *guiador*, lo que según nos explica para Cuba Argeliers León, "Continuidad...", p. 126, debe constituir ya una modificación americana de la tradición africana de florear en bajos.

[17] Uso *sofisticación* acá en el sentido positivo de compleja elaboración. Los oídos europeamente condicionados captan solamente a veces el ritmo básico o *toque*, lo que unido al papel secundario de la melodía lleva a increíbles descripciones desvirtuantes, como la referente a "la prolongada monotonía de su ritmo" de Edwin Figueroa Berríos, "Los sones de la bomba en la tradición popular de la costa sur de Puerto Rico", *Revista del Instituto de Cultura Puertorriqueña* (ICP) 21, octubre-diciembre de 1963, p. 46.

La *bomba* es música para bailar. Como señalaban los primeros cronistas: "Los esclavos... son muy inclinados al baile y a la música y mucho más al otro sexo."[18]

Bien recoge el descriptivo dicho popular, "cuando la bomba ñama el que no menea oreja menea una nalga".[19]

Tradicionalmente el baile se desarrollaba en la siguiente forma. Un grupo de personas cantan alrededor de los tambores; de momento un bailador (o bailadora) comienza a improvisar su baile en diálogo con el tambor repicador. Es decir, en lugar de organizar sus movimientos rítmicos a base del *toque*, del patrón rítmico básico, que es la forma generalizada en el baile *latino* popular moderno, el *toque* queda como trasfondo rítmico implícito y sus movimientos se estructuran para dialogar con la improvisación creativa. Para esta última se siguen unos patrones tradicionales; pero su éxito como bailador no reside sólo en conocer estos patrones, sino en su capacidad de superar al tambor repicador en la versatilidad improvisadora. Después de un tiempo el bailador se retira y se lanza un segundo bailador al ruedo, también en diálogo con el tambor improvisador. Cuando termina se lanza un tercero, y así sucesivamente.[20] La naturaleza de reto a la creatividad improvisadora se reafirma en la siguiente práctica: si el bailarín lograra superar en virtuosismo improvisador creativo al tamborero repicador, este segundo, en homenaje, acepta la victoria del bailarín, lo cual se expresa comenzando a tañir el *toque*, es decir, a repetir el ritmo del tambor guiador, lo que se conoce en esta tradición como "bomba larga".[21]

---

[18] Según citados por Tomás Blanco, "El mito del Jíbaro", *Revista del Instituto de Cultura Puertorriqueña* 5, octubre-diciembre de 1959, p. 8.

[19] Citado en Manuel Álvarez Nazario, "Historia de las denominaciones de los bailes de bomba", *Revista del Instituto de Cultura Puertorriqueña* IV: 1, marzo de 1960, p. 60.

[20] El film documental *La herencia de un tambor*, de Lydia Milagros González y Mario Visepó, San Juan, Cinetel, 1984, incluye buenas secuencias ilustrativas. La tesis de doctorado recién completada de Barton, *The Drum-Dance Challenge...*, incluye descripciones y análisis estupendos basados en observación partícipe realizada a principios de la presente década. Otras descripciones en Francisco López Cruz, *La música folklórica de Puerto Rico*, Sharon, Conn., Troutman Press, 1967, pp. 48-50 y en los trabajos antes citados de Álvarez Nazario y Figueroa Berríos.

[21] Héctor Vega Druet, "Valor sociocultural de la Bomba y la Plena", *Revista de estudios folklóricos de Ponce*, s.f., p. 86. Argeliers León, *Del canto y el tiempo*, La Habana, ed. Letras cubanas, 1984, p. 159, describe para la *rumba* cubana diálogos similares entre bailarín y tamborero. Los duelos entre tamborero y bailarín se encuentran también en otras culturas negras americanas, por ejemplo, entre los garífonas o caribes negros de la costa

El antropólogo Halbert Barton recalca el significado de este diálogo entre bailador y tamborero en la *bomba* para una representación distinta del tiempo, a través del baile y su impacto en la elaboración de la sonoridad:

> *I was accostumed to seeing, and expecting,* synchrony *between movement and sound in dance performance, where lack of synchrony would be judged as failure.* Synchrony *was for me a basic "given" of performance, but later I realized that this assumption was based on what might be called a "stage theory" view of dance. I had not been aware... that I was in the presence of a profound cultural difference –the valuing of* agonistic dialogue *over* harmonic mutual agreement *during the peak of performance... Bomba is one genre where dance is central to the performance of the music.*[22]

El diálogo entre movimiento corporal y sonoridad (percusiva) imparte a la *bomba* un carácter temporal particular, irreversible: cada *bomba* es, en ciertos detalles, realmente irrepetible, lo que quiebra la "armonía" de la sincronización que acostumbramos a experimentar y valorar en la música "occidental".[23]

Los ritmos sincopados, la polirritmia y la importancia protagónica del elemento rítmico en la música, y de los instrumentos de percusión y el baile, son características que aparecen a flor de piel, entrelazadas, en las expresiones musicales americanas cuya identificación con la herencia étnica africana no es solapada sino evidente.[24] Algunas de estas características están presentes también, pero en formas más ocultas, en otros tipos de música cuya identificación étnica es más compleja y problemática. Habiéndose identificado en América la música de tradición africana con los instrumentos de percusión, la transferencia de estas características a instrumentos melódicos, o la *melodización de ritmos*, ha sido una de las maneras principales como, en el Caribe, se ha manifestado esta presencia oculta.

---

atlántica (Caribe) de Centro América (información suministrada por el investigador panameño David Smith).

[22] *The Drum-Dance Challenge...*, pp. 2 y 28.

[23] Informantes practicantes señalan que en algunas *bombas* el bailador sigue los desafíos del tamborero y en otras este último sigue los desafíos del bailarín. Sutiles modificaciones en la música identifican las variantes.

[24] Aunque la identificación con dicha herencia no se da necesariamente a nivel voluntario o consciente, como es el caso de la *bomba* puertorriqueña.

EL CIMARRONAJE DE LA CONTRAPLANTACIÓN Y LA AMALGAMA ÉTNICA

El primer cuadro costumbrista que se consideró "clásico" en la literatura puertorriqueña,[25] *El Gíbaro* de Manuel Alonso,[26] divide la música profana del país en aquel momento (1849) en dos tipos: los bailes de sociedad que eran, señala, "eco repetido de los de Europa" y los bailes de *garabato* que identifica como "los propios del país",[27] no sin mencionar además, de pasada, un tercer tipo

> los de los negros de África y los de los criollos de Curazao *(es decir, del Caribe negro) (que) no merecen incluirse* bajo el título de esta escena, pues aunque se ven en Puerto Rico, *nunca se han generalizado.*[28]

En otras palabras, a los bailes de *bomba*, *guetoizados*, se les niega *el merecimiento de su inclusión* en "el cuadro de costumbres", en lo que se concibe como legítima representación del país.

El erudito estudioso de la historia de la lengua en Puerto Rico, Manuel Álvarez Nazario, nos recalca el significado de la distinción semántica entre los tipos de bailes populares, como bailes de *bomba*, o con tambor, y los bailes de *garabato*, refiriéndose por *garabato* a un instrumento de palo de origen africano.[29] Nos sigue explicando Álvarez Nazario cómo poco a poco los bailes de garabato fueron refiriéndose a los bailes populares que no fueran acompañados de tambor; es decir, van identificándose en contraposición a la plantación, con la cual se asociaban los bailes de *bomba*. De esa forma, en sus propios orígenes, la manera de nombrar los bailes campesinos manifesta la tensión dialéctica característica de esos primeros siglos de historia caribeña: la tensión entre plantación y contraplantación, entre la forzada *domesticación* y el

---

[25] Comparto en sus términos fundamentales el análisis de José Luis González sobre el significado ideológico de este llamado "costumbrismo", muchas veces confundido como retrato de la realidad. Véase su sugerente ensayo "Literatura e identidad nacional", en Quintero Rivera *et al.*, *Puerto Rico: identidad nacional y clases sociales*, San Juan, Huracán, 1979.

[26] Primera ed. Barcelona, 1849; 2da. ed. en 2 tomos, 1884; uso ed. de 1968, San Juan, Cultural.

[27] *Ibid.*, pp. 33-34.

[28] *Ibid.*, pp. 40, paréntesis y énfasis míos.

[29] "Historia de las denominaciones...", p. 61. El destacado etnomusicólogo cubano, Argeliers León, nos señala respecto a Cuba este mismo significado de *garabato*, como instrumento de palo de origen bantú –*Del canto...*, p. 73.

camuflaje de la cimarronería. El nombre *garabato* se contrapone a lo negro, a pesar de que había surgido de lo negro también.

Urge, pues, indagar en esa tensión dialéctica, central, a mi juicio, para analizar la cultura caribeña. En trabajos previos,[30] he intentado demostrar, pero convendría recalcar y ampliar acá, que frente a la ruralía controlada que la plantación esclavista representaba, el Caribe hispano rural, en esos primeros siglos, fue poblándose anárquica o libertariamente. Fue configurando una formación social particular alrededor del eje de la naturaleza de "escapados" de sus pobladores; una sociedad que buscaba en el escape, en la fuga, sacudirse de la opresión; una sociedad opuesta a la plantación, basada en la libertad del retraimiento, en lo que podríamos llamar en términos contemporáneos, el derecho a vivir en paz.

Ya que las plantaciones esclavistas en el Caribe hispano, aunque presente de diversos modos antes, no constituyeron la formación estructural interna básica de estas sociedades, sino hasta después de siglos de colonización, y ya que para el Imperio español el papel primordial de las Antillas en esos primeros siglos fue de carácter militar-comercial, la cimarronería en estas áreas no fue solamente una respuesta a la plantación esclavista (es decir, a un tipo agrario de ruralía), sino también, y fundamentalmente a la ciudad murada militar que en cada isla representaba al Estado colonial, al Estado español. Enfrentado a este colonialismo inicial de base citadina y frente a la ruralía controlada que la plantación esclavista de las islas vecinas (inglesas y francesas) representaba, fue conformándose en el Caribe "hispano" paulatinamente una sociedad rural de fugitivos: cimarrones por muy diversas razones.

Algunos lo fueron, evidentemente, del trabajo forzado. Bien señalaban los cronistas que

---

[30] "La cimarronería como herencia y utopía", en *David y Goliath* (CLACSO-Buenos Aires) 48, noviembre de 1985 y en catalán en *L'Avenç, revista d'Història* 155, enero de 1992; "Imágenes e identidades", en Héctor Méndez Caratini, *Tradiciones, Álbum de la puertorriqueñidad*, San Juan, Brown, Newsom & Córdova, 1990; "¡Cultura!: en el Caribe, nuestra consigna", en Federació Catalana d'Associacions i Clubs UNESCO, *Identidad cultural y modernidad, nuevos modelos de relaciones culturales*, Barcelona, UNESCO, 1990, reproducido en *Estudios sociales centroamericanos* 54, septiembre-diciembre de 1990; en forma muy apretada en la sección "La ciudad murada y la ruralía del escape" del primer capítulo del libro *Patricios y plebeyos: burgueses, hacendados, artesanos y obreros*, San Juan, Huracán, 1988 y, sobre todo, en el libro *Vírgenes, magos y escapularios*, San Juan, CIS-UPR, 1998.

Los negros... suelen arrancharse en los bosques... sin conocer juez ni cura, viviendo mayormente de la pesca y el contrabando.[31]

De sus investigaciones sobre la población negra en el Puerto Rico del siglo XVI, Jalil Sued Badillo, por ejemplo, concluye que

junto a otros grupos de marginados, como los indios y los mestizos, los *(negros)* libertos se alejaron de los poblados engrosando las filas de la población dispersa.

Y verifica dicha conclusión citando una carta del gobernador al rey, fechada en 1579:

...había y hay en esta tierra mucha gente mestizos, mulatos, indios, grifos, vagabundos y mujeres de la misma suerte que no querían servir e los apremiado a que tomen amos... (para) remediar los hurtos y males que se hacían por el campo.[32]

El escape negro de los poblados es también evidenciado respecto al Santo Domingo de este período, incluso estadísticamente.[33]

Muchos de los escapados, particularmente del trabajo esclavo de plantación, provenían de las Antillas Menores vecinas, donde se consolidó más tempranamente ese tipo de explotación rural. Existió, de hecho, por muchos años en Puerto Rico la disposición legal de que los esclavos escapados de islas no españolas eran declarados libres al llegar al país. Se encuentra referencia a esta disposición en un documento de 1664 y se reafirma, con variantes, en documentos posteriores: de 1686, 1693, 1750, 1773 y 1789. A mediados de este amplio período (1748) otro documento oficial señala que "*diariamente* están llegando dichos negros fugitivos".[34]

Como algunas de esta citas sugieren, los escapados al comienzo de la colonización podían ser también indios que huían de la servidumbre de las encomiendas, al punto que cronistas de muchos años después (del siglo XVIII) apuntan que vivir aislado, en el monte, se decía entonces que

---

[31] Citados por Tomás Blanco, "El mito del Jíbaro", *Revista del ICP* 5, octubre-diciembre de 1959, p. 8.

[32] *Puerto Rico negro*, San Juan, Ed. Cultural, 1986, p. 38, paréntesis míos.

[33] Emilio Rodríguez Demorizi, *Relaciones históricas de Santo Domingo*, vol. II, citado en *ibid.*, p. 37.

[34] Reproducido en Álvarez Nazario, *El elemento afronegroide...*, p. 63, énfasis mío.

era "vivir como indio"[35] pese a que los patrones de asentamiento en la sociedad taína al iniciarse la conquista eran absolutamente distintos, prácticamente opuestos, pues se vivía en aldeas o yucayeques.

Los documentos coloniales afirman la pronta desaparición de la población aborigen, y la historiografía caribeña tradicionalmente ha repetido esta aseveración. No cabe duda de que en el Caribe, como en toda América, la población aborigen se redujo notablemente en las primeras décadas de colonización, lo que no significa que se hubiera extinguido. Los meticulosos estudios de Álvarez Nazario sobre la historia del léxico puertorriqueño, proveen información sumamente sugerente respecto a la posible importancia de la cimarronería indígena; de la cimarronería de indios que, para citar a este autor: "se internaron por las serranías... distantes de los lugares donde habían padecido las penas de la esclavitud"[36] y, que por tal razón, escapaban de la visibilidad de las autoridades coloniales y, concomitantemente, de los documentos que éstos producían. Álvarez Nazario destaca la importancia del hecho de que la gran mayoría de los lugares en Puerto Rico que constituyen hoy los distintos pueblos conservan su nombre indígena o alguna modificación de éste.[37] Si el país, fuera de los núcleos de colonización española, hubiera quedado vacío (impresión que proyecta mucha de la documentación colonial) es obvio que los nuevos pobladores hubieran nombrado con palabras o apelativos que fueran para ellos significativos los lugares "descubiertos". Para que se hubiera retenido el nombre taíno es lógicamente indispensable alguna presencia indígena a través de la cual los nuevos habitantes pudieran inicialmente conocer los nombres. Esta presencia debió haber sido suficientemente significativa (aunque no necesariamente numerosa) como para que los nuevos pobladores adoptaran dicha toponimia.

Los estudios de Álvarez Nazario evidencian también una marcada influencia indígena en los nombres de nuestra flora y fauna,[38] lo que nuevamente sugiere la persistencia de aborígenes en el interior, con los cuales los nuevos pobladores que se incorporaban a esas regiones aprenderían los nombres de aquellas plantas y animales desconocidos.

---

[35] Por ejemplo, Fray Íñigo Abbad y Lasierra, *Historia geográfica, civil y natural de la Isla de San Juan Bautista de Puerto Rico* (1782), se usa ed. de 1959, San Juan, Ed. UPR, p. 185.

[36] *Origen y desarrollo del español en Puerto Rico (siglos XVI y XVII)*, San Juan, Ed. UPR, 1982, p. 18.

[37] *El influjo indígena en el español de Puerto Rico*, San Juan, Ed. UPR, 1977.

[38] *Ibid.*, p. 55.

Aunque es imposible documentar el alcance de la cimarronería indígena, la evidencia cultural sugiere, indirectamente, su importancia. Debemos apuntar, no obstante, que, al menos en Puerto Rico, ni el léxico indígena ni el africano se usarán para los nombres propios personales en el mundo huidizo de la contraplantación. Cada persona se nombrará como *español, en* español (no se podría bautizar –pertenecer a la comunidad cristiana– de otro modo).

Pero los escapados no fueron solamente indios, negros esclavos y libertos, que deberían asumir una identidad personal hispana; muchos lo fueron por razones vinculadas a la turbulenta historia española del período, con sus conflictos étnicos internos contra descendientes de judíos y moros,[39] la represiva Inquisición y sus angustiosos procedimientos de pureza de sangre,[40] la actitud picaresca hacia los hidalgos o la baja nobleza sin herencia, entre otros factores examinados excelentemente por el eminente hispanista francés Marcelin Defourneaux en sus investigaciones sobre la vida social cotidiana en la España de la época.[41] En otra de sus investigaciones, ésta sobre la Inquisición, Defourneaux concluye:

Non, L'Inquisition n'a pas, en fait, fermé l'Espagne a la culture européene... Mais elle a donné á certain de ceux qui vivaient a l'intérieur de ses frontières l'impression d'être enfermés dans une prison...[42]

El "Nuevo mundo" va a significar una nueva manera de experimentar la libertad: de escapar de tal "prisión".

---

[39] Entre varios trabajos al respecto, los de Charles Lea, *The Moriscos of Spain, Their Conversion and Expulsion*, Nueva York, Greenwood Press, 1968 [1ra. ed. 1901] y Cecil Roth, *Historia de los marranos*, Madrid, Altalena, 1979 [1ra. ed. 1932] son considerados *clásicos*. Aunque desesperantemente pro cristianos, los escritos de Antonio Domínguez Ortiz recogen investigaciones reveladoras: *Los judeoconversos en España y América*, Madrid, Ed. Istmo, 1978; *La clase social de los conversos en Castilla en la Edad Moderna*, ¿Madrid?, Inst. Barnes de Sociología, 1958; y con Bernand Vicent, *Historia de los moriscos*, Madrid, Rev. de Occidente, 1978.

[40] Albert A. Sicroff, *Les controverses des status de pureté de sang en Espagne du XVè au XVIIè siècle*, París, Lib. Marcel Didier, 1960; Henry Charles Lea, *A History of the Inquisition*, 4 vols., Nueva York, The Macmillan Co., 1906; Joaquín Pérez Villanueva ed., *La Inquisición española*, Madrid, Siglo XXI, 1980.

[41] *Daily Life in Spain in the Golden Age*, Londres, George Allan & Unwin, 1970. Véase específicamente el capítulo 11.

[42] *L'Inquisition espagnole et les livres français au XVIIIè siècle*, París, Presses Universitaires de France, 1963, p. 166.

Debemos recordar que el "descubrimiento" de América se da en un período de consolidación violenta del Estado español, como monarquía absoluta centralizada, que intentaba unir regiones con muy diversas tradiciones. Coincide temporalmente con la expulsión de los judíos y los moros. Después de tantos siglos de presencia de éstos en la península era de esperar que existiera un considerable mestizaje y que ante el clima oficial de represión, muchos españoles sobre los cuales se pudiera sospechar alguna ascendencia de los grupos perseguidos, temieran al Estado y emigraran a América en busca de una mayor laxitud de la presencia estatal.[43] Sobre los españoles de alguna descendencia judía o mora, el historiador español Domínguez Ortiz señala que:

podían enrolarse como marinos o soldados en una armada y una vez llegados a América desertar y perderse en el inmenso continente.[44]

Las referencias a desertores son numerosas también en las crónicas sobre el Puerto Rico de los primeros siglos de colonización. El Mariscal O'Reylly, por ejemplo, señala en 1765 que la isla

habiéndose poblado con algunos soldados... agregáronse a éstos un número de polizontes, grumetes y marineros que desertaban de cada embarcación que allí tocaba: esta gente por sí muy desidiosa, y sin sujeción alguna por parte del Gobierno, se extendió por aquellos campos y bosques...[45]

Fray Íñigo Abbad añade pocos años después que

---

[43] Abel Possé, *Los perros del paraíso*, Barcelona, Ed. Fénix, 1983, recoge excelentemente en forma novelada este ambiente.

[44] *Los judeoconversos...*, p. 129. Rodolfo Puigross, *La España que conquistó el nuevo mundo*, Buenos Aires, Cultural, 1965, describiendo las "estrictas" regulaciones estatales contra la emigración a América de españoles con algún trasfondo judío o moro señala: *lo que no evitó que muchos lo hicieran clandestinamente* (p. 102). Domínguez, *ibid.*, añade que: *La eficacia de estas disposiciones debió ser escasa* (p. 129). Sobre formas de evadir estas prohibiciones véase de Juan Friede, "Algunas observaciones sobre la emigración española a América", *Rev. de Indias* XI: 49. En Pérez Villanueva ed., *La Inquisición...*, hay varias referencias al escape a América, por ejemplo, pp. 462 y 932.

[45] *Memoria del Mariscal de campo D. Alexandro O'Reylly* (1765), reproducida entre otros en E. Fernández Méndez, ed., *Crónicas de Puerto Rico*, vol. 1, San Juan, ELA, 1957, p. 241. Juan Masini *et al.*, *Historia ilustrada de Yauco*, Yauco, Imp. Yauco Printing, 1925, p. 24, señala a nivel local que: *pobladores exóticos llegaban e internábanse en la montaña donde fácilmente adquirirían tierras.*

...muchos marineros y soldados se ocultan al abrigo de los naturales: de suerte, que en la flota del año 72... se quedaron en esta Isla *más de 1 000* españoles; *y no fueron muchos menos los que se ocultaron en la del 76...* Lo mismo sucede proporcionalmente en los navíos sueltos de España e Islas Canarias...[46]

No hay que olvidar que Puerto Rico era el primer puerto donde hacía escala una de las dos flotas en la transportación entre España y América.[47] Concretamente, a partir de 1720 era la primera parada en América, para hacer aguada, en la ruta de los galeones hacia México.[48] (Hay investigadores que señalan la importancia de los escapados en el poblamiento original de Cuba también,[49] aunque la actividad económica de La Habana, en la reparación de navíos previo a su regreso al continente –frente al carácter básicamente militar de San Juan– agrupó en la capital de la isla hermana muchos de esos "expulsados del continente", que en Puerto Rico asumieron más bien un retraimiento rural.[50])

El historiador puertorriqueño Fernando Picó encuentra abundantes referencias a escapados para los siglos XVIII y XIX:

A través de las circulares de los mismos gobernadores uno entra en contacto con noticias de esclavos fugados, desertores del regimiento de Granada, presidiarios escapados, inmigrantes ilegales, marinos requedados en la isla, todo un mundo, en fin, de gente en circulación que de una u otra manera eluden la vigilancia de las autoridades... Pero no es Puerto Rico nada más, es todo el Caribe el que está agitado entonces. Las circulares de *fugitivos* nos evocan ese mundo en ebullición.[51]

[46] *Op. cit.*, p. 133, énfasis añadido.
[47] Geoffrey Walker, *Política española y comercio colonial 1700-1789*, Barcelona, Ariel, 1979.
[48] Manuel Álvarez Nazario, *La herencia...*, p. 46.
[49] Por ejemplo, Francisco García Velázquez, "El proceso de urbanización en Cuba", en Jorge Enrique Hardoy *et al.*, *La urbanización en América Latina*, Buenos Aires, ed. del Inst., 1969, p. 41.
[50] Es significativo que para el siglo XVIII la proporción de la población de Cuba que vivía en La Habana era aproximadamente el doble del porcentaje de la población de Puerto Rico que vivía en San Juan. Las cifras para La Habana están recopiladas en Richard M. Morse, *The Urban Development of Latin America 1750-1900*, Stanford University Press, 1971; para las cifras de Puerto Rico véase mi libro previo *Patricios...*, p. 39.
[51] *Don Quijote en motora y otras andanzas*, San Juan, Huracán, 1993, p. 39. Véase también, sus minuciosas investigaciones recogidas en los excelentes ensayos que conforman su libro, *Al filo del poder. Subalternos y dominantes en Puerto Rico, 1739-1910*, San Juan, Ed. UPR, 1993. Su libro anterior, *Vivir en Caimito*, San Juan, Huracán, 1989, incluye también observaciones sugestivas al respecto.

Uno de los primeros historiadores profesionales puertorriqueños, Generoso Morales Muñoz, quien se dedicó al estudio de la fundación de los diversos pueblos en la ruralía, describió vívidamente ese mundo de nuestro primer "piso histórico" en la siguiente forma:

> Numéricamente, nuestra población se redujo al crecido grupo de indios alzados y negros cimarrones, amén de los miles de grumetes y polizones que nos soltaban las muchas flotas que tocaban en nuestros puertos para proveerse de agua, de paso hacia la tierra firme. Con este trueque o canje de carne humana por agua potable se nutrieron de población los protosiglos de nuestra era colonial. Entregados a la rapiña y al contrabando, estos advenedizos colonos sólo hallaban hospitalario abrigo en el bohío serrano de la india alzada o de la negra cimarrona, con quienes procreaban sin limitaciones. No es otra la génesis de nuestro jíbaro o hijo del país, cuyas raíces genéticas pretenden adscribir muchos, sin razones de índole alguna, a un grupo étnico de exclusivo origen hispano.[52]

Mucho se ha polemizado en el Caribe acerca de la importancia relativa de los trasfondos culturales de las diversas etnias que fueron configurando, en los primeros siglos de colonización, el grupo humano residente en la región, y los análisis de la música caribeña han estado tremendamente permeados por esa polémica. Sin embargo, a mi juicio, más importantes aún que esos trasfondos, que son sin duda importantes, fueron las repercusiones culturales de los procesos a través de los cuales fueron constituyéndose las relaciones interétnicas entre esos primeros habitantes, que marcaron en forma definitiva nuestra cultura. ¿Cuándo, cómo y entre quiénes se mantuvieron distinciones; cuándo, cómo y entre quiénes se generaron amalgamas? Se tienden a identificar las distinciones con relaciones asimétricas (aunque uno no necesariamente conlleva lo otro), pero, ¿se darían también asimetrías o desigualdades en los procesos que conformaron amalgamas?

La polémica sobre la importancia relativa de las diversas etnias es desvirtuante, pues se basa en la concepción tradicional del "encuentro". Se asienta sobre la hipótesis de que nuestras sociedades se conformaron con las "aportaciones" de tres bloques culturales: hispano, africano y amerindio, como recoge el emblema oficial del Instituto de Cultura Puertorriqueña. No toma en consideración esa visión, que las condiciones en que se dio *el encuentro* nos imposibilitan referirnos a dichas culturas como bloques de definidos patrones y características. No

---

[52] *Fundación del pueblo de Gurabo*, San Juan, Imp. Venezuela, 1944, p. 12.

podemos soslayar que en el Caribe las culturas *encontradas*, precisamente por razones indiscutiblemente vinculadas a la colonización (o supuesto *encuentro*), atravesaban procesos abarcadores de desintegración o transformación. En los primeros tres siglos de formación de las sociedades del Caribe hispano, en la ruralía, frente a la plaza fuerte citadina que representaba la España del colonialismo, fueron gradualmente *encontrándose* y conviviendo personas cuyas culturas se encontraban amenazadas, y era precisamente frente a esa amenaza que se daba la huida que posibilitaba el *encuentro*.

Muchos de los componentes básicos de la cultura indígena fueron destruidos con el desmantelamiento de sus yucayekes y la eliminación de su modo de producción comunitario-caciquil.[53] Los africanos habían sido brutalmente desarraigados de sus sociedades y sometidos sistemáticamente a procesos que intentaban su deculturación.[54] Y, al menos un considerable número de españoles –aquéllos cuya cultura había sido fuertemente influida por el previamente moro *Al-Andalus*, por normas judaicas de vida personal, o sencillamente por la tolerancia de la diversidad étnica en la convivencia, convertida en intolerencia– habían experimentado también transformaciones dramáticas en su cultura, impulsadas por la nobleza unificadora del Estado. El renombrado hispanista Américo Castro, por ejemplo, describe a los españoles (o al *carácter hispano*) que emergía de esas transformaciones como que "son espontáneamente de una manera y necesitan vivir de otra".[55]

---

[53] Sobre los modos de producción en la sociedad taína véase Francisco Moscoso, *Tribu y clases en el Caribe antiguo*, San Pedro de Macorís, Universidad Central del Este, 1986.

[54] Por ejemplo, Manuel Moreno Fraginals, "Aportes culturales y deculturación", en Moreno, ed., *África en América Latina*, México, Siglo XXI, 1977. Jalil Sued Badillo, *Puerto Rico negro*, San Juan, ed. Cultural, 1986, pp. 168-170, ha evidenciado para el Puerto Rico del siglo XVI algunos de los intentos de deculturación examinados por Moreno.

[55] *Iberoamérica*, Nueva York, Dryden Press, 1966, p. 51. Otros trabajos de Américo Castro incluyen numerosas observaciones sugerentes en torno al impacto cultural de la opresiva "cruzada purificadora homogeneizante" impulsada desde el Estado: *España en su historia, Cristianos, moros y judíos*, Barcelona, Crítica, 1983 [1ra. ed. 1948]; *La realidad histórica de España*, México, ed. Porrúa, 1971 [1ra. ed. 1954]; *De la Edad Conflictiva, crisis de la cultura española en el siglo XVII*, Madrid, Taurus, 1976 [1ra. ed. 1961], entre otros. También útil, aunque incómodamente apologético de la cultura española dominante, es el clásico de Ludwig Pfandl, *Cultura y costumbres del pueblo español de los siglos XVI y XVII*, Barcelona, Araluce, 1942 [1ra. ed. 1929]. Los análisis de Castro y Defourneaux sobre el significado cultural del fenómeno del honor en la cultura española de este período son también muy reveladores al respecto. Véase además de Bartolomé Bennassar, *L'Homme Espagnol: attitudes et mentalités du XVI⁰ au XIX⁰ siècle*, París, Hachette, 1975.

Y el historiador Domínguez Ortiz, refiriéndose principal, aunque no exclusivamente, a los conversos (judíos o moros que habían adoptado –por convicción o necesidad– la fe cristiana) o a sus descendientes, señala que:

debieron abundar *(los colonos con antecedentes "sospechosos")* porque América fue el *escape*, el refugio de los que en España, por unos u otros motivos, no eran bien considerados.[56]

Muchos elementos culturales de los diversos trasfondos, naturalmente, perduraron; pero la formación cultural caribeña no puede entenderse como mera yuxtaposición de esos elementos, como *sancocho* o *ajiaco* de esos remanentes. Como configuración coherente, aunque paradójica o contradictoria, tuvo su matriz inicial en la naturaleza de contraplantación de la sociedad en la cual emergía, que nutrió patrones particulares de relaciones interétnicas que se manifestaron de maneras muy reveladoras en la música.

EL AGUINALDO Y EL SEIS DE LA JIBARERÍA CIMARRONA

> Tumba la la la,
> Tumba la la le
> (?) que en Poltorrico
> *escravo no quedé.*

Baile antillano, *El Portorrico*, siglo XVII[57]

En 1782 Fray Íñigo Abbad observó agudamente que, siendo la mayoría de los criollos en Puerto Rico lo que se denominaba entonces *pardos*, "se glorian de descender de españoles".[58] Sobre el pueblo de Lares (pueblo del interior comúnmente considerado hoy de "jíbaros blancos",

---

[56] *Los judeoconversos...*, p. 131, énfasis añadido.

[57] El tercer verso podría también entenderse como *que donde y Pilico* (?), el documento no es claro. En lo que sí no hay duda es que esta copla es parte de un *baile* que llevaba de nombre *El Portorrico*. Es la primera referencia a Puerto Rico en alguna música escrita. Manuscrito de Método para cítara encontrado en los archivos mexicanos, según citado por M.L. Muñoz, *La música...*, pp. 26-27 (aparece fragmento de transcripción).

[58] *Historia...*, p. 182.

que atravesó, sin dudas, en el siglo XIX, el proceso "blanqueador" al que el agudo ensayista José Luis González hace referencia como "un segundo piso que le echaron al país"[59], el historiador Generoso Morales Muñoz señala, en su minucioso estudio sobre su establecimiento como asentamiento, que para ese momento (1752) el 87% de sus pobladores eran clasificados *pardos*, mientras juraban fidelidad a la Corona española y se congregaban fundamentalmente para el establecimiento de una parroquia.[60] Los primeros siglos de colonización experimentan un amplio proceso de amalgama étnica, pero preñado de asimetrías.

Generalmente se asocian las "contribuciones" africanas a nuestra cultura con la historia de la esclavitud, lo que es correcto para el Caribe considerado globalmente. Pero en sociedades de contraplantación, como Puerto Rico (y Santo Domingo) los diversos censos hasta el momento mismo de la abolición de la esclavitud evidencian generalmente una mayor proporción de negros y mulatos libres que de esclavos,[61] debiendo incorporar sus remanentes culturales en esa asimétrica amalgama, donde *todos* debían nombrarse españoles. Más aún, existiendo un gran número de negros libres, en las vísperas de la Abolición, el 36% de los esclavos eran mulatos, y sobre el 85% negros y mulatos *criollos*, es decir nacidos en Puerto Rico. Para 1872, los bozales (esclavos nacidos en África) constituían menos del 10% del total de esclavos en el país.[62]

Para el análisis de la cultura de contraplantación en el Caribe hispano es conveniente devolverle al término cimarronaje su amplio sentido original. Los cimarrones han venido a identificarse básicamente con los esclavos escapados de origen africano, pero ello limita el concepto a sólo un particular tipo de huida, cuando el término se incorpora inicialmente al castellano para referirse al escape de la domesticación. Es significativo que la palabra se usó para animales que

---

[59] *El país de cuatro pisos y otros ensayos*, San Juan, Huracán, 1980.

[60] *Fundación del pueblo de Lares*, San Juan, Imp. Venezuela, 1946, pp. 116-117.

[61] En el momento de la abolición de la esclavitud en Puerto Rico (1873), los censos registran diez negros o mulatos libres por cada negro o mulato esclavizado.

[62] Benjamín Nistal, "Problems in the Social Structure of Slavery in Puerto Rico During the Process of Abolition, 1872", en M. Moreno Fraginals, F. Moya Pons y S.L. Engerman, eds., *Between Slavery and Free Labor: the Spanish Speaking Caribbean in the Nineteenth Century*, Baltimore, Johns Hopkins University Press, 1985. Datos comparativos para la ciudad de San Juan en Raúl Mayo Santana, Mariano Negrón Portillo y Manuel Mayo López, "Esclavos y libertos: el trabajo en San Juan pre y post-abolición", *Revista de Ciencias Sociales* (CIS-UPR) XXX: 3-4, mayo de 1995, p. 31.

se suponía fueran domésticos pero que vivían salvajemente: el ganado (vacuno, porcino o caballar) y los perros en estado montaraz. El término se refirió también a humanos que otros trataron sin éxito de domesticar; siendo la forma más obvia a través de la esclavitud.[63] Los estudios etimológicos más recientes y autorizados señalan su origen taíno-antillano incorporado al español en el primer tercio del siglo XVII proveniente de *símaran*

flecha despedida del arco, escapada del dominio del hombre, o como dice Oviedo "fugitiva". Y de ahí que símaran equivalga... a "huido", "alzado" o "bravo" aplicado a los animales domésticos que se tornaban montaraces, y también a los hombres, indios primero y negros después, que se alzaban y en desesperada fuga buscaban libertad lejos del dominio del amo.[64]

La ausencia de la doble r (rr) en el lenguaje taíno nos lleva a revaluar la posible vinculación, que algunos autores habían señalado, entre el término cimarrón con la palabra *marrano* en el proceso de su incorporación al castellano,[65] cuando en España *marrano* se usaba para referirse a las personas de descendencia judía, que en aquel momento eran también perseguidos. El *Diccionario de la Real Academia Española* al definir *cimarrón* añade al final que en sentido figurativo "dícese del marinero indolente y poco trabajador".[66] Es significativo, como apunta el historiador Domínguez Ortiz, que fuera a través de enrolarse como marineros que muchos españoles de sospechable origen marrano se "cimarronearan" en las Antillas. Propongo, por tanto, el término cimarronaje en el ampio sentido utilizado por Alejo Carpentier en su relato sobre los inicios del período colonial –*El Camino de Santiago*. En él describe un encuentro en el *hinterland* cubano entre los distintos tipos

---

[63] Joan Corominas (con José Pascual), *Diccionario crítico y etimológico castellano e hispánico*, Madrid, Gredos, 1980, tomo III, pp. 511-513. Véase también, Marcos A. Moringo, ed., *Diccionario manual de americanismos*, Buenos Aires, Muchnik ed., 1966, p. 136.

[64] José Juan Arrom, "Cimarrón: apuntes sobre sus primeras documentaciones y su probable origen", *Anales del Caribe* II, La Habana, Casa de las Américas, 1982, p. 184, reproducido también en J.J. Arrom y Manuel García Arévalo, *Cimarrón*, Santo Domingo, Fundación García Arévalo, 1986.

[65] Alfredo Zayas, *Lexicografía antillana*, La Habana, 1914, p. 176, considera equivocado que *cimarrón* se *derivase* de marrano, lo que no descarta la posibilidad de la presencia de ese último vocablo en la *transformación* que sufriera la palabra indígena en el proceso de ser incorporada al español.

[66] Madrid, Espasa-Calpe, 1984, tomo I, p. 316.

de *escapados* que hemos mencionado: negros, indios y españoles de posible ascendencia marrana o mora.[67]

Es sumamente significativo que la palabra que va a nombrar en Puerto Rico, sobre todo a partir de comienzos del siglo XIX, al campesino nativo que se constituía en ese mundo rural, fuera *jíbaro*; mientras en la isla vecina de Cuba para esa fecha, *jíbaro* fuera sinónimo de perro cimarrón. Según el estupendo diccionario decimonónico de cubanismos de Esteban Pichardo, "el perro o perra que se hace montaraz y su descendencia".[68]

Pichardo añade que *en la parte oriental* de Cuba, es decir, la más cercana –geográfica, ecológica y socialmente– a Puerto Rico, *jíbaro* se refiere "algunas vezes al hombre de modales o costumbres agrestes *(usado también como)* montaraz, rústico e indomable".[69]

Varias autoridades en la historia de la lengua enfatizan los paralelos históricos entre los vocablos *jíbaro* y *cimarrón*; así también como el de la palabra *guajiro* que va a denominar en Cuba al campesino. Al definir *guajiro*, Pichardo señala: "En Vueltarriba dicen también montuno y algunos en Cuba, *jíbaro*, como en Puerto Rico."[70]

El primer importante historiador *moderno* de Puerto Rico, Salvador Brau, apuntaba ya en 1904 los paralelismos entre el *jíbaro* y el cimarronaje:

La voz *jíbaro*, que por primera vez se aplica a los campesinos de Puerto Rico en documentos oficiales del siglo XVIII, es de origen indio. Con ella se designaba

---

[67] Buenos Aires, 1957, p. 69. La palabra inglesa *maroon* y la francesa *marron* provienen de la española *cimarrón*. El diccionario Velázquez de Español a Inglés, Chicago, Follet Pub. Co., 1964, p. 162, traduce correctamente cimarrón como "wild and unruly", además de "maroon and runaway slave". Richard Price, ed., *Sociedades cimarronas*, México, Siglo XXI, 1981, p. 11, nota 1, describe este sentido original del término; aunque se muestra consciente de las fusiones étnicas en las áreas no alcanzadas por la colonización (aunque posteriormente sólo entre afroamericanos y amerindios, p. 25), usa el término posteriormente básicamente en su acepción inglesa de negro esclavo escapado. Benjamín Nistal, *Esclavos prófugos y cimarrones, Puerto Rico 1770-1870*, San Juan, ed. UPR, 1984, usa la palabra también en esta última acepción, que dado el período que examina es completamente entendible y correcto. Ambos libros, respecto a este tipo de cimarronaje, son excelentes.

[68] *Diccionario provincial casi razonado de Vozes y frases cubanas* (1ra. ed. 1836), La Habana, Academia cubana de la lengua, 1953, p. 408.

[69] La revisión al *Pichardo...*, del siglo XX, por el doctor Esteban Rodríguez, añade "*personas y animales cuando huyen del trato humano*".

[70] *Ibid.*, p. 344. Véase también, Francisco J. Santamaría, *Diccionario general de americanismos*, México, ed. P. Robredo, 1942, tomo II, pp. 145-146.

a uno de los numerosos grupos o naciones en que se hallaba dividido el pueblo *caribe*. Y precisamente distinguíase la nación *jíbara* por sus hábitos *montaraces y cerriles*.[71]

El estudio más riguroso y documentado sobre la historia del vocablo *jíbaro* fue realizado, nuevamente, por Álvarez Nazario.[72] Destaca la vinculación de los orígenes tanto de *jíbaro* como de *guajiro* con *cimarrón*, citando referencias del siglo XVI a "indios que huían a los montes para eludir la servidumbre forzosa".[73]

La palabra adquirió posteriormente sentido descriptivo de amalgama racial, respondiendo probablemente a la amalgama étnica del mundo americano del escape. Un documento referente al Puerto Rico del siglo XVIII señalaba con asombro: "Los blancos ninguna repugnancia hallan de estar mezclados con los pardos".[74]

En un libro español de 1752, *jíbaro* aparece como el nombre usado para "criollos y mestizos de la Española, Puerto Rico u otras islas".

En Brasil se usó para denominar al mestizo de *cafuso* y negro, siendo *cafuso* mezcla de indio y negro; y en el México del siglo XVIII como hijo de *lobo* con *china*, siendo *lobo* mezcla de indio y negra, y *china* de blanco e india.

Esta sugerente etimología de la palabra con la cual se denomina en Puerto Rico, hasta hoy, al campesino es sumamente importante para el estudio de los orígenes de su expresión musical. Las historias generales de la música en las Antillas casi invariablemente comienzan señalando los "aportes" de las diversas etnias que configuraron las sociedades caribeñas. Se distingue entonces la música de los esclavos como africana, de la música del campesinado libre, cuya discusión se ubica entre los aportes europeos.[75] Este modo de acercamiento conlleva una separación

---

[71] *Historia de Puerto Rico*, Nueva York, D. Appleton & Co., 1904, p. 181.

[72] *El influjo indígena en el español en Puerto Rico*, San Juan, ed. UPR, 1977, pp. 67-69.

[73] *Ibid.*, Sued Badillo, *Puerto...*, p. 171, testimonia el uso de *cimarrón* en el siglo XVI tanto para negros como para indios escapados.

[74] O'Reylly, *Memoria...*, p. 242. También citado por Blanco, "El mito...", p. 6.

[75] Véase, por ejemplo, de Puerto Rico las historias de Muñoz, *La música...*, y Héctor Campos Parsi, *La música en Puerto Rico*, tomo 7 de *La gran enciclopedia de Puerto Rico*, San Juan, Ediciones R, 1976. Respecto a la República Dominicana véase, por ejemplo, de Flérida de Nolasco, *Santo Domingo en el Folklore Universal*, Santo Domingo, Impresora dominicana, 1956, libro en el cual, no sólo la música campesina, sino *todo* el folklore dominicano, se plantea como parte de la tradición española. De Cuba, ejemplos de este enfoque que colocan la música guajira entre la herencia española son los trabajos de María

entre nuestras primeras dos tradiciones musicales importantes que, a mi juicio, es necesario reexaminar con más cuidado.

Los dos géneros principales de la música jíbara son, como hemos señalado, el *aguinaldo* y el *seis*. En su estudio musicológico sobre la *bomba* y el *aguinaldo*, James McCoy evidencia paralelismos rítmicos entre estos dos géneros. Describe elementos de presencia árabe-andaluza en el *aguinaldo*, pero a nivel rítmico concluye que

> While the African influence is not so strongly felt in the aguinaldo as in the bomba... it is nevertheless significant. The driving unrelenting strong rhythmic impulse found in the extant aguinaldo does not originate in Spain nor Arabia, but instead in the music brought by the slaves from Africa.
>
> Even though complexity in rhythmic structure exists in the music of Arabia and Spain... the force of powerful pulsation found in the Puerto Rican aguinaldo is not evident in the Spanish villancico nor even in many of the Puerto Rican villancicos.[76]

En la historia del lenguaje aparecen también importantes interrelaciones entre la *bomba* y el *seis*, el otro gran género de la música campesina, que nos lleva a sospechar que las vinculaciones entre estos géneros son mayores que lo que le ha otorgado la musicología tradicional. Una de las menciones más antiguas de la palabra *bomba* la encontramos en las crónicas del siglo XVIII del viajero francés André Pierre Ledru refiriéndose a su posible origen como tambor. La mención está ubicada en la descripción de un ambiente claramente campesino:

> La mezcla de blancos, mulatos y negros libres formaba un grupo bastante original... ejecutaron sucesivamente bailes africanos y criollos al son de la guitarra y del tamboril llamado vulgarmente bomba.[77]

La palabra *bomba* se mantuvo en una de las variantes de *seis* que se denomina, de hecho, *seis bombeao*, como llamada para interrumpir momentáneamente la música y declamar una copla;[78] uso que se retuvo

---

Teresa Linares, por ejemplo, *La música y el pueblo*, La Habana, Instituto Cubano del Libro, 1974 y el, por lo demás, excelente trabajo de Argeliers León, *Del canto...*, *op. cit.*

[76] *The Bomba and Aguinaldo...*, p. 82.

[77] *Viaje a la Isla de Puerto Rico* (1797) San Juan, Imp. militar de J. González, 1863, p. 45.

[78] Véase, por ejemplo, el interesante escrito de finales del siglo pasado, Matamba y Mostaza, *Las fiestas de Reyes*, San Juan, Tip. V. de González, 1896.

también en Santo Domingo[79] y en Cuba.[80] Por otro lado, los bailes en muchas de la variantes de *bomba* se denominan *seises*.[81]

En un corto trabajo del etnomusicólogo Emanuel Dufrasne aparece un elemento que considero sumamente sugestivo, aunque requeriría mucha más investigación adicional. Dufrasne transcribe la música de un cordófono de origen africano obtenida en sus investigaciones sobre la *bomba*. La transcripción aparece toda en *re*, con una sola excepción, y es significativo que sea precisamente el tono de *re* el más utilizado en la música de *cuatro* de *aguinaldos* y *seises*. En la transcripción, la división de tiempos se hace en tresillos, figura que predomina también en las transcripciones de *bomba* del decano del estudio del folklore musical en el país, Francisco López Cruz.[82] Es nuevamente significativo que el tresillo abunde también en el *seis* campesino y el *aguinaldo*[83] (el tresillo es fundamental también en la *danza*, primera música de salón que no era "eco repetido de las de Europa" –citando la frase de Alonso en *El Gíbaro*–[84] como analizaremos en el próximo capítulo).

Existen numerosas variantes en la música de *seis*,[85] con diferentes

---

[79] Rodríguez Demorizi, *Música y baile...*, p. 70.

[80] Véase Pichardo, p. 105.

[81] López Cruz, *La música...*, p. 47 y carátula del disco de Paracumbé, *op. cit.*

[82] *La música...*, pp. 57-60. El trabajo de Dufrasne es "Tres cordófonos..." En el ensayo de don Federico de Onís, "El Velorio que oyó Palés de niño en Guayama", *Revista del Instituto de Cultura Puertorriqueña* 5, octubre-diciembre de 1959, se incluye una transcripción de la música del baquiné realizada por el destacado compositor Jack Delano. Es lamentable que se transcriba solamente el canto, que es lo menos importante en esa música; pero aún así es revelador: abunda el par de corcheas con puntillo seguida de silencio de corchea, estableciendo un patrón rítmico ternario en un compás binario.

[83] *La música...*, pp. 4 y 185. De López Cruz véase también, *El aguinaldo y el villancico en el folklore puertorriqueño*, San Juan, ICP, 1956, p. XI y *El aguinaldo en Puerto Rico*, San Juan, ICP, 1972, p. 29. Se evidencia también en la transcripción de un *aguinaldo* realizada por Pablo Garrido, *Esotería y fervor populares de Puerto Rico*, Madrid, Ed. Cultura hispánica, 1952, p. 118; en la del "Seis chorreao" por José Enrique Pedreira, *Puerto Rico Sings, An Album of its Best-loved Songs*, Nueva York, Edward B. Marks Music Corp., 1957, pp. 45-47; la del *Seis enojao* por María Luisa Muñoz, *La música...*, p. 49; y las del *Seis Milonga* y del *Seis jíbaro* por Pedro Escabí, *Morovis, vista parcial del folklore de Puerto Rico*, San Juan, UPR-CIS, 1970, pp. 323-329. Véase también, análisis de Pérez Fernández, *La binarización...*, p. 95.

[84] *Op. cit.*

[85] El equivalente cubano sería el *punto guajiro*, donde se encuentran también una gran variedad de tonadas; véase de Argeliers León, *El canto...*, p. 101 y de Helio Orovio, *Diccionario de la música cubana, biográfico y técnico*, La Habana, Ed. Letras cubanas, 1981, pp. 314-316; pero en el *seis* puertorriqueño, además de este tipo de variaciones, se encuentra una mayor variedad rítmica, armónica y de improvisadas melodías suplemen-

frases melódicas, giros armónicos y estructuras rítmicas, pero en las investigaciones realizadas con el etnomusicólogo Luis Manuel Álvarez (sobre las cuales se basan muchos de los argumentos de este ensayo) hemos encontrado que predominan, a nivel rítmico, cuatro distintos tipos. Uno sigue un ritmo tipo *joropo*, que no parece tener antecedentes africanos, sino más bien amerindios; pero los tipos de *seis* más frecuentes son los otros tres. Éstos siguen un ritmo tipo *guaracha* (como el clásico *Chorreao*),[86] un ritmo tipo *habanera* (como el *Mapeyé* y el *Seis milonga*) y la familia de *seises* morunos (*Villarán, Mariandá, Montebello, Viequense,* etc.) que se estructuran sobre el ritmo de *tumbao*. Los ritmos de *guaracha, habanera* y *tumbao* sí evidencian en sus formas "sincopadas" presencia de la herencia africana.[87]

Uno de los más prominentes estudiosos de la historia musical puertorriqueña, el destacado compositor Héctor Campos Parsi, entre sus muy valiosas investigaciones, lanza, no obstante, algunas aseveraciones sin fundamento.[88] Enfatiza, por ejemplo, la españolidad de los *seises* señalando que "se desarrollaron en la altura de las montañas, en el cafetal, lejos de las costas donde trabajaba el esclavo africano", aunque, de inmediato matiza su aseveración, indicando que por los "prófugos *(¿cimarrones?)* se introdujeron ritmos negroides".[89]

La presencia musical africana en el *seis* es, como continuaremos analizando, más primigenia; no mera "influencia" posterior. Muchas variantes de *seis* se denominan a base de su lugar de origen. López Cruz menciona, a manera de ejemplo, doce de estas variantes denominadas geográficamente, ocho de las cuales (i.e. el 67%) se remiten a municipios costeros.[90] El mundo de la jibarería del escape era distinto a la plantación esclavista, pero no necesariamente estaba en "la altura de las montañas" ni "lejos del esclavo africano".

Revisando y ampliando la información suministrada por López Cruz a base de las investigaciones posteriores de Luis Manuel Álvarez, hemos

tarias en el acompañamiento de *cuatro*, que más adelante explicaremos en el texto.

[86] El paralelismo rítmico entre unos tipos de *seis* y la *guaracha*, es trabajado también por López Cruz en su análisis de otro género campesino ya prácticamente desaparecido "La marumba", *Revista del ICP* 74, enero-mayo de 1977, pp. 36-37.

[87] En el caso de la *habanera* la presencia rítmica afro-árabe es marcada, mientras en el *tumbao* parece predominar la presencia de músicas de la África negra.

[88] Uno de los graves problemas en muchos escritos de este autor es la ausencia de notas al calce para referencias precisas.

[89] Campos Parsi, *La música...*, p. 41, paréntesis añadido.

[90] López Cruz, *La música...*, p. 15.

encontrado, preliminarmente, 15 tipos de *seises* nombrados con base en su identificación regional, 11 de los cuales podríamos clasificar como costeros; y 7 *aguinaldos*, 5 de los cuales son de costa:

Seises nombrados con base en su identificación regional

1. Seis fajardeño
2. Seis viequense (o Cante jondo de Vieques)
3. Seis bayamonés
4. Seis de Comerío
5. Seis de Humacao
6. Seis manatieño
7. Seis de costa
8. Seis del Dorado
9. Seis de oriente
10. Seis cayeyano
11. Yumac (Camuy)
12. Seis Salinés (a veces llamado Celinés)
13. Seis de Mayagüez
14. Montebello (Morovis)
15. Seis de Adjuntas

Aguinaldos nombrados por su identificación regional

1. Aguinaldo Isabelino
2. Cagüeño
3. Orocoveño
4. Aguinaldo de Yabucoa
5. Aguinaldo mayagüezano
6. Yumac (Camuy)
7. Aguinaldo costero

He preparado un mapa mostrando esta distribución regional. Decir que la música jíbara es "de la montaña", es claramente un mito; lo que es distinto a señalar que fuera música "de monte adentro", es decir, de la ruralía del cimarronaje.

La ceguera étnica de estudiosos de la cultura "*jíbara*" en otros campos, como la literatura, es asombrosamente notable también. Eloísa Rivera García,[91] por ejemplo, argumenta que el jíbaro es básicamente de

---

[91] "Primeras notas del tema jíbaro en la literatura puertorriqueña", *Rev. del ICP* VII: 23, abril-junio de 1964, p. 56.

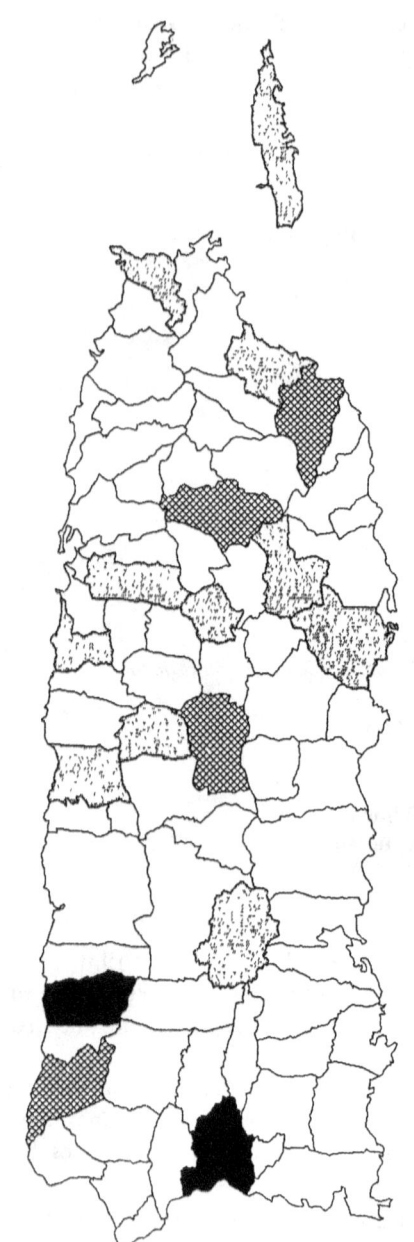

ascendencia hispana, mientras cita la primera alusión que encuentra del término en la literatura –*Las coplas del Gíbaro*– publicadas en 1820, cuya misma primera copla dice:

> Vamos siudadano
> jasta ei pueblo oi
> poique tio Juan Congo
> tocarai ei tamboi.

en evidente alusión, que increíblemente la autora pasa inadvertida, a su ascendencia africana.[92]

El más destacado intelectual puertorriqueño de los años treinta de este siglo, Antonio S. Pedreira, en su ensayo *Actualidad del jíbaro* reconoce, como buen académico *moderno*, dos posiciones encontradas en la literatura: aquellos autores que analizan el *jíbaro* como amalgama étnica y otros que postulan su "origen netamente hispánico".[93] Sin ofrecer argumento alguno añade: "me inclino a sostener la segunda teoría", ¡haciendo de inmediato alusión a *Las coplas del Gíbaro* de 1820! ¡No hay peor ciego que quien no quiere ver!

Aunque algunos blancófilos quieran ocultarlo, el *seis*, como el jíbaro, es expresión de la amalgama étnica. Para entender esa música, más allá de su naturaleza de amalgama, es decir, para comprender el carácter y las formas particulares que esa amalgama asumió, es necesario examinar ese mundo pardo del cual fue emergiendo.

MINUSVALÍA Y CAMUFLAJE: NUESTRA PARADÓJICA CULTURA

> ...todo caribeño sabe de modo más o menos intuitivo que, en último análisis, la única posesión segura que la resaca de la historia le ha dejado es su paradójica cultura.[94]

El Caribe se constituyó como una región atravesada de fuertes poderes extraños, invencibles en la guerra frontal. Ante la violencia azarosa de

---

[92] Véase también del destacado novelista mulato Enrique A. Laguerre y Esther M. Melón, *El jíbaro de Puerto Rico: símbolo y figura*, Sharon, Conn, Troutman Press, 1968, donde se afirma que el "jíbaro es el campesino de predominante ascendencia hispana" (p. IX).

[93] San Juan, UPR, 1935 (sobretiro del *Boletín UPR*, VI:1).

[94] Antonio Benítez Rojo, *La isla que se repite*, Hanover, Ed. del Norte, 1989, p. 172.

una exuberante naturaleza fabulosa (manifestada, sobre todo, en los huracanes) y ante una historia violenta marcada por diversas dominaciones imperiales de las más poderosas naciones del globo –primero España, Inglaterra, Francia, Holanda, Dinamarca y luego los Estados Unidos– (entrelazada a los conflictos de una economía configurada esencialmente, desde su propia génesis, por exigencias internacionales), el protagonismo de la cultura en la acción social ha sido uno de los lugares centrales que sectores caribeños importantes han encontrado o conformado para el ejercicio de su libertad. En un contexto de difíciles significaciones ante el caos generado por la falta de control frente a fuerzas tan poderosas, la jerarquización de valores y prácticas de convivencia y comunicación fue constituyéndose en un campo fundamental de la acción social. Ahora bien, ¿cómo fue configurándose esa acción cultural?

Las diversas dominaciones coloniales imprimieron al Caribe un carácter de mosaico en sus prácticas culturales que salta a la vista aun en una primera mirada superficial: algunos en el archipiélago hablan español, otros inglés, francés, créole o papiamento; algunos se presentan como católicos, otros como protestantes o practicantes del vodú o la santería; algunos juegan el futbol, otros cricket y otros el beisbol y el baloncesto. Pero con sólo arañar un poco esos múltiples carapachos (por lo demás, muy importantes) afloran elementos de una base cultural común, contradictoria, que se constituye en la tensión dialéctica entre ansias libertarias y realidades impuestas.

En trabajos previos[95] he argumentado que la propuesta de muchos de los más lúcidos analistas del Caribe en torno a la centralidad de la plantación para el análisis de los inicios de nuestra formación cultural es correcta, pero sólo parcialmente. Es correcta, he señalado, si concebimos la plantación en términos de las contradicciones dialécticas que suponía: plantación y contraplantación; esclavitud y cimarronería. Esta tensión dialéctica, intrínsecamente relacionada a la tensión antes señalada entre ansias libertarias y realidades impuestas, fue, a mi juicio, el verdadero esqueleto cultural común en el Caribe.[96] Debido a la posición

---

[95] Véase nota 30.

[96] Juan Carlos Quintero Herencia en un interesante ensayo reciente de aproximación a la música de *salsa* como "género discursivo" –"Notas para la salsa", revista *Nómada* 1, abril de 1995, p. 19– discute algunos peligros que esta interpretación acarrea por estar basada en una "oposición binaria". Algunas corrientes en boga entre los estudios culturales correctamente critican la tendencia a estructurar todo análisis en términos de oposiciones

caribeña en la expansión europea, la tensión entre plantación y contraplantación estuvo *siempre* presente en *toda* la región; aunque algunas sociedades incluyeron ambos tipos de contraformaciones en sí mismas, otras fueron, fundamentalmente, islas-plantación y otras, principalmente sociedades de contraplantación. Valdría la pena detenerse en el examen de esa sociedad *cimarrona* para pensar las condiciones que dieron origen a formas culturales nuevas, muy específicas.

Las culturas de contraplantación en el Caribe (como toda contracultura) varían de acuerdo con la naturaleza de la presencia de su opuesto. En países y/o períodos de fuertes economías de plantación esclavista, la contraplantación es una amenaza, por la atracción que ejerce sobre los esclavizados. En ese sentido los cimarrones son fieramente perseguidos y las comunidades cimarronas atacadas. Los cimarrones forman aldeas (*palenques* o *quilombos*) para la defensa mutua y para la organización de una forma de vida, alternativa pero amenazada.[97] Además, la plantación esclavista se distingue de formas antiguas de esclavitud en que la reproducción de su fuerza de trabajo no se genera internamente en la producción, sino en el comercio: en la trata de esclavos. (La intensidad de la explotación hacía que la vida de los esclavos fuera muy corta y se sustituyeran éstos principalmente por nuevos esclavos suministrados por la trata.) En esta forma la presencia de África se mantenía culturalmente más cercana y la contraplantación en situaciones de

binarias; me parece equivocado, no obstante, evadir reconocer que las oposiciones binarias en ocasiones existen, y pueden marcar decisivamente procesos y épocas. Entiendo que la *dialéctica* (y, por tanto, en movimiento histórico, no estructura fosilizada) plantación-contraplantación es fundamental para analizar el Caribe de esos primeros siglos de "colonización", como intentaré mostrar en el texto; aunque, evidentemente, para el estudio del Caribe contemporáneo, mucho más complejo, las "herencias genealógicas" de dicha contraposición no sean suficientes. El ensayo al cual Quintero Herencia alude, así como el presente trabajo, intentan demostrar la importancia de esa historia zigzagueante (en ningún momento –espero– la presento lineal ni monolítica) para analizar procesos culturales contemporáneos. Los agudos señalamientos críticos de Quintero Herencia, que fraternalmente le agradezco, me permiten aclarar que, aunque me reafirmo en dicha importancia, no quiero de ninguna forma sugerir que sea *la* llave explicativa, sino *un* elemento *clave* a considerar entre otros posibles, como las estrategias discursivas que sugerentemente él mismo examina más adelante en su texto. Plantear, por otro lado, las estrategias discursivas como *las* llaves explicativas (alternativas a las oposiciones binarias) –como otros influyentes autores parecen sugerir– sería, a mi juicio, igualmente limitante.

[97] Éste es el tipo de cimarronaje que aborda el libro de Price, como el subtítulo de su edición original en inglés claramente señala: "Rebel slave communities in the Americas".

fuerte economía esclavista mantenía rasgos de sociedad aldeana africana, aunque acrisolados por una situación completamente distinta.[98]

En sociedades de débil plantación esclavista, pero fuerte bastión militar citadino, como en Puerto Rico, la cimarronería era una oposición en retraimiento, no en oposición activa. Los militares de la plaza fuerte (aparte de un primer momento altamente defensivo) no veían ese mundo rural como una amenaza, sino como un mundo de "indolentes primitivos". Los escapados no sentían, pues, la necesidad de organizarse y su naturaleza antiurbana desalentó la formación de palenques. Este tipo de contraplantación se caracterizó por viviendas aisladas de núcleos familiares en una producción familiar básicamente de subsistencia. Ésta, fundamentalmente, a través de la agricultura de "tumba y quema" (*shifting cultivation*, en inglés), que marcaba esta forma de vida con un carácter seminomádico y poco apego a una propiedad territorial particular. Esta estructura agraria era radicalmente distinta a la predominante en España (organizada alrededor de pequeños pueblos o aldeas), que la política oficial colonial del Estado intentó reproducir, sin éxito, en las Américas.[99] Los escapados rurales del Caribe hispano, incluyendo los de

---

[98] Jean Casimir, argumenta convincentemente que la sociedad aldeana postindependencia de Haití constituía una imagen modificada de presencia africana en América a través de la ideología de la contraplantación. (*La cultura oprimida*, México, Nueva imagen, 1981, capítulo IV y "Estudio de caso respuesta a los problemas de la esclavitud y de la colonización en Haití", en Manuel Moreno Fraginals, ed., *África en América Latina*, México, Siglo XXI, 1977, capítulo XVII). Es el único caso que conozco donde la formación social de contraplantación no fue sólo predominante, sino dominante y el análisis de sus relaciones con el nuevo Estado Nacional que se estableció en Haití, podría proveer importantes hipótesis sobre su dinamismo y contradicciones. La sociedad jamaiquina postemancipación experimentó procesos similares de carácter aldeano. Véase, por ejemplo, Philip D. Curtin, *Two Jamaicas 1830-1865*, Cambridge, Mass., Harvard University Press, 1955.

[99] Carmelo Viñas Mey, *Las estructuras agrosociales de la colonización española en América* (sobretiro de *Anales de la Real Academia*, núm. 46, s.l., 1969, pp. 173-230) señala que "las primeras experiencias fueron agrupar a los indios en pueblos para que vivieran como los labradores cristianos en Castilla" (p. 213). En otro trabajo, *La sociedad americana y el acceso a la propiedad rural* (sobretiro de *Revista Internacional de Sociología*, números 1, 2-3 y 4, s.l., s.f.), Viñas argumenta que "la mayor proporción de los españoles que se establecieron en América eran labradores" (p. 66). Es significativo que en el Caribe hispano, al menos hasta el siglo XVIII, muchos de éstos participaran en la formación de patrones de asentamiento radicalmente distintos. Viñas, enfocado casi exclusivamente en las regulaciones estatales, que, además, idealiza, es ciego ante este fenómeno. Sobre la estructura agraria en España, véase del mismo autor *El problema de la tierra en la España de los siglos XVI y XVII*, Madrid, Instituto Jerónimo Zurila, 1941.

origen español, compartían un retraimiento (buscado) del Estado. Se vivía básicamente una economía natural, lo opuesto a la impronta mercantil de las plantaciones. Se desarrolló, sin embargo, en un mundo y región de creciente comercio internacional. La presencia de éste se buscará, sin embargo, fuera de los canales del Estado: en el contrabando, cuya importancia recalcan repetidamente las descripciones e informes de la época.

A pesar de su primitiva rebeldía, al buscar eludir la dominación del Estado, el mundo cimarrón de nuestros primeros campesinos era extremadamente vulnerable y contradictorio. Su desafío era de huida, no de ataque. Se buscaba vivir al margen del Estado, no por una oposición al colonialismo, sino por su situación subordinada ante él, lo que se manifestaba en lo individual de la huida y en la economía parcelaria. Como señala un documento oficial de los inicios mismos de la colonización:

...así de españoles como mestizos, negros horros, indios y mulatos muy apartados unos de otros en tierras ásperas y montuosas.[100]

Los cronistas recalcan todo el amor del jíbaro a la libertad,

...esta libertad rebelde con que viven, casi sin reconocer dios ni rey es la que retiene a muchos en esta isla sobrellevando con esto la miseria con que viven en ella.[101]

Pero era la libertad del retraimiento; un retraimiento en gran medida "acomplejado": no había nada peor para un cristiano medio moro en Andalucía que su "mediomorería"; los españoles habían sido los conquistadores y los indios los vencidos; lo negro se asociaba con la plantación esclavista, lo más opuesto a la cimarronería. Todavía a finales del siglo XIX (1883), uno de los más agudos estudiosos de este campesinado señalaba,

el jíbaro es decidido y jovial en las reuniones familiares, pero circunspecto y hasta desabrido en la vida pública; muy respetuoso con la autoridad, *pero*

---

[100] Documento oficial de 1583 citado por Sued, *Puerto...*, p. 83.
[101] Documento de 1578 en *ibid.*, pp. 38-39. Otras referencias a este sentimiento en Abbad, *Historia...* , Fernando Miyares, *Noticias particulares de la isla y Plaza de San Juan de Puerto Rico* (1775), San Juan, UPR, 1957 y Ledrú, *Viaje...* Véase también de Ángel López Cantos, "Notas para una aproximación al carácter de los puertorriqueños (siglo XVIII)", revista *Cruz Ansata* 10, 1987.

evitando todo lo posible el rozarse con ella... ese *alejamiento* habitual de los círculos *autoritarios*.[102]

Así, el Estado, el mundo del cual se huía, no necesariamente por malvado, sino por vencedor, va a tomar unos claros tintes de superioridad étnica, la identificación más evidente. La caribeña amalgama étnica cimarrona fue configurando, pues, una formación social rural marcada por un sentido de minusvalía.

Contrario a otras formas de estratificación social, cuando las etnias conllevan una manifestación racial, las asimetrías étnicas originales se perpetúan en la biología; y el sentido de minusvalía asume también esta forma. Por ello fue tan importante en este mundo un intento de españolización popular no-estatal a través de lo que se llamó en todo el Caribe hispano "mejorar la raza". Fray Íñigo Abbad perspicazmente describe

> la buena acogida que encuentran estos prófugos de su patria *(los desertores)* en los isleños. Ellos los ocultan en los montes, hasta que se ausenta la flota; los recogen en sus casas, los alimentan con franqueza y con una facilidad increíble les ofrecen sus hijas por esposas, aun cuando no tengan más bienes que la pobre ropa que llevan a cuestas, ni otro carácter que los recomiende, que el de marinero o polizón; pues las *circunstancias de español y blanco* son mayorazgo rico y ejecutoria asentada para encontrar casamiento a los ocho días. Estos nuevos colonos faltos de medios para subsistir honestamente se echan a contrabandistas, corsarios y vagos, de que hay muchos en esta parte.[103]

La aspiración de la libertad en el escape y este sentido de minusvalía, por un lado, y el carácter citadino-militar del colonialismo español en el Caribe hispano en esos siglos, por otro, posibilitaron una primera tácita concertación social, fundamental para entender la *paradójica cultura* caribeña. En Puerto Rico, el colonialismo citadino necesitaba diseminar "súbditos de la Corona" por la "isla" para su defensa frente a los ataques de las potencias extranjeras. Y frente a la posibilidad de un colonialismo de ruralía controlada (de plantación) que las islas vecinas extranjeras representaban, el campesinado *jíbaro*, va a asumir (valientemente) esa defensa de los "reyes católicos", como evidencian las múltiples instancias de rechazo a los ataques holandeses, ingleses y de franceses bucaneros: las hazañas de Pepe Díaz, el Capitán Correa, Miguel Henríquez..., mientras,

---

[102] Salvador Brau, *Ecos de la batalla*, San Juan, Lib. de González Font, 1886, pp. 75-77.
[103] Abbad, p. 133, paréntesis y énfasis añadidos.

simultáneamente, se contrabandeaba sin pudor con esos "enemigos". Conviene adelantar aquí un señalamiento importante para el argumento que intentaré desarrollar en el próximo capítulo. La ciudad militar requiere otros habitantes además de los militares. Y entre éstos, los trabajadores diestros, que entonces llamaban artesanos, van a desempeñar un papel fundamental en la formación posterior de una cultura *nacional*.[104]

> Caleteros somos
> pobres y morenos,
> pero por la Reina
> mil vidas daremos.[105]

Ya en aquel momento, esos "nunca *dones* urbanos",[106] entre los cuales predominaban los mulatos y pardos libres, constituían uno de los pocos puentes de intercomunicación entre esos mundos dispares. Entre 1728 y 1729, estremeció a la oficialidad urbana el creciente poderío del corsario Miguel Henríquez: pardo,[107] *hijo de crianza* de un zapatero, oriundo de los emergentes poblados circundantes a la capital (surgidos básicamente para el abastecimiento agrícola de ésta). Con su patente de corso (corsario que sirve a la corona con sus "milicias" de pardos libres frente a los piratas extranjeros), hegemoniza el control de la fuerza no-urbana y a través del comercio ilícito –el contrabando– logra amasar, como dice el cronista: "la más monstruosa fortuna".[108] Con esta posición contradictoria –en y fuera del Estado– Henríquez se convirtió en uno

---

[104] Muchas de las primeras referencias a Puerto Rico (o Borinquen, su nombre indígena) como *patria* en los documentos, aparecen vinculadas al mundo artesanal urbano: por ejemplo *Crónica de San Juan o sea Descripción de las fiestas con que la ciudad de Puerto Rico ha celebrado a su Santo Patrono*, San Juan, Imp. del Comercio, 1864, pp. 5-7.

[105] *Descripción de las fiestas y regocijos públicos con que la ciudad de Puerto Rico ha celebrado el juramento prestado el 10 de febrero de 1844 a S.M. la Reina...*, San Juan, Imp. de Simbernat, 1844, p. 16.

[106] Roberto Vizcarrondo, *Los españoles hidalgos de Puerto Rico: Estudio sobre la ideología dominante en la Ciudad durante el segundo tercio del siglo XVIII*, tesis inédita de maestría, San Juan, Centro de Estudios Avanzados de Puerto Rico y el Caribe, 1978, examina cómo el prefijo *Don*, originalmente "*de origen noble*", se usaba en San Juan preferentemente para los militares (p. 55) y nunca para los artesanos (p. 97).

[107] Algunos sospechan que era hijo de un judío holandés de Curazao y una mulata boricua, aunque él se reafirmaba constantemente en los documentos como *cristiano*; véase Ángel López Cantos, *Miguel Enríquez, Corsario boricua del siglo XVIII*, San Juan, Ed. Puerto, 1994. López Cantos evidencia que era hijo de esclava y padre desconocido.

[108] Miyares, *Noticias...*, p. 17.

de los personajes más poderosos del Caribe.[109] Con recelo y temor, los "Dones" de la plaza fuerte lograron volcar, a través del orden jurídico, toda la fuerza del Estado (de su más frágil sostén) sobre la amenaza de este puente intercomunicador entre lo rural y lo urbano –entre la Ciudad murada y la cimarronería– para que, repitiendo al cronista, "terminara su vida constituida en la baja suerte de su nacimiento".[110]

La tácita concertación social entre la oficialidad citadina y la ruralía cimarrona requería de unas particulares formas culturales que la hicieran posible. El antropólogo español Julio Caro Baroja describiría agudamente el contraste entre "la gran libertad de las gentes humildes para hablar y criticar (en la España del siglo XVI), por un lado, y por otro, la gran intransigencia contra extranjeros y en materia de fe".[111] Ambos tipos de intransigencia estaban intrínsecamente relacionados, ya que los previos conflictos étnicos internos habían generado una identificación de la religión con la nacionalidad. Las autoridades nacionales eran los reyes *católicos*. Ser *cristiano viejo* era ser lo más español posible.

El deseo de los escapados en el Caribe hispano de preservar su libertad desarrolló, en este contexto, intentos contradictorios de otra españolización no-estatal como escudo. Marcados con una posible minusvalía étnica, para evadir los conflictos que estos tipos de intransigencias podían generar y para posibilitar la antes aludida tácita concertación social, era sumamente importante no aparecer como hereje o extranjero. Uno de los más importantes intentos de españolización no-estatal fue, pues, a través de la religiosidad popular: un cristianismo que era importante evidenciar (teñido, no obstante, del espontaneísmo libertario de esa nueva sociedad que se configuraba en la amalgama étnica de la ruralía del escape).

La religiosidad popular no-institucional, a través de la cual manifestarán los jíbaros su no-extranjeridad, o su españolidad, mientras simultáneamente (y camuflado) su vivir espontáneo fuera del dominio estatal, permeará y conformará la vida social. Se vivía entonces cotidianamente en aislamiento y los encuentros tomarían lugar principalmente alrededor de la actividad festiva, que se conformaría en torno a la importancia de evidenciar la no-extranjeridad; es decir, vinculada a alguna celebración cristiana (o cristianizada).[112] La más importante de nuestras fiestas

---

[109] López Cantos, *Miguel...*
[110] Miyares, *op. cit.*
[111] *Inquisición, brujería y criptojudaísmo*, Barcelona, Ariel, 1970, p. 17.
[112] En el ensayo "De la fiesta al festival, los movimientos sociales para el disfrute de la

negras será en honor al más español de los santos: Santiago Matamoros, en Loíza.[113] La más libertariamente pagana de las fiestas puertorriqueñas –la celebración del solsticio de verano– será en honor al santo con que había nombrado España a la isla: San Juan. Las más importantes celebraciones de las distintas áreas rurales se darán en torno al santo patrono de la parroquia de sus respectivos centros pueblerinos –las fiestas patronales.

El más importante período festivo será la Navidad, la principal fiesta cristiana de regocijo, que no es casualidad se haya establecido en el solsticio de invierno. Es importante notar, sin embargo, que dentro de ese período, la más festejada de las celebraciones no será como en España (y otros lugares de Europa y América) la Nochebuena o el Día de Navidad, sino la Epifanía, la fiesta de Reyes.[114] No hay que olvidar que uno de los Tres Reyes Magos era un africano negro y los otros dos en la tradición puertorriqueña aparecen como de lugares poco precisos, referidos, generalmente, como "oriente". En un mundo marcado por la amalgama étnica era importante establecer que un negro podía ser cristiano y rey; y reyes y cristianos también personas de origen difuso. El primer libro escrito específicamente sobre la música en Puerto Rico, identifica la fiesta de Reyes como una de las dos más importantes celebraciones "negras".[115] Una de las primeras manifestaciones de la literatura puertorriqueña, *El aguinaldo puertorriqueño* de 1843, menciona también una "trulla de Reyes de *negros*... con sus *bombas* y banderas" en la ciudad, así como la celebración *jíbara* en los campos.[116] Una descripción de las costumbres navideñas en el Puerto Rico de principios del siglo XX hace referencia a: "*a quartette of* colored *men: a couple of guitars, a typical cuatro*

vida en Puerto Rico", *David y Goliath* (CLACSO) Buenos Aires, 54, febrero de 1989, pp. 47-54 (publicado también en *Diá-logos de la comunicación* 38, Lima, enero de 1994, pp. 96-107) examino las repercusiones culturales contemporáneas de ese fenómeno.

[113] Ricardo Alegría, *La Fiesta de Santiago Apóstol en Loíza Aldea*, San Juan, Colección de Estudios Puertorriqueños, 1954.

[114] Pedro Malavet Vega, *Navidad que vuelve (La tradición y el cantar navideño en Puerto Rico)*, Ponce, Metmor, 1987, p. 27.

[115] Fernando Callejo, *Música y músicos puertorriqueños* (1ra. ed. 1915), San Juan, Ed. Coquí, 1971, p. 241. En Cuba, esta identificación ha sido ampliamente evidenciada. Véase, por ejemplo, las numerosas referencias que cita Fernando Ortiz en su ensayo, ya "clásico", "La fiesta afrocubana del Día de Reyes", originalmente publicado en la *Revista Bimestre Cubana*, vol. XV, 1920.

[116] Francisco Vasallo, ed. Incluido en Emilio Colón, ed., *Primicias de las letras Puertorriqueñas*, San Juan, ICP, 1970, pp. 174-175.

and a güiro",[117] instrumentos y sonoridades que la musicología posterior ha querido asociar como exclusivas de un campesinado "blanco".

Para ese campesinado jíbaro, cuyo origen, por su naturaleza de escapados (propio o de sus antepasados) era conveniente mantener *difuso* –no rememorar ni recordar–, *los Magos* provenientes de "tierras lejanas" serán un símbolo unificatorio fundamental. Los *Tres Santos Reyes* representaban precisamente la heterogénea amalgama étnica; se encontraban hermanados en la adoración del niño, es decir, en la esperanza del futuro. (Es interesante que en el siglo XX, ya Puerto Rico bajo la dominación norteamericana, ante la nueva imaginería de *Santa Claus*, la Epifanía se considerará parte de "nuestra herencia española", cuando en el mundo hispano, el arraigo de la Epifanía –sobre la Navidad– se encuentra principalmente en aquellas regiones de mayor presencia negra, entre ellas, naturalmente, las Antillas.)[118]

Los Reyes Magos eran también caminantes, lo que fortalecía el símbolo en una sociedad conformada alrededor de una agricultura seminómada, trashumante. Y las celebraciones de *Reyes* recalcarán esa importancia del movimiento. Se organizaban parrandas o trullas para ir a *reyar* por el barrio llevando la música de casa en casa. La ofrenda o *aguinaldo* que daban las trullas a los vecinos era la música; y la ofrenda o *aguinaldo* con lo que los visitados reciprocaban era comida y bebida. En esta forma se entrelazan los dos significados de la palabra con la cual se denominará uno de los dos principales géneros de música campesina.

El término *aguinaldo* tiene, en español

...origen incierto, quizá de la frase latina hoc in anno (en este año) que se empleaba como estribillo en las canciones populares de Año Nuevo.[119]

Fue adquiriendo luego un significado doble, relacionado con este posible origen: "Regalo que se da en Navidad o en la fiesta de la Epifanía// y villancico de Navidad."[120]

---

[117] Josefina Gil de Prann, *Typical Christmas Customs in Puerto Rico*, San Juan, Imp. Correo Dominical, 1929, p. 18, énfasis añadido.

[118] En un ensayo que fui escribiendo a la vez que preparaba este capítulo (incluido en el libro *Vírgenes, magos y escapularios, op. cit.*) examino con detenimiento la imaginería y las fiestas religiosas vinculadas a ese mundo, casi todas estrechamente relacionadas a la tradición de los Reyes Magos. La problemática de la etnicidad examinada aquí a través de la música, encuentra en dicho escrito otro ámbito de expresión.

[119] Corominas, *Diccionario crítico etimológico*..., vol. I, pp. 84-85.

[120] Descripción idéntica en varios diccionarios: por ejemplo, Real Academia Española,

En Puerto Rico el término mantiene esa doble significación, entrelazado por la historia social de la Fiesta de Reyes; aunque como género musical fue diferenciándose del villancico y, como explica el folklorista López Cruz, su utilización rebasará su significado navideño original.[121]

Además de los Reyes, las fiestas de fecha variable estaban también marcadas por la importancia para los anfitriones de evidenciar su cristianismo. Éstas celebraban, por ejemplo, la incorporación de un niño a la comunidad cristiana, es decir, su bautizo; y los lazos de compadrazgo se convertirán en los más valorados vínculos sociales.[122] Se podía celebrar también su *baquiné*, es decir, la muerte de un niño bautizado que irá directo al cielo. Algunos festejarán su santo, que generalmente correspondía a su cumpleaños por la costumbre de otorgar los nombres a los niños a base del santoral.

En todas estas celebraciones cristianas –españolas o españolizadas–, la comida, la música y el baile jugarán un papel fundamental (al punto de que todavía hoy, es difícil concebir un encuentro social en el Caribe hispano sin comida, música y baile). Se comerá *lechón asao*, costumbre que ha adquirido en Puerto Rico (y en Cuba) incluso carácter de tradición nacional. Podría uno muy probablemente tener alguna ascendencia mora o judía (que, es importante recordar, no comían cerdo),[123] pero uno desea que "lo dejen quieto" las autoridades, no quiere ser perseguido. Ahora se es cristiano, español, y es importante demostrarlo. Puede que no se coma cerdo a nivel cotidiano (no se traslada al Caribe hispano la tradición española del jamón y el chorizo, por ejemplo), pero en la celebración, en la fiesta, no sólo se comerá, sino que se ofrecerá ritualmente a todos. Era importante también tener el cerdo cerca del bohío alimentándolo con sobras durante todo el año para que estuviera listo para comer en la gran celebración, de tal forma que cualquiera que pasara por el área (especialmente los curas, que eran los que más se movían entonces) pudiera ver en cualquier momento el cerdo: símbolo cimarrón de cristiandad.

Cronistas de todo el Caribe hispano describen vívidamente la importancia que otorgaba este mundo campesino a esos rituales –a dichas

---

Diccionario..., tomo I, p. 45 y *Diccionario Básico Espasa...*, tomo I, p. 144.

[121] *La música...*, pp. 183-184.

[122] Por ejemplo, Abbad, p. 190.

[123] Tan importante fue en España esa forma "gastronómica" de identificación étnica que a los judíos les llamaron *marranos* y en las Islas Baleares, *chuetas* que quiere decir tocino, para hurgar en la llaga.

celebraciones sociales– y como, dado el aislamiento del patrón de asentamiento, se caminaba o cabalgaba leguas para participar:

> La diversión más apreciable para estos isleños son los *bailes*... y acuden centenares de todas partes aunque no sean llamados... estos bailes suelen durar toda una semana. Cuando una cuadrilla se retira, otra viene, y así van alternando noche y día, haciendo viajes de dos y tres leguas', sin otro objeto que el de ir al fandango, cuya música, canto y estrépito de patadas deja atolondrado por mucho tiempo la cabeza más robusta.[124]

Ciento cincuenta años después, en los años treinta del presente siglo, uno de los primeros estudios antropológicos sobre el campesinado señalaba:

> *Dancing is, next to cock-fighting, the most popular amusement. Dances are held upon the most diverse occasions. The baptism of a baby, the celebration in honor of the patron saint of the town, the festival of the three kings, a betrothal or a marriage, or any one of a dozen motives may be used as a pretext to engage in this diversion.*[125]

Las palabras con las cuales se nombra en Puerto Rico la música principal de estos encuentros sociales –*aguinaldo* y *seis*– son también reveladoras. El *aguinaldo* es la ofrenda navideña (identificada con las ofrendas al *niño de los Reyes Magos*) y el *seis*, en los siglos XVI y XVII en España, se le llamaba a la música que se bailaba en las más importantes celebraciones religiosas.[126] Se bailaba en el templo, frente al altar como ofrenda al sacramento eucarístico.[127] El movimiento danzante de los negros y mulatos, o de una población con su influencia, fue considerado lascivo[128] por las autoridades eclesiásticas en la ciudad colonial y se

---

[124] Abbad, pp. 188-190, énfasis añadido. Respecto a Santo Domingo véase por ejemplo, William Walton, *Present State of the Spanish Colonies Including a Particular Report of Hispaniola* (1810) y otros documentos citados por Emilio Rodríguez Demorizi, *Música y baile en Santo Domingo*, Santo Domingo, Lib. Hispaniola, 1971.

[125] José Colombán Rosario, *The Development of the Puerto Rican jíbaro and his Present Attitude Towards Society*, San Juan, UPR, 1935, p. 102.

[126] Pfandl, *Cultura y costumbres...*, p. 256.

[127] *Ibid.*, p. 161.

[128] Sobre la mulata y americana *Zarabanda*, que había adoptado Sevilla –la puerta europea de las Indias–, se decía en Castilla que era "un baile y cantar tan lascivo en las palabras y tan feo en los meneos... tan lascivo y obseno que parecía estar inventado por Luzbel para inducir a pecar a la senectud y a la santidad misma", en José Deleito y Piñuela, *También se divierte el Pueblo (Recuerdos de hace tres siglos)*, Madrid, Espasa Calpe, 1944, p. 79. Más sobre los bailes españoles de entonces en Cotarelo Mori, "Introducción"

prohibieron los *seis* en la Catedral de San Juan.

En 1684 el obispo Fray Francisco de Padilla echó a la calle los danzantes (mulatos libres) y aunque no faltaron quejas, el baile en la iglesia quedó suprimido.[129]

Una carta de dicho obispo al Rey fechada en 1691 describe los *seises* sanjuaneros suprimidos

Ocuparon el pie del altar, dos hombres vestidos de negro, con dos guitarras, sustituyendo al arpista. La alfombra fue ocupada por seis doncellas *broncíneas*, como de quince años de edad, vestidas de gasas blancas, con coronas de flores y panderetas en las *diestras*.
Las *mulaticas* empezaron a danzar al compás de las guitarras; sus movimientos eran correctos pero un soplo *voluptuoso y sensual* se infiltraba en los sentidos del gentío...
¡Esto es *moruno*!
Y algo de *africano*, por el *tamboril* que acompaña a la guitarra y la flauta.[130]

Es significativo que el *seis* (o al menos su nomenclatura) se refugiara entonces en el baile popular: en algunas variantes de la *bomba* (en las plantaciones) y, sobre todo, en el monte, "monte adentro", en el *hinterland*, transformado por la jibarería; manteniendo, para ojos europeos, su carácter "lascivo".[131] Durante alguna celebración, los aislados campesinos vecinos se reunían frente al bohío de la familia anfitriona. Juntos cantaban el saludo o *aguinaldo* y el anfitrión los invitaba a entrar. En el bohío, como en un templo, frente al *santo* de palo, como en un altar, se bailaría el *seis*; nunca se tocaría ni bailaría afuera.[132]

a su *Colección de Entremeses, Loas, Bailes, Jácaros y Mojigangas, desde fines del siglo XVI a mediados del XVIII*, tomo XVII de la Nueva Biblioteca de Autores Españoles, Madrid, 1911. Referencias a la zarabanda como *baile prohibido por lascivo* se encuentran en un texto francés de instrucción musical traducido y publicado en Puerto Rico a mediados del siglo XIX: M.P.L. Mercadier, *Ensayo de instrucción musical*, San Juan, Imp. militar, 1862.

[129] Brau, *Historia...*, p. 158.

[130] Cayetano Coll y Toste, "Los bailes de la catedral (1691)", en *Tradiciones y leyendas puertorriqueñas*, Barcelona, Ed. Maucci, 1951, p. 178, énfasis añadidos. Algunos fragmentos son reproducidos también por M.L. Muñoz, *La música...*, pp. 25-26 y por Pedro Malavet Vega, *Historia de la canción popular en Puerto Rico (1493-1898)*, Ponce, Ed. Corripio, 1992, p. 114.

[131] Albert Andre Genel, "De Grosourdy, médico del campesinado puertorriqueño en el siglo XIX", *Revista del ICP* 88, abril-junio de 1985, p. 23.

[132] Agradezco al compañero etnomusicólogo Luis Manuel Álvarez haberme llamado

En sus visitas por el campo, los obispos trinaban contra "el abuso y pessima costumbre de ciertos bayles..."[133]

Algunas páginas atrás señalé cómo el establecimiento de pueblos en la ruralía respondía, en gran medida, al interés de los escapados en los sacramentos: que cristianizaban. "Morir moro" era, cuanto menos, una *imprudencia* en esa contradictoria formación social. Incluso pueblos como Ponce (cuya importancia histórica examinaremos con mayor detalle en el próximo capítulo, que llegó incluso, a finales del siglo XIX, a rivalizar en importancia con San Juan –pueblo de claro trasfondo contrabandista y cimarrón en sus primeros tiempos–), se establecieron, como bien señala quien ha sido llamado *el padre de la historiografía puertorriqueña* –Salvador Brau– para camuflar, a través de la religiosidad, su cultura libertaria en formación:

y para promover su agrupación nada más común en aquellos y aún posteriores tiempos, que la erección de santuarios piadosos... que prometían glorias divinas y *daban pretexto a sensualidades terrenas*.[134]

La característica fundamental de la acción social en la cimarronería es, de hecho, el camuflaje que, manteniendo los valores de la espontaneidad y la libertad, permite evitar la confrontación con el poder. Por ello fue tan importante en los rituales de agregación social el fenómeno de las máscaras y la manifestación carnavalesca[135] (con sus implicaciones a la vez libertarias y conservadoras) ¡tan fabulosa en el Caribe![136]

Otro aparente ejemplo de la amalgama étnica camuflada a través de la "hispana" religiosidad popular, fue la importancia otorgada al rosa-

la atención al ritual de esta tradición. Véase descripción en Abbad, *Historia...*, pp. 188-190 y en Alonso, *El Gíbaro...*, pp. 83-84. Escabí, *Morovis...*, p. 137, abunda sobre el hecho de que tradicionalmente el *aguinaldo* sólo se cantaba, mientras el *seis* era música para bailar.

[133] "Primera visita pastoral del Obispo Marti al Pueblo e Iglesia de la Ribera del Arecibo, 1763", *Boletín de Historia Puertorriqueña* II: 2, enero de 1950, p. 35.

[134] Brau, *La fundación de Ponce*, San Juan, Tip. La Democracia, 1909, p. 12, énfasis añadido.

[135] En el sentido amplio de Bakhtin, véase por ejemplo, *Rabelais and his World*, Cambridge, Mass., MIT Press, 1968. Sobre las máscaras véanse por ejemplo Alegría, *La Fiesta...*; Teodoro Vidal, *Las caretas de cartón del Carnaval de Ponce*, San Juan, Ed. Alba, 1983; y Charlie Aguilar, *Las máscaras, tradición de nuestro pueblo* (Hatillo), Quebradillas, P.R., Imp. San Rafael, 1983.

[136] Véanse, por ejemplo, José del Castillo y Manuel García Arévalo, *Carnaval en Santo Domingo*, Santo Domingo, Amigo del Hogar, 1987 y Errol Hill, *The Trinidad Carnival*, Austin, University of Texas Press, 1972, entre otros.

rio.[137] Es significativo que fuera la Virgen del Rosario la que tomara forma como la Virgen del Pozo en la popularmente más aclamada "aparición" mariana puertorriqueña del presente siglo y referencias a ella abundan hoy en diversas manifestaciones de la cultura popular.[138]

El investigador folklórico Pedro Escabí argumenta que el rosario era una forma de medir el tiempo calendárico, utilizando términos lunares, como los indios, y algunas variantes en la forma de rezarlo cantado parecen de hecho seguir formas amerindias.[139]

Mientras tanto, en la ciudad, los artesanos, la mayoría de los cuales eran mulatos o pardos libres, camuflaban también a través de la religiosidad popular, sus valores libertarios. En las cofradías, señala Brau, "...el culto tributado a las imágenes en los templos, terminaba en la calle con regocijos nada piadosos".[140]

Y en 1712, el obispo los condenó quejándose de que

los cofrades contentaban al santo con una misa, gastándose los dineros de la hermandad en bailes, comedias, corridas de cañas y profanidades pecaminosas.[141]

Es significativo que dos de las celebraciones religiosas más importantes en la ciudad colonial –la víspera de San Juan y las fiestas de la Cruz de Mayo– fueran ya en España las más "paganas" o profanas de las fiestas religiosas.[142] Las fiestas de Cruz anunciaban la estación del amor, y la

---

[137] Por ejemplo, Abbad, p. 193.

[138] Escuche, por ejemplo, la extraordinaria recreación salsera de Roberto Rohena del pasodoble de Antón/Tenorio/San Julián, "El escapulario", que lleva aproximadamente veinticinco años de continuada popularidad:
   ¡Reza!
   Reza por mi toditos los días,
   A la Virgen del Rosario
   Sólo te quiso en la vida,
   Sólo te quiso en la vida,
   quien te dio el escapulario.
Del LP *Roberto Rohena y su Apollo Sound*, Nueva York, Fania (LP7585), originalmente por Disquera Internacional, 1969.

[139] Investigación en proceso, Centro de Investigaciones Sociales, UPR.

[140] *Historia...*, p. 158.

[141] Citado en *ibid*. Véase también de Brau, "La herencia devota", en *Almanaque de Damas para 1887*, San Juan, Tip. González Font, 1886, p. 256.

[142] Deleito, *...También se divierte...*, p. 29.

víspera de San Juan, la noche de la libertad general.[143] Se describen como fiestas "en que se mezclaban todas las clases de la sociedad", y en las de San Juan

día para salir de las reglas... las mayores extravagancias son admitidas, con tal de que vayan autorizadas con el sello de la *costumbre*.[144]

(Pero sobre los artesanos y su mundo urbano volveremos en el próximo capítulo).

El camuflaje limita significativamente la cimarronamente valorada espontaneidad, pues la obliga a transitar siempre en cuerdas flojas y a opacar adrede su posible luminosidad. Por ello, por ejemplo, las más extraordinarias manifestaciones musicales en el *aguinaldo* y el *seis* no se dan en el usualmente protagónico rol de la melodía, sino a nivel del acompañamiento. El *obbligato* (segunda voz melódica suplementaria) de *cuatro*, explosión de creatividad improvisada y virtuosismo, meramente secunda una melodía; una melodía cantada en español, con letra también improvisada y cuya espontaneidad es un desafío a la creciente estrechez –versificación en espinelas, pies forzados, y otras "dificultades"– por donde debe transitar.

EL TAMBOR EN EL CUATRO: LA ETNICIDAD CIMARRONEADA

El camuflaje marca de otras formas también la música de la jibarería. Tanto el *aguinaldo* como el *seis* encierran, al nivel tan vital del ritmo, una clara, pero camuflada presencia de nuestra amalgama racial. Los ritmos, fundamentalmente negros y afro-árabes se separan de los tambores, con los cuales se identificaba la música de plantación. La combinación polirrítmica se establecerá en el rejuego de otros instrumentos: la guitarra, el *cuatro* (u otras variantes locales de las cuerdas con plectro, como el *tiple* o la *bordonúa*), el güiro y la voz.

---

[143] "La noche de San Juan era costumbre antiquísima pues ya los moros festejaban aquel día con luminación... todo estaba permitido, lo que llevó en 1642 a la prohibición de bajar al río", *ibid.*, pp. 53 y 55. En San Juan de Puerto Rico se celebra, claro está, en la playa.

[144] Francisco Vasallo, ed., *El cancionero de Borinquen*, Barcelona, Imp. de Martín Carlé, 1846, p. 378 y 374.

El conjunto instrumental que acompaña... va formando con la melodía que deshila el trovador, un curioso arabesco de acentos que culminan en un gracioso contrapunto rítmico.[145]

La guitarra, tan identificada con la cultura española (aunque, en realidad, proveniente de su veta árabe-andaluza), marca el ritmo central (equivalente al *toque* en la *bomba*) mientras establece el patrón armónico. Así, ritmos sincopados tipo *guaracha*, *habanera* o *tumbao*, se camuflan a través de una armonía que "suena" española. Además de la clásica combinación de tónica, dominante y subdominante (en diverso orden), abunda entre *aguinaldos y seises* el uso del patrón armónico llamado *cadencia andaluza* (tónica menor-subtónica-submediante-dominante; por ejemplo: la menor-sol séptima-fa mayor-mi séptima).

El único instrumento de percusión que originalmente este mundo mantuvo fue el güiro, que en la tradición puertorriqueña se identifica como herencia indígena (aunque existe una polémica en torno a si esa identificación es o no históricamente correcta). El güiro cumple dos funciones en el armazón rítmico de esta música. En primer lugar, siguiendo un patrón básico (que en ocasiones da el acento al final y no al inicio del patrón; evocando, de hecho, la tradición amerindia) establece un contrapunto rítmico a la guitarra que resulta fundamental para la conformación de la textura polirrítmica de esta música. En segundo lugar, los buenos güireros se apartan en momentos claves del patrón básico y repiquetean en floreos muy similares a los del tambor *repicador* de la *bomba*. En su contribución a la textura polirrítmica y a través del repiqueteo, el tambor *repicador* de la *bomba* se camuflea en la música jíbara a través del (como lo llamaban en el siglo XIX) "humilde e inofensivo" güiro.

He colocado un fragmento de la transcripción de Luis Manuel Álvarez de uno de los seises más populares, denominado *mapeyé* (véase la página siguiente), que ilustra tanto el repiqueteo de güiro, la cadencia andaluza de la guitarra, como el le-lo-lai del trovador que analizaremos en breve.

La voz del canto, que contrario a la *bomba* no es antifonal, sino de un trovador solista, que recuerda la tradición europea del juglar[146] y manifiesta el individualismo de la economía parcelaria y del cimarronaje del tipo de contraplantación predominante en Puerto Rico, lleva

---

[145] López Cruz, *El aguinaldo y...*, p. 35.
[146] Marcelino Canino, *El cantar folklórico de Puerto Rico (Estudio y Florilegio)*, San Juan, Ed. UPR, 1975.

SEIS MAPEYÉ

Transcripción Luis M. Alvarez

EL TAMBOR CAMUFLADO 245

246 EL TAMBOR CAMUFLADO

supuestamente la melodía principal improvisando en la muy castiza forma poética de décimas espinelas.[147] La forma de cantar la décima, sin embargo, camufla una herencia morisca. El pionero investigador del cantar folklórico, Richard Waterman notaba "el timbre 'afectado' que se asemeja al flamenco".[148]

En estudios más recientes, Luis Manuel Álvarez ha identificado algunas frases como paréntesis que con frecuencia rompen la métrica

---

[147] Pedro y Elsa Escabí, *La décima, estudio etnográfico de la cultura popular de Puerto Rico*, San Juan, Ed. UPR, 1976, encontraron diversas variantes, siendo, sin embargo, la espinela la forma principal (p. 25). Hallazgo similar para la República Dominicana encuentra, en sus investigaciones de los años cuarenta, J.M. Coopersmith, *Música y músicos de la República Dominicana*, 2da. ed., Santo Domingo, Dirección General de la Cultura, 1974, p. 55. Aparentemente la espinela constituye el modelo a alcanzar, aunque no siempre se logra. (Entrevista con Joaquín Mouliert, uno de los más renombrados y autorizados trovadores contemporáneos.) Véase también, de Ivette Jiménez de Baez, *La décima popular en Puerto Rico*, Xalapa, Universidad Veracruzana, 1964. Es interesante que la décima fuera adoptada en América por otras poblaciones étnicamente distintas, como los negros de la costa en Ecuador y Perú. Véase Jean Rahier, *La décima: poesía oral negra del Ecuador*, s.l. ¿Quito?, Ed. Abya yala, Centro cultural afro-ecuatoriano, s.f. ¿1987? Boris Lukin, "Acerca de las raíces del decimario popular en Cuba", apunta el hecho de que el *punto guajiro* (en décimas) es cantado tanto por blancos, como por mulatos y negros. Con menos análisis social, pero muy valiosa recopilación y descripciones, puede consultarse también Manuel F. y Dora Zárate, *La décima y la copla en Panamá*, Panamá, Estrella de Panamá, 1953.

[148] *Folk Music of Porto Rico*, Album (1910), traducción en Canino, *op. cit.*, p. 43.

de la espinela mientras se canta (como *óigame compay* o *ay bendito nena*) con la tradición árabe de cantar tipo *zéjel*.[149] La influencia morisca parece estar presente también en la utilización del *le-lo-lai* (*ay-el-ay* en Cuba)[150] para iniciar la improvisación, para ir buscando "la inspiración". Tanto en el *le-lo-lai*, como a través de las frases inventadas y en la manera de agrupar en los compases los octasílabos de cada verso –(1) (2-3-4) (5) (6) (7) (8-9-10)– el trovador le imparte a la décima, por su manera de cantarla, ritmos sincopados propios que contribuyen a la riqueza de la textura polirrítmica total.

El instrumento principal de la música jíbara, sin embargo, y que ha adquirido con el tiempo el significado en Puerto Rico de símbolo nacional, es el *cuatro*, cuyo timbre evoca la muy española mandolina o el laúd.[151] Toda música de *aguinaldo* y de *seis* comienza con un preludio instrumental en el cual el *cuatro* toca el tema melódico que identifica la particular variante sobre la cual el trovador tendrá que improvisar su letra. Cuando la versificación comienza, el *cuatro* acompaña al trovador con un tipo de recurso similar a lo que en la música clásica se conoce como *obbligato*,[152] pero en este caso improvisado. Esta línea melódica subsidiaria se improvisa a base de variaciones armónicas o cadenzas del tema introductorio que define la variante.[153] Lo sumamente significativo de esta polifonía[154] (y tremendamente importante para el tema de este

---

[149] "African Heritage of Puerto Rican Folk-music: Poetic Structure", ms. University of Indiana, 1979. Véase también su artículo "La música navideña, testimonio de nuestro presente y pasado histórico", *Revista Musical Puertorriqueña* 3, diciembre de 1988.

[150] Pichardo en 1832 define para Cuba el ay-el-ay como *canto vulgar muy común y favorito de los campesinos, cuyas letrillas (décimas, regularmente)... en que compiten los trovadores...*, *Diccionario...*, p. 58. Otro de los primeros ejemplos impresos del cantar guajiro se encuentra en J.M. Andueza, *Isla de Cuba Pintoresca*, Madrid, Boix, ed., 1841, p. 11. Sobre el cantar en décimas del campesino dominicano véase de Pedro Francisco Bonó, *El Montero, Novela de costumbres* [1ra. ed. 1856], Santo Domingo, Col. del pensamiento dominicano, 1968, p. 61.

[151] Sin embargo, los materiales y técnicas de construcción evidencian influencias africanas: Emanuel Dufrasne, "Los instrumentos musicales afroboricuas", en L.M. González, ed., *La tercera raíz...*, *op. cit.*, p. 62.

[152] El *New Grove Dictionary of Music and Musicians*, Stanley Sadie, ed., Londres, Macmillan, 1980, vol. 13, p. 460, define el obbligato como "*an independent part in concerted music ranking in importance just below the principal melody and not to be omitted*".

[153] Véase también, análisis de López Cruz de "La marumba...", *op. cit.*, p. 39, en el cual enfatiza también la combinación armónico-rítmica del *obligatto* de *cuatro* en la música *jíbara*; lo que analizaré con mayor detalle de inmediato en el texto.

[154] Polifonía que impresionó tanto a un músico de la talla de Pablo Casals: "Casals en

capítulo) es que la melodía subsidiaria del *cuatro* se establece muy frecuentemente a base de la *transferencia a nivel melódico de ritmos afro-caribeños*.[155]

La frase melódica principal de uno de los *aguinaldos* más antiguos que se conocen, el clásico "Si me dan pasteles",[156] tiene el ritmo de una de las variantes de *bomba*.

Aparece otro ritmo de *bomba* también en uno de los *aguinaldos* más difundidos, el *cagüeño*, que retrabaja la salsa "Somos el son" con referencia a la cual iniciamos este capítulo.

Aguinaldo cagüeño

Fortaleza. Se estusiasma con el Cuatro Boricua", periódico *El Mundo*, 13 de diciembre de 1955, p. 1.

[155] McCoy, *The Bomba and Aguinaldo...*, señala también que *examples of melodies created on rhythmic patterns... are found in Puerto Rican aguinaldos* (p. 82).

[156] A mediados del siglo XIX, visitó y vivió en Puerto Rico el compositor oriundo de Nueva Orléans Louis Moreau Gottschalk, célebre por conformar su obra, en fecha tan temprana, a base de motivos populares de América. Compuso entonces (1857) una pieza titulada "Marche des Gíbaros", inspirada en "Si me dan pasteles". Constituye, en esta forma indirecta, la primera transcripción (aunque retrabajada) de esta música. Más sobre Gottschalk en el próximo capítulo.

El tan afro-caribeño ritmo identificado con el *merengue* "dominicano" está melodizado en las cadencias principales del acompañamiento de *cuatro* de dos de los *seises* más populares: el *Mapeyé* y el *Seis milonga*.

Y en el más difundido de los *seises* para improvisar en duelos de trovadores, el *Seis fajardeño*, la *bomba* está nuevamente presente melodizada en el acompañamiento del *cuatro*.[157]

[157] Más detalles en Luis Manuel Álvarez, *Antología de la música jíbara puertorriqueña*, San Juan, ed. UPR (en prensa).

Con un timbre tan radicalmente distinto al del tambor, un timbre metálico brillante que evoca las cuerdas de la música española, el *cuatro* camufló en su música ¡extraordinariamente!, para el mundo contradictorio de la contraplantación, la vívida presencia afro de su negada constitución. Nadie que no *viviera* esos ritmos podía realmente imaginar que la música jíbara estaba colmada de *bomba*.

4

PONCE, LA *DANZA* Y LO NACIONAL

Para Danny Rivera,
quien, habiéndose criado en barrios populares de la capital,
cantó como nadie la danza señorial ponceña.

"LA BORINQUEÑA" COMO MITO FUNDADOR

Los extranjeros generalmente se sorprenden, y a algunos compatriotas les molesta, que sea una canción en un género *bailable* –una música dulce y cadenciosa que se identifica sencillamente como *danza*– el himno nacional de Puerto Rico. En la mayoría de los países, los himnos oficiales son marchas, la música militar por excelencia.[1] En Puerto Rico, sin embargo, lo militar ha sido siempre foráneo y, en ocasiones incluso (como examinamos en el capítulo anterior), lo opuesto a lo que se ha querido ser. El baile, por otro lado, parece corresponder mucho más a sus identidades como país.

Los himnos nacionales se establecen en la mayoría de los países en el siglo XIX, como un esfuerzo del entonces emergente Estado nacional burgués moderno por consolidar o "inventar" tradiciones sobre las cuales debían cimentarse las nuevas bases de legitimidad que requería dicha organización política abarcadora.[2] Muchos himnos, sobre todo en

[1] Sergio Moreira, recopilador, *Cuaderno de cantos patrióticos conmemorativos*, Caracas, Cultural Venezolana, S.A., 1974 reproduce la partitura de los himnos nacionales de Venezuela, Colombia, Ecuador, Perú, Bolivia y Panamá. Los *tempos* explícitamente marcados son: "Allegro marcial, Tempo di Marcia, Marcial, Marziale y Marcial", respectivamente. Gabriel Monserrat, *El poema del himno nacional argentino, con el poema de los himnos de todas las naciones, con antecedentes y juicios críticos de algunos*, Buenos Aires, Lib. del Colegio, 1932, no examina la música, pero las referencias marciales en las letras son evidentes. Juan Rafael Sánchez Morales. *Origen y evolución de la canción patriótica. Historia del himno nacional de Guatemala*, Guatemala, Ministerio de Educación, 1969, p. 150, describe el ritmo 4/4 del himno de Guatemala como el "compás de la marcialidad". Juan Cid y Mulet, *México en un himno, génesis e historia del himno nacional mexicano*, México, Costa-Amic, 1974, p. 8, señala que "su música es *marcial* y vibrante".

[2] Véase el sugerente análisis de Eric J. Hobsbawm (ed.), *The Invention of Tradition*, Cambridge, Cambridge University Press, 1983.

países con una débil tradición nacional previo a la conformación de sus Estados nacionales (como, en general, en casi toda América Latina)[3] se establecieron por decreto desde el Estado, sin que existiera una previa identificación nacional con su música. Por otro lado, algunos *himnos*, como *La Marsellesa* en Francia, fueron canciones de profunda significación para las luchas por la constitución de la nación moderna antes de ser *oficializadas* por el Estado. En este capítulo, quisiera examinar la relación entre la música y una de las dos grandes identidades socioculturales de la modernidad –la identidad nacional–, base del Estado democrático moderno; y sus complejas vinculaciones con la segunda gran identidad sociocultural *moderna*, la identidad con base en clases sociales, que –en las contradicciones de la modernidad– parecería en ocasiones cimentar y en otros momentos problematizar a aquélla. En las sociedades caribeñas, constituidas –como examinamos antes– alrededor de la tensión dialéctica entre plantación y contraplantación, las identidades de la modernidad fueron dramáticamente atravesadas por la dimensión "racial" que asumió en el *Nuevo mundo* (en esa "extensión" colonial moderna de "occidente") la supuestamente premoderna problemática de la etnicidad.

Este capítulo pretende comenzar a abordar la relación entre música, clase y nación, a través del examen del tipo de sonoridad sobre el cual se conformó el himno de Puerto Rico, el único país hispanoamericano que no ha asumido aún, propiamente, la organización jurídico-política de Estado-nación. En 1952, cuando, con el establecimiento del Estado Libre Asociado, Puerto Rico alcanza un grado de autonomía de su metrópolis colonial –los Estados Unidos– que simula una conformación nacional, el Estado adopta como himno a la canción que desde casi un siglo antes se identificaba con la lucha nacional y era considerada ya popularmente como su himno. Es significativo que el Estado encomienda entonces un nuevo arreglo –marcial– de la canción, pero popularmente todos siguen tocándola y cantándola en su género original de *danza*.

Es muy reveladora también la polémica respecto al origen de dicha canción-himno, "La Borinqueña". Existen versiones de la canción –con prácticamente la misma melodía– en Cuba, Haiti, México, Perú, Bolivia y Brasil, además de Puerto Rico, y muchos de estos países la reclaman

[3] Véase, por ejemplo, Agustín Cueva, *El desarrollo del capitalismo en América Latina*, México, Siglo XXI, 1977, especialmente el capítulo 2, "La problemática conformación del Estado nacional", pp. 31-47.

como propia.[4] Es interesante esta difundida popularidad en momentos cuando aún no existía –parafraseando a Walter Benjamin– la reproducción mecánica del arte de los sonidos,[5] ni la dimensión comercial que con dicha reproducción la música adquirió. En un tiempo cuando la música viajaba principalmente con los marineros y los grupos itinerantes de teatro, la canción que va a convertirse en el himno nacional de Puerto Rico fue precursora de una "globalización" cultural muy posterior.

En Cuba y en Perú la canción fue, como originalmente en Puerto Rico, de índole romántica; y la letra, no sólo la melodía, es en las tres versiones muy similar. Pero sólo la versión puertorriqueña recalca de la mujer su *pie*, es decir, el baile.

"La Borinqueña" (Puerto Rico,
cuyo nombre indígena es Borinquen)

Bellísima trigueña
imagen del candor,
del jardín de Borinquen
pura y fragante flor.
Por ti se queda estático
todo el mortal que ve
tu aire gentil, simpático,
tu breve y lindo pie...

"La bellísima peruana" (Perú)

Bellísima peruana,
imagen del candor;
de este jardín ameno
pura y fragante flor...

"Mi amor" (Cuba)

Bellísima trigueña
imagen del candor
del vergel de mi Cuba
bella y fragante flor.
Es tu poder tan mágico
que todo el que te mira,

---

[4] María Teresa Babín, *Panorama de la cultura puertorriqueña*, San Juan, Instituto de Cultura Puertorriqueña (ICP), 1958, p. 232.

[5] "The Work of Art in the Age of Mechanical Reproduction" (1936), incluido en su antología de ensayos, *Illuminations*, Nueva York, Harcourt, 1968.

veloz, cual rayo rápido
siente su alma transida...

En Brasil se popularizó como canción infantil:

O, coração de infancia,
meigo e tao gentil,
lembra un jardin florido
cheio de encantos mil..

¿Cuál de estas versiones será la "original"? Como respecto a muchas otras melodías populares, ello es realmente muy difícil de determinar, aunque los argumentos de la folklorista Monserrate Deliz a favor de su origen puertorriqueño –basándose en investigaciones históricas meticulosas– resultan convincentes.[6] En todo caso, como bien señala Gaudier, defensor de la tesis de su origen como *habanera* peruana,[7] lo importante es que como *danza* se popularizó en Puerto Rico en tal forma que pronto adquirió un privilegiado pedestal en su simbología nacional. ¿Cómo una canción de origen territorial difuso y de referencias románticas o infantiles adquirió en Puerto Rico tal simbología, al punto de llegar a ser aclamada popularmente, desde "abajo", como himno?[8]

Entre aquellos que postulan la *puertorriqueñidad* de esta canción, existe una segunda polémica en torno a sus orígenes, también muy significativa. La versión oficial le atribuye la autoría a Félix Astol, un cantante de ópera catalán que había decidido establecer su residencia en la Isla. Es revelador, pues, el hecho de que es sumamente probable

---

[6] *El himno de Puerto Rico, Estudio crítico de "La Borinqueña"*, Madrid, Gisa, 1957. Con una concepción de un formalismo estrecho de los géneros musicales, Monserrate Deliz señala que "La Borinqueña" original no podía ser una *danza*, ya *"que la tradicional danza puertorriqueña no existía en 1867"* (p.108), cuando la canción se popularizó. Según espero ir demostrando en este capítulo, la evidencia histórica claramente indica que el proceso de conformación de esta forma musical llevaba entonces ya aproximadamente dos décadas. Analistas posteriores de débil formación histórico-crítica o visiones formalistas similares, han seguido repitiendo la equivocada aseveración del, por lo demás, muy valioso estudio de Deliz hasta nuestros días: por ejemplo Ramón Rosario Luna, "La fatuidad de un himno nacional 'combativo': Comentario semiológico-musical sobre *La Borinqueña*", Revista *Postdata*, 9, 1994, p. 55.

[7] Martín Gaudier, *La Borinqueña*, Barcelona, ed. Rumbos, 1959.

[8] Rosario Luna, *La fatuidad...*, *op. cit.*, incluye una útil cronología de la identificación nacionalista de esta canción, aunque su análisis supuestamente "semiótico-musical", no obstante sus observaciones interesantes, me parece desacertado, al asumir acríticamente significados "emocionales" de particulares sonoridades, que deberían ser, a mi juicio, objeto de investigación también.

–incluso así lo acepta su "casi" Estado-nación– que el himno nacional de Puerto Rico fuera creación de un inmigrante (*"un extranjero"*, dirían los más chauvinistas, aunque llevaba entonces aproximadamente ¡veinte años residiendo en el país!). La versión más nacionalista argumenta que "La Borinqueña" fue compuesta por un guitarrero del pueblo de San Germán de apellido Ramírez, que para evitar la represión del gobierno colonial español, por el sentido *patriótico* que pronto la composición adquirió, se la entregó a Astol que, como español, no generaba, supuestamente, sospechas en las autoridades.[9] Detengámonos un momento en este mito fundacional del himno nacional.

San Germán fue uno de los dos pueblos con los cuales inició España la colonización de la isla de Borinquen. San Juan, establecido en la mejor bahía de la costa noreste, es decir enfrentado al Atlántico –"mirando" a España–, fue el asiento de la oficialidad, la guarnición militar y el puerto. Mientras San Germán se establecía en el lugar donde se asentaba, en el momento de la colonización, el más importante yucayeke de la sociedad taína insular. Ambos poblados sufrieron prontos traslados, como muchos de los poblados españoles de América. San Juan se mueve (supuestamente por causa de las plagas de mosquitos) de su asentamiento original en Caparra, en la parte interior de la bahía, a la isleta que conforma la bahía por su área norte; es decir, se mueve hacia afuera de lo que sería posteriormente el país. Mientras San Germán, asediado por ataques de piratas extranjeros y de indios caribes (y probablemente de taínos escapados a las Antillas menores que buscaban recuperar su "capital" o sus mujeres) se traslada varias veces, *siempre* más hacia el interior, adquiriendo o evidenciando un propósito colonizador.[10] Tan es así que casi trescientos años después, en 1797, el agudo cronista André Pierre Ledrú, describiendo cada uno de los pueblos de la Isla (ya entonces había cerca de treinta) afirma sobre San Germán que en él habitan *las familias más antiguas y distinguidas*[11] (comentario que aparece repetidamente en descripciones posteriores[12]), algunas, incluso, muy

[9] Aurelio Tió, "La Borinqueña –El himno de Puerto Rico", *Boletín de la Academia Puertorriqueña de la Historia* VIII, núm. 29, enero de 1983.

[10] Fray Íñigo Abbad y Lasierra, *Historia geográfica, civil y natural de la Isla de San Juan Bautista de Puerto Rico* (1782) uso ed. de 1959 (San Juan, Ed. UPR). Véase también de Salvador Brau, *Puerto Rico en Sevilla*, San Juan, s.ed., 1896.

[11] *Viaje a la Isla de Puerto Rico*, San Juan, Imp. militar de J. González, 1863, p. 69. También lo menciona para fecha similar (15 años antes) Abbad, *ibid.*, p. 140.

[12] Por ejemplo noventa años después en Agustín Sardá, *La isla de Puerto Rico, estudio histórico y geográfico*, Madrid, Tip. de E. Sánchez, 1889, pp. 21-22, y siglo y medio más tarde

probablemente provenientes de uniones entre los primeros colonizadores y la élite indígena.

En San Juan, por el contrario, durante esos primeros siglos de colonización, su población –sobre todo al nivel de los estratos superiores– será sumamente cambiante: formada principalmente por militares y burócratas de tránsito en el país. En la medida en que van agotándose los yacimientos minerales y las prioridades colonizadoras se trasladan al continente, la política metropolitana minimiza la importancia de San Germán frente a la ciudad portuaria, que convierte en un formidable bastión militar para la defensa de los buques que viajaban entre España y la América de tierra firme. San Juan, la llave este del Caribe, es fuertemente amurallada, separándola aún más del resto de Borinquen.

Como examinamos con mayor detalle en el capítulo anterior,[13] en los primeros siglos de colonización española aflora progresivamente el contraste de que, mientras la política metropolitana asume una identidad entre la ciudad murada y la colonia, va cuajando socialmente –a nivel popular– una tajante división entre éstas. La división se manifiesta culturalmente en forma significativa en el lenguaje. Persistió por siglos una confusión respecto a la nomenclatura de la ciudad y el país, triunfando finalmente lo opuesto a la intención original de la política colonizadora oficial. San Juan fue el nombre otorgado por la colonización a la Isla; nombre que fue atrincherándose sólo en la ciudad murada. Por otro lado, el nombre descriptivo positivo que otorgó la metrópoli a la ciudad –el del Puerto Rico– fue apropiándoselo para sí el país. Es significativo que este traslado de nombres no se consolidara en forma definitiva hasta la segunda mitad del siglo XIX –que es cuando aparece "La Borinqueña"– precisamente cuando podemos, con cierta propiedad, referirnos en términos de forma-nación a este conglomerado histórico-social.

San Juan representaba la presencia de lo oficial, del colonialismo; y

en Manuel Mayoral Barnes, *Historia de Puerto Rico*, primer tomo: *De la formación de los pueblos*, Ponce, s.ed., s.f., ¿1942?, p. 19.

[13] Y en un trabajo previo que, como se señala en el "Prefacio", utilizo ampliamente en este capítulo: "La capital alterna: los significados clasistas de Ponce y San Juan en la problemática de la cultura nacional puertorriqueña en el cambio de siglo", capítulo 1 del libro *Patricios y plebeyos: burgueses, hacendados, artesanos y obreros*, San Juan, Huracán, 1988. Una primera versión más corta de ese ensayo fue incluida en el libro de Jorge Enrique Hardoy y Richard Morse (compiladores), *Nuevas perspectivas en los estudios sobre Historia urbana Latinoamericana*, Buenos Aires, IIED, 1989, pp. 125-148.

el resto de Borinquen un tanto el retraimiento de esa presencia. La economía de "la isla" era, hasta principios del siglo XIX, básicamente de subsistencia, mientras la ciudad murada dependía del subsidio de las colonias americanas más ricas: lo que se conoce como "el Situado mexicano". La economía de subsistencia se daba, contradictoriamente, en un mundo y una región de creciente comercio internacional. Pero éste se canalizaba fuera de los canales del Estado: a través del contrabando, cuya importancia enfatizan repetidamente los documentos de la época.

A finales del siglo XVIII, pero sobre todo en el XIX, mientras perdía su imperio, España fomentaba en Puerto Rico el desarrollo de una agricultura comercial de caña de azúcar y café, para con los impuestos de exportación obtener beneficios económicos de la Isla y subvencionar su plaza fuerte militar en San Juan. En esta forma, el poder colonial estimuló la transformación de una economía campesina a una economía de haciendas y plantaciones para cultivos de exportación. Repartió tierra a hacendados y facilitó (indirectamente) la expropiación de los campesinos y la concentración de la propiedad. Un documento de 1847 señalaba el "despojo violento, privando a los desvalidos colonos de las posesiones que cultivaron desde tiempo inmemorial".[14]

Las tierras dedicadas a los cultivos de exportación que en 1827 apenas alcanzaban el 30% de las cuerdas cultivadas, llegaron a representar alrededor del 65% a finales de siglo (para 1920 habían sobrepasado el 80%). Se dio en el período también un sólido proceso de acumulación primitiva de capital, reduciéndose a la mitad la proporción de familias con tierras: de 46.4% de las familias en 1830 a menos del 20% en 1899.[15]

Para recaudar los impuestos de la exportación, el desarrollo de la agricultura comercial conllevó la regulación de la actividad mercantil y, por ende, la guerra a muerte al contrabando. Es sumamente significativo que fuera en 1825, fraguándose la economía mercantil oficial y muriente el mundo cimarrón, cuando se captura al pirata Cofresí, el bandido social[16] por excelencia de la historia de Puerto Rico, recordado aún

---

[14] *Memoria* de Darío de Ormachea (1847), reproducida en Cayetano Coll y Toste, *Boletín Histórico de Puerto Rico*, vol. 2, San Juan, Tip. Cantero Fernández, 1915, p. 249.

[15] Para detalles y fuentes documentales, consulte mi libro *Patricios...*, pp. 37-38.

[16] Es conocida la tesis de Eric J. Hobsbawn en *Bandits*, Londres, Penguin, 1969 y en *Primitive Rebels*, Manchester University Press, 1959, de que el bandido social surge principalmente en economías de campesinos amenazadas por la comercialización o el desarrollo mercantil.

como héroe popular y protegido frente a la oficialidad por la ruralía cimarrona.[17] Es muy significativo también que Cofresí, el último gran pirata caribeño, fuera capturado por una escuadra naval norteamericana, cuando Estados Unidos era ya uno de los países más interesados en regular el comercio de la región.[18] La captura de Cofresí prácticamente sella la muerte del ya por décadas agonizante mundo del escape de nuestra primera jibarería.[19]

El pirata Cofresí fue el primer héroe popular en alcanzar un sitial preferencial en la simbología nacional de Puerto Rico. Escasamente medio siglo después de su captura –en la segunda mitad del siglo XIX– mientras se popularizaba la *danza* "La Borinqueña", ya se había convertido en un mito, que las principales figuras intelectuales del momento se sentían obligadas a difundir. Alejandro Tapia y Rivera, a quien podríamos denominar con propiedad como el primer intelectual *moderno* en la historia de las ideas en el país, le dedicó una atención particular en sus escritos: en sus escritos, naturalmente, de ficción –la novela *Cofresí* de 1876,[20] que han caracterizado críticos posteriores como *pseudo-histórica*.[21] "Poco tiene de realmente histórico la trama..." (dice Manrique Cabrera). La investigación histórica posterior ha demostrado que no estaba tan lejos de la "realidad". "En ella, sin embargo, se recoge todo el despliegue de rebeldías románticas siempre salpicadas de amores náufragos."[22]

Salvador Brau, quien ha sido denominado "*padre* de la historiografía puertorriqueña" –y, significativamente también de su sociología–[23] se

---

[17] Esta protección es evidente leyendo entre líneas los documentos de la captura: D. Porter, *An exposition of the facts and circumstances which justified the Expedition to Faxardo*, Washington, Devis and Force, 1825 y F. G. Géigel, *Corsarios y piratas de Puerto Rico. Episodios en Puerto Rico durante la guerra de los Estados Unidos con los piratas de las Indias Occidentales 1819-1825*, San Juan, Cantero, Fernández y Cía., 1946.

[18] Ojo al subtítulo de Géigel, *ibid*. Véase también de Arturo Santana. *Puerto Rico y los Estados Unidos en el periodo revolucionario de Europa y América, (1789-1825)*, San Juan, ICP, 1957. Un excelente testimonio de la época, también lo evidencia: Joel Roberts Painsetl, "Puerto Rico visto por los extranjeros" (1822), fragmentos de su libro *Notas sobre México*, México, Jas, 1950, pp. 35-45, reproducido en *La Revista*, Centro de Estudios Avanzados de P.R. y el Caribe (San Juan) 5, julio-diciembre de 1987, pp. 107-111.

[19] Para más detalles sobre ese mundo y su música véase el capítulo 3.

[20] San Juan, Tip. de González.

[21] Francisco Manrique Cabrera, *Historia de la Literatura Puertorriqueña*, Nueva York, Las Américas Pub. Co., 1955, p. 119.

[22] *Ibid.*

[23] Eugenio Fernández Méndez, "Introducción" a su edición de los principales ensayos

inspira en Cofresí para uno de sus primeros escritos (nuevamente, de ficción): su obra de teatro *La vuelta al hogar*.[24] En 1896, el Círculo de Lectores de Ponce (ya, en ese momento, la segunda ciudad del país y su "capital alterna", como examinaremos más adelante) premiaba la obra *Huracán, Novela basada en la leyenda del pirata Roberto Cofresí*,[25] para la cual, muy interesantemente, el autor, Ricardo del Toro Soler, realizó numerosas entrevistas con campesinos que habían tenido contacto directo o habían oído hablar del pirata, conociendo de primera mano la mitología que rodeaba al personaje. Posteriormente han seguido apareciendo escritos sobre él.[26]

Es sumamente revelador el hecho de que el primer héroe popular del imaginario nacional puertorriqueño fuera un pirata (fundamentalmente, un contrabandista: un comerciante insertándose en el mercado internacional al margen del Estado) oriundo del área circundante a San Germán. Es significativo también que fuera –al menos, según el mito– representante del proceso de *hibridez*: hijo de padre inmigrante (Cofresí es, supuestamente, una puertorriqueñización del apellido alemán ¿judío? Kufferstein u holandés o austriaco Couffersein)[27] y madre puertorriqueña de abolengo –de la tradicional familia sangermeña Ramírez de Arellano. El abuelo paterno de la madre de Cofresí aparece en los documentos como uno de los fundadores del pueblo de Cabo Rojo (que es como decir el municipio-puerto de San Germán) y aparece casado con Juana Cristhof Hufersé, natural de Curazao, donde abundaban los holandeses judíos (que sus apellidos sugieren).[28] Cuenta la leyenda

de Brau publicados bajo el título de *Disquisiciones sociológicas*, San Juan, ed. UPR, 1956. En un escrito previo –"Apuntes para una sociología del análisis social en Puerto Rico: el mundo letrado y las clases sociales en los inicios de la reflexión sociológica", capítulo 4 de *Patricios*..., intento un análisis más detallado de su importancia.

[24] Estrenada en Mayagüez en 1877, ICP, *Teatro puertorriqueño, cuarto festival*, San Juan, ICP, 1962, pp. 155-315.

[25] Cabo Rojo, Puerto Rico, Tip. Bulls, 1936 (2da. ed.).

[26] Por ejemplo, Gustavo Palés Matos, *Romancero de Cofresí*, San Juan, Imp. Venezuela, 1942; Isabel Cuchi Coll, *Cofresí*, San Juan, Tip. Giranes; 1973; Lee Cooper, *The Pirate of Puerto Rico*, San Juan, Putnam's, 1972; entre otros.

[27] "Austriaco de origen hebreo" lo denomina Enrique Ramírez Brau, *Cofresí (Historia y genealogía de un pirata) 1791-1825*, San Juan, Casa Baldrich, 1945, p. 5, en el primer escrito sobre Cofresí que explícitamente se propone evadir la ficción (p. 1), aunque en otro momento lo identifica como de Trieste, puerto mediterraneo italiano casi en la frontera con Eslovenia.

[28] Según las investigaciones de Roberto Fernández Vallador, *El mito de Cofresí en la narrativa antillana*, San Juan, UPR, 1978, p. 40.

(aunque asumiendo en este caso el ropaje de cientificismo positivista) que Kufferstein era un noble que llegó, no obstante, al Caribe como *fugitivo*, por problemas con la justicia, en otras palabras, otro cimarrón;[29] aunque otras versiones más populares, que también se autodenominan "auténticas", lo identifican como labrador de raza "mora" casado con una *isleña* (es decir, proveniente de las Islas Canarias –que se identifican como los inmigrantes "españoles" más pobres).[30]

No es casualidad que en el mito fundador del himno nacional de Puerto Rico se le atribuya su autoría a personajes de asociaciones simbólicas tan significativas. Algunos a un teatrero inmigrante (catalán, además –no hay que olvidar la importancia simbólica de Cataluña en la lucha de la autonomía de las nacionalidades en España; autonomía por la que luchaba entonces la mayoría de la inteliguentsia puertorriqueña inspirada en el también catalán Francisco Pi y Margall[31]). Otros, a un guitarrero bohemio –*pirata* en el sentido figurado– sangermeño de apellido también Ramírez (como Cofresí, el primer héroe popular), cuya autoría debía cimarronear.

En septiembre de 1868, escasamente unos meses después de que supuestamente fuera compuesta "La Borinqueña" (cuyo primer nombre fue "La almojábana", haciendo referencia a las golosinas ofrecidas como *aguinaldo* en las fiestas navideñas –véase análisis del capítulo anterior), estalló en Puerto Rico la más importante intentona nacionalista contra el coloniaje español: El Grito de Lares, mientras paralelamente estallaba unas semanas después en Cuba El Grito de Yara. Este último inició una guerra que duró diez años, mientras la más importante guerra por la independencia nacional en Puerto Rico era derrotada escasamente un día después de la *gloriosa gesta*. En ese momento, la canción más popularmente difundida en Puerto Rico (y tal vez en Cuba) era "La almojábana" –que ya se le empezaba a conocer como "La Borinqueña". En términos contemporáneos diríamos que estaba en primer lugar del *hit parade*. Imbuida en este espíritu guerrero de las

---

[29] Úrsula Acosta (con la colaboración de David Cuesta Camacho), *¿Quién era Cofresí?*, Hormigueros, P.R., s.ed., 1984, p. 6.

[30] B.G. Camacho, *El Aguila Negra o Roberto Cofresí, Intrépido pirata puertorriqueño, El temor de los navegantes*, Ponce, Tip. Camacho, 1934, p. 10 (referencia a su "autenticidad" en la p. 40.)

[31] Detalles y fuentes bibliográficas en mi libro previo *Conflictos de clase y política en Puerto Rico*, San Juan, Huracán-CEREP, 1977.

patrióticas *gestas gloriosas*, la poetisa también sangermeña[32] Lola Rodríguez de Tió, conocida por sus famosos versos de

> Cuba y Puerto Rico son
> de un pájaro las dos alas
> reciben flores y balas
> en el mismo corazón,

le escribió una letra *patriótica* a esta canción popularmente tan mimada sobre el amor romántico.[33]

> ¡Despierta borinqueño
> que han dado la señal!
> ¡Despierta de ese *sueño*,
> que es hora de luchar!...

y en su segunda estrofa recalcaba

> Bellísima Borinquen
> a Cuba hay que seguir,
> tú tienes bravos hijos
> que quieren combatir...

Roberto H. Todd, líder de la Sección puertorriqueña del Partido Revolucionario Cubano que dirigía Martí en Nueva York, vincula sus primeros recuerdos *patrióticos* a la figura de Lola Rodríguez de Tió, cuyas *excentricidades*, apunta, "le valieron allá en sus mocedades el que la señalaran como *marimacho*".[34]

---

[32] Ante tantos importantes personajes de San Germán, es conveniente recordar que esta ciudad representaba entonces menos del 1% de la población del país, siendo superada en población para la época de la difusión de "La Borinqueña" por aproximadamente nueve pueblos. Detalles sobre fuentes en *Patricios...*, capítulo 1. No obstante, como ayuntamiento (municipio), es decir, incluyendo no sólo el centro urbano, sino también su ruralía, San Germán a principios del siglo XIX era el más poblado, representando alrededor del 19% de la población del país, evidenciando nuevamente su importancia en el proceso "colonizador". Ya en los años setenta de ese siglo su importancia poblacional relativa se había reducido a la mitad –9.9% del total nacional– aunque todavía era superado sólo por Ponce. Calculado a base de cifras en D.J. Jimeno Angius, *Población y comercio de la Isla de Puerto Rico*, Madrid, Tip. El correo, 1885.

[33] Cayetano Coll y Toste, *Boletín Histórico de Puerto Rico*, vol. IX, San Juan, Tip. Cantero, Fernández y Co., 1922, pp. 268-269, presenta la versión del nieto de Félix Astol de este acontecimiento.

[34] Roberto H. Todd, "La Junta Revolucionaria de Nueva York 1895-1898", *Puerto Rico Ilustrado*, 21/9/1935, p. 37.

Para 1870, continúa,

en aquella escuela y antes de cumplir seis años de edad, oímos cantar y aprendimos a cantar, eso si *sotto voce*, una canción con *ritmo de danza* y letra insurrecta que atribuían a Lola Tió que decía

> Viva Cuba Libre
> Muera el español
> Viva Puerto Rico
> libre y con honor.[35]

¿Habrán identificado desde entonces los puertorriqueños a "La Borinqueña" popularmente como su himno por esta letra incendiaria de Lola Rodríguez de Tió, como han sugerido algunos estudiosos perplejos ante el *sacrilegio* de encontrarnos *bailando* el estandarte sonoro de la nacionalidad?[36] ¿O no estará la identidad nacional más vinculada a su *música*, más aún cuando su letra *patriótica* fue muy prontamente olvidada a nivel popular?[37] ¿No será más profunda la relación entre su letra y su música?

Aquellos lectores que conocen de notación musical, deben fijarse que la primera frase melódica de la versión popular o "folklórica" del himno nacional puertorriqueño (así como la tercera frase: "-*spierta borin-*" del segundo compás), constituye una melodización de uno de los ritmos tradicionales de *bomba*, el género musical puertorriqueño más apegado y generalizadamente identificado con nuestra herencia africana negra. Igualmente que la *salsa* identitaria "Somos el son", con cuyo análisis iniciamos los dos capítulos anteriores, "La Borinqueña" comienza melodizando a la *bomba*.

---

[35] *Ibid.*, p. 57, primer énfasis del original; segundo añadido.

[36] Por ejemplo, María Teresa Babín, *Panorama*..., p. 234; Monserrate Deliz, *El himno*..., p. 31.

[37] No es hasta el momento de *fervor izquierdoso* de finales de los años sesenta del presente siglo, es decir casi cien años después, cuando se revive la tradición de cantar "La Borinqueña" con esta letra. No hay que soslayar –respecto a esos "olvidos"– las posibles repercusiones de represiones estatales.

Fragmento de la versión "folklórica" de "La Borinqueña"[38]

Hemos colocado en la parte inferior de la partitura la métrica de *clave* sobre la cual se organiza la composición. Componer sobre métrica de *clave*, como analicé en el capítulo introductorio, es una de las características fundamentales de las músicas "mulatas". ¿Cómo pudo una música atravesada por sonoridades afrocaribeñas convertirse en estandarte de la nacionalidad, cuando la lucha *nacional* era dirigida entonces por clases que querían negar la presencia de dicha herencia fundamental? Volveremos sobre ambos de estos elementos en la cuarta sección de este capítulo.[39]

[38] Transcrita por el compañero etnomusicólogo Luis Manuel Álvarez.
[39] Agradezco al compañero Luis Manuel Álvarez, haberme hecho consciente de estos fenómenos.

Hacia los años setenta del siglo XIX, uno de los primeros compositores de música "culta" puertorriqueña, Manuel Gregorio Tavárez –"híbrido" (mulato), hijo de puertorriqueña e inmigrante francés, que había estudiado, con beca, música en París– compuso una pieza sinfónica rapsódica titulada *Souvenir de Puerto Rico*, conocida también como *Aires del país*. En ella incorpora temas de la música *jíbara*, tales como el *aguinaldo* de Los Reyes Magos, y *danzas* populares: figurando significativamente temas de "La Borinqueña". En 1882, Tavárez compuso para la gran Feria ciudadana ponceña (de la cual hablaremos extensamente más adelante) la marcha para piano "Redención", de evidentes tintes políticos nacionalistas. Esta marcha, en sus momentos culminantes, incorpora nuevamente temas de "La Borinqueña".[40]

Medio siglo después, para las elecciones de 1924, supuestamente amenazada la *integridad* nacional (en lucha, pues ahora Puerto Rico era colonia de los Estados Unidos) ante la emergencia de un partido obrero –"*disruptivo*", decían, para *la gran familia puertorriqueña*–, hacendados, burgueses y profesionales se aliaban bajo los acordes de "La Borinqueña". Ante la emergencia del Partido Socialista, que había alcanzado en las elecciones anteriores más del 20% de la votación (aun con sobreprobados fraudes en su contra) y había logrado la alcaldía en ocho de los 76 municipios, y horrorizados ante alcaldes mulatos que "salían al balcón en camiseta", los tradicionales rivales de la política patricia –*los azules y colorados* (como en tantos países de América Latina) unían sus esfuerzos, en considerable medida racistas, entonando una música "mulata". Los acérrimos rivales del Partido Republicano y el Partido Unión dejaron a un lado sus diferencias inmemoriales para formar una santa *Alianza* ante el amenazante Partido Socialista y cantaban al unísono su *himno* partidario para el cual retrabajaron la letra de "La Borinqueña" cantando así:

(Paseo):
Los aliancistas de este pueblo
tenemos que derrotar,
al Partido Socialista
que se quiere adelantar.
¡No es posible que esta gente[41]
nos pueda gobernar,
ni un minuto, ni un segundo

---

[40] Amaury Veray, *Manuel Gregorio Tavárez, Soledad y plenitud*, San Juan, Ateneo, 1960, pp. 64-74.

[41] Dicho con la connotación de *gentuza*.

nuestra patria sin igual!
(Canción):
La fraternal Alianza
de Tous Soto y Barceló [42]
fue la ruta más ancha... etcétera.[43]

¿Por qué habrán elaborado su himno sobre "La Borinqueña"?

En 1930, sólo diez años después de haberse iniciado comercialmente la radio, encontramos la primera referencia a un programa de una estación *niuyorkina* específicamente dedicado a la comunidad de migrantes puertorriqueños. En el programa predominaban las *danzas*, sobre todo las más famosas de su momento cumbre cincuenta años antes: "Felices días" de Morel Campos, "Margarita" de Tavárez, "Linda Sara" de Ángel Mislán, entre otras. El programa concluía con un mensaje del gobernador norteamericano de la isla (Puerto Rico no tuvo gobernadores electos hasta 1948) y se iniciaba –¡¿cómo no?!– con la *danza* "La Borinqueña".[44]

Todavía hoy, a finales del siglo XX, se componen *danzas*, aunque constituyen realmente sólo una pequeña proporción de la enorme y rica producción musical del país. A pesar de ser ya considerado un género arcaico, es sumamente revelador el hecho de que haya sido también una canción que sigue en líneas generales la forma de *danza*, la canción "Verde luz" de Antonio Cabán Vale, "el Topo", uno de los más destacados exponentes de la *Nueva Trova*, la pieza que se ha convertido popularmente para muchos en el nuevo *himno* del Puerto Rico contemporáneo. Es significativo que esta canción en *danza* identifique lo nacional y su libertad con lo sensual: con los colores y la geografía de nuestra "tropicalidad", con los profundos sentimientos en torno a la migración (aunque ningún crítico de una intelectualidad miope ante la importancia de tal fenómeno para la cultura nacional en el Caribe contemporáneo, lo haya percibido) y, sobre todo, como "La Borinqueña" original, con la mujer –ferozmente deseada, pero inalcanzada (*isla virgen*, señala en un momento; *isla doncella*, en otro).

¿Debemos avergonzarnos los puertorriqueños por identificar lo na-

---

[42] Éstos eran los líderes máximos de los *azules* y los *coloraos* en ese momento. Barceló, abuelo de quien fuera recientemente (en la década de 1980) gobernador del país por los *azules*, era entonces el líder máximo de los *colorados*.

[43] Recogido, en mis investigaciones, de la tradición oral en el pueblo de Morovis.

[44] Periódico *Porto Rico Progress*, 30/10/1939, según citado por José Luis Torregrosa, *Historia de la radio en Puerto Rico*, San Juan, Esmaco, 1992, p. 95.

cional –*viril, heroico,* en la mayoría de las naciones de la *modernidad*– con la *sensualidad* y con el *baile*? ¿No habremos sido precursores de una sensibilidad distinta? ¿No estará esta isla "tropical" sensual, meláncolica, sandunguera, bailadora –que ha evadido estatalizar su nación– dándole una lección de "nacionalidad" al mundo en estos tiempos "*postmodernos*"? Aunque sea condenado como *populista*, aun con todas las contradicciones históricas que esta sonoridad arrastra, con "el Topo", en ritmo de *danza*, bailo y canto:

> Verde luz de monte y mar.
> *Isla virgen* de coral.
> *Si me ausento*
> de tus playas brumorosas;
> *si me alejo*
> de tus palmas silenciosas:
> *¡quiero volver! Quiero volver*
> a *sentir* la tibia arena,
> y a *dormirme* [45] en tus riberas.
> Isla *mía* –flor *cautiva*–
> para *ti* quiero tener:
> ¡*libre* tu cielo, sola tu estrella![46]
> *Isla doncella,* quiero tener:
> verde luz de *monte y mar*.[47]

LA CAPITAL ALTERNA: LA CIUDAD SEÑORIAL Y EL ESPACIO CIUDADANO

Algunos estudiosos de la música, siguiendo el tipo de análisis cultural bajo el paradigma del *sancocho* (en Cuba el *ajiaco*) que analicé críticamente en el capítulo introductorio y en el anterior, paradigma emblematizado por el sello oficial del Instituto de Cultura Puertorriqueña, conciben la *danza* como la primera música nacional de los países del Caribe hispano, porque incorpora elementos de las tres etnias que fueron formando a estos pueblos. Las letras y melodías son principalmente de la tradición española, el ritmo exhibe marcadas influencias africanas, y

---

[45] En contraposición al *"¡Despierta borinqueño!"* de Lola Rodríguez de Tió.

[46] En referencia a su bandera monoestrellada en contraposición a la multiestrellada bandera norteamericana; sugiere la aspiración a la independencia nacional.

[47] Del LP *El Topo en las manos del campo,* San Juan, Guamaní GLD 001-B, 1975 (énfasis añadidos).

la utilización del güiro en su instrumentación se aduce como influencia indígena. Sin embargo, esta fusión de influencias podría argumentarse que la llevan también el *seis*, el *aguinaldo*, la *plena*, el *merengue*, el *son* o la mayor parte de la música del Caribe hispano. ¿Por qué es entonces el himno de Puerto Rico una *danza*? ¿Se tratará, como en el *sancocho*, de un asunto de proporción entre los diversos elementos, logrando la *danza* la fórmula más "representativa" o "perfecta"?[48] ¿O no habrá que examinar cómo fue ese *ajiaco* cocinándose: esos *procesos irreversibles* que con el *fuego* fueron transformando sus "ingredientes"? ¿No habrá que buscar otras vías de análisis?

Para comenzar a abordar estas interrogantes, considero importante aclarar –siguiendo a uno de los más agudos estudiosos de la música puertorriqueña, el compositor Amaury Veray– que los géneros musicales no son, generalmente, meras creaciones de compositores, sino procesos sociohistóricos. La *danza* no fue un invento de tal o cual compositor y resulta falaz tratar de identificar *la* primera *danza*.[49] Bien nos señala Veray que la *danza* fue conformándose desde antes de mediados del siglo XIX, alcanzando una forma más o menos definitiva unos treinta o cuarenta años después: entre 1870 y 1880. Dice Veray:

Hacia los años cincuenta, la contradanza comenzaba a cobrar *perfil criollo* y a manifestar el *carácter borincano*. El acompañamiento arpegiado (1844) pronto se va a enriquecer con el puntilleo y la semicorchea que no es otra cosa que el primer destello del patrón rítmico que se convierte en el futuro *tresillo*.[50]

Si no fueran parte de la historia de un género (que va a ir cuajando como símbolo nacional), las primeras *danzas* hubieran quedado como

---

[48] Siguiendo este tipo de análisis, Tomás Blanco –uno de los más agudos ensayistas de la generación del 30 en Puerto Rico, generación cuya producción se centra en la problemática de la identidad– argumentaba que, contrario a la opinión entonces prevaleciente, debía ser la *plena* y no la *danza*, la música nacional puertorriqueña, pues consideraba la última demasiado "europea". "Elogio de la plena", *Revista del Ateneo Puertorriqueño* I;1, marzo de 1935, uso ed. reproducida por Mariana Robles de Cardona, *Antología crítica del ensayo en Puerto Rico*, San Juan, UPR, 1950, pp. 131-140.

[49] Algunos autores señalan "La Margarita" de 1870, de Julián Andino, como el nacimiento de la *danza*, por ser la primera en utilizar explícitamente el tresillo elástico (o consignarlo en la partitura), forma rítmica que va a caracterizarla. Otros señalan "La Hortensia" de 1855, de Ginés Ramos, como la iniciadora o hacen referencia a una tal "La sapa" de 1848 (por ejemplo, Cecilio R. Font, *Cosas de la danza de Puerto Rico*, Madrid, Artes gráficas Ibarra, 1970).

[50] "Vida y desarrollo de la danza puertorriqueña", en Marisa Rosado, ed., *Ensayos sobre la danza puertorriqueña*, San Juan, ICP, 1977, p. 26 (énfasis míos).

innovaciones artísticas individuales. La formación de la *danza, como género*, fue un proceso musical más amplio, en el cual participaron innumerables músicos, compositores *e intérpretes*, en su constante interrelación, particularmente importante en las formas populares.[51] En un escrito cubano de 1852, donde encontramos una de las primeras referencias a la *danza criolla* caribeña, claramente se establece que

> Su música es de un estilo peculiar, y tanto que quien no la ha oído a un *iniciado* en vano intentará tocarla *aunque la tenga perfectamente escrita*.[52]

cuando, escasamente en la línea anterior había señalado que

> la danza criolla, *verdadera especialidad cubana, no es otra cosa que* la antigua contradanza española (y contradanza la llaman aún los músicos) *modificada* por el clima... *voluptuoso* de los trópicos.[53]

Detengámonos pues un poco en el proceso de esos cuarenta años –que menciona Veray– de la historia social del país: el mundo sobre el cual la *danza* se conformó y que, dialécticamente, ésta ayudó a configurar. Como señalé en la sección anterior, este período se caracteriza por la transformación de una economía campesina a una economía hegemonizada por la hacienda, organizada en torno a la producción para la exportación. En la medida en que el gobierno declaraba guerra a muerte al contrabando –para recaudar los impuestos de dicha exportación– el comercio, previamente diseminado (en el contrabando) por las costas del país, fue centralizándose en aquellos pueblos costeros donde se establecieron oficialmente aduanas.

Fue generándose un tipo distinto de integración económica entre el interior y la costa, entre el mundo hacendado de la creciente agricultura comercial y los puertos que canalizarían la exportación de dicha producción. El centro urbano principal en el antiurbano mundo de la contraplantación, la tradicional interior villa de San Germán, perdía su importancia ante los emergentes pueblos portuarios de Ponce y Mayagüez,

---

[51] Alejo Carpentier, *La música en Cuba*, México, FCE, 1946, p. 105, correctamente analiza formas básicas de la música cubana como: "modalidades de interpretación que pasan al papel después".

[52] José García de Arboleya, *Manual de la isla de Cuba. Compendio de su historia, geografía, estadística y administración*, La Habana, Imp. del Tiempo, 1859, p. 263, primer énfasis del original, segundo añadido.

[53] *Ibid.*, énfasis añadidos.

que hacia finales de siglo rivalizarían incluso con San Juan en términos de población.

En 1827 la población de San Juan representaba el 3.5% del total de habitantes del país, cuando en la vecina isla de Cuba, La Habana representaba el 13.4%. Sin embargo, en comparación con los otros poblados, era por mucho la ciudad principal. Tenía el 27.8% del total insular de casas en poblado, siendo la segunda ciudad San Germán con 5% del total. Si incluimos lo que el documento llama "bohíos en poblado" y los sumamos a las casas, el total capitalino representaba el 15.7% del total. No aparecen bohíos en San Juan, y relativamente pocos en San Germán, evidenciando su carácter de ciudades de familias prominentes.[54] Con base en la población por municipios y la distinción que hace el documento entre casas y bohíos en poblado y despoblado, he calculado que la población de Mayagüez sería aproximadamente una tercera parte de la población capitalina y la de Ponce una quinta parte.

A medidos de siglo (1867) la población, tanto de Ponce como de Mayagüez, había alcanzado cada una, un poco más de la mitad de la población capitalina. Y a finales de siglo, la importancia relativa de la población de San Juan había aumentado escasamente a 3.3% del total poblacional (32 043 habitantes de un total nacional de 953 243), mientras Ponce prácticamente la equiparaba, quedando San Germán lejanamente rezagado. La tercera ciudad al finalizar el siglo era Mayagüez con 15 187 habitantes, mientras la antigua villa de San Germán no alcanzaba los 4 000 moradores. A manera de comparación, la suma de la población de la segunda, tercera y cuarta ciudades de Cuba no alcanzaba la mitad de la población de La Habana, que con 247 000 habitantes representaba el 15.7% del total poblacional de ese país.[55] En Puerto Rico, por el contrario, la suma de la población de las tres ciudades siguientes en magnitud a la capital era en 1899 casi el doble de ésta.[56]

Durante todo el siglo XIX, San Juan se mantuvo como el gran puerto importador, mientras Mayagüez, y sobre todo Ponce, se fueron convirtiendo en los principales puertos de exportación. En 1890, por ejemplo, Ponce exportaba el 33.2% del total nacional y San Juan sólo el 21.2%.

---

[54] En San Juan, evidencia también la presencia de la reglamentación del Estado, que prohibía este tipo de construcción en lo que llamaban "la zona de piedra".

[55] Richard Morse, *The Urban Development of Latin America 1750-1900*, Stanford, Stanford University Press, 1971, p. 5a.

[56] Detalles sobre las numerosas fuentes consultadas para estos cálculos en *Patricios*..., pp. 39-41.

Por otro lado, San Juan importaba el 47% del total "insular", mientras Ponce importaba el 25.6% y Mayagüez el 16.4 por ciento.[57]

A través del uso cada vez más intensivo de su tierra en el desarrollo de sus haciendas y a través de la intensa actividad portuaria que canalizaba hacia el exterior la creciente producción agraria, el municipio agroexportador de Ponce se convirtió por mucho en la unidad administrativa más rica del país. Por ejemplo, en 1890 Ponce aportaba en contribuciones al tesoro insular el equivalente de la suma de lo que pagaban seis municipios promedio y una vez y media más que el segundo municipio en aportaciones contributivas: San Juan, la capital.[58]

Con el desarrollo de la agricultura comercial, San Juan, antiguo baluarte de la oficialidad colonial –militar y burocrática– comenzó a representar cada vez más al comercio importador, que estaba de todas maneras, asociado a la oficialidad. Ponce y Mayagüez, por otro lado, se convirtieron en las ciudades de las clases agroexportadoras, de los hacendados.

El desarrollo de la importancia económica de Ponce, junto a su vertiginoso crecimiento poblacional (fenómenos evidentemente entrelazados) le fueron dando a esta ciudad un carácter especial. Es significativo que en los numerosos libros biográficos ponceños de cambio de siglo, se destaque el hecho de que muchos de los "ponceños ilustres" no eran realmente oriundos de esa ciudad. En sus excelentes investigaciones históricas Francisco Scarano ha demostrado la fundamental importancia de inmigrantes extranjeros (no españoles) en el desarrollo económico de Ponce a principios del siglo XIX[59] y es posible sospechar que su relativamente pronta incorporación a la sociedad ponceña (y nacional) fue facilitada por el hecho de que su contorno urbano era, para todos los efectos una "ciudad nueva", representando una sociedad en formación. Ponce, en su acelerado crecimiento poblacional, amalgamaba a criollos de diversas regiones del país, con distintos tipos de inmigrantes; tanto empresarios como trabajadores, pues no hay que

[57] *Ibid.*, p. 41.
[58] *Ibid.*, p. 42.
[59] "Inmigración y estructura de clases: Los hacendados de Ponce, 1815-1845", en Scarano, ed., *Inmigración y clases sociales en el Puerto Rico del siglo XIX*, San Juan, Huracán, 1981 y *Sugar and Slavery in Puerto Rico. The Plantation Economy of Ponce, 1800-1850.* Madison, University of Wisconsin Press, 1984. Véase también de Ivette Pérez Vega, *El cielo y la tierra en sus manos. Los grandes propietarios de Ponce, 1816-1830*, San Juan, Huracán, 1985.

olvidar que las primeras décadas del siglo XIX testimoniaron la mayor importación de esclavos en toda la historia del país, constituyendo este municipio la región de mayor desarrollo de la economía esclavista.[60] Es significativo que el primer periódico publicado en Ponce (en 1852), donde aparece por primera vez una referencia a la música que se conocerá luego como *danza*, afirmara en su propio nombre su regionalismo –*El Ponceño*–, habiendo sido fundado por un inmigrante catalán.[61]

El puerto de Ponce se distinguía del de San Juan, no solamente por ser principalmente de exportación, sino, vinculado a ello, por la matrícula de los navíos que lo frecuentaban. Los barcos que atracaban en San Juan eran principalmente españoles, mientras en Ponce muchos eran de los Estados Unidos y de varios países europeos. En sus memorias, el ponceño descendiente de ingleses de las Antillas Menores, Albert E. Lee (y padre de la luego *patriota*, Consuelo Lee Tapia de Corretjer), describe vívidamente los significados culturales de la distinción clasista entre Ponce y San Juan. Presenta a Ponce como cosmopolita, liberal, librepensador, *moderno* y a San Juan como católico, español y conservador.[62] En la medida en que Ponce y Mayagüez fueron configurándose como ciudades de clases que aspiraban a la hegemonía de un mundo agrario en transformación, la distinción urbano-rural sería definitivamente menos marcada que en torno a San Juan. En cierto sentido serán los centros y la proyección hacia el futuro de un mundo agrario y no sus antónimos, como había sido la gran plaza fuerte capitalina.

Los hacendados constituían una clase sumamente contradictoria, como contradictoria era la economía de haciendas misma. Era, por un lado, una economía orientada a la intensificación de la producción de mercancías, es decir, de productos para vender. El máximo desarrollo de la economía de mercancías es el capitalismo, y la economía de haciendas tendía, en su desarrollo, hacia ese tipo de régimen. Pero, por otro lado, la economía de haciendas estaba fundamentada en formas

---

[60] *Ibid.*, y José Curet, *De la esclavitud a la abolición: Transiciones económicas en las haciendas azucareras de Ponce, 1845-1873*, CEREP-Cuaderno 7, San Juan, 1979.

[61] José Curet, *Los amos hablan. Unas conversaciones entre un esclavo y su amo, aparecidas en El Ponceño, 1852-53*. San Juan, Cultural, 1986. Este libro incluye un sugestivo ensayo introductorio que describe al Ponce de la época. Es muy importante notar, que en los numerosos libros biográficos de Ponce de finales del siglo XIX y principios del XX, se incluyan como ponceños, como miembros en pleno de la "ciudad señorial", de la "Perla del sur", los "ilustres" inmigrantes y su descendencia. Detalles en *Patricios...*, p. 44.

[62] *An Island Grows, Puerto Rico, 1873-1942*, San Juan, A.E. Lee and Sons, 1963, pp. 11, 67 y 68.

precapitalistas de explotación del trabajo,[63] bien fuera la esclavitud, como y sobre todo, formas serviles o semifeudales. Es decir, no se compraban horas de trabajo por un salario, como en el capitalismo, sino que se amarraba el trabajo del campesino en otras formas: permitiéndole acceso a la tierra con arreglos de agrego o medianeo, con leyes coercitivas, o formas intermedias como el pago en especie, el endeudamiento perpetuo en la tienda de la hacienda o el pago con vales en lugar de dinero.[64] Estas relaciones de producción hacían que esta economía fuera fundamentalmente señorial, aunque su tendencia fuera de desarrollo hacia el capitalismo, y fuera también ése el proyecto de su clase dominante. La clase de hacendados era, pues, señorial con aspiraciones burguesas o capitalistas.

Esta clase era contradictoria también en otro aspecto. Las haciendas fueron inicialmente fomentadas por España, pero el control colonial sobre el comercio establecía límites a su desarrollo. Así, una clase inicialmente aliada y defensora del colonialismo español, fue configurando una oposición a ese colonialismo. Oposición ambivalente que se traducía en el autonomismo: ideario principal de esta clase hacia finales de siglo. Además, en la medida en que los hacendados dominaban el mundo social vinculado a la producción (parte tan fundamental de la vida) intentaron generalizar ese dominio al resto de la economía, que controlaban aún los comerciantes importadores, y a la vida pública y social general, gobernada por la oficialidad colonial. Para sus aspiraciones hegemónicas los hacendados necesitaban el apoyo subordinado de las mayorías del país. En su intento de presentar sus intereses como los intereses generales de la sociedad, los hacendados fueron configurando una política de afirmación puertorriqueña a través de su Partido Autonomista, definiendo los conflictos sociales como oposición entre puertorriqueños y peninsulares.[65] La tensión burgués-señorial de su ideología generó una contradictoria visión nacional, una concepción paternalista de la patria como una gran familia: familia estamentada, dirigida por el "padre agrego" –el hacendado–, pero familia al fin, que

---

[63] Alargaría mucho este ensayo, explicar las razones. Lo he intentado en trabajos previos: véase por ejemplo "Algunas aclaraciones imprescindibles para el análisis dinámico de la clase obrera", *Revista de Ciencias Sociales* (San Juan) XVIII: 1-2, junio de 1974, pp. 145-200.

[64] Una descripción sencilla de dichos mecanismos económicos, puede encontrarse en la sección 2 del libro que preparé conjuntamente con Lydia Milagros González, *La otra cara de la historia*, San Juan, CEREP, 1984.

[65] Para detalles y numerosas referencias, véase mi libro anterior *Conflictos...*, *op. cit.*

incorporaba a los "honrados hijos del trabajo".

No es coincidencia que el Partido Autonomista tuviera como baluarte a Ponce, "la ciudad señorial" como aún se le conoce, la principal ciudad exportadora, con pie en la ruralía –la hacienda– y aspiraciones nacionales. Se celebraron en Ponce las más importantes asambleas de ese partido y allí se publicaba su periódico, con el revelador nombre de *La Democracia*, que se convirtió, a su vez, en el periódico más importante del país.

Y es que Ponce –frente a San Juan, la ciudad que simbolizaba el poder colonial– se erigía como centro urbano de una emergente ciudadanía que comenzaba a configurar elementos incoativos de un proyecto alterno de país. El carácter *ciudadano* de Ponce, frente a la naturaleza *oficialesca* de San Juan, se manifiesta en lo que podríamos considerar como las primeras descripciones de la vida urbana del país.[66] Las fiestas patronales y otras ferias y fiestas de la ciudad representaban popularmente, para una sociedad fundamentalmente agraria, una de las principales razones de ser de los núcleos urbanos, y para los pueblos, uno de los más significativos vínculos con su ruralía. Los documentos que describen estas fiestas y ferias revisten, pues, una enorme importancia. Para el siglo XIX contamos con seis de estos documentos impresos como libros: tres referentes a San Juan y tres a Ponce. Una de las descripciones de las fiestas de San Juan la publicó directamente el gobierno y otra la escribió el secretario del ayuntamiento y así lo hace constar en el escrito. Las dos que no fueron publicadas por el gobierno llevan sendas dedicatorias al "Excmo. ayuntamiento de la ciudad", y todas recalcan la importancia del gobierno en la organización de las actividades. Es significativo que en contraste con estas publicaciones referentes a San Juan, el autor de la más antigua de las descripciones de las fiestas de Ponce (Ramón Marín, un "notable" ciudadano) dedica su libro *Las fiestas populares de Ponce*, precisamente a su ciudad, al Ponce que constituye su *gente*.[67]

Siete años después de la publicación de este libro, en 1882, se celebró en Ponce la gran feria "insular", para la cual compuso Tavarez "Reden-

---

[66] Incorporo acá argumentos de mi ensayo "La investigación urbana en Puerto Rico, breves comentarios sobre su trayectoria, incluido en Fernando Carrión", ed., *La investigación urbana en América Latina: caminos recorridos y por recorrer*, Quito, CIUDAD, 1987.

[67] Ponce, Tipografía El Vapor, 1875. Es significativo que Marín –abuelo del luego patriarca populista, Luis Muñoz Marín– pasara en Ponce como un ciudadano "notable", mientras en su ciudad natal –Arecibo– se le conociera como "hijo de esclava".

ción", la primera composición musical "erudita" de ribetes políticos
–nacionalista– en el país. Era la primera vez que este tipo de evento se
celebraba fuera de San Juan. Es sumamente revelador el hecho de que
las ferias anteriores, las capitalinas, habían sido sufragadas por el
gobierno; la feria de Ponce fue organizada por un comité autónomo de
ciudadanos y sufragada con contribuciones de la ciudadanía: comerciantes, hacendados, artesanos y obreros.[68] La Memoria de la feria fue escrita
por un ciudadano particular, José Ramón Abad, a quien el Comité
organizador otorgó expresamente entera libertad para expresar sus
críticas y apreciaciones propias. Abad comienza la reseña con toda una
parte de varios capítulos sobre la historia de Puerto Rico, especialmente
su agricultura, industria y comercio. La Feria de 1882 aparece como
culminación de un proceso "insular", por no llamarlo aún nacional, de
"reconstrucción social".[69] Es significativo que Abad distinga la feria-ex-
posición de Ponce de las capitalinas con el adjetivo de *popular*, mientras
utiliza el apelativo *oficial* para las anteriores:

Fértil en conquistas, que la *civilización* agradecerá en la historia de Puerto-Rico,
es el espacio de los doce años comprendidos entre la última Exposición *oficial*
de la Capital y la primera Exposición *popular* de Ponce, que reseñamos ahora...
Aquella, la de 1871, calificada de raquítica por su propio Jurado, era una
repetición fidelísima de todas las anteriores... a pesar de realizarse en los días
de la fiesta patronímica de la ciudad, *no se notaba afluencia alguna de visitantes
de las otras poblaciones...*
Ésta, la de 1882... *puso de manifiesto mil actividades ahogadas luchando por salir
á la luz*; inteligencias que se despiertan, buscando soluciones a múltiples
problemas, y, en medio de todo y por encima de todo, *la vida*, ántes concen-
trada y escondida, *apareciendo en la superficie*, desbordándose en entusiastas
espansiones y en animadas muchedumbres venidas espresamente, *de los más
apartados extremos de la Isla*, con el sólo móvil de presentar un objeto á la
Exposición ó con el de ver ó aprender algo en ella.[70]

Es importante que lo que todavía a finales del siglo XVIII era un
mundo de apertura fronteriza, un villorio de trasfondo contrabandista,
en el proceso de desarrollo de una sociedad de clases, con su puerto, su
comercio, sus plantaciones y haciendas, se hubiera transformado en el

---

[68] José Ramón Abad, *Puerto Rico en la feria Exposición de Ponce en 1882*, Ponce, Tip. el
Comercio, 1885 (segunda edición, San Juan, Coquí, 1967).

[69] *Ibid.*, p. 51.

[70] *Ibid.*, pp. 54-55, énfasis añadidos.

principal centro de interés ciudadano del país. Ponce demostró en la Feria de 1882, que sin el gobierno, frente al Estado colonial, podía organizar con mayor lucidez aquellas celebraciones que anteriormente había monopolizado la capital. "*En definitiva*", concluye Abad,

> justo es hacer constar que... (los organizadores) venciendo mil obstáculos, lograron dar cima a la obra y atraer hácia ella la atención de todo el público inteligente de la Isla, que en tropel, acudió á la invitación de la Directiva y contribuyó á dar, por aquellos días, á esta ciudad, el exterior animado y activo de una *capital europea*.[71]

La descripción, en este caso literaria, de la Feria de Ponce de 1882 escrita por Ramón Méndez Quiñones, *Los jíbaros progresistas (dedicado a los iniciadores de la feria de Ponce)*[72] intenta, a través de una supuesta voz campesina, presentar a Ponce con su feria, como el líder de un mundo agrario: como la cabeza del *progreso* de la ruralía (por ello el título) y describe la jubilosa participación de los campesinos en dicha magna celebración.

Escasamente unos meses después de la gran Feria de 1882, don Zenón Medina y González, director de periódicos en varios pueblos de "*la isla*" –en sus extremos este y oeste: Fajardo, Aguadilla y Mayagüez–, escribe sobre las fiestas patronales de Ponce. Recalca el carácter ciudadano amplio de las festividades y cómo manifiestan éstas la *cultura* en Ponce y su *rôle* civilizador:

> Además de las funciones religiosas acostumbradas en tales casos, podrá gozar este culto vecindario de los espectáculos que en profusión abundarán, y esto unido á que los distintos círculos de sociedad, como el Casino de Ponce, el Centro de Recreo y el Gabinete de Lectura, darán sus fiestas especiales... después que tantas y tantas impresiones nos dejaran los recuerdos de la pasada Feria, con todos sus encantos y atractivos... las fiestas serán una prueba más de esa constante cultura, de ese valor cívico sin tacha, con que en todos sus actos lo ha demostrado la hermosa ciudad del Sud.[73]

Ponce, el máximo representante entonces del mundo ciudadano (señorialmente hegemonizado), producirá también otros tipos de lite-

---

[71] *Ibid.*, p. 62. énfasis añadido.
[72] Mayagüez, Imp. El Propagador, 1882, dos volúmenes.
[73] Zenón Medina González, "Fiestas en Ponce" (1882) incluído en sus *Pinceladas*, San Juan, Tip. Viuda de González, 1895, pp. 90-91; véanse también sus ensayos "La Retreta en la Marina" (pp. 92-93) y "Las fiestas populares" (pp. 88-89).

ratura citadina de gran interés y ausentes, en este período, en San Juan: guías comerciales e industriales, detalladas descripciones de su estado físico, historias urbanas y libros biográficos sobre sus "ilustres" ciudadanos.[74]

San Juan fue la ciudad que estableció en el país el colonialismo español; Ponce, por el contrario, fue emergiendo con la conformación de un espacio ciudadano, sobre la base del desarrollo de un particular tipo de ruralía estratificada: el mundo de la hacienda, el mundo de la agroexportación. Este carácter ciudadano, tan evidente en la celebración de la Feria de 1882, y en la literatura de asuntos urbanos en el país, se manifestó también en la arquitectura, a cuyo análisis dediqué numerosas páginas de un ensayo anterior al cual remito para limitar sus repeticiones acá.[75]

No es coincidencia, pues, que fuera en Ponce –centro de una ciudadanía autónoma lidereada por una clase con aspiraciones hegemónicas que comenzaba a fraguar en una situación colonial un proyecto alterno de país– donde se consolidara la música que ha sido catalogada por la mayoría de los musicólogos puertorriqueños como su música *nacional*: la *danza*, que muy agudamente llama Amaury Veray, "el bautizo de nuestra *sociedad organizada*".[76]

En 1864 se pusieron los faroles en la Plaza de las Delicias y comenzaron las retretas.[77] Fueron mudándose a Ponce, que "hacía tiempo había sentado ya su hegemonía artística", los mejores músicos innovadores, como Tavárez, cansados de la música militar y eclesiástica de San Juan.[78]

---

[74] Detalles en *Patricios...*, pp. 52-53.

[75] Capítulo 1 de *Patricios...*, *op. cit.*

[76] Veray, "Vida y...", p. 45. Véase también los demás ensayos (de otros autores) recogidos en Rosado, ed., *op. cit.*

[77] Mariano Vidal Armstrong, *Estampas, tradiciones y leyendas de Ponce*, Burgos, Imp. de Aldecoa, 1959, capítulo XXII. Según Francisco M. Zeno, *Historia de la capital de Puerto Rico*, San Juan, Departamento de Hacienda, 1959, pp. 413-415, las retretas en San Juan no comenzaron hasta finales de siglo; concretamente señala que la primera fue en 1897.

[78] Veray, *Manuel Gregorio Tavárez...*, p. 31. Antonio Mirabal, *Próceres del Arte, Juan Morel Campos*, Ponce, Publicación de la Oficina Municipal de Historia, 1956, p. 12, menciona también al flautista Allard que se trasladó de San Juan a Ponce en la década de 1850-1860. El mismo Morel Campos, oriundo de Ponce, comenzó a trabajar en la Banda Militar de San Juan, pero regresó a su ciudad natal buscando ese ambiente estimulante. Mirabal señala que ya en 1863 el nombre de Ponce "sonaba en centros artísticos de alta alcurnia de Europa". En contraposición con Ponce, enfatizo en este ensayo la naturaleza oficialesca de San Juan. Pero es importante anotar, para análisis futuros, que la realidad social interna de San Juan (y, asimismo también, de su música)

Y en la década de los ochenta, década de la consolidación del Partido a través del cual canalizaron los hacendados criollos sus luchas políticas por la hegemonía, florecen en Ponce, desde su orquesta de baile y las retretas con la Banda de bomberos, las *danzas* de Juan Morel Campos, su máximo compositor.[79]

En 1867 se establece el Bazar Otero en Ponce,[80] que durante todas esas últimas décadas del siglo XIX, estuvo mejor surtido de partituras que Rossy, Montañez y Cía. de San Juan. Ambos bazares combinaban música "clásica" –predominando Gottschalk, de quien hablaremos en breve– con *danzas* del país; pero el de Otero las detallaba en su Catálogo, con orgullo.[81]

El líder máximo del movimiento liberal-autonomista a fines de siglo, Luis Muñoz Rivera, se refería a Ponce entonces como "la ciudad más puertorriqueña de Puerto Rico".[82] Otro autor señalaba que:

Ponce era llamado el cerebro de la isla, pues la mayor parte de las iniciativas de interés era aquí donde surgían y tenían la más sólida acogida.[83]

Otro líder liberal autonomista, éste de segunda fila, el ponceño Juan Arrillaga Roque, expresaba que

Ponce merecía que se le considerase como el núcleo social más importante de

era mucho más compleja. Junto al mundo oficialesco (subordinado a él, pero también como parte de los procesos que fueron atravesando ese mundo), fue cuajando un San Juan bullanguero (Veray, "Vida y...", lo menciona, p. 28) que convendría examinar en su música en otro momento. En todo caso, ese mundo bullanguero tampoco ofrecía, como Ponce, el estímulo creativo a los músicos más "cultivados", en el proceso clasista que atravesaban y sobre el cual abundaré en el texto.

[79] Amaury Veray, "La misión social de la danza de Juan Morel Campos" (1959), en Rosado, *op. cit.*, explícitamente vincula el auge de la política autonomista de Ponce con la *danza* y ésta con la identificación nacional. Por otro lado, el peninsular Carlos Peñaranda, *Cartas puertorriqueñas 1878-1880*, San Juan, Cemi, 1967 [1ra ed., Madrid, 1885], defensor del Partido Incondicionalmente Español, opositor del movimiento liberal autonomista, ataca a la *danza criolla* por su "sensualidad desmoralizante" (capítulo VIII).

[80] Amaury Veray, *Elisa Tavárez, Estudio biográfico*, San Juan, Departamento de Instrucción Pública, 1958, p. 7.

[81] *Catálogo general de la existencia del Almacén de música de Olimpio Otero* (Ponce), Humacao, P.R., Imp. de F. Otero, 1883 y *Catálogo general de las existencias del Almacén de música y pianos de Rossy, Montañez y Cía.*, San Juan, Tip. González Font, 1899.

[82] Citado en Rosado, *ibid.*, p. 49A.

[83] Mayoral, *Ponce...*, p. 16.

la isla, bajo los dos puntos de vista, del esfuerzo (economía) y de la espiritualidad (artes y cultura). Para esa época (1887) Ponce era, *reconocida por todos*, la capitalidad moral de Puerto Rico.[84]

La "muy señorial ciudad de Ponce" era el baluarte de una clase en ascenso histórico (aun frágil y precaria) y, sobre todo, de un mundo ciudadano sobre el cual basaba, legítimamente, sus aspiraciones hegemónicas. Para todos los efectos reales –cultural, económica, política y socialmente– Ponce se había convertido en la capital alterna del país.

LA CULTURA POPULAR EN EL DOMINIO SEÑORIAL

Pero las *danzas* no las compusieron los hacendados ponceños; y las aspiraciones hegemónicas de sus clases "superiores", su cultura integracionista ciudadana y su lucha política nacional, explican sólo en parte el surgimiento de esta música, tan importante en la simbología de Puerto Rico como país. El carácter de Ponce como capital alterna surgió también, como las fachadas de sus residencias y las *danzas* de sus retretas y bailes, de las aspiraciones de carpinteros, albañiles, costureras, sastres, planchadoras, barberos, tabaqueros y tipógrafos. En Ponce, como en San Juan, Mayagüez y otros medianos y pequeños centros urbanos del país, fue cuajando durante el siglo XIX una clase urbana de trabajadores de oficios que llamaban entonces artesanos. Compartir una posición similar en torno a la estructura productiva fue base para el surgimiento de unas tradiciones y visiones comunes en esta clase; proceso tortuoso, difícil y no exento de profundas contradicciones.[85] Los trabajadores de oficios vivían necesariamente en los pueblos. El retraimiento cimarrón nunca les fue factible y la opresión estatal tendría que enfrentarse en un espacio social compartido. Para ello el trabajador no podía ser visto como negro, indio, moro, hereje, sefardita o polizón, sino como un digno miembro de una comunidad civil: como un *ciudadano*.

En el capítulo anterior hice referencia al primer cuadro costumbrista considerado "clásico" en la historia de la literatura puertorriqueña: *El Gíbaro* de Manuel Alonso, publicado en 1849. Este divide la música profana del país en dos tipos: los bailes de sociedad que eran, señala,

---

[84] *Memorias...*, p. 9, énfasis y paréntesis míos.
[85] En "Socialista y tabaquero...", intento un análisis más abarcador.

"eco repetido de los de Europa" y los bailes de garabato que identifica como "*los propios del país*".[86] Una de las primeras referencias a un baile de salón que no fuera "eco repetido de los de Europa", sino "propio del país", la encontramos a principios de los años cincuenta significativamente en el periódico *El Ponceño*. Fue una carta escrita por un comerciante extranjero en visita de negocios al país, que firmaba sencillamente como "un transeúnte". La referencia es, claro está, a la *danza* que todavía no se le conocía por ese nombre, y por su descripción vemos que, aunque exhibía ya características propias definidas, era claramente un género en formación. Es muy interesante e importante el hecho de que dicha referencia ubique ese nuevo baile de salón —"propio del país y su idiosincrasia"— no en las "clases altas" de hacendados, profesionales y comerciantes, sino en lo que llama "clase mediana", refiriéndose a los trabajadores de oficios, a los artesanos. Es decir, se ubica la *danza* en sus comienzos dentro de un mundo popular urbano de "dignos" u "honrados hijos del trabajo", *ciudadanos* que poseían también, como las "clases altas", sus salones de baile. Permítanme citar extensamente de este interesante documento, fundamental para la historia de esa primera música "nacional" de esta isla-colonia del Caribe:

Ponce, 4 de julio de 1854

Recien venido de Santómas á esta Isla en desempeño de los asuntos mercantiles que periódicamente me traen á Puerto-rico, he tenido la fortuna de llegar a Ponce á tiempo para disfrutar de las festividades que señalan la época dé San Juan y San Pedro. A decir verdad, he estado penosamente impresionado de la falta de todo espíritu de diversion y alegría en la clase mas alta de Ponce, que parece este año haber hecho gratuita abdicacion del puesto que le corresponde de iniciar y ahijar la acostumbrada serie de fiestas y bailes de esta bulliciosa temporada, y haber legado por ahora sus atribuciones á la *clase mediana*, clase que por su posicion está casi enteramente desconocida de los estranjeros transeuntes, pero que encierra en si cualidades y prendas que merecen ser apreciadas. Por de pronto, para mí las alhajas mas estimadas que poseen son sus lindas y graciosás hijas... (que) solo se dejan ver y ostentar sus picantes gracias y provocativas miradas en épocas festivas como la presente. Estas, pues, por ahora son las lindas encargadas de sostener el festivo y franco humor que siempre ha sido el carácter distintivo de Ponce... entregadas al placer de seguir, al compás de una sonora música, el *blando y dulce* movimiento de la *contradanza del país*. Aquí, Sr. Redactor, falta me hace la poética pluma de Dumas para

[86] Uso ed. de 1968, San Juan, Cultural, pp. 33-34.

describir, tal como yo lo siento, la impresión á la vez melancólica y embriagadora que se apoderó de mi al escuchar la música y entregarme (pues yo tambien "upo") al paso *suave* y *elegantemente lánguido* de esta danza. Llámenla *contradanza, merengue, upa* ó lo que se quiera, siempre es que no existe otra danza mas llena de gracia i casto abandono que la que nos ocupa. Rabia me dá, por Dios, oir hablar á personas que debian saber lo que dicen, de la necesidad de desterrar tal ó cual costumbre del país porque no cuadra con los usos y costumbres que se observan en la *culta* Europa y en tal virtud *desean relegar* del suelo que ha visto nacer á la contradanza del país, meramente porque se le ha encaprichado á alguno el llamarla *merengue*... *Cada país tiene su baile nacional*, emblemático del caracter y temperamento de sus habitantes y arreglado á las circunstancias del clima... Y por fin en este clima en donde el ardor abrazador de un sempiterno sol, comunica al caracter y á la sangre una vivacidad y un fuego que pronto obrando contra sí mismo templa y consume su propio ardor, resultando esa elegante languidez y gracioso abandono que caracteriza a la bellas criollas de las antillas, ¿que tipo mas descriptivo de su índole puede haber que las tristes y armoniosas contradanzas del país, cuyos pasos lentos y suaves se unen tambien con las cadencias tiernas y melancólicas de la musica. Entre nosotros mismos, estranjeros que cabalmente somos los que con mas imparcialidad y fundamento podemos juzgar en esta materia. ¿Cuántas veces no hemos confesado que nada nos parecia mas poéticamente hermoso, mas bello de suave encanto y *casta pasion*, que una de las lindas Ptoriqueñas llevada por su parejo en medio de los graciosos tornos de la *danza*, deslizando cual vaporosa sombra al compás de una música que entristece á la vez que *alhaga a los sentidos*?

Rogando me dispense su induljencia por esta digreción, volvamos a los alegres bailes... A los tres que se han dado, he asistido y por la afición a estas diversiones que acabo de dejar traslucir, escusado es decir en todos tres me he divertido sumamente. Por no hablar, pues, mas de mí le diré lo que he ido observando de paso... Bastante me gusta el *nuevo modo de bailar, o sea, de columpio*; pero tampoco se debe exajerar, pues se debe evitar que el caballero tenga la apariencia de usar los brazos de su pareja como mamgueta de *bomba*.

Estoy con aquellos que piensan que la contradanza ha ganado con dejar la costumbre de ponerse las parejas en fila *militar* y pasar cada una en su turno por la eterna figura de la cadena y otras muchas ya *caducas*, pues ahora hay la ventaja de que nadie se queda sin bailar, y mas ocasiones tiene cada uno de *conversar con su pareja*.[87]

Los nombres de esas primeras danzas tienden a evidenciar ese origen popular: "La sapa", "Federico Pan de huevo", "El macetazo"... Un escrito cubano de escasamente dos años antes (aunque publicado cinco años

---

[87] *El Ponceño*, pp. 2 y 4, énfasis míos. Como en todas las citas he mantenido la ortografía original.

después), apunta también al carácter populachero de los nombres de las primeras *danzas criollas* en la isla hermana –"Cascarilla de huevo", "María la O", "El Obispo de Guinea", "Dame un besito, ¡caramba!". Dicho testimonio añade que al componer *danzas*, los músicos "las hacen sobre... cantos inventados por el vulgo, y aun de los pregones de los vendedores y las canciones de los negros".[88]

Otro documento de escasamente dos años después señala: "La contradanza... ha sufrido muchas variaciones en Puerto Rico: de grave y compasada que era... se ha vuelto ligera y bulliciosa."[89]

Este carácter festivo populachero de muchas de las primeras *danzas* se mantuvo incluso en los momentos cumbres de la composición en este género. Muchas de las *danzas* de Juan Morel Campos en el decenio de 1880 son de este tipo, como por ejemplo, la célebre "No me toques", donde la *danza* se confunde, prácticamente, con la *guaracha*.

En 1857 visita a Puerto Rico, y se establece, no por casualidad, en Ponce, un músico y compositor de Nueva Orleáns llamado Louis Moreau Gottschalk. Éste fue un compositor importante en la historia de la música "clásica" por ser de los primeros en basar sus composiciones sobre la música popular de América.[90] Mientras en Europa los compositores se nutrían de la expresión popular de sus países, en América se copiaba la música "clásica" europea sin reconocer su base popular. Gottschalk, por el contrario, combinó las técnicas de elaboración desarrolladas en la tradición de la gran música "occidental" con la materia prima de su región, América: tiene piezas basadas en la tradición norteamericana, otras de Brasil, de Cuba y gracias a su visita, también de Puerto Rico.[91]

Compone aquí dos piezas: una basada en uno de los primeros aguinaldos –"Si me dan pasteles"– que tituló "Marche des gibaros", y otra que tituló sencillamente "Danza". Es interesante notar que en "La marcha de los Jíbaros" aparecen frases que suenan como *danzas*, por la combinación rítmica de un segmento de habanera (conocido en la

---

[88] García de Arboleya, *Manual*..., pp. 263-264.

[89] *Guirnalda Puertorriqueña, Periódico de Amena Literatura y Modas* I: 3, marzo de 1856, p. 5.

[90] Véase por ejemplo Frederick Starr, *Bamboula! Life and Times of Louis Moreau Gottschalk*, Nueva York, Oxford University Press, 1995.

[91] Véase por ejemplo, Emilio J. Pasarell, "El centenario de los conciertos de Adelina Patti y Luis Moreau Gottschalk en Puerto Rico", *Revista del Instituto de Cultura Puertorriqueña* 2, enero-marzo de 1959, pp. 52-55.

ruralía puertorriqueña como el ritmo *café-con-pan*) seguido de un par de corcheas simples.

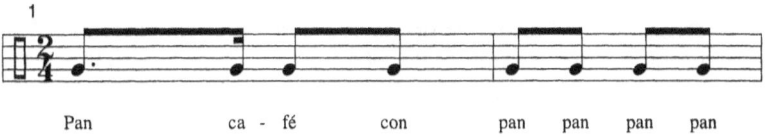

Es significativo que el segundo entre los más célebres *aguinaldos* tradicionales "Los reyes que llegaron a Belén" sea también, en ritmo y forma, básicamente una *danza*, en su versión primitiva: tiene un paseo (el que comienza "Los reyes que llegaron a Belén...") y siguen dos partes en el ritmo de la sección bailable de la *danza* ("De tierra lejana..." y "¡Oh, brillante estrella...!").

La pieza titulada "Danza" de Gottschalk no es propiamente una *danza* para bailar, sino una elaboración artística a base de lo que escuchaba él ya como *danzas*. Como la mayoría de las *danzas* de esa época parecen haberse ejecutado de oído, esta pieza de Gottschalk constituye una de las partituras más antiguas que ayudan a conocer elementos del género entonces en formación.

Pero, ¿quiénes eran los músicos puertorriqueños que fueron conformando la *danza* que Gottschalk escuchó y sobre la cual basó su composición? ¿Quiénes eran los que las componían y tocaban? La carta del periódico *El Ponceño* que mencionamos antes nos apunta hacia su origen en el mundo de los artesanos. De hecho, la mayor parte de los músicos entonces provenían de esa clase donde predominaban los mulatos y negros libres. Palabras como "maestro", la tradicional forma deferente de referirse al músico, se llegó a usar en el Caribe entonces indistintamente para referirse a los artesanos y a la gente de color. Con su aguda perspicacia, uno de los más profundos estudiosos de la problemática de la identidad nacional en los años treinta del siglo XX, Tomás Blanco, señalaba:

no creo equivocarme al anotar que la mayoría de los *maestros* creadores de nuestra danza llevaban en sus venas un feliz fermento *extra* caucásico –levadura de *ritmos*– que ha donado a la danza sus más típicos contornos.[92]

El censo de 1862 distingue ocupaciones por raza; mientras la población de color constituía menos del 24% de los labradores, el 0.8% de los comerciantes y el 0.3% de los de los dependientes del comercio, entre los músicos representaba el 68%.[93] Y es que la participación en las bandas militares, como músicos, constituyó para los mulatos y negros libres una forma de ascenso social, y de respetabilidad en un mundo que les era socialmente hostil.

En una situación donde la esclavitud dejó a la sociedad altamente marcada por el racismo, una de las luchas iniciales más importantes del artesano fue la lucha por la *dignidad*: por el reconocimiento de su existencia civil; es decir, que se le reconociera como persona y como ciudadano. Las luchas del artesanado fueron radicalizándose posteriormente, y muy a finales del siglo XIX y, sobre todo, a principios del siglo XX tomaron un carácter independiente y desafiante.[94] Pero en los momentos del surgimiento de la *danza*, su lucha por la dignidad se enmarcaba todavía en la política de los hacendados, cuyo concepto de "la gran familia puertorriqueña" significaba (frente a la posición de los conservadores españoles que aceptaban como ciudadanos sólo a los descendientes de europeos blancos) una aceptación de que los "honrados hijos del trabajo" eran miembros, aunque subordinados, de la comunidad ciudadana. El Partido Autonomista defendió la educación generalizada y la ampliación del sufragio;[95] y existe evidencia clara de la

---

[92] "Elogio a la plena...", p. 137.

[93] Censo citado en escrito del político autonomista y abolicionista Rafael María de Labra, *La brutalidad de los negros*, Madrid, Imp. de Aurelio Aloria, 1876, p. 37.

[94] Detalles en "Socialista y tabaquero...", *op. cit.* Véase también sección escrita por el compañero Gervasio García, "El casino de artesanos: del rigodón a la huelga", en García y Quintero, *Desafío y solidaridad, breve historia del movimiento obrero puertorriqueño*, San Juan, Huracán-CEREP, 1982, pp. 19-21; y de Rubén Dávila Santiago, *El derribo de las murallas y "El Porvenir de Borinquen"*, San Juan, CEREP-Cuadernos 8, febrero de 1983.

[95] Es lo que en otros contextos se ha examinado como "la extensión de la ciudadanía". Véase, por ejemplo, T.H. Marshall, *Class, Citizenship, and Social Development*, Garden City, Nueva York, Doubleday, 1965 y Reinhard Bendix, *Nation-Building and Citizenship*, New Jersey, J. Wiley & Sons, 1964. En contraposición, el partido opositor, el conservador Partido Incondicionalmente Español, se opuso a estas medidas; véase por ejemplo Pablo Ubarri, "Carta oponiéndose a la extensión del sufragio" (1880) y "Carta combatiendo al Instituto Civil de segunda enseñanza", ambas en Coll y Toste, *Boletín histórico...*, vol. V (1918), pp. 229 y 257.

participación subordinada de los artesanos en los movimientos reformistas de los hacendados.⁹⁶

Es significativo que fuera también en Ponce, baluarte de esos movimientos, donde se publicó el primer periódico de artesanos de que tengamos noticia, *El Artesano* de 1874. Éste llevaba en el cabezote la identificación de *Periódico Republicano Federal*, cuando el republicanismo federativo había sido, precisamente, la bandera de combate de los hacendados en su lucha por el gobierno propio autonómico. Dice mucho también el hecho de que previo a *Ensayo Obrero* (1897), que marca la transformación radical hacia un obrerismo independiente, cuatro de los seis periódicos obrero-artesanales que se conservan (los cuales buscaban, sobre todo, la dignificación del trabajo dentro de las luchas liberales) se editaran en Ponce: además de *El Artesano*, el *Heraldo del Trabajo* de 1878-1880, *El Obrero* de 1889-1890 y la *Revista Obrera* de 1898.

¡A BAILAR MERENGUE!... EL MERENGUE DE LA DANZA

Un boceto costumbrista de 1884, que desde San Juan truena contra la cultura popular, se refiere a aquellos que en Ponce denominaban "honrados hijos del trabajo" como "gentes por lo regular chillonas y bullangueras, que cantan, bailan, alborotan y se hacen sentir".⁹⁷

"El baile –continua el boceto– es ya una necesidad ...para la clase que llamaremos *democrática*. ...deshoga sus cuitas bailando el clásico *merengue*, que les sirve para endulzar las penas".⁹⁸

Un estudio posterior sobre los bailes de Puerto Rico, distingue al merengue de la *danza festiva* de "la parte norte de la isla", refiriéndose principalmente a San Juan, colmada de una "gran cantidad de *etiopismos*",⁹⁹ en evidente referencia a su herencia negra, del merengue sosegado de la *danza* ponceña.

⁹⁶ Véase "Socialista y tabaquero..."

⁹⁷ Fernando de Ormachea, "Bocetos de la capital", en su *Tipos, Costumbres, Impresiones, Aventuras y Desventuras (Popourrit de Aires Puertorriqueños)*, San Juan, El Agente, 1884, p. 56.

⁹⁸ *Ibid.*, p. 82.

⁹⁹ Cesareo Rosa Nieves, "Apuntes sobre los bailes de Puerto Rico", revista *Historia* I: 2, octubre de 1951, p. 198.

El análisis musical de esta sonoridad: del merengue de la *danza* que se consolidó en Ponce –de la *danza* que perduró y que fue elevada a símbolo nacional– es sumamente revelador. Pues, contrario al *merengue guarachero* de las fiestas de "chillones colores"[100] de San Juan –que llama el estudioso de la *danza* ponceña Amaury Veray, "frívolo"–,[101] fue una música producida por artesanos, aspirantes a *ciudadanos*, precisamente en el proceso de su lucha por el reconocimiento civil. Se trata en gran medida de una música *de* artesanos, pero que fueron éstos componiendo y tocando cada vez más *para* hacendados: es decir, una música que formaba parte de lo que fue esa relación entre clases. No he considerado pertinente a los propósitos sociológicos de este ensayo, discutir la compleja madeja internacional de influencias que confluyen en el tipo de música caribeña de la cual la *danza* puertorriqueña es parte. El músico cubano Natalio Galán ha escrito un excelente ensayo al respecto.[102] Examina (como Veray) la formación de estos primeros géneros de música de baile de salón caribeños como *un proceso*, y evidencia contundentemente el papel protagónico de los mulatos y negros libres, como artesanos, en el desarrollo de esta tradición musical.[103]

El historiador dominicano Emilio Rodríguez Demorizi apunta interesantes paralelismos entre el *merengue* dominicano y la *danza* puertorriqueña, entre los géneros que habrían de convertirse en parangones *nacionales* de ambos países hermanos. Describe al *merengue* como modalidad de mediados del siglo XIX de la *danza criolla* y los *merengues* incluían entonces un *paseo*.[104] Por otro lado, en Puerto Rico se ha interpretado la *danza* como desarrollo de la *upa* cubana y el *merengue*,[105] y ya consolidada como *danza*, siguió llamándose *merengue* a toda su sección bailable, es decir, a lo que seguía al *paseo*. (La forma que se consolidó como *danza puertorriqueña* quedó constituida por un *paseo* de ocho

---

[100] *Ibid.*, p. 77.

[101] Veray, "Vida y...", p. 28.

[102] *Cuba y sus sones*, Valencia, Pre-textos, 1983, especialmente capítulo IV: "La contradanza sin contra".

[103] Previamente, Carpentier, *La música en Cuba...*, lo había argumentado. Cristóbal Díaz Ayala, *Música cubana, del Areyto a la Nueva Trova*, San Juan, Cubanacán, 1981, p. 38, específicamente demuestra la combinación usual de músicos con los oficios de artesanos; también lo apunta María Teresa Linares, *La música y el pueblo*, La Habana, Inst. Cubano del Libro, 1974, p. 194.

[104] *Música y baile en Santo Domingo*, Santo Domingo, Lib. Hispaniola, 1971, pp. 125-126, sección titulada "Un apunte acerca del merengue", pp. 125-133.

[105] Rosa-Nieves, "Apuntes sobre los bailes...", pp. 191-192.

compases, en el cual el varón invitaba a su pareja a bailar, y la sección bailable o el *merengue* compuesta de cuatro subsecciones de 16 compases cada una. Todas las partes –el *paseo* y las cuatro partes del *merengue*– incluían *coda*, es decir, se repetían).

En las descripciones de Rodríguez Demorizi se evidencia el carácter inicialmente populachero de ambos géneros –la *danza* y el *merengue dominicano*–.[106] No vincula este autor, no obstante, las diferencias en la estructura de clases de ambos países con el posterior desarrollo de cada género. Mientras en Santo Domingo, donde predominaban los campesinos vegueros y hateros, el *merengue* retiene su preponderancia y su carácter popular frente al ataque de una clase terrateniente sumamente débil; en Puerto Rico –donde también fue atacada la *danza*–[107] ésta se desarrolla en tal forma que incorpora el carácter de una clase hacendada de fuerte vocación hegemónica (aunque precaria condición económica) como analizaré a continuación.

La *danza puertorriqueña* es una expresión musical auténticamente popular a la cual se le imprime, sin embargo, el sello de la hegemonía hacendada. Una serie de elementos populares, del *aguinaldo* y el *seis* campesinos y la *bomba* de plantación, son transformados, con obvias influencias cubanas y españolas, en una sofisticada música de salón, para que bailaran tiesamente los hacendados en sus exclusivos casinos.[108] Ya en la génesis de su desarrollo (como pudimos ver tan gráficamente en el texto del "transeúnte" del periódico *El Ponceño*, que citamos en extenso) se suprime al bastonero, que dictaba en la *contradanza* los pasos a seguir, facilitando el lucimiento de la pareja en su mayor libertad de expresión bailable.[109] Galán recalca la importancia también para el desarrollo de la *danza* cubana de la libertad de la pareja, como parte del *individualismo modernizante* de las transformaciones de la época.[110] Ambas *danzas* retienen, no obstante, elementos de baile de figuras, mani-

---

[106] *Música y baile...*, p. 130.

[107] Detalles y numerosas referencias en mi ensayo "The somatology of manners: class, race and gender in the history of dance etiquette in the Hispanic Caribbean", en Gert Oostindie, ed., *Ethnicity in the Caribbean*, Londres, Macmillan, 1996.

[108] Veray, "La misión social...", p. 41, atisba este doble carácter de la *danza*. Señala que fue "el primer baile de carácter íntimo de nuestra burguesía naciente" (refiriéndose a lo que denomino como clase de hacendados), habiendo hecho referencia, sólo unas líneas antes, a su "claro sabor popular".

[109] Véase también de Ernesto Juan Fonfrías, *Apuntes sobre la danza puertorriqueña*, San Juan, ICP, 1967, p. 3.

[110] *Cuba...*, p. 137.

festando la tensión burgués-aristocrática por la que atravesaba el contradictorio proyecto hacendado.

La utilización de tresillos, o el tresillo elástico, frecuente tanto en la música de plantación –la *bomba*–, como en la del campesinado libre –el *aguinaldo* y el *seis*– rompe la monotonía rítmica de los bailables de salón europeos de entonces, introduciéndole el sabor de la herencia rítmica africana. Como ilustré en el capítulo 1, el *basso ostinato* que define el ritmo bailable de la *danza*, aunque transcrito al papel en el compás de 2/4, se elabora sobre el sistema métrico africano de las *claves*. El etnomusicólogo Emanuel Dufrasne encuentra, por ejemplo, que

> el patrón de cuas (palitos con los cuales se explicita la *clave* tañendo los bordes del tambor en la *bomba* del sur de Puerto Rico) que corresponde al son de bomba conocido como güembé es igual al de secciones de la parte del bombardino (el *basso ostinato*) de la *danza* "La Borinqueña".[111]

(Nuevamente se vincula el himno nacional a la *bomba*). Galán analiza en el contexto cubano, el tránsito del compás ternario (3/4) del *bolero* español al binario (2/4) de la *danza* criolla alrededor del 1840, como un fenómeno de *mulatización* caribeña, pues facilitaba una mayor libertad en los acentos y, por ende, unas cadencias "sincopadas" que rompían la monotonía rítmica.[112] El tresillo facilitaba la composición en *claves* que, organizando los metros a base de unidades no uniformes, permitía combinar lo ternario con lo binario (detalles en el capítulo introductorio).

La *danza* organiza su expresión sonora sobre un ritmo *sincopado*. Siguiendo una métrica de *clave*, el ritmo no aparece, sin embargo, protagónicamente como en la *bomba*, sino al contrario, marcadamente discreto, sin competir ni ahogar jamás la melodía. Ese papel *humildemente* fundamental del ritmo se logra en la *danza* con la incorporación de ritmos melodizados en momentos clave de la melodía (como en el primer compás del merengue de "La Borinqueña") y, principalmente, a través de la complementariedad de la armonía, marcándose el ritmo a través de una segunda voz melódico-armónica. Es decir, el patrón rítmico fundamental no es percusivo, no lo da el tambor, sino el bombardino, un instrumento de los metales proveniente de las bandas

---

[111] *Puerto Rico también tiene... ¡tambó!, Recopilación de artículos sobre la plena y la bomba*, San Juan, Paracumbé, 1994, p. 46, paréntesis míos.
[112] *Cuba...*, p. 283. Véase también de Rolando Pérez Fernández, *La binarización de los ritmos ternarios africanos en América Latina*, La Habana, Premio Casa de las Américas, 1988.

militares, que no es coincidencia que sea uno de los instrumentos melódico-armónicos, cuyo timbre se parece más al tambor.

Es necesario aclarar que muchas de las partituras de *danzas* que se conservan, se encuentran escritas para piano;[113] pero según el etnomusicólogo Luis Manuel Álvarez, esto era una forma condensada de transcribir una música pensada y ejecutada principalmente para y por pequeñas orquestas o conjuntos[114] constituidos generalmente por uno o dos violines, una flauta, un clarinete, dos o tres bombardinos, un contrabajo y un güiro.[115] Salvador Brau, en sus muy reveladoras y citadas "Disquisiciones sociológicas sobre la danza", menciona la incorporación del timbal en estos conjuntos hacia el decenio de 1850.[116] Según Augusto Rodríguez, la Orquesta de Juan Morel Campos, en el momento cumbre de la *danza*, estaba constituida por cuatro violines, dos clarinetes, un cornetín, dos bombardinos, un contrabajo, un timbalito y un güiro. Añade Rodríguez que en 1906, el redoblante sustituye al timbalito "escandaloso".[117] Interesantemente, otros estudiosos que abiertamente se basan en la tradición oral, minimizan marcadamente la presencia de las cuerdas:

dos clarinetes, dos bombardinos, un contrabajo, un cornetín (sólo para las

---

[113] Y así se han reproducido en ediciones posteriores: véase por ejemplo los varios volúmenes de *Danzas* de Juan Morel Campos publicados por el Instituto de Cultura Puertorriqueña en San Juan, 1958.

[114] Aunque la *danza*, como su propio nombre indica, fue música fundamentalmente para bailar, fue consolidando una forma que permitía la elaboración virtuosística de composición y ejecución. Su melodía posibilitó su desarrollo como canción de "arte" y las variaciones de sus distintas partes, el virtuosismo pianístico. Ambos elementos pueden apreciarse en una de las más extraordinarias *danzas*, compuesta ya claramente pensando en su ejecución al piano: de Manuel Gregorio Tavárez, *Margarita* de los años 1870.

[115] A principios del siglo XX, la Orquesta Euterpe añadió la trompeta y alguna percusión menor de cueros. Nélida Muñoz de Frontera, *A Study of Selected 19th Century Puerto Rico Composers and their Musical Output*, tesis de PhD, New York University, 1987, suscribe la tesis de Álvarez, al menos respecto a las composiciones del máximo compositor de *danzas*, Morel Campos, pp. 373-382.

[116] Brau (1885), incluido en Rosado, *op. cit.*, p. 8. Intento un análisis más detallado de este escrito en *Patricios...*, pp. 220-230. El ensayo de Brau, "Disquisiciones sociológicas sobre la danza", ha sido la base de muchos de los trabajos posteriores sobre esta música: por ejemplo Jaime Camuñas, "La danza puertorriqueña: punto de partida sociológico", *Homines* 10:1, enero-julio de 1986.

[117] "Apuntes para la historia de la danza puertorriqueña", *Revista del Instituto de Cultura Puertorriqueña* XXII, núm. 84, julio-septiembre de 1979, pp. 36-38 (reproducción de artículo publicado en *Isla* en 1939).

danzas cubanas y los pasodobles españoles), una batería (caja de cueros y platillo), un güiro y, *a veces*, dos violines.[118]

En varias descripciones de los conjuntos cubanos de la época que reproduce Galán, rara vez aparecen instrumentos de percusión de cueros. Parecía predominar lo que ya desde entonces se conocía como *la charanga*: "conjunto de instrumentos de vientos metálicos",[119] aunque el timbal aparece en la descripción de este tipo de orquesta que hace Cirilo Villaverde en la novela cubana "clásica" de este período, *Cecilia Valdés*.[120]

En todo caso, lo que quiero enfatizar es la preponderancia –en la elaboración tanto de la melodía, como de la armonía *y del ritmo*– de los instrumentos de viento-metal, en una sonoridad producida por mulatos para los cuales las bandas militares habían representado una forma de ascenso social, una manera de que se les reconociera como miembros de la comunidad civil. La orquesta del primer compositor puertorriqueño de importancia del cual se tiene noticia, Felipe Gutiérrez Espinosa (que se describe como "de complexión obscura",[121] compositor sobre todo de música religiosa, y cuyo padre había sido, de hecho, músico en las bandas militares)[122] estaba compuesta principalmente por metales, no empece a que tocaba fundamentalmente en la Catedral. Las autoridades eclesiásticas querían una sonoridad "más suave" y le sugirieron que sustituyera el segundo clarinete por un oboe, el bombardino por un fagot y por un violín y una viola las dos trompetas, pero Gutierrez, según señala el documento, fue "inflexible, implacable".[123]

Los instrumentos de percusión se usaron entonces en las orquestas caribeñas, principalmente para enfatizar o reforzar un ritmo, cuyo patrón fundamental era establecido por los vientos metal: en la *danza* ponceña, por el bombardino. Es interesante cómo en la República Dominicana, donde las haciendas señoriales y plantaciones esclavistas

---

[118] Rosa Nieves, "Apuntes sobre los bailes...", p. 202, énfasis añadido.

[119] M.P.L. Mercadier, *Ensayo de instrucción musical*, San Juan, Imp. Militar, 1862, p. 132.

[120] Véanse también las descripciones y análisis de Odilio Urfé, "La música folklórica, popular y del teatro cubana", en sin autor, *La cultura en Cuba socialista*, La Habana, Letras Cubanas, 1982, pp. 151-173, particularmente p. 154.

[121] Nélida Muñoz de Frontera, *La música religiosa en el siglo XIX: cuatro músicos puertorriqueños*, mimeo inédito, ponencia leída en Simposio, San Juan, UPR, 11/3/89, p. 21.

[122] Muñoz de Frontera, *A Study...*, capítulo III.

[123] Según citado por Catherine Dower, *Puerto Rican Music Following the Spanish American War, 1898*, Longham, Md, University Press of America, 1983, capítulo I, p. 4.

manifestaron marcadamente menos poder que en Cuba y Puerto Rico frente a otras formas agrarias, el ritmo no necesitó (o no pudo) abandonar su base percusiva original. "El timbal y el güiro eran *indispensables*", señala Rodríguez Demorizi,[124] y la tambora fue estableciéndose abiertamente como *el* instrumento que marca, sin duda alguna, el patrón rítmico del *merengue* dominicano.

Hablando del bombardino, el instrumento del más excelso compositor de *danzas* en Puerto Rico en su época *dorada* –Juan Morel Campos– nos señala uno de sus más importantes biógrafos :

Nos hemos detenido ante este *oscuro* instrumento porque él es algo así como un punto del cual *tiene* que partir cualquier estudio serio que en lo por venir se haga de la armonización de la danza.[125]

...y de su rítmica, añadiría. Introducir en forma protagónica el ritmo de tambor, identificado con los cantos de esclavos, en un casino de "primera" era en ese momento inadmisible. Los artesanos lo camuflaron armónicamente con el "oscuro" bombardino.

Este tipo de camuflaje se dio también en la *danza* cubana, pero, a veces, con otros instrumentos y bajo otras formas.[126] Un documento de 1837 agudamente señala: "¡¿Quién no sabe que los bajos de los danzistas del país son eco del tambor de los tangos?!"[127]

Y en su *Historia de la música cubana*, Carpentier apunta que

Gracias al negro comenzaban a insinuarse en los bajos, en el acompañamiento de la contradanza, una serie de acentos desplazados, de graciosas complicaciones, de "manera de hacer", que creaban un hábito, originando una tradición.[128]

Más adelante en su texto vincula la parte del clarinete (segunda en la *danza* cubana) con los ritmos

salidos de las manos (en clara referencia al toque de cueros) *de los negros franceses de Santiago* (la segunda ciudad, especie de "el Ponce" cubano).[129]

[124] *Música...*, p. 130, énfasis mío.
[125] Antonio Mirabal, *Próceres...*, p. 28, énfasis mío.
[126] Emilio Grenet, *Popular Cuban Music*, La Habana, Corosa y Co., 1939, p. XXXIII señala que "*a playful ophicleide almost always gambolled on the margins of the ruled staff*".
[127] Citado por Galán, *Cuba...*, p. 135.
[128] *Op. cit.*, p. 112.
[129] *Ibid.*, p. 185, paréntesis míos. Véase también de José María de la Torre, *La Habana antigua y moderna* (1857) según citada por Grenet, *Popular...*, p. XXI.

Es interesante, aunque sería materia de otro trabajo, cómo en la Cuba de principios del siglo XX, la transformación de la *danza* al *danzón* –género este último que diversos musicólogos coinciden en designar como *el* baile *nacional* cubano de ese momento– la *mulatería* se presenta sin ambages, llegando incluso a incorporarse –a partir del célebre *danzón* "El bombín de Barreto" en 1910– una última sección con aires de *rumba* y *son*: el llamado *final de montuno*.[130] La reacción inicial de las clases dominantes al *danzón*, ilustra la importancia que en su momento tuvo el camuflaje de la tradición negra en la *(contra) danza*. Un escrito patricio de 1891 protesta ante "el ritmo revoltoso y picante con que se acompaña esa degeneración de nuestra contradanza llamada 'danzón'", y aboga por la eliminación "del ríspido sonsonete del guayo y el ruido atolondrador de los atabales".[131]

En la *danza* puertorriqueña, tan *fino* y eficaz fue ese camuflaje, que incluso uno de los más importantes músicos puertorriqueños de principios del siglo XX, Braulio Dueño Colón, señalaba en un trabajo premiado por el *culto* Ateneo Puertorriqueño en 1914:

No negaremos que hubo un tiempo en que nuestra danza degeneró de modo lamentable debido al mal gusto artístico de ciertos compositores y directores de orquesta que utilizaron la *bomba* africana, imprimiendo a la danza un ritmo grotesco y, por ende, antiestético.

Afortunadamente, el gusto exquisito de artistas como Tavarez, Ramos (Heraclio) y Campos se impuso y la danza criolla volvió a recobrar el ritmo suave y gracioso que siempre la caracterizó.[132]

Aun así, Dueño Colón, no pudiendo esconder su "blanquitismo" musical, señala más adelante, refiriéndose al tresillo, "la (aún) defectuosa relación rítmica entre la melodía y el acompañamiento", abogando porque se corrigiera "ese *defecto* de forma".[133]

Fue a través de ese supuesto "defecto de forma" que el bombardino introdujo en el gran salón, como acompañamiento de la *danza*, formas

---

[130] Odilio Urfe, "La música y la danza en Cuba", en Manuel Moreno Fraginals, ed., *África en América Latina*, México, Siglo XXI-UNESCO, 1977, capítulo IX, p. 234.

[131] Serafín Ramírez, *La Habana Artística*, La Habana, Imp. de la Capitanía General, 1891, p. 29. Sobre la trayectoria popular del *danzón*, en México véase, entre otros, de Carlos Monsiváis, *Escenas de pudor y liviandad*, México, Grijalbo, 1981.

[132] "Estudio sobre la danza puertorriqueña", reproducido en Rosado, *op. cit.*, p. 17.

[133] *Ibid.*, p. 22. Los escritos antes citados de Font y de Veray defienden, a mi juicio correctamente, el tresillo.

básicas de las diversas tradiciones de la música popular puertorriqueña. En lo que llamaban *el merengue*, es decir, la parte bailable de la *danza*, era fundamental el *obbligato* de bombardino, que establecía un ritmo, que proveía a su vez la armonía, a través de una segunda voz melódica complementaria.[134] Con esa extraordinaria integración de elementos musicales, el *obbligato* de bombardino convertía la *danza* en música polifónica, cuando predominaba en forma casi absoluta en la música de salón europea la textura homofónica (es decir, de una voz melódica acompañada con armonías de acordes o arpegios).[135] Es significativo que la *danza* puertorriqueña recoge el *obbligato* y esa textura polifónica de la música campesina: del *aguinaldo* y el *seis*, donde el *cuatro* acompaña al canto con toda una muy variada voz melódica suplementaria, logrando juegos melódicos de varias voces realmente asombrosos (véase capítulo 3). Lo nuevo en la *danza* es que la polifonía establece, además, el ritmo.

El bombardino, sin embargo, es un instrumento discreto. Con toda su importancia fundamental en la *danza*, siendo el instrumento, de hecho, que le da su carácter, se mantiene a través de toda la pieza subordinado a los violines y al clarinete. Éstos llevan la melodía principal y el bombardino discretamente los secunda. El bombardino en la *danza* ilustra, pues, la ideología obrero-artesanal de entonces, que a través de él se manifiesta. Esta ideología visualizaba al trabajo como centro de la vida social, pero subordinado a los hacendados y profesionales dirigentes. Lo más que alcanza el bombardino en la *danza* es a llevar la voz melódica en sólo una de las cuatro secciones del *merengue*, siempre además la tercera.

"...todas las danzas de esta época –nos dice Amaury Veray– nos ofrecen la particularidad de tener la parte central semejante al canto del bombardino".[136]

Es el caso, por ejemplo, de *danzas* como "Sara" de Ángel Mislán, "Impromptu" de Luis R. Miranda o "Bajo la sombra de un pino" de José

---

[134] Francis Bebey, *Musique de L'Afrique*, París, Horizons de France, 1969, describe como tradición africana la búsqueda y creación de instrumentos que pudieran suplir simultáneamente melodía y percusión.

[135] Citando una descripción de 1865, Galán, *Cuba...*, p. 166, señala el desconcierto europeo ante la polifonía de la *danza* cubana.

[136] Veray, *Manuel Gregorio Tavárez...*, p. 60. En otro trabajo, Veray específicamente identifica el solo de bombardino con la *danza ponceña*: "Presentación de José Ignacio Quintón", *Revista del Instituto de Cultura Puertorriqueña* III: 8, julio-septiembre de 1960, p. 17.

F. Acosta. Es importante no pasar por alto la forma melódica de ese solo de bombardino en la tercera sección bailable de la *danza*, pues las similitudes con las cadencias del *cuatro* en el *seis* son nuevamente evidentes, aunque otra vez camufladas con el cambio radical en timbre sonoro. Como respecto al tambor era imposible, entonces, introducir el "jibaresco" *cuatro* en la música regular de un casino de "primera", los artesanos incorporan su tradición a través del bombardino.[137]

Así, un instrumento tan absolutamente secundario, internacionalmente, como el bombardino, tenía en el Ponce de cambio de siglo tantos intérpretes profesionales como el convencionalmente generalizado violín.[138] En 1895 estaban radicadas en Ponce seis orquestas de baile, más que en cualquier otro pueblo, y cuatro de éstas estaban dirigidas por bombardinistas (las otras dos por clarinetistas). Vivían en Ponce cuatro copistas de música, tres de los cuales eran bombardinistas.[139] La música se arreglaba y se dirigía, pues, desde dicha perspectiva acústica. Además, Juan Morel Campos, el más excelso compositor de *danzas*, era también intérprete del bombardino (como también Mislán, otro de los más destacados compositores de *danzas*, entre ellas "Tu y yo" y "Linda Sara").

Otro de los biógrafos de Morel, quien muy significativamente (al igual que muchos otros autores) siempre se refiere a él como *Campos* –pues era, cuentan, hijo "ilegítimo"– señala

La danza puertorriqueña era en sus albores informe quisicosa, compuesto hueco de aires mejicanos y de danzón cubanos... Pero llegó Campos, y prodújose con él una inmensa revolución en la música puertorriqueña. Extendió el número de compases, perfeccionó la modulación, alzó a su mayor altura la cadencia; y como nuevas formas en las artes requieren indispensablemente nuevos medios de expresión, exaltó la preeminencia del clarinete, y *dulcificó*, idealizó y glorificó esta *humildad*: el *bombardino*. Era el *bombardino* voz sorda y *oscura* destinada á neutralizar al grave acento del bajo y la vibrante voz del cornetín. Desde ese instante se poetizó; y sin dejar de llenar el viejo encargo,

---

[137] Incluso la incorporación del güiro a mediados del siglo XIX "resultó un tanto blasfema, pero fue requedándose con aire humilde" Fonfrías, *Apuntes*..., p. 27, probablemente por su discreta función de reenfatizar y enriquecer (no establecer) el cadencioso patrón rítmico bailable.

[138] Enrique González Mena, y Joaquín Telechea, *Guía comercial e industrial de la ciudad de Ponce*, Ponce, Tip. Baldorioty, 1903, p. 70. Mirabal, *Próceres*..., p. 27, distingue entre el uso protagónico del bombardino en Ponce y la utilización más común de la trompeta en San Juan.

[139] Ramón Morel Campos, *Guía local y de comercio de la ciudad de Ponce*, Ponce, Imp. El Telégrafo, 1895, pp. 68-69.

se alzó sobre la orquesta con sus gloriosos acordes. *Rompió a cantar, y flotó* en la partitura...[140]

A través del discretamente protagónico rol del "oscuro" bombardino –de esa "humildad"–, la *danza*, la música que caracterizó a "la sociedad" ponceña de finales del siglo XIX, representó un sofisticado tributo deferente de las clases subalternas a la clase dominante.[141] Por esto, la cultura hegemónica pudo identificarla (con sólidas razones materiales) como música *nacional*. Es significativo que la primera expresión sonora puertorriqueña considerada *nacional* fuera una música ponceña urbana. Un género urbano especial; pues contrario a las marchas, rigodones u óperas de San Juan, integraba como parte esencial de su forma y carácter, la tradición rural: del campesinado del escape y la plantación esclavista.[142] Esto no fue meramente la manifestación de un *inconsciente colectivo*; al menos respecto a los más destacados compositores de *danzas*, como Tavárez y Morel, existe evidencia de un interés explícito en conocer e incorporar sonoridades del campesinado.

El análisis de la *danza* ilustra la enorme potencialidad de integración nacional que habían ido desarrollando los artesanos mulatos. Esta potencialidad estaba opacada, como la misma música ilustra, por su subordinación enclavada en sus luchas por la dignidad del reconocimiento de su existencia civil, y por el logro hacendado de incorporar, paternalísticamente, este reconocimiento.

Una excelente descripción, desde la perspectiva *patricia*,[143] de las

---

[140] Eugenio Deschamps, *Juan Morel Campos*, Ponce, Tip. del Correo de P.R., 1899, pp. 17-19.

[141] Del virtuoso bombardinista y director de orquestas de baile, y de la Banda de bomberos, Domingo Cruz "Cocolía", se decía en el cambio de siglo que era "un artista mimado en *the high life* ponceña", Jovino de la Torre, *Siluetas ponceñas*, Ponce: Tip. de J. Picó Matos, 1900. (Este autor fue director-fundador del periódico *El terruño*, vocero de la *Liga Patriótica Puertorriqueña*.)

[142] Conviene apuntar aquí un elemento que requeriría mucha más investigación. En el capítulo anterior señalamos cómo el tono de *re* predomina en la música jíbara y es también el tono en que aparece la mayoría de las pocas transcripciones que se han hecho de la *bomba* tradicional. El exhaustivo inventario que elabora Muñoz de Frontera, *A Study...*, p. 471, de las partituras de *danzas* de Morel Campos, evidencia que era también el tono de *re* el que más utilizaba el más prolífico e importante compositor de este género.

[143] Como "*patricio*" describe, en sus reseñas biográficas, Félix Matos Bernier, *Cromos ponceños*, Ponce, Imp. La Libertad, 1896, p. 84, a Ramón Marín, autor de la descripción que sigue en el texto, aunque su procedencia social fuera en realidad más compleja, hijo de hombre prominente con esclava, pero en otra ciudad.

fiestas populares de Ponce en 1875, evidencia las contradicciones de esa estratificada integración de pretensiones nacionales. Los artesanos bailaban en la planta alta del teatro, mientras el baile de etiqueta, por invitación, se celebraba en los salones principales.[144] Ambos bailes se describen como ejemplo de *civilidad*, y de los artesanos se dice que son "una clase respetada y respetable",[145] aunque en el baile de etiqueta

...hasta el mismo *bombardino*, que con tanta destreza y gusto maneja el citado jóven Campos, *más de una vez* se dejó escuchar con *demasiada fuerza*.[146]

La realidad estratificada se ocultaba tras la ideología de la integración. La Unión Mercantil e Industrial de Ponce, al propulsar, en 1886, la formación de sociedades mercantiles para luchar frente al gobierno por sus intereses económicos (contra algunas contribuciones, por la liberalización del comercio exterior, etc.) se siente precisada a aclarar que en sus reclamos "obtendrán sin duda la cooperación de *todas* las clases sociales".[147]

En sus bocetos biográficos sobre los ponceños "ilustres", Matos Bernier (1896) y Jovino de la Torre (1900)[148] destacan de varios capitalistas y hacendados, los buenos salarios que pagan a sus trabajadores y "el afecto sincero que profesan a las clases artesanas y por eso éstas los veneran, los respetan y siguen sus consejos".[149]

En las retretas, no sólo de Ponce, sino en general en el país, donde las bandas alternaban marchas, música "clásica" y *danzas* puertorriqueñas, los "grandes señores y elegantes mujeres que estrenaban sus más bellos vestidos", se congregaban frente al templete, mientras

durante todo el tiempo que duraba la retreta, una compacta multitud, gente

---

[144] Marín, *Las fiestas...*, pp. 10-12. Tapia en *Mis memorias 1826-1882 o Puerto Rico, como lo encontré y como lo dejo*, Nueva York: de Louise y Rossboro Inc., 1928, p.155 señala que en San Juan el gobierno organizaba bailes espacialmente segregados en las fiestas, para blancos en la plaza principal y simultáneamente para "gente de color" en la Plaza de Santiago (hoy, Colón). Ambos, apunta, eran poco concurridos.

[145] Marín, *ibid.*, p. 51.

[146] *Ibid.*, p. 30 (énfasis añadidos).

[147] *Memoria*, Ponce, Tip. El Vapor, 1886.

[148] *Op. cit.*

[149] Torre, *ibid.*, p. 26. Diversos documentos de las clases propietarias intentan incorporar los intereses de los trabajadores en sus reclamos. Véase por ejemplo de la Cámara de Comercio de Ponce, *Memorial to the Honorable Senate and House of Representatives of the United States*, Ponce, López Press, 1904.

humilde, se aglomeraba en *los alrededores de la plaza* para *aplaudir*.[150]

La estratificada integración[151] o la segregación social en actividades *comunes* o espacios *compartidos* se manifestaba cotidianamente en prácticas tan aparentemente inocuas como la manera de pasearse en la plaza. Los "blanquitos" caminaban por el centro de la plaza; y los *"de segunda"* por los costados, aunque se saludaran mutuamente con cordialidad.[152]

Así, al entierro de Juan Morel Campos en 1896, al entierro de ese distinguido ciudadano que un blancófilo biógrafo se siente obligado a aclarar que "nació en Ponce, en el *corazón* de la *ciudad* y *no en alguna central o colonia bajo el impiadoso látigo del mayoral*",[153] acudieron tanto

miembros de la más rancia clase social (nuestra "aristocracia" hacendada o, como dice Moreno Fraginals, la sacarocracia antillana), como los humildes trabajadores que *como a un hermano* lo amaban.[154]

Los carpinteros ofrecieron gratuitamente el ataúd, y el Gremio de albañiles su trabajo "para la *triste* (humilde) enhumación";[155] como homenaje al compositor de unas *danzas* que lo mismo "tarareaba la sirvienta,[156] como tocaba al piano la aristocrática doncella; *música de calle, plaza, campo y baile*".[157]

[150] José S. Alegría, "Las retretas", *Revista del Instituto de Cultura Puertorriqueña* 2, enero-marzo de 1959, p. 24. Véase también descripción de las retretas ponceñas de Mariano Vidal Amstrong, *Ponce, notas para su historia*, San Juan, Comité Historia de los Pueblos, 1983, pp. 69-70.

[151] Véase descripciones de las fiestas patronales en Medina y González, *Pinceladas...*, p. 91.

[152] Vidal, *Estampas...*, p. 24.

[153] Ernesto Arjona Siaca, ed., *Juan Morel Campos 1857-1896*, Ponce: Tip. Morel Campos, 1937. Otro de sus blancófilos biógrafos, José A. Balseiro, *Juan Morel Campos, el hombre y el músico*, San Juan, Tip. Germán Díaz, 1922 y "La danza puertorriqueña", en Rosado, *op. cit.*, mientras comparaba a "Campos" con Beethoven por "exaltar el corazón de las *multitudes*" (p. 51), afirmaba que *"nuestros* bailables se limitan al seis chorreao y la danza" (p. 49), sin siquiera reconocer la existencia de la *bomba*, ni la *plena* (en *pleno* apogeo cuando escribe). Un tercer biógrafo, Mirabal, *Próceres...*, también se siente obligado a aclarar que los padres de Morel eran *"criollos, no etiopes"*, pp. 14-15.

[154] Vidal, *Estampas...*, p. 166, paréntesis y énfasis míos.

[155] Deschamps, *op. cit.*, p. 30 (paréntesis añadido para aclarar el sentido de la palabra *triste* en el contexto del texto original).

[156] Es interesante que en Ponce y casi toda "la isla" se le llamara *sirvienta* a lo que en San Juan llamaban *"criada malcriada"*, Ormachea, *Tipos...*, p. 61.

[157] Deschamps, *op. cit.*, p. 15.

La *danza*, la gran música que consolidó Morel Campos en Ponce, la *ciudad señorial* –el entorno ciudadano señorialmente hegemonizado– manifestaba, como ninguna otra sonoridad, esa estratificada integración. Por eso, muchos puertorriqueños que aspiramos a una sociabilidad más democratizada, albergamos hoy sentimientos encontrados respecto a ella. Definitivamente gozamos lo hermoso de la sofisticación musicológica de ese tributo popular a las clases dominantes, aunque pueda molestarnos, con razón, a veces, su carácter deferente. La *danza*, aunque definitivamente "mulata" (hecho, con frecuencia soslayado) fue tanto "populachera" como "señorial": fue una hermosa representación artística de una compleja y desigual relación entre clases sociales que compartían una "voluntad de nación."

Al irse liberando la política de los artesanos del dominio hacendado a través de las transformaciones que conllevó su proceso de proletarización en el cambio de siglo, desarrollando sus propias ideologías y sus organizaciones independientes, el significado original de la *danza* fue desapareciendo. La manifestación cultural de esta clase a principios del siglo XX fue canalizándose en el movimiento obrero y sus luchas, superando el carácter deferente de su previa aspiración al reconocimiento y la respetabilidad. Los artesanos proletarizados irán desarrollando una profusión de escritos y unas tradiciones (el feminismo, el ateísmo, el internacionalismo, el anarquismo) enfrentadas precisamente a aquella clase frente a quienes se habían quitado el sombrero y para quienes habían cantado antes.[158] La manifestación sonora del mundo del trabajo no serán ya las *danzas*, sino las *plenas*, a través de las cuales cantarán ahora los obreros, sonando los *cueros* sin camuflaje, a su propia cotidianidad.

Las *danzas* fueron entonces resguardándose en el folklore rural. Así, una música inicialmente urbana, fue cambiando en carácter. Los conjuntos de *cuatro* y guitarra la mantuvieron viva. La desaparición hacia la década de 1930 de la clase de hacendados tuvo también su impacto en ella. Transformadas o desaparecidas las clases básicas de cuya relación la *danza* emergió, el género fue adquiriendo nuevos significados. La *danza*, en la caída de su importancia, fue convirtiéndose en música campesina, en el contexto de un campesinado que se urbanizaba cada vez más: en arrabales, barrios obreros o Nueva York. Es en la tradición de este segundo momento de la *danza* que compone "El Topo" "Verde Luz", donde el carácter deferente se convierte en desafiante dentro de

---

[158] Detalles en mi ensayo previo "Socialista y tabaquero", *op. cit.*

una idealización bucólica –pero rebelde– de lo nacional.

La sofisticación musical lograda en la forma de *danza* ha inspirado a compositores contemporáneos, tanto "clásicos" como populares, que continúan elaborando artísticamente *danzas*. Pero la música puertorriqueña ha tomado, en realidad, otros derroteros. Tremendamente viva y creativa va desarrollando nuevas expresiones y significados. Podemos hoy en los años noventa del siglo XX gozar y apreciar la extraordinaria música que contienen las *danzas*, reconociendo, sin embargo, que –no obstante el peso de una poderosa tradición– *lo nacional* anda ya por otros rumbos. Se manifiesta de maneras muy diversas a través de distintas sonoridades. Pero es, sobre todo en otro género *bailable*, en la *salsa*, extraordinariamente desarrollada musicalmente también, donde más claramente encontramos (también atravesada de complejidades y contradicciones), en el baile y en el canto, nuestros "himnos" de futuro.

LO ÍNTIMO Y LO SOCIAL: EL BOLERO
Rafael Hernández: el nomadismo y los tríos

> Errante por esos caminos,
> se va hacia tierras lejanas...
> Del bolero de Rafael Hernández,
> "Pobre gitana"

¡Quién se hubiera imaginado en 1910 que aquel joven mulato, talentoso del trombón y el bombardino, de la banda municipal de Aguadilla,[1] Rafael Hernández, iría a convertirse quince años después en uno de los principales forjadores de la música de tríos, basada en la guitarra y la voz! ¡Quién, escuchándolo en la banda tocar *valses*, *pasodobles* y *danzas*, hubiera pensado que habría de ser uno de los más importantes compositores de *boleros*, *rumbas* y *guarachas* de la historia musical latinoamericana! Sustituir el bombardino por la guitarra, la *danza* por el *bolero* y la *rumba*, Aguadilla por el continente, y la banda municipal por un trío, no era fácil imaginarlo entonces. Sin embargo, no constituyeron éstos cambios sólo en una historia personal; representaron transformaciones fundamentales en la historia social de la actividad musical, entrelazados a cambios también en la historia de Puerto Rico, el Caribe y Latinoamérica. Rafael Hernández, el centenario de cuyo nacimiento conmemoramos en 1990, ayudó a formar esta historia, que simultáneamente fue también formándolo a él.

La historia social de la música "tropical" requiere mucho más investigación que la que he podido realizar, y los lectores alertas descubrirán aquí numerosas lagunas e interrogantes. Aún así quisiera compartir unas ideas en torno a algunos elementos que considero deben incluirse en esa historia y que podrían ayudarnos a comprender mejor el hondo significado de Rafael Hernández y sus composiciones.

---

[1] Pueblo de la costa oeste de Puerto Rico.

LA VICTROLA Y EL DISCO

Rafael Hernández nace prácticamente con el tocadiscos. Fue precisamente en los años noventa del siglo pasado cuando comenzó a producirse comercialmente el fonógrafo. Los primeros discos fueron, naturalmente, grabaciones de una música que compartieran en común los sectores pudientes, sobre todo, de los países más industrializados, con suficiente efectivo para comprar la nueva máquina. Se destacaron entonces las grabaciones de arias de óperas, generalizando aún más de lo que ya estaba, la importancia de la *canción*, frente a otras formas musicales que el corto formato del disco entonces no podía recoger (recuerden que el LP es invención posterior y los discos incluían entonces sólo unos pocos minutos de grabación).

Pero la producción de fonógrafos atravesaría pronto una transformación. A principios de siglo la economía norteamericana estaba comenzando a desarrollar el tipo de producción que le daría eventualmente su predominio mundial: la producción en masa para el amplio consumo personal o familiar. Este proceso ha venido a conocerse en la historia económica como fordismo, en referencia a Henry Ford, el popularizador del automóvil. Una economía en expansión no podía conformarse con la satisfacción de las necesidades básicas –como señala una canción popular, "ropa, zapato, casa y comida"– que exhibía límites naturales. Había que generar nuevas demandas que le imprimieran dinamismo a la economía, entre ellas el consumo cultural, en donde se destacaría la música. Para ello era imprescindible convertir, a través de una eficiente producción en masa, antiguos productos de lujo en artículos de uso diario. El gran sueño de Ford, por ejemplo, era poder producir un auto lo suficientemente sencillo y barato, que todo norteamericano, incluso sus propios trabajadores, pudieran comprar.

Para la época en que Rafael Hernández empezaba a destacarse como músico, primero en la banda de su pueblo y luego en la del Teatro Municipal (hoy Tapia) de San Juan, la compañía Víctor se lanzaba a una campaña para popularizar internacionalmente su "*Victor's talking machine*" o *Victrola*. Parte de esta campaña era producir discos que tocaran la fibra sentimental de los potenciales compradores de la victrola, para entusiasmarlos a adquirir la máquina. Víctor y las otras dos compañías de fonógrafos de entonces comienzan a grabar música y producir discos para los distintos países. Alrededor del 1917 se hacen las primeras grabaciones de este tipo en Puerto Rico, una de las cuales fue de la Orquesta del teatro Municipal (o parte de ella) dirigida por Rafael Hernández.

A partir de aproximadamente la conclusión de la primera guerra mundial, la producción de discos comienza a adquirir importancia económica por sí; es decir, no sólo para estimular la venta de victrolas, sino por su propio potencial comercial. Ello viene acompañado del surgimiento de la radio, otra forma de llevar la música al hogar y otros variados lugares. En 1922 se establece en San Juan la WKAQ, una de las primeras estaciones de radio del Caribe y del mundo. Ese año se funda también la primera estación en Cuba y el año siguiente en México. La radio difundirá tipos de música e intérpretes en la fugacidad de la trasmisión, que los oyentes pudientes intentarán preservar con la compra del disco.

Para las compañías disqueras era importante grabar y difundir tipos de música que representaran un amplio mercado, que pudieran venderse en varios países y diversos contextos sociales. Previo al desarrollo de la comercialización de la reproducción mecánica de la música, los intercambios de música popular entre países se daban principalmente en tres niveles: con las migraciones, en eventos especiales a través de compañías itinerantes de espectáculos, y a un nivel cotidiano mucho más generalizado, a través de los marinos mercantes, que llevaban de un puerto a otro la música más reciente que escuchaban y les impresionara. Sobre todo entre estos últimos, predominaba obviamente, la interpretación de formato pequeño: la *canción* con acompañamiento de instrumentos que siendo fáciles de cargar pudieran proveer por sí solos elementos melódicos, armónicos y rítmicos –la guitarra, sobre todo, y en un segundo nivel, la sinfonía de mano o bandoneón.

Hacia 1920, dos de los principales puertos de América Latina eran La Habana en el Caribe, con su exportación azucarera que atravesaba un período de gran auge conocido como "la danza de los millones", y Buenos Aires en el Cono Sur, con su exportación de carnes y cereales que convertía la economía de Argentina y Uruguay en una de las más prósperas del mundo entonces. La música caribeña según se elaboraba en Cuba y los tangos y milongas de Argentina y Uruguay (hermanados, además, históricamente a la primera) tuvieron con los marineros (en su ágil formato pequeño) una amplia difusión internacional incluso previo a la generalización comercial del disco. Cuando se iniciaba ésta, el auge económico que experimentaban estos países, en donde unos sectores medios relativamente amplios comenzaban a considerar la victrola y el radio como parte fundamental del equipamiento hogareño, la reproducción disquera comercial de una música *latinoamericana* se concentraría en los polos de La Habana y Buenos Aires, incorporándose México pocos años después con el desarrollo de la industria cinematográfica. A comienzos de la segunda década del siglo, mientras el catálogo latinoamericano de la compañía Víctor incluía 25 grabaciones puertorriqueñas y no aparecía ninguna dominicana aún, se incluían unas trescientas de Cuba, siendo esta cifra superada sólo por el binomio Argentina-Uruguay.[2] En 1931, como señala la estudiosa Yolanda Moreno Rivas,

el cine sonoro nació bajo el signo de las canciones mexicanas. *Santa*, la primera película sonora traía el mensaje melódico un tanto desleído de la canción del mismo nombre del compositor de moda: Agustín Lara... A decir verdad, una buena parte de la producción del cine mexicano debió su fácil popularidad al prolífico apoyo melódico de la canción.[3]

También en esos años, un año antes de hecho, empezó a publicarse en México –y a difundirse desde México por toda la América Hispana– el *Cancionero de la sal de uvas Picot*, que vinculó la entonces naciente industria editorial de la palabra impresa popular, con la industria del cine y con la oralidad de la música popular.

...Pero, previo al surgimiento de estas publicaciones y del cine, existía un tercer importante polo en la industria musical latinoamericana sobre el cual debemos detenernos: Nueva York.

LO HISPANO Y LA BABEL DE HIERRO

En 1918 Rafael Hernández es reclutado por el ejército norteamericano como miembro de la banda de músicos, a través de la cual se pone en contacto con los extraordinarios juegos de voces de la música negra norteamericana y los atrevidos experimentos armónicos de su emergente *jazz*. Al finalizar la guerra decide establecerse en Nueva York, donde trabaja como obrero de fábrica durante varios años.

[2] Ruth Glasser, *"Que vivio tiene la gente aquí en Nueva York"; Music and Community in Puerto Rican New York, 1915-40* (tesis PhD., Universidad de Yale, 1991), publicada como libro con el título *My Music is My Flag, Puerto Rican Musicians and their New York Communities, 1917-1940*, Berkeley, University of California Press, 1995.

[3] *Historia de la música popular mexicana*, México, Alianza Editorial, 1979, pp. 80-81. Sobre México, pueden examinarse también, entre otros, las incisivas crónicas de Carlos Monsiváis, por ejemplo, *Amor perdido*, México, Era, 1977 y *Escenas de pudor y liviandad*, México, Grijalbo, 1981.

Nos explica muy vívidamente Glasser en su excelente investigación, cómo la emigración latinoamericana no estaba aún muy segmentada por país de origen. Puertorriqueños, cubanos, mexicanos y otros latinos vivían en los mismos barrios y tenían *clubes* sociales en común.[4] Aún cuando empiezan a formarse *clubes* específicos por nacionalidad, con frecuencia tenían noches dedicadas a otros grupos, y conjuntos musicales mixtos o variados. Va, de hecho, surgiendo la noción de *latino*, como término común abarcador.

Tanto el surgimiento y los requerimientos de la industria disquera, como la formación de una comunidad hispana mixta en Nueva York nutrían una más intensa intercomunicación musical y fomentaban el desarrollo de formas comunes de expresión. Varios países latinoamericanos además, entre ellos Cuba y Puerto Rico, experimentaban en la segunda década del siglo importantes migraciones del campo y los pequeños pueblos a la ciudad, sobre todo la ciudad portuaria, donde los géneros folklóricos se ponían en contacto más fácilmente con las formas popularizadas en el intercambio comercial. En México, la trova yucateca, en constante comunicación con La Habana, empieza a migrar también a la capital.

Va conformándose entonces una música *latinoamericana*, en la cual el *bolero* va a ser un género fundamental. El *bolero* combinó el protagonismo de la *canción* (fortalecido tanto por el formato inicial del disco, como por los marineros, y exhibiendo considerable desarrollo entre los migrantes italianos en Buenos Aires), el ritmo afrocaribeño (popularizado sobre todo desde Cuba) y el acompañamiento guitarrero de toda la ruralía latinoamericana, logrando niveles de expresión íntima personal en un género a la vez lírico y bailable. Quebrados, con la migración, tanto interna como a Nueva York, los contextos comunitarios tradicionales de la expresión musical –en el caso de Puerto Rico, los bailes de *bomba*, las parrandas navideñas, las promesas de Reyes...– la expresión se hará más individual y serán los bailes de los emergentes *clubes* sociales los transformados contextos de una nueva comunalidad citadina. A pesar de que el *bolero*, como lo conocemos hoy, comenzó a desarrollarse a finales del siglo pasado –en el intercambio de los puertos caribeños, sobre todo de La Habana y Veracruz– no es precisamente hasta los años veinte de este siglo cuando experimenta su primer gran momento, siendo Rafael Hernández desde Nueva York (junto a la méxicana también emigrada a Nueva York, María Grever y a Guty Cárdenas, que

---

[4] *Ibid.*

estuvo entonces moviéndose entre Mérida, La Habana, la ciudad México y los Estados Unidos también) uno de sus primeros grandes artífices.

La migración latina a Nueva York era ya desde entonces fundamentalmente obrera. Los migrantes no contaban con instituciones que apoyaran el amplio formato de la orquesta o la banda, como en Puerto Rico habían sido los gobiernos municipales, el sistema escolar o instituciones como los bomberos o la policía. Y como comunidad obrera, contrario a los "casinos de primera" en la Isla, sus bailes rara vez contaban entonces con los recursos para contratar una orquesta. Los conjuntos de esa migración inicial fueron pues principalmente "*ventetús*" de formato pequeño, constituidos por migrantes que complementaban con la música sus ingresos como trabajadores.

Una de las grandes aportaciones de Rafael Hernández, obrero en Nueva York, a la expresión musical latinoamericana fue el desarrollo que logró, principal, aunque no exclusivamente con los *boleros*, del formato pequeño del trío y el cuarteto. Aprovechando su contacto con la música negra norteamericana, su formación en las bandas (con su rica orquestación en la compleja y sofisticada música de *danzas*) y su evidente talento musical, Rafael Hernández incorporó al formato pequeño la riqueza de la elaboración armónica. Con los juegos de voces –primera y segunda– y la combinación de guitarras (instrumento de amplio registro donde podían combinarse a dúo arpegios agudos secundados por muy variados acordes en los registros graves) logra una riqueza sonora poco antes experimentada en conjuntos de tan pocos integrantes. La elaboración armónica en los rejuegos de voces y los acompañamientos, combinada con el lirismo melódico de la canción y la riqueza rítmica afrocaribeña, hicieron de la música de tríos (y cuartetos) un extraordinario vehículo de expresión de la creatividad popular. (Con naturales modificaciones evidentes, otras culturas lo adoptaron posteriormente también en contextos sociales parecidos, como los Beatles, tremendamente creativos también, en el mundo obrero portuario inglés de Liverpool.) El mundo popular migrante –de los pueblos a la ciudad y del país a Nueva York– en la inestabilidad de su movilidad, su precariedad económica y desarraigo, encontró identificaciones también en un nivel simbólico visual con este formato musical: sus instrumentos populares, su aspecto democrático de reunión de amigos conversando y su apariencia de caminantes –los tríos tocarán de pie.

CANTANDO A LO SOCIAL DESDE LA INTIMIDAD

Además de en Nueva York, Rafael Hernández vivió en Cuba y en México antes de regresar –ya famosa la mayor parte de su obra– a Puerto Rico. Visitó con frecuencia a Santo Domingo; y su trío, que en Nueva York se llamaba El trío Borinquen (constituido por dos puertorriqueños y un dominicano), cuando tocaba en la República Dominicana se llamaba El trío Quisqueya. En todos estos países compuso canciones que pronto llegaron a considerarse emblemáticas del lugar. Para Santo Domingo compuso su, tal vez, más difundido *himno* popular: "Quisqueya, tierra de mis amores"... En Puebla, México, fue oficialmente comisionado para escribir su Himno regional. Y en Cuba, ¿quiénes no consideran a "El cumbanchero" o "Cachita" como dos "representativas" canciones "cubanas"?

Algunos estudiosos de la música identifican la elaboración armónica con la expresión de los matices de la intimidad. Aunque no considero que ello sea necesariamente así, en el caso de Rafael Hernández es absolutamente evidente. La radio y el disco, con la posibilidad de escuchar música a solas abrieron campo a la expresión íntima. Pero lo especialmente significativo de la música de Rafael Hernández fue que el desarrollo de la intimidad se mantuvo vinculado a lo social. Fue una manera de conjugar lo personal con lo comunitario; lo que significó también la vinculación de expresiones musicales nacionales con las nuevas formas *latinoamericanas* en emergencia.

No es casualidad que la primera grabación del Trío Borinquen fuera "Monchín del alma", una *guaracha* que recoge la tragedia íntima de un personaje popular puertorriqueño que se ganaba la vida mostrando de pueblo en pueblo su deformación física. Los múltiples dramas de caminantes están presente en muchas de sus composiciones, haciendo referencia indirecta, en los más variados contextos, al fenómeno social de la emigración.

> Errante por esos caminos
> se va hacia tierras lejanas...

Comienza uno de sus boleros. O su *guaracha* (popularizada posteriormente por Ismael Rivera, el "sonero mayor"):

> Aquí van los recuerdos
> de mis tristes amores
> por los que sufrí tanto.

Un ramito de flores
y un pañuelito blanco...

Y como ya no me quieres
ya no te quiero
aquí van tus cartas y tu pañuelo.

siendo la imagen del pañuelo a menudo símbolo de despedida (recuerden, por ejemplo, el más celebrado poema de Luis Llorens Torres, "El Valle de Collores").

El tema recurre en uno de sus *boleros* mejor logrados a nivel musical. "Ausencia" es, como la enorme mayoría de los *boleros*, una canción de amor, pero dentro de un contexto social que alcanza en la composición la posición protagónica. Trata de la separación entre amores a la cual obliga la emigración, pero el cantante no dirige su palabra a la amada, sino directamente a la situación social:

Ausencia, *tú* que pensabas poner
alivio a *mi* penar.
Ausencia, *me* has engañado
¡con lo mucho que he llorado!
No la puedo olvidar.

El nomadismo... desplazamiento, la separación, la ausencia... son temas centrales también en las composiciones del segundo gran bolerista puertorriqueño, Pedro Flores, cuyas canciones popularizó, por México, Cuba, Colombia, Ecuador, su país Puerto Rico, Nueva York y, realmente, por toda América Latina, el "jefe" Daniel Santos (*menos el domingo, todas las tardes salgo a ver al cartero, a ver si trajo algo para mí...*).

La temática migratoria aparece repetidamente también en la bolerística mexicana, la más difundida entre todas, si no en forma protagónica, al menos evidente en su presencia solapada. María Grever, quien emigró a Nueva York en 1916 –quizá la primera gran compositora mexicana de la migración "latina" a dicha ciudad–, compuso *boleros* de evidente protagonismo migratorio, como "Cuando me vaya", "Por si no vuelvo a verte" y el fabuloso "Cuando vuelva a tu lado". En muchas otras de sus composiciones, la separación migratoria se cuela como camuflado telón de fondo, por ejemplo en el célebre "¡Júrame!" (*que aunque pase mucho tiempo, no olvidarás el momento...*). La presencia, como en Rafael Hernández, de las complejidades de la errancia son en ella evidentes; quizá agudizadas en su caso por las problemáticas de género. Aunque regresó en varias instancias a México, siguió viviendo fundamentalmente en

Nueva York, aunque significativamente dispuso que al morir regresaran sus restos al "país natal". Los desplazamientos, la separación, la ausencia... permean la composición también de la mayoría de los más importantes representantes de la bolerística mexicana: *Ella se fue...* mientras él sigue *llendo...* por la "Vereda tropical" de Gonzalo Curiel en 1936: *¡hazla volver, Vereda! ...Y que tú vayas por donde yo voy...* del "Frenesí" de Alberto Domínguez de 1939. *Piensa que tal vez mañana te encuentres muy lejos, muy lejos de mí,* en el famoso "Bésame mucho" (*como si fuera esta noche la última vez*) de Consuelo Velázquez de 1941. O *La vida inclemente te separa de mí y un siglo de ausencia voy sufiendo por ti* del "pancho" Alfredo Gil en 1949. No es coincidencia que el trío que alcanzaría la mayor fama ¡por mucho! por toda América Latina, el Trío Los Panchos, se formaría en Nueva York, por dos mexicanos y un puertorriqueño. Y aunque empezaron grabando canciones del folklore mexicano, terminarían cantando principalmente el *latinoamericano bolero*.[5]

Es significativo que, no obstante su errancia, entre los cientos de *boleros* que compuso Rafael Hernández, la gran mayoría, naturalmente, de temas amorosos, los tres que alcanzaron mayor popularidad fueron aquéllos centrados en una problemática social que se identificaba como *nacional* (aunque, es importante recalcar, dos de ellos aludan a desplazamientos y uno, directa aunque camufladamente, a la emigración). La problemática social-nacional se aborda, sin embargo, *desde* la intimidad. "Lamento borincano" –conocida por toda América Latina como "El jibarito"–, compuesta en 1929, año de comienzos de la depresión, presenta las vicisitudes del campesino en su incorporación a la economía de mercado. *Sale loco de contento con su cargamento para la ciudad...* La identificación de lo nacional con lo personal es evidente:

¡Qué será de Borinquen mi Dios querido!
¡que será de *mis hijos y de mi hogar!*

Esto se encuentra también hermosamente expuesto en la última estrofa donde el compositor propone la sustitución de la antigua lírica nacionalista florida decimonónica por la lírica más directa de la angustia de la opresión económica:

Borinquen, la tierra del Edén
la que al cantar el gran Gautier[6]

---

[5] Para más detalles sobre los tríos examine de Pablo Marcial Ortiz Ramos, *A tres voces y guitarras*, San Juan, Corripio, 1991.

[6] La referencia es a José Gautier Benítez, el poeta romántico puertorriqueño del

llamó "la perla de los mares".
Ahora que *tú te* mueres con *mis* pesares
déjame que *te* cante *yo* también.

"Campanitas de cristal", primera en el *hit parade* mexicano por varios años, y uno de los *boleros* más difundidos de todos los tiempos, describe en forma sugestivamente íntima los pesares de la migración. Poetiza unas "campanitas" chinas (de cristales de distintos tamaños que suenan al chocar unos con otros cuando les da el viento), muy populares entre los migrantes a Nueva York. La personalización de la problemática social y la individualidad e intimidad de la respuesta es nuevamente evidente:

> Reíd, reíd, reíd
> lindas campanitas de cristal
> que alegran *mis* horas de dolor.
> Sonad, sonad, sonad
> *sólo para mí, sólo para mí*
> campanitas de cristal.

Finalmente, "Preciosa", la más claramente política de las tres es, además, la más ilustrativa del refugio en la intimidad. Fue compuesta también en Nueva York alrededor del 1935. En ese período, Puerto Rico (como gran parte del mundo) atravesaba por una situación de severa crisis económica, que se atribuía a la opresión de las grandes corporaciones ausentistas del azúcar y a las limitaciones de la condición colonial. Por otro lado, se experimentaban los descalabros de diversos proyectos colectivos de cambio –sociales y nacionales–, que generaban una aguda desesperanza.[7] El *bolero* denuncia una opresión que no se puede vencer sino sólo en el sentimiento íntimo.

> No importa el tirano te trate
> con negra maldad,

---

siglo XIX más difundido en la cultura general del país, sobre todo sus "Cantos a Puerto Rico" y particularmente el titulado "Ausencia", de especial significación para personas que, como Rafael Hernández, conocían la experiencia migratoria.

[7] En varios escritos previos he intentado explicar con mayor detenimiento estos procesos. Véase, por ejemplo, los ensayos "Base social de la transformación ideológica del Partido Popular", en Gerardo Navas, ed., *Cambio y desarrollo en Puerto Rico*, San Juan, UPR, 1985, y "Clases sociales e identidad nacional; notas sobre el desarrollo nacional puertorriqueño", en Quintero Rivera *et al.*, *Puerto Rico: identidad nacional y clases sociales (coloquio de Princeton)*, San Juan, Huracán, 1981, o la última sección del capítulo 2 del libro *Patricios y plebeyos: burgueses, hacendados, artesanos y obreros*, San Juan, Huracán, 1988.

> preciosa serás sin bandera,
> sin lauros, ni gloria...

Es sumamente significativo también que en éstos, sus tres grandes *boleros* sociales, Rafael Hernández utilice en partes destacadas la forma armónica conocida como cadencia andaluza, que evoca la tradición musical autóctona del *aguinaldo* y el *seis*, que recurren con frecuencia a esta cadencia. Es significativo que también la use en una *plena* que se le atribuye, precisamente al referirse a la problemática social nacional, que nuevamente se personaliza.

> ¡Qué será de *mi* Borinquen!
> cuando llegue el temporal.

Si Morel Campos fue el gran compositor puertorriqueño de la época de las bandas y orquestas de la música viva, conformando, de tradiciones populares propias e internacionales y caribeñas un género nacional, la *danza*, Rafael Hernández será nuestro gran compositor de la época de los inicios de la reproducción mecánica de la música, de los comienzos de la radio y el disco. Su composición no se canalizará a través de un género nacional, sino *latinoamericano*, que combinará lo cubano, con lo conosureño, con lo mexicano, con lo *niuyorkino* negro, pero manteniendo en ello siempre, no obstante su nomadismo, el sello distintivo de su territorialidad:

> "Mamá, Borinquen me llama..."
> "los que dicen ¡ay bendito!..."
> "Si yo no hubiera nacido..."
> "Ay le lo lai, lo lei le lai ló".[8]

---

[8] Frases de canciones compuestas o popularizadas por él que hacen alusión a temáticas referentes a la cuestión nacional en Puerto Rico.

6

POLIRRITMO, SONEO Y DESCARGAS:
Salsa, democracia y la espontaneidad libertaria

Para Willie Colón,
con admiración.

A finales de la década de 1970, cuando todos hubieran pensado que había sido totalmente olvidada en el mundo popular del Caribe, el más importante compositor de la *salsa*, que no es un músico profesional, sino un empleado de correos mulato –Catalino "Tite" Curet Alonso– le dedicó una canción, que muy pronto llegó a los más altos escalafones del *hit parade*, a la gran bailarina de ballet de comienzos de siglo Isadora Duncan.

> Cuando bailó, se liberó tal vez,
> auténtico fue el mensaje de Isadora.
> En cada amor una pasión vivió
> y a nadie se encadenaba Isadora.
>
> El baile que dominó
> cual llama de su placer
> el mundo entero ovacionó.
>
> Isadora Duncan formó la liberación.
> Isadora Duncan leyenda que no murió.
>
> Tuvo el encanto, la simpatía, la valentía;
> la bailarina de una pureza que no mentía.
>
> En las piernas de Isadora
> bailaban muchas razones.
> Impuso una nueva moda
> con sus improvisaciones....
>
> Isadora Duncan bailaba sin reglas ni posición;
> interpretaba sus danzas con dulce improvisación....

Se liberaba al danzar, se liberaba al amar....
por eso Isadora Duncan yo te tengo que cantar.[1]

A través de este homenaje salsero a esa revolucionaria bailarina de ballet, Curet Alonso afirma el carácter amplio, humano-universal, de algunos de los más profundos valores de la cultura alternativa –contra hegemónica– que su música de *salsa* representa. La naturaleza desafiante del símbolo de Isadora es evidente: desafió los patrones establecidos tanto en su trabajo (en su arte creativo) como en su vida personal. La reunión de estas esferas de desafío tiene una particular importancia social, pues su integración atenta contra la enajenación entre vida y trabajo. En ambas esferas –su trabajo en el baile y su vida personal– los sentimientos íntimos se convierten en desafíos públicos al chocar con lo que se entendía como la norma. Y más importante aún: su desafío fue su triunfo (*leyenda que no murió*). Isadora Duncan representa a la mujer que se atrevió, y la trascendencia histórica de su atrevimiento, las posibilidades de aspirar por transformaciones en las maneras de entender y sentir la vida.

A través de las piernas danzantes y los amores de la atrevida Isadora, Curet Alonso alaba la libertad y la espontaneidad, sobre todo en la significación social del acto personal. En este capítulo quisiera detenerme en el análisis de la presencia de estos valores en la *salsa*, valores fundamentales para la posible conformación de una cultura democrática contestataria.

Como habrán podido ver en los capítulos anteriores, la cultura caribeña está atravesada de contradicciones. En lugar de centrarnos en la presencia de la libertad y la espontaneidad, podríamos examinar, alternativamente, las expresiones de la dependencia y el autoritarismo en muchas de sus "letras". Pero, siguiendo la mejor tradición salsera, en la dinámica entre estas tendencias en conflicto, prefiero concentrarme en la búsqueda de sus posibles aperturas liberadoras. Además, los valores de cultura democrática predominan en las letras de las canciones que han alcanzado mayor prominencia en el movimiento salsero. Más importante aún, a mi juicio, es que como música –como expresión sonora– la salsa se conforma alrededor de los principios de la libertad y la espontaneidad. Ello se manifiesta en las tres características centrales de esta "manera de hacer música": la libre combinación de formas, la improvi-

---

[1] Fragmentos de la composición según cantada por Celia Cruz en el LP colectivo de los Fania All Stars, *Crossover*, Nueva York, Columbia 36109, 1979.

sación del virtuosismo instrumental o las *descargas*, y la improvisación en el cante o los *soneos*. Al examen de estas tres características centrales de sus *prácticas* de elaboración sonora dedicaremos este capítulo.

Sería aún materia de debate argumentar si la *salsa* ha llegado a constituir o no un tipo particular de música que pudiéramos identificar como un nuevo género musical. Es común en la música popular del Caribe que los géneros se identifiquen con ritmos que le son característicos (como el género de *merengue* con el ritmo de *merengue* o el género de *guaracha* con el ritmo del mismo nombre, etcétera.). No obstante, es importante distinguir ambos conceptos (ritmo y género), entendiendo por género más bien un grupo de características que conforman un tipo de estructura general de la composición. Algunos géneros caribeños se intercambian una serie de ritmos, que vienen a ser comunes a diferentes géneros. Por ejemplo, entre el género campesino conocido como *seis* puertorriqueño, que analizamos en el capítulo 3, encontramos subtipos que utilizan el ritmo de *guaracha*, de *joropo*, de *habanera*, *tumbao*, de *bomba* o de *merengue*, entre otros.

En el fenómeno de la *salsa*, encontramos una música muy heterogénea, que utiliza diversos ritmos y formas, pero que ha ido generando un tipo de sonoridad que la identifica con un estilo y carácter propio. Aunque existen tendencias fuertes para fosilizar dicha sonoridad en unas estructuras que puedan definirla como género, me he inclinado a lo largo de este libro a referirme a la *salsa*, más bien como un movimiento musical; un movimiento heterogéneo que se ha caracterizado más por unas *prácticas* musicales, que por sus contenidos específicos. Por ello, analizo la *salsa*, más que como un género, como una "manera de hacer música".

Existen muchas versiones diferentes sobre cómo se originó el término *salsa*. Cuando lo más significativo, a mi juicio, es por qué fue ese el término que perduró. La salsa en la gastronomía es una combinación de ingredientes que se trabaja al fuego para añadir sabor. Y, precisamente, la característica inicial central de esa práctica musical que vino a identificarse con ese término, es su énfasis en las combinaciones. Los discos previos a este movimiento, generalmente identificaban en su carátula las distintas canciones por sus géneros. Las grabaciones de *salsa* rara vez lo hacen, en gran medida, porque comúnmente cada composición incorpora diversos géneros amalgamados.

Como examinamos en el segundo capítulo, es significativo que las combinaciones en la *salsa* no se dirigen a, o intentan, la formación de nuevas estructuras o tipos. Sus compositores y músicos se mueven libre y espontáneamente entre diversos géneros tradicionales de acuerdo con la sonoridad que quieran producir para el sentimiento o mensaje que intentan comunicar. Cada composición salsera puede representar, por tanto, una combinación inédita, y cada disco, una reunión de diversas *salsas*. La riqueza de sus combinaciones radica, precisamente, en su indeterminación, en las brechas que abre a las posibilidades de creatividad. Es, pues, una música abierta; abierta a la expresión de la libertad y la espontaneidad, a través de las cuales se manifiesta la heterogeneidad.

La libre combinación de formas aparece en la *salsa* de diversas maneras. Una es a través del desarrollo en la polirritmia característica de la música afrocaribeña. La polirritmia refiere a la conformación de un patrón rítmico a base de la combinación simultánea de distintos ritmos. Lo interesante en muchas composiciones de *salsa*, que marca su carácter de combinación de formas, es que esa polirritmia se establece con la integración de ritmos identificados previamente con diversos géneros. La canción "Noche criolla" del LP *Criollo* de Willie Colón[2] nos provee ilustraciones muy sugestivas. La palabra "criollo" (de historia compleja y ambivalente) se ha convertido en el Caribe hispano en sinónimo de autóctono, de nacional. "Noche criolla" es una adaptación o versión libre de Willie Colón de una canción brasileña compuesta por Moacir de Albuquerque y Tavinho Paes. El sabor brasileño de la canción original se mantiene a través de algunos elementos melódicos y armónicos, y con el ritmo de *samba* que aparece en ocasiones, muy brevemente, en la percusión menor (aparentemente en un tipo de maraca de semillas exteriores conocida, de hecho, como maraca brasileña).

[3]

[2] RCA Int., IL7-7334, 1984.

[3] Todos los ejemplos de este capítulo fueron trabajados por Luis Manuel Álvarez. En los ejemplos referentes a la música afroamericana preferimos la notación de 16 pulsaciones, que considera Álvarez más apropiada para esa tradición. Aunque para facilitar su lectura y posible reutilización, presentamos algunos ejemplos también en los metros más convencionales de la tradición europea.

Es interesante notar, para la discusión en torno al fenómeno nacional que iniciamos en el capítulo 2, que Willie Colón no tenga reparos en señalar como "criolla" una canción originalmente brasileña. Además de los diversos planos espaciales de las identidades (Brasil como país latino-afro-americano también), el carácter "criollo" de la canción no se coloca en su origen, desafiando tradicionales concepciones "esencialistas". Se identifica más bien con su transformación, con su "criollización". El armazón rítmico, Willie Colón lo torna marcadamente puertorriqueño. Está constituido por un mosaico de ritmos que se ejecutan (o combinan) simultáneamente. El bajo establece el ritmo de *tumbao* (base del *son* y de muchos *seises*) que es precisamente como se identifica la canción en la letra: "*tumbao criollo*":

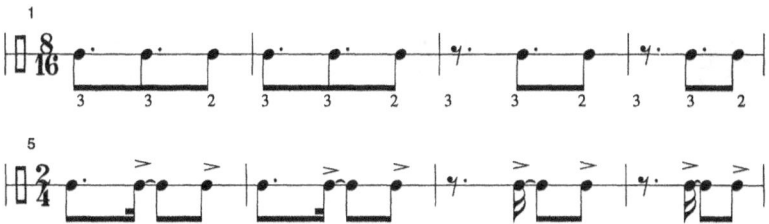

Paralelamente los trombones, en forma dramática, interpretan una frase melódica que se convertirá en la melodía del coro. Ésta sigue claramente el ritmo de una de las variantes de *bomba*, la principal tradición musical puertorriqueña legada por su pasado esclavista.

Pero, el uso del ritmo de *bomba* a nivel melódico (y no percusivo) parte -como vimos en el capítulo 3- del *aguinaldo*, uno de los dos géneros fundamentales de la música del campesinado libre. En el *aguinaldo* el ritmo melódico lo hace un instrumento nativo tipo laúd de cinco cuerdas dobles llamado *cuatro*. La tímbrica del trombón, aún siendo un instrumento melódico, semeja no obstante más al tambor que al *cuatro*. Con el uso rítmico a nivel melódico, pero con una tímbrica grave, Willie

Colón integra ambas tradiciones, aunque estableciendo la *bomba* como la predominante.

La línea melódica que interpreta el cantante solista (en este caso, el propio Willie Colón) sigue una forma rítmica que combina un primer segmento tipo *habanera*, que se conoce en el folklore puertorriqueño como el "café-con-pan" con un segundo segmento de dos pares de corcheas simples:

Esta combinación caracteriza en lo básico a algunas variantes de la principal música caribeña de salón de finales del siglo XIX –la *danza* (capítulo 4). Esta combinación de segmentos rítmicos está presente, además, en varias de las principales expresiones musicales del populacho urbano, como la *guaracha*. También aparece en el policlasista *bolero* (capítulo 5), y en la música identificada con el surgimiento del proletariado rural y barrial en el Puerto Rico de comienzos de siglo, la *plena*. Pero el *tempo* en el cual aparece esta combinación en "Noche criolla" lo asocia más bien a la *guaracha* y la *plena*. Ello es enfatizado, además, en la letra, con frases de extraordinaria onomatopeya como

> tu pecho contra mi pecho
> repica el recuplatu de mi corazón,

que evocan el repique del bongó en la *guaracha* o del pandero repicador en la *plena*. La percusión del bongó y el güiro de ranura ancha en "Noche criolla" siguen, además, un ritmo de repique tipo *guaracha*.

Estos diversos ritmos identificados con particulares géneros –en este caso *samba, son* (o ritmo *tumbao*), *bomba, aguinaldo, plena* y *guaracha*– pueden ser combinados integradamente sin mayor dificultad (aunque sí con gran creatividad libertaria) por pertenecer a una misma amplia familia rítmica, que el compañero etnomusicólogo que ha trabajado conmigo estos ejemplos –Luis Manuel Álvarez– señala que podríamos denominar "afro-árabe".[4] El sistema rítmico de la música de tradición europea (generalmente denominada "occidental") está basado en "*the grouping of equal beats into two's and three's with a regularly recurrent accent on the first beat of each group*".[5]

La familia rítmica afro-árabe se caracteriza, por el contrario, por patrones rítmicos de muchas más pulsaciones (con frecuencia dieciséis) donde se combinan golpes y silencios de distintos tiempos, y cuyos acentos no se establecen necesariamente, al inicio del patrón. Se encuentran diseminados de acuerdo con los distintos tipos de combinación de tiempos. La "irregularidad" de los acentos junto a la combinación de tiempos marca al patrón con una imagen que la música europea considera anormal o "sincopada"

Dentro de la familia rítmica afro-árabe, los ritmos caribeños están hermanados a través de unos metros rítmicos que ordenan el fluir de la composición (como discutimos en el capítulo 1) y que en el complejo polirrítmico frecuentemente ejecuta el más básico o sencillo de los timbres o instrumentos –los palitos (*claves*)– o, en su ausencia, las palmas de las manos. El más común de estos metros en el Caribe es el denominado *clave 3-2*:

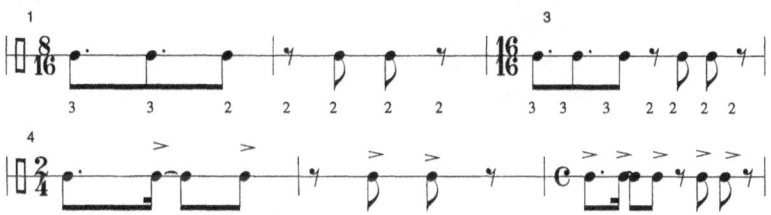

Lo especialmente significativo en la *salsa* es que sobre la métrica de *clave* la combinación polirrítmica de elementos previamente identificados con distintos géneros no es nunca fija, sino, al contrario, se manifiesta

---

[4] Luis Manuel Álvarez, "La presencia negra en la música puertorriqueña", incluido en Lydia Milagros González, ed., *La tercera raíz, presencia africana en Puerto Rico*, San Juan, CEREP, 1992, pp. 29-42. Álvarez desarrolla mucho más sus argumentos en su excelente *Antología de la música jíbara puertorriqueña*, San Juan, UPR (en prensa).

[5] Willie Apel, *Harvard Dictionary of Music*, Cambridge, Mass., Harvard University Press, 1982, p. 827.

con absoluta libertad. Y es significativo también que, en el particular ejemplo que tomamos, esa libertad polirrítmica integradora se identifique como lo "*criollo*", lo autóctono, lo propio, lo nacional. (Es interesante que contrario a tantas visiones "esencialistas", aquí lo nacional aparezca como lo no fijo, como una praxis.)

Frente a la métrica regular europea, principalmente de 2, 3 o 4 pulsaciones (2/4, 3/4, o 4/4), el patrón, por ejemplo, de 16, formado por combinaciones de distintos tiempos y acentos, abre enormes posibilidades a una mayor riqueza expresiva en el elemento rítmico de la música. Estas posibilidades, ya de por sí muy amplias, se multiplican si distintos timbres o instrumentos combinan diversos patrones en forma simultánea, es decir, en la polirritmia. Esta multiplicación puede alcanzar a su vez niveles prácticamente infinitos si la composición no se mantiene en un mismo patrón (o combinación polirrítmica), sino que se mueve en términos sucesivos por diversos patrones. La libre y espontánea combinación de formas no se da sólo de manera simultánea –sincrónica–, sino diacrónicamente, a lo largo de la composición: en la integración sucesiva de elementos identificados con diversos géneros. Estos elementos pueden ser rítmicos, como en el argumento anterior, pero también giros armónicos, adornos, frases melódicas u otros elementos de estilo que caracterizan a particulares géneros. Un excelente ejemplo se encuentra en la canción "Lamentación campesina" de Tite Curet Alonso, grabada y popularizada por el cantante Cheo Feliciano con arreglo de Luis García en el LP *Sentimiento tú*.[6] Esta composición abre con una pequeña introducción de unos cuatro compases que por sus armonías disonantes en rítmica afrocaribeña producen una sonori-

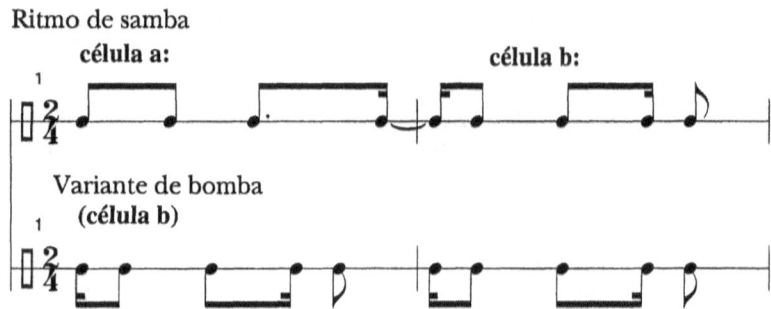

[6] Vaya, JMVS-95 serie 0798, 1980.

dad que ha venido a identificarse como *jazz latino*. La polirritmia de esos compases es básicamente guarachera, marcada por el repique del bongó. El piano abre la secuencia melódica-armónica *jazzera* con la *clave* del ritmo de *samba*, una de cuyas células rítmicas es también común a una de las variantes de *bomba*.

El bajo, que sigue el ritmo de *tumbao*, rompe la *clave* de *samba*, dividiendo claramente en dos tiempos el patrón sambero de 6, siguiendo la tradición de "binarización" de la música afrocaribeña.[7] La percusión, junto con el bajo, rompen el ritmo de *samba* del piano y al romperlo se produce el ritmo de *bomba cruzada*, es decir, un ritmo en el cual las células rítmicas del tambor en la *bomba* se han invertido. El tambor repicador comienza generalmente con el ritmo básico que establece el tambor seguidor, pero varía la segunda célula con improvisaciones.[8] En este caso el ritmo básico aparece en la segunda célula.

Estos primeros ocho compases *jazzeados*, es decir, identificados como sonoridad contemporánea, son seguidos de la presentación de un motivo de la más tradicional música campesina: el *aguinaldo*. El motivo es, sin embargo, también de nueva creación, pues combina simultáneamente elementos de distintos tipos de *aguinaldos* tradicionales: sigue el motivo rítmico del *aguinaldo cagüeño* en la secuencia armónica del *aguinaldo mayagüezano*, es decir, en su relativo mayor.

Luego de la presentación de este motivo, empieza la canción en tono menor con ocho compases en un estilo moruno que recuerda a la *rumba flamenca*. Esta sección concluye con otra cita melódica de la música campesina, en este caso, un *seis*, en tono mayor, que sirve para introducir una transición de cuatro compases donde se sigue básicamente la

---

[7] Véase de Rolando Pérez Fernández, *La binarización de los ritmos ternarios africanos en América Latina*, La Habana, Casa de las Américas, 1987.

[8] Detalles en el capítulo 3.

melodía anterior pero en tono mayor. Esta transición a su vez concluye con la misma cita de *seis* anterior pero transformada a tono menor. Comienza entonces un coro, que se repetirá a lo largo de la canción, con la estructura rítmica que antes señalé para la *danza*, el *bolero*, la *plena* y la *guaracha* (y que sigue también el güiro en los *aguinaldos*), compuesto de dos células rítmicas que alternan el ritmo de *habanera* con la cadencia de cuatro corcheas simples. Por el *tempo* y la instrumentación (que recuerda a la Orquesta de César Concepción, conjunto musical que en los años cuarenta y cincuenta llevó la *plena* a niveles orquestales), el coro de "Lamentación campesina" evoca fundamentalmente la sonoridad de la *plena*.

La encadenación de estas diversas secciones introductorias concluye con unas frases de acordes quebrados de armonía impresionista, bitonal, identificados en la música popular con el *jazz*, pero que en melodía y ritmo evocan el *aguinaldo*.

Armonía:

Armonía:

Y, manteniendo el entrejuego entre lo tradicional y lo moderno, seguido después de esa armonía la canción se establece en el patrón de otro tipo de *seis* popular: el *seis fajardeño*. La canción se desarrollará, entonces, hasta su final sobre la estructura del *fajardeño*, siendo sólo interrumpida intermitentemente por el coro que evoca a la *plena*. Previo a establecerse en el *seis fajardeño*, en menos de un minuto, "Lamentación campesina" incorpora, con diversos cambios sucesivos, una amplia gama de ritmos y géneros, manifestando –en la diacronía también– la enorme libertad combinatoria que en la sincronía vimos con el ejemplo de "Noche criolla".

La utilización de elementos de distintos géneros en una misma composición está relacionada generalmente en la *salsa* a giros en el argumento lírico. Algunas transiciones entre formas musicales responden a la necesidad de enfatizar cambios en el desarrollo de la letra. En el capítulo 2 se presentaron algunos ejemplos; quisiera añadir aquí otro donde el cambio es especialmente dramático y significativo. Se trata de la composición "Tiburón" de Rubén Blades, grabada bajo la dirección musical de Willie Colón en el LP *Canciones del solar de los aburridos*.[9] "Tiburón" es una denuncia alegórica del imperialismo, usando un lenguaje poético y simultáneamente popular. La popularidad que alcanzó en Puerto Rico fue sorprendente (estuvo, de hecho, primera en el *hit parade* por varias semanas a principios de la década de 1980) ante el hecho de que los sentimientos antiimperialistas, al menos como aparecen en la política electoral, no parecerían a primera vista estar ampliamente generalizados en el país. "Tiburón" comienza con clave tipo santería cubana (con ciertas reminiscencias de la *conga* antigua) y una compleja polirritmia en la cual parece predominar la *rumba*. A través de esta sonoridad la letra intenta pintar el escenario del ataque del tiburón, contrastando su carácter siniestro y traicionero con la generosidad de colores y sensaciones de la naturaleza en el Caribe. Misterio y extravagancia han sido asociados antes con la maravillosa complejidad del ritmo de *rumba* y con los tambores batá. A mediados de la primera sección de la canción, se comienza a construir el carácter simbólico de la imagen del tiburón, pero a un nivel todavía puramente alegórico, abstracto. Cuando se presenta la clave para la identificación de la metáfora, es decir, cuando aparece la primera referencia abiertamente sociopolítica: "¡tiburón: respeta mi bandera!" (es decir mi país, mi nacionalidad), la música experimenta un cambio marcado. Luego de una pequeña transición instrumental dramática, tipo "hollywoodesco" de música de *film*, la segunda sección importante de la canción se establece sobre la base armónica del más popular de los *aguinaldos* tradicionales de Puerto Rico, "Si me dan pasteles", que se presenta, además, a nivel melódico con importantes citas en el trombón y luego en los coros. Es a través de esta segunda forma musical como la letra desarrolla el símbolo ya de manera explícita y la actitud popular de lucha contra el tiburón es constantemente fomentada con el estribillo: "Si lo ves que viene, ¡palo al tiburón!"

El *aguinaldo* junto con el *seis*, son las formas tradicionales principales de la música campesina puertorriqueña, y es todavía hoy el tipo de música sobre la cual se basan fundamentalmente las canciones de Navidad. Se identifica con los valores navideños de generosidad y genuina amistad comunitaria. Es fuertemente asociado en Puerto Rico con lo criollo. Se identifica con los valores culturales populares tradicionales, que proveen en esta canción un sólido trasfondo histórico a la

[9] Fania, JM 597-0798, 1981.

Fragmento de "Tiburón" de Rubén Blades (transcripción de Luis Manuel Álvarez)

nueva letra militante que expone la visión de un nuevo futuro. La canción termina con la frase: "¡Y luego a trabajar en la reconstrucción!", frase popularizada por los sandinistas nicaragüenses en el momento de mayor entusiasmo internacional por las aperturas revolucionarias que su lucha representaba.

La libre combinación de formas, pues, no es arbitraria, sino generalmente significativa. Es uno de los más importantes recursos a través de los cuales la libertad y la espontaneidad se muestran inherentes a la estructura de la sonoridad salsera.[10] Un segundo elemento que quisiera abordar es la importancia que la *salsa* otorga al *soneo*, y las nuevas formas que ha ido asumiendo. Independientemente del género musical principal que se adopte en la amalgama combinatoria, la mayoría de las composiciones de *salsa* siguen la fórmula de canción-soneo del *son* y la *guaracha*, donde una pequeña sección de canción introduce el tema central que es seguido por una larga sección de improvisación bajo la fórmula de llamada y respuesta, donde el cantante solista improvisa sobre un tema (o varios) que recuerda el coro a través de uno o varios estribillos constantes. Uno de los más importantes atributos de un cantante de *salsa*, tan importante como su voz y afinación, es su habilidad para sonear. Y, de hecho, al más importante cantante puertorriqueño de música "tropical" –Ismael Rivera– se le apodaba "el Sonero mayor".

La *salsa* incorpora *soneos* en todo tipo de forma musical (hasta en *boleros*). En los casos de composiciones que se mueven entre diferentes formas, muchas veces se introduce un doble *soneo* (uno en cada forma). *Tiburón*, por ejemplo, que examinamos recién, lleva una pequeña sección de *soneo* en la *rumba* introductoria, además del largo *soneo* que constituye toda la segunda parte, caracterizada por el armazón armónico del *aguinaldo*. Veamos

Primer soneo:

coro	solista
Tiburón, ¿qué buscas en la orilla?	
Tiburón,	qué buscas en la arena.
Tiburón, ¿qué buscas en la orilla?	
Tiburón,	lo tuyo es mar afuera.
Tiburón, ¿qué buscas en la orilla?	
Tiburón,	tiburón, el canto de sirena.
Tiburón, ¿qué buscas en la orilla?	
Tiburón,	serpiente marinera.
Tiburón, ¿qué buscas en la orilla?	
Tiburón,	¡ay, tú nunca te llenas!
Tiburón, ¿qué buscas en la orilla?	
Tiburón,	¡cuida'o con la ballena!
Tiburón, ¿qué buscas en la orilla?	
Tiburón,	¡Respeta mi bandera!
(Interludio instrumental)	

---

[10] O más ampliamente, de la expresión musical "tropical" contemporánea. Aparece también con cierta frecuencia en otros movimientos musicales de la misma época, como la "Nueva trova".

Segundo soneo:
melodía del coro en trombones.

melodía del coro en trombones.

Si lo ves que viene, ¡palo al tiburón!

Si lo ves que viene, ¡palo al tiburón!

Si lo ves que viene, ¡palo al tiburón!

Si lo ves que viene, ¡palo al tiburón!

Si lo ves que viene, ¡palo al tiburón!

Si lo ves que viene, ¡palo al tiburón!

¡Palo pa' que aprenda
que aquí sí hay honor.
Pa' que vea que en el Caribe
no se duerme el camarón.
¡Vamo' a darle duro,
sin vacilación!
En la unión está la fuerza
y nuestra salvación.
¡Que bonita bandera,
que bonita bandera!
Si lo tuyo es mar afuera,
¡que haces aquí, so ladrón!
¡Hay que dar la cara
y darla con valor!
pa' que no se coma
a nuestra hermana El Salvador.

(Descarga de trombón por Willie Colón y repetición del soneo con variaciones, entre ellas)

¡Pónganle un letrero que diga
"en esta playa sólo se habla español"!

En el movimiento *salsa* el *soneo* tradicional de la música "tropical" ha sufrido transformaciones a través de las cuales se reenfatiza la importancia de la libertad y la espontaneidad. En la música antifonal el coro establece los parámetros de la métrica y la rima. Se impone un espacio fijo de tiempo para improvisar: los compases entre coro y coro. Los soneros de la *salsa* han dejado de "respetar" la estrechez de ese espacio. En ocasiones indentan alguna frase de su improvisación en el medio del coro. Otras veces realizan lo que en el argot de la música popular se conoce como "pisar el coro", que significa comenzar el *soneo* antes de que el coro hubiera terminado de cantar su estribillo. Y en otros momentos el sonero establece silencios en su improvisación para producir frases más cortas. Con estos recursos se generan, muy creativamente, enormes variaciones métricas, recuperando para la lírica una antigua tradición vocal africana, pero otorgándole a esta tradición amplia versatilidad expresiva.[11] Podría encontrarse alguna presencia de

---

[11] Luis Manuel Álvarez, *African Heritage of Puerto Rican Folk-music: Poetic Structure*, ms Universidad de Indiana, 1979, contrasta la métrica más estructurada o fija de la tradición versificadora popular española o europea, con la métrica variada del cantar africano. Agradezco a Álvarez la posibilidad de examinar y citar de este manuscrito inédito.

estos recursos (y otros que examinaremos en breve) en el *soneo* tradicional, o en grandes soneros pre movimiento *salsa*, como Beny Moré, pero en la *salsa* se han convertido en parte constitutiva de lo que se considera "la *buena* manera" de sonear.

El rejuego con distintas métricas está íntimamente vinculado al desarrollo de la rima. En el *soneo* tradicional el coro repetía un estribillo generalmente consistente de dos versos (en muchas ocasiones octosílabos siguiendo la versificación campesina de tradición española). La rima la establecía el segundo verso. El *soneo* salsoso mantiene esa forma de rima como su estructura central, pero introduciéndole innumerables variaciones. Algunos *soneos* establecen su rima con el primer verso del estribillo. Pero es más importante aún el desarrollo de una rima propia interna del *soneo*, que en combinación con el rejuego de distintas métricas producen un desplazamiento rítmico que enriquece la polirritmia sonora. En otras palabras, la voz, a través del solista sonero se convierte en otro timbre que produce, a nivel melódico, patrones rítmicos propios dentro del complejo armazón rítmico total.

Son muchos los cantantes salseros que han contribuido a esta transformación del *soneo*, pero los primeros ejemplos no pueden sino tomarse de quien fue por todos reconocido como *el sonero mayor*. De la canción "Ella no merece un llanto", de uno de los más populares e importantes compositores y cantantes puertorriqueños de la música "tropical" pre-*salsa* –Bobby Capó– reproducimos cinco estrofas del *soneo* que para ella salsosamente elabora Ismael Rivera, todas con una métrica y rima distintas.[12] El primer verso del estribillo del coro termina con *anto* y el segundo con *ía*. El sonero utiliza ambas rimas, pero también las terminaciones con *oce*, *ón* y *á*. Veamos (el coro está señalado en cursivas; un asterisco (*) indica cuándo entra el sonero a improvisar; dos (**) cuándo el sonero indenta una frase en medio del coro; f.i. identifica la frase indentada, el paréntesis v indica variante en la rima y la x cuando el verso no representa rima identificable):

	Rima	Métrica	
Ella no merece un llanto	a	8	
ni una despedida fría. *	b	8	16
Mamita	b(v2)	3	

[12] Arreglo de Javier Vázquez, según cantada y soneada por Ismael Rivera en su LP *Esto sí es lo mío*, San Juan, Tico, LPS 99.024, serie 0698, 1978.

mira	b(v2)	2	
tú que la conoces	c	6	22
dile que yo	d	4	
lo que quiero es que goce...	c	7	
Ella no merece un llanto*	*a*		
ni una despedida fría.	*b*		
No no es pa' tanto	a	5	
No no es pa' tanto	a	5	
¿por qué será que tengo yo	d	8	34
que sufrir su quebranto,	a	7	
después que yo la quise tanto?	a	9	
Ella no merece un llanto	*a*		
ni una despedida fría.*	*b*		
Usa tu persuasión	d(v2)	7	
dile que no hay razón	d(v2)	7	22
para herir a este negrón...	d(v2)	8	
Ella no merece un llanto	*a*		
ni una despedida fría.*	*b*		
Imagínate este pueblo	x	8	
que triste quedará	e	7	26
si esa negrita linda	b(v2)	7	
se me va.	e	4	
Ella no merece llanto	*a*		
ni una despedida fría.*	*b*		
Lo que quiero es que la quieran	x	8	
pero mira	b(v2)	4	
al mediodía,	b	4	32
en la mañana, por la noche	c(v2)	9	
y toditos los días.	b	7	

    Otro ejemplo del mismo LP, en este caso de rima básica con el primer verso del estribillo del coro, es el *soneo* de Ismael Rivera en la extraordinaria canción de Tite Curet Alonso "Las caras lindas de mi gente negra", hermosa y dulce impugnación a la estética dominante. En una sociedad marcada por la herencia de la esclavitud, esta indirecta impugnación a una estética racista representa una manifestación también de contracultura democrática, mientras simultáneamente, la forma de su *soneo* reenfatiza el valor de la libertad y la espontaneidad. En cuatro estrofas sucesivas aparecen cuatro distintos tipos de métrica y de rima.

	Rima	*Métrica*	
Las caras lindas,** las caras lindas,	a	10	
las caras lindas de mi gente negra.*	b	11	21
Que lindas	a	3	
pero pero que lindas son (f.i.)	c	9	12
Tienen, tienen, tienen de llanto	x	9	
mucha melodía	a(v2)	6	
te digo Belén	d	6	40
tienén	d	3	
belleza y también	d	8	
tienén poesía	a(v2)	5	
de la bien linda.	a	5	
Las caras lindas, las caras lindas,	a		
las caras lindas de mi gente negra.*	b		
Caritas lindas de gente negra	b	10	
que en la Calma[13] tengo un montón.	c	9	36
Las caras lindas de mi gente negra	b	11	
son un vacilón.	c	6	
Las caras lindas, las caras lindas**	a		
las caras lindas de mi gente negra.*	b		
Que lindas son (f.i.)	c	5	
Como te digo la melaza que ríe ja, ja, ja, ja, ja	e	17	
que canta y que llora	f	6	
y en cada beso es	d	5	40
bien conmovedora	f	6	
y cautivadora.	f	6	

[13] Se refiere a una calle del barrio popular urbano de Santurce, sector de la capital de Puerto Rico, donde Ismael Rivera vivió la mayor parte de su vida. (Detalles sobre su significación social en el capítulo 2).

Las caras lindas, las caras lindas**	a		
las caras lindas de mi gente negra.*	b		
Linda, linda, linda, linda, linda, linda	a	12	
que linda son. (f.i.)	c	5	17
Te digo que en Portobelo Panamá	e	12	
yo vi a la cara más bella y pura	g	11	
y es por eso que mi corazón	c	10	46
se alegra de su negrura.	g	8	
Ésa sí que es linda.	a	6	

Un último ejemplo que quisiera utilizar del maravillosamente libertario *soneo* de Ismael Rivera está tomado de su versión de la canción *bolero-chachachá* de Israel Plata "La gata montesa"[14] cuya letra no tiene referencias sociales significativas. Este ejemplo muestra su versatilidad en el recurso de "pisar el coro". En las tres estrofas de *soneo* Ismael pisa el coro en tres distintos momentos del estribillo.

	Rima	Métrica	
Cuidao con Doña Teresa	a	8	
viene la gata mon*tesa.	a	8	
Esa gatita montesa	a	8	
siempre me encanta su viveza	a	9	
es que sabe que está buena	a	8	34
y que es tremenda vampiresa.	a	9	
Cuidao con Doña Teresa*	a		
viene la gata montesa.	a		
María Tere, María Teresa, María Teresa,	a	14	
María Teresa	a	5	
linda,	b	2	
María	b	3	
linda	b	2	56
pero mira	b	4	
nona, no monte en caleza	a	8	
que ya te dije que se te ensucia	x	10	

[14] Grabada con arreglo de Joe Caín, en el LP de Ismael Rivera, *Oro*, San Juan, Tico, JMTS 1433, serie 0698, 1979.

la batita	b	4
japonesa.	a	4
Cuidao con Doña Teresa	a	
vie*ne la gata montesa.	a	
María Teresa, María Teresa, María Teresa,	a	15
María Teresa	a	5
es vampiresa	a	5	62
Patato el señor tambor[15]	c	8
Teresa no va en caleza	a	8
dice el Sonero mayor.	c	8
¡Cuidao!	x	3

Anteriormente mencioné cómo en el *soneo* salsero la voz, a través del rejuego de métricas y rimas, contribuye a la polirritmia sonora con desplazamientos rítmicos propios. En otras palabras, la voz, además de lo que expresa con las palabras, en la melodía se convierte en parte de la orquestación, en una especie de instrumento musical adicional.[16] Es significativo que en esa utilización de la voz como instrumento, los soneros de la *salsa* enfaticen la importancia de aquellas tradiciones musicales históricamente fundamentales en la conformación de la expresión musical "tropical" contemporánea. Tratándose de músicas claramente identificadas con sectores sociales subalternos, el reconocimiento de estas herencias constituye una afirmación contrahegemónica democrática. En ocasiones el cantante sonea siguiendo giros rítmicos que evocan los acompañamientos del *cuatro* puertorriqueño o el *tres* cubano de la música campesina y, en más frecuentes ocasiones aún, al tambor improvisador de la *bomba* o la *rumba*, músicas asociadas con la herencia esclavista.

Para evitar una sobremultiplicación de ejemplos, tomaremos como ilustración los mismos *soneos* de Ismael Rivera mencionados. En "Las caras lindas..." Maelo tiene una larga secuencia de *soneo* evocando al *cuatro* o al *tres* y en "La gata montesa" un precioso segmento de superimposición rítmica donde claramente evoca al tambor repicador

---

[15] La referencia es al gran percusionista cubano, Patato Valdés.

[16] El musicólogo veracruzano Rafael Figueroa Hernández realizó investigaciones sobre Ismael Rivera en las cuales enfatiza la importancia musical del *soneo*. El escrito que produzca enriquecerá, sin dudas, los señalamientos que aquí exponemos. Algunos argumentos fueron adelantados en su monografía *Ismael Rivera: el sonero mayor*, San Juan, ICP, 1993.

de la *bomba* e incluso a los movimientos corporales del bailarín que ejecuta su baile en comunicación y desafío con la improvisación de ese tambor (detalles respecto a esta práctica, en el capítulo 3).

El *soneo* de Rubén Blades en su interpretación de la canción "Ojos" de Johnny Ortiz, la única que no es composición del propio Blades en *Siembra*[17] –el LP de mayor difusión en la historia de la *salsa*–, ilustra otro tipo de innovaciones. Las frases melódicas tanto del coro como del solista son en ocasiones sustituidas por el conjunto musical, principalmente la línea de trombones, lo que es característico de muchas de las interpretaciones de Willie Colón (director musical de *Siembra*) y que vimos antes en el *soneo* de "Tiburón". En esta forma se enriquece musicalmente el soneo con variaciones tímbricas, logrando una mayor y diferente integración entre la letra y la música.

El coro en esta composición es sencillamente su título –"Ojos"– y Blades muestra una enorme creatividad en la versatilidad con que lo integra a su *soneo*. En ocasiones construye la frase utilizando al coro como su inicio y en otras lo integra a su juego de frases (o versos) posteriormente. En momentos repite el coro al comenzar su frase, respetando el espacio entre coro y coro, y en otras lo repite pisando al coro, a pesar de ser tan corto. Rara vez, sin embargo, lo pisa o repite al unísono, desarrollando contrapuntos que enriquecen la rítmica.

En su soneo de "Ojos", Rubén Blades utiliza doce distintos tipos de rima. Su versatilidad métrica es muy interesante y distinta a los ejemplos de Ismael Rivera citados. Se establece, quizá por lo corto del coro, en "racimos" de frases (en *clusters*, para usar un útil anglicismo) y se desarrollan relaciones entre los distintos "racimos" que producen juegos rítmicos que combinan la flexibilidad de la tradición vocal africana con esa mayor estructuración de la lírica campesina de tradición española. Por ejemplo, el *soneo* rompe con cuatro versos de siete sílabas que son seguidos por cuatro de cinco; utilizando luego "racimos" (unos más cortos –2– y otros más largos –8–) de versos octosílabos, endecasílabos, etc. Se encuentran también en su soneo espontáneas combinaciones ingeniosas, como las siguientes: un verso de cinco sílabas y otro de ocho, que suman trece, seguidos por uno de seis y otro de siete, que suman trece también, y ambos conjuntos de frases precedidas por dos endecasílabos que sumados al coro suman también el mismo metro; o el racimo de los últimos seis versos que son todos octosílabos precedidos por otro conjunto de ocho hexasílabos, teniendo ambos, pues, cuarenta y ocho.

[17] Nueva York, Fania, JM 00-537, serie 0798, 1978.

Estas combinaciones producen extraordinarios efectos rítmicos de variedad "estructurada". Veamos el soneo:

	Rima	Métrica	
Ojos	a	2	
de jóvenes y viejos	b	7	
Ojos	a		
de todos la'os del mundo	c	7	
Ojos	a		
de todos los colores	x	7	
Ojos	a		
del reino vagabundo.	c	7	
Ojo*s	a		
Ojos que rien	d	5	
Ojos que lloran	e	5	
Ojos que piden	d	5	
Ojos que imploran	e	5	
Oj*os	a		
Ojos que están llenos de esperanzas.	f	10	
Ojos	a		
dando gritos de ¡hasta cuando!	g	8	
Oj*os	a		
que dicen la calle está dura	x	9	
Ojos del pobre esperando	g	8	
Ojos	a		
Ojos de aquel que se aleja	x	8	
y espera su libertad	h	8	16
Ojos	a		
Ojos de América Latina	i	9	
Ojos llenos de verdad.	h	7	16

(Descarga musical)

Ojo*s	a	2	
friendo los pollos en las esquinas	i	11	
virando papeles en la oficina	i	11	26
O*jos	a	2	
Ojos dichosos	a	5	
como el ojo 'e la vecina	i	8	13

Ojo*s	a		
como los del ciego	b	6	
que miran más por dentro	b(v2)	7	13
Ojos*	a		
Ojos de bautizos, en entierros,	b	11	
llenos de sentimiento.	b	7	
Ojo*s	a		
A ver, ahé	j	5	
yo vine pa' mirar	x	7	12
Ojos	a		
Ahé, ahé	j	5	
yo vine aquí pa' ver	j	7	12
(Varios coros contestados por la línea de trombones)			
Ojos	a		
Ojos que preguntan	x	6	
Ojos que responden	k	6	
Ojos desconfiados	x	6	
Ojos bonachones	k	6	
O*jos	a		
Ojo 'e policías	i	6	48
Ojos de ladrones	k	6	
Ojos de señoras	x	6	
y ojos de señores.	k	6	
Ojos	a		
Son los ojos de mi pueblo	b(v2)	8	
Ojos	a		
viendo cómo echar pa' lante	l	8	
Oj*os	a		
Esos ojos de estudiantes	l	8	
que el cielo los bendiga	i	8	48
Ojos	a		
el futuro 'e nuestra raza	x	8	
y de América Latina.	i	8	

Quisiera concluir esta pequeña muestra de ilustraciones del desarrollo libertario en el *soneo* salsoso con ejemplos de una segunda generación de soneros en la *salsa*. En esta forma espero evidenciar que los diversos recursos empleados maravillosamente por el maestro Ismael Rivera o por uno de los forjadores de esta manera de hacer música, Rubén Blades, no constituyen meramente logros de artistas individuales, sino, además, desarrollos en un lenguaje musical (el cual los diversos artistas ayudan, ¡claro!, a configurar). En el capítulo 2 hice referencia al largo *soneo* improvisado de Gilberto Santa Rosa en la canción "Perdóname" del CD *En vivo desde Carnegie Hall* de 1995.[18] Luego de más de dos minutos de *soneo* ininterrumpido, que es ya una proeza, donde Santa Rosa ensaya con una enorme variedad de métricas y rimas, el público entusiasmado se incorpora a la sonoridad llevando la *clave* con las palmas de las manos. Ello estimula al sonero a seguir, y manifestando grandes dotes de espontaneidad libertaria se mantiene soneando de corrido por más de cinco minutos. La extensión de ese *soneo* grabado en vivo hace imposible reproducirlo aquí, pero quería llamar la atención sobre ese ejemplo por si pudieran intentar escucharlo luego.

Sí quisiera reproducir algunas estrofas de otro *soneo* más moderado en extensión, de una de las primeras canciones que fue llevando a Santa Rosa al estrellato, porque también su letra evidencia manifestaciones de la importancia otorgada a la cultura democrática en el difícil contexto de la industria del espectáculo. Me refiero a la canción de Charlie Donato, "Cantante de cartel" incluida en el primer LP de Santa Rosa como solista.[19]

	Rima	Métrica	
Lo que quiere es	a	4	
que yo sea cantante,	b	6	
un cantante	b	4	
de cartel.	c	4	
Y todo eso para darse	b	9	
un plante,	b	3	
mi novia quiere	a	5	26
ella quiere	a	4	
que sea cantante.	b	5	
Lo que quiere es	a	4	
que yo sea cantante,	b	6	
un cantante	b	4	
de cartel.	c	4	
De esos que bailan con un micrófono	d	11	
y que la gente le pide autógrafos	d	11	22

[18] Sony, CGZ 80689.
[19] Grabada con arreglo de Tommy Villariny en el LP *Good Vibration*, producido por Rafael Ithier, San Juan, Combo, RCSLP 2049, 1986.

Lo que quiere es	a	4	
que yo sea cantante,	b	6	
un cantante	b	4	
de cartel.	c	4	
Que tenga el dinero de Sinatra,	x	10	
la fama de Julio Iglesias	x	8	26
y la voz de Rafael	c	8	
Lo que quiere es	a	4	
que yo sea cantante,	b	6	
un cantante	b	4	
de cartel.	c	4	
Pero como soy de pueblo	e	8	
yo quiero ser como Cheo,	e	8	24
Andy, Pellín o Ismael...	c	8	
Lo que quiere es	a	4	
que yo sea cantante,	b	6	
un cantante	b	4	
de cartel.	c	4	
Cuando hablamos de boda es que yo gozo:	d(v2)	11	
no hay casamiento hasta que me haga famoso	d(v2)	12	23

Después de ese enorme despliegue de métricas y rimas manteniendo, sin embargo, como hace Blades, unas interesantes constantes estructurales, la canción establece un segundo *soneo*, innovando con un tipo de *soneo* invertido; es decir, con el estilo antifonal el solista hace la llamada y el coro la respuesta en lugar de viceversa:

	Rima	Métrica	
Ella quiere que yo sea	x	8	
Un cantante de cartel	c	8	
Sabrán que ella quiere	a	6	
que yo cante clásico	f	7	13
Un cantante de cartel	c	8	
Pa' la opera está Plácido	f	9	
me quedo aquí en mi bembé...	c	8	17

Mientras experimenta la espontaneidad libertaria en sus métricas y rimas, Santa Rosa afirma el valor del cantar popular y los ámbitos "democráticos" donde se produce. Frente al sistema de estrellato que promueve la capitalista industria del espectáculo, defiende a los cantantes de pueblo, entre los que significativamente incluye a los grandes maestros del *soneo* salsero que le precedieron.

El último ejemplo del libertario *soneo* salsero que quisiera incluir, entre una infinidad de posibilidades, es de otro de los más destacados soneros contemporáneos, el "Cano" Estremera. Reproduciré algunos fragmentos del *soneo* de una de sus incursiones en la llamada "*salsa erótica*". En este *soneo* el Cano mantiene la estructura tradicional de una rima constante con el segundo verso del estribillo del coro, pero desarrollando una amplia variedad de rimas internas. Estas rimas internas –siguiendo además una amplia variedad métrica– son importantes para los desplazamientos rítmicos que produce el sonero con su voz, es decir, en su contribución a la polirrítmica libre combinación de formas. Sus intervenciones improvisatorias son a veces tan prolongadas que obliga al coro a "pisar" su *soneo*. En esta forma invierte el recurso tan extraordinariamente desarrollado por Ismael Rivera, transfiriendo una iniciativa individual (del sonero) a la colectividad (al coro), reafirmando, indirectamente, valores democráticos. Ingenio y espontaneidad se combinan para vincular placeres eróticos con prácticas libertarias.

	Rima	Métrica
Llegué buscando placer	a	8
y luego me hicistes tuyo.	b	8
Llegué buscando un momento de pasión	x	12
y tú has cambiado mi mundo...	b	8
Llegué buscando placer	a	8
y luego me hicistes tuyo.	b	8
Que te quiero,	c	4
que te adoro,	d	4
que te añoro,	d	4
sin ti yo me siento	c	6
solo	d	2
y cuando no estás de noche	x	8
¡buhrr! me asusto.	b	4

Llegué buscando placer	a	8
y luego me hicistes tuyo.	b	8
Pla-a-a-cer	a	4
de tener	a	4
todo tu ser,	a	5
da gusto	b	3
¡qué gusto!	b	3
Llegué buscando placer	a	8
y luego me hicistes tuyo.	b	8
Tus labios, tu boca, tu pelo	e	9
y "eso" (silencio sugestivo)	e	3
que me ha dejado hasta mudo.	b	8

Podríamos buscar en múltiples *soneos* numerosas referencias a valores de una contracultura democrática, pero he querido concentrar más que en lo que los soneros dicen o improvisan, en la presencia o reafirmación de esos valores en las maneras de cómo lo improvisan o dicen. En otras palabras, he querido concentrar en las (sus) *prácticas*, que siguen siendo, a mi juicio, ¡con postmodernidad y todo! tan o más importantes que "los discursos".

Una tercera característica central de esa "manera de hacer música" que llamamos *salsa*, a través de la cual los valores de la espontaneidad y la libertad son destacados a nivel sonoro, es la importancia que ésta ha otorgado a la improvisación virtuosística instrumental o las *descargas*. Con una marcada y evidente influencia de su continua intercomunicación con el *jazz*, el movimiento *salsa* otorgó desde sus inicios gran significación a la improvisación de los diversos instrumentistas de un conjunto sobre temas de la canción o su *soneo*, tornando composiciones –a veces– sencillas en largos *jam sessions* de maravillosas e irrepetibles sutilezas y variaciones. La consideración de la importancia otorgada por el movimiento *salsa* a las *descargas* nos remite al examen de las prácticas musicales centrales de las músicas "mulatas" del Nuevo Mundo que analizamos en la cuarta sección del capítulo introductorio de este libro. Invito al lector a remirar con cuidado esas páginas, cuyos argumentos principales –por su importancia para la temática de la democracia y su relación con las *descargas*– reproduciremos acá, pero de manera más apretada.

Comenzamos este libro argumentando que la *salsa* es una de las más importantes músicas "mulatas" contemporáneas, que comparte con otras grandes músicas "mulatas", como el *MPB* brasileño y el *jazz*, una serie de *prácticas* de elaboración sonora que han combinado la riqueza de la trayectoria "occidental", las herencias africanas y las impactantes experiencias de desplazamiento territorial y problemática hidridez que han marcado la historia de América, la historia de un mundo social constituyéndose como "nuevo". Tres de estas prácticas, especialmente significativas para la discusión de la presencia de los valores democráticos, son la composición abierta y colaborativa, la improvisación como reciprocidad liberadora y la valoración de la heterogeneidad de los timbres sonoros o familias de instrumentos, prácticas todas que se manifiestan de manera particularmente clara en las *descargas*.

La *salsa*, como la música brasileña y el *jazz*, se basa en la tradición "occidental" de la práctica de la composición: en la existencia de un creador musical que previo a la ejecución de la música, ha pensado y elaborado posibles desarrollos de ideas sonoras que plasma (gracias a la notación musical) en una partitura. Pero contrario a la trayectoria "occidental", en las músicas "mulatas" esta práctica no es autoritaria ni individualista, sino abierta y colaborativa. Está basada en el reconocimiento de la presencia de otros y en una visión de la música, no sólo como expresión, sino como *comunicación*. Generalmente, el compositor elabora su pieza pensando en los músicos que van a ejecutarla, en sus particulares estilos y carácter. Tite Curet Alonso lo ha expresado abiertamente: compone distinto para Ismael Rivera, que para Celia Cruz o Cheo Feliciano. El arreglista, quien no meramente traduce los dictados del compositor, sino que enriquece la pieza con diversos giros y detalles, lo hace también con los ejecutantes en mente, siendo, además, en la enorme mayoría de los casos, un músico practicante también en los géneros que "arregla" (aunque no necesariamente del conjunto al cual está dirigida la composición). Finalmente, ambos –compositor y arreglista– siguen unas tradiciones de composición en estas músicas "mulatas" que permiten *y estimulan* la participación activa y libre de los distintos músicos a través de la improvisación, sobre todo –aunque no exclusivamente– en las *descargas*. Las *descargas* constituyen los momentos más expresivos del desenfreno improvisatorio y de la comunicación de los músicos participantes con el compositor y el arreglista. La sonoridad resultante no es la obra de *un* creador, sino una creación en conjunto, manifestando valores democráticos participativos.

Por otro lado, las improvisaciones de cada músico no son tampoco meras expresiones individuales de virtuosismo y creatividad, pues además de improvisar a base de lo que el compositor y el arreglista han querido expresar, se elabora el virtuosismo en entrejuego con la improvisación de los instrumentistas que le han precedido en la *descarga*. Las improvisaciones no son, pues, manifestaciones individuales, sino expresiones de individualidad en una labor de conjunto. La improvisación, puede aparecer espontáneamente en cualquier momento a lo largo de la composición, pero es significativo que en las mejores *salsas*, como en el *jazz*, se destinen secciones de la composición específicamente para la manifestación virtuosística de la improvisación de diversos instrumentistas en cadena. En estas *descargas* se hace evidente que su improvisación es relación comunicativa, expresión de *reciprocidad*, donde la individualidad se constituye, no en términos de lo que busca o lo que recibe, sino de lo que ofrece, de lo que da. Las individualidades no se diluyen en la colectividad, pero tienen sentido sólo en términos de ésta, lo que es ilustrativo del tipo de concepción democrática que en dicha práctica se intenta adelantar.

La comunicación a través de la cual se elabora la sonoridad resultante en la "mulata" música "latina" no se da únicamente entre los que producen la música (el compositor, el arreglista y los músicos), sino también entre éstos y los que la "utilizan" o "consumen": los llamados *receptores*. La comunicación *desde* "el público" (llevando la clave, coreando y sobre todo bailando) es muy importante para el desarrollo espontáneo de las ornamentaciones y la improvisación, pues los músicos responden a esas que llaman "vibraciones" en torno a lo que están tocando y, en ese sentido, puede decirse que, de cierta manera, se quiebra la división tajante entre productores y "consumidores" en la elaboración de las sonoridades, con la visión de una más abierta y democrática participación. La concepción de la composición como unidad predeterminada –expresión de *un* creador– se quiebra ante la incorporación constante de improvisaciones libertarias que responden a una visión que valora una amplia y espontánea reciprocidad comunicativa.

Un gran aporte de la modernidad "occidental" a la organización humana de los sonidos fue el desarrollo de una música polivocal (de muchas voces diversas) conformada por una gran heterogeneidad de agentes sonoros o familias de instrumentos. Este desarrollo fue acompañado, no obstante, como explicamos en el capítulo introductorio, por una clara jerarquización de los instrumentos. En esa extraordinaria institución polivocal de "occidente" que es la orquesta sinfónica, por ejemplo, está establecido que sea el primer violín (el *concertino*) el líder del conjunto. Éste lleva, generalmente, "la voz cantante", mientras otros instrumentos "lo siguen", limitándose particularmente la percusión a "acompañar" o "adornar".

La *salsa*, como otras elaboradas expresiones de las músicas "mulatas", aprovechan la tradición polivocal y, al menos, parte de la riqueza instrumental "occidental", pero quebrando la jerarquización establecida. Rompe con la idea de que unos instrumentos lleven "la voz cantante", mientras los otros los "acompañan"; desarrollando una sonoridad de conjunto basada en la multiplicación integrada de timbres sonoros, ejerciendo más democráticamente –cada uno– una voz propia. Seguramente como desafío contrahegemónico, y como para recalcar la importancia de la voz propia del ritmo, en los conjuntos de *salsa* la percusión se coloca en la línea frontal y no al fondo, como en la orquesta sinfónica o en los *big bands* bailables norteamericanos. Sin embargo, esto no significa que vaya a ahogar el desarrollo melódico-armónico; melodía, armonía y ritmo más bien dialogan y se entrecruzan. Con frecuencia los ritmos se melodizan, y las melodías establecen patrones rítmicos, sobre todo en las secuencias armónicas de los diálogos entre bajo y piano, o entre trompetas y trombones (o saxos). Es, finalmente, significativo que en la elaboración virtuosística de las *descargas* salseras (como en los *jam sessions* del *jazz*) puedan participar tanto los instrumentos valorados por la música de la modernidad "occidental" –el violín, el piano o la flauta...–, como aquellos que ésta había subvalorado: el trombón, el bajo, la batería, el *cuatro*, los bongós, los timbales o las congas, entre otros.

Asímismo, es significativo la gran variedad de instrumentos desde donde son lidereadas las diversas orquestas salseras. Varias son dirigidas por pianistas, como Rafael Ithier en El Gran Combo, Papo Lucca en La Sonora Ponceña o Eddie Palmieri con La Perfecta; otras desde la voz, como la Orquesta de Gilberto Santa Rosa, desde la trompeta como la de Luis "Perico" Ortiz o desde la flauta como Johnny Pacheco; pero muchas otras desde aquellos instrumentos subvalorados por la tradición sonora "occidental", como el trombón (la Orquesta de Willie Colón), el bajo (las orquestas de Bobby Valentín u Oscar D'León), los timbales (la Orquesta de Tito Puente), las congas (la de Ray Barreto) o los bongós (Roberto Rohena con su Apollo Sound), para mencionar sólo algunos ejemplos.

Como hemos visto en los capítulos anteriores, en las sociedades caribeñas los diversos instrumentos fueron asociándose históricamente con particulares identidades sociales; étnicas y de clase, sobre todo. Dado los significados que expresan los timbres sonoros de los diversos instrumentos en términos de las identidades socioculturales, la valoración presente en la *salsa* a la heterogeneidad de sus timbres, trae consigo implicaciones fundamentales en torno a concepciones democráticas de la sociabilidad. Manifestando cierto desafío contrahegemónico, las *descargas* salseras, aunque permiten la expresión virtuosística improvisatoria de muy diversos instrumentos, tienden a privilegiar timbres identificados con sectores sociales subalternos: sobre todo la percusión de cueros, donde la elaboración rítmica logra expresar todo un amplio espectro de sus posibilidades libertarias.

A principios de la década de 1970, ya en apogeo esta "nueva manera de hacer música", uno de sus forjadores pioneros, el *nuyorican* Eddie Palmieri –quien se destacaba en este movimiento por su reiterada insistencia de incorporar a la *salsa* diversos giros de la improvisación *jazzística*–, grabó un disco con el sugestivo título *Vámonos pa'l monte*,[20] frase con la cual se identificaba la utopía de la huida cimarrona que analizamos en el capítulo 3. Este LP abría con una composición de Palmieri que era básicamente toda una larga maravillosa *descarga*, o sucesión de *descargas*; montada principalmente sobre un diálogo improvisatorio entre la percusión de cueros y los vientos metal. El agudo analista César Miguel Rondón describió la composición en esta forma:

> Toda la melodía se levanta con base en un solo montuno obstinado y agresivo que se extiende de principio a fin. Ante la insistencia del coro, Ismael Quintana, todavía el cantante de la orquesta para aquella época, va jugando de manera bastante libre con cuatro frases que él repite según la fuerza progresiva del ritmo.[21]

Las cuatro frases que iban salpicándose un tanto desordenadamente entre las *descargas* son sumamente significativas para la cultura democrática en una sociedad marcada por su herencia esclavista, donde se hace necesario redefinir la noción de ciudadanía. Ante un coro que repetía

> No, no, no; no me trates así.

las primeras frases del solista, que "pisa el coro" constantemente, reafirmaban

---

[20] Tico, LP 1225 (el LP no señala fecha; el CD posterior indica la fecha de 1976, pero tiene que haber salido antes de 1973, cuando Palmieri cambia de sello disquero).
[21] *El libro de la salsa*..., p. 85.

> La libertad, caballero, no me la quites a mí.
>
> Pero mira, que también yo soy humano
> y fue aquí donde nací.

Combinando diversos tiempos históricos, desde la esclavitud hasta el capitalismo contemporáneo, las dos frases restantes se dirigían a enfrentar las dificultades del ejercicio de la libertad ante una realidad e ideología de opresión económica.

> Económicamente,
> económicamente esclavo de ti.
>
> Esclavo de ti, caballero, pero ¡qué va!
> tu no me engañas a mí.
> Tú no me engañas.
> Tú no me engañas.

Rondón añadía:

Concebir el número de esta manera siempre me pareció un detalle acertado; de alguna forma se prescindía de una línea lógica o coherente que en aras de una supuesta elaboración lírica hubiera traído como consecuencia una pérdida de efectividad en el reclamo. Total, si el tema lo que hace es exigir libertad frente al mundo que oprime al boricua, y si esta exigencia es desesperada y agresiva, la música, por lo tanto, no podía ser menos que desesperada y agresiva.[22]

Es sumamente significativo que Palmieri titulara esta innovadora canción-descarga, en inglés "Revolt", y en español, con la frase de un segundo estribillo del coro que acompaña los más exuberantes momentos de la improvisación instrumental: "La libertad, ¡lógico!"[23]

---

[22] *Ibid.*
[23] "*¡Lógico!*" en el sentido de "¡por supuesto!".

7

SONEO EN SONATA:
lo espontáneo y lo elaborado
–el desafío salsero en la música "erudita"

> *A Eddie Palmieri, Papo Lucca,*
> *Larry Harlow y Ricardo "Richie" Ray,*
> *maestros del piano salsero,*
> *que tan extraordinariamente elaboran*
> *sus improvisaciones espontáneas*
>
> *Y a Alfonso Fuentes,*
> *que lo intenta, desde su formación "clásica".*

UNA *PREGUNTA* Y SUS MÚLTIPLES INTERROGANTES

En 1975, la más importante y prestigiosa revista literaria puertorriqueña de entonces –*Sin Nombre*– convocó un certamen de composición en los géneros de canción de arte y canción popular. El jurado, uno mismo para ambos géneros, estaba constituido por distinguidas personalidades del mundo musical puertorriqueño. No obstante, su laudo generó los conatos de un escándalo, pues una obra sometida al género de canción de arte resultó premiada (con una modesta mención honorífica) en el género popular. Se trataba de la canción "Pregunta", del joven, ya entonces internacionalmente reconocido, compositor "clásico" puertorriqueño Ernesto Cordero.[1]

(Veinte años después otra canción de Cordero de esa misma época –"La hija del viejo Pancho", musicalizando décimas "costumbristas" de Luis Llorens Torres– que manifiesta de manera mucho más evidente la fuerte presencia de tradiciones sonoras populares, era seleccionada para ser incluida en una publicación de la prestigiosa "Pendragon Press"

---

[1] La partitura fue incluida en la antología de la Asociación Nacional de Compositores de Puerto Rico, *La canción de arte en Puerto Rico*, San Juan, 1986, p. 29 (sobre un poema de Nimia Vicens).

entre las veinte canciones *de arte* latinoamericanas más importantes de este siglo.)

Se podría legítimamente criticar, como hicieron en ese momento los compositores Luis Manuel Álvarez y Rafael Aponte Ledée, el procedimiento del jurado al cambiar, sin consentimiento del compositor, el género al cual había sido sometida una obra. Sin embargo, seguramente, esta correctamente criticada atribución del jurado no hubiera causado tanto revuelo si en lugar de transferir al género popular una obra sometida como canción de arte, el cambio se hubiera dado en la dirección inversa. En los años setenta, esta diferenciación de géneros todavía conllevaba además una distinción jerárquica. Por mi parte, hubiera objetado, más bien, que le otorgasen a "Pregunta" sólo una mención y no el premio, pues francamente considero que la "confusión" del jurado tiene cierto fundamento.

Éste podría pasar como un episodio más, intrascendente, en las pequeñas batallas intelectuales de uno de los países clave en la conformación de la sonoridad "tropical". Por el contrario, lo considero sumamente revelador de un profundo y trascendental fenómeno cultural. ¿Qué fue ocurriendo en la sociedad puertorriqueña, me pregunto (así como en otros contextos del "mulato" mundo afro-americano), para que su cultura haya ido engendrando unos patrones sonoros, unas formas de organizar la expresión musical, en las que llegan a confundirse las barreras entre dos categorías tan arraigadas en la modernidad burguesa para ayudar a plasmar culturalmente la diferenciación social?

Hoy, en los años noventa del siglo XX, no es raro encontrar que se incorpore –aunque aún casi siempre como *encore*– alguna canción popular en un concierto de *bel canto*; como tampoco es raro escuchar a algún virtuoso de la música popular –sobre todo en el *jazz* y el *jazz latino* (Wynton Marsalis, Paquito D'Rivera, Arturo Sandoval...) interpretar o grabar composiciones de la llamada "música clásica". A nivel de composición, esta mayor porosidad entre lo considerado "culto" y "popular" es más incipiente, pero también más claramente presente que dos décadas atrás.

Si bien a principios de los años setenta las barreras erigidas entre la sonoridad "clásica" y la tradición "popular" no eran tampoco infranqueables, su intercomunicación había sido, ciertamente, menos frecuente y, en cierto sentido, aun chocante. Por ello resulta especialmente significativo que para el mismo tiempo del certamen de *Sin Nombre*, el joven salsero *nuyorican* Willie Colón, muchas de cuyas composiciones más difundidas aludían y recalcaban el tema de la marginalidad social, producía desde el mundo popular y su tradición sonora la música para un *ballet*. Este primer intento hacia lo que él llamó "un *ballet latino*" se inspiró, es importante señalar, en un poema antirracista muy popular del reputado escritor venezolano Andrés Eloy Blanco, "Píntame angelitos negros", poema básicamente de impugnación iconográfica.[2] El *ballet* se tituló *Baquiné de los angelitos negros*,[3] en referencia a la tradición afrocampesina caribeña de celebrar la muerte de un niño bautizado, que libre de pecado –en su inocencia– iría directo al cielo; y que fue tema del más importante óleo puertorriqueño del cambio siglo, *El velorio* de Francisco Oller, hito fundamental en la historia de las artes plásticas en el país. Estos referentes interrelacionados –el poema de Blanco dirigido al pintor y la pintura de Oller–, indisputados valores de la más "alta" tradición artística del Caribe (parte de lo que hoy se denomina "el canon"), fortalecían el intento del "*ballet latino*" de establecer la sonoridad popular salsera en el ámbito de la "cultura", quebrando el binarismo dicotómico excluyente entre lo denominado "popular" y lo considerado "culto". Interesantemente, ambos referentes seleccionados (aunque ya "canonizados") constituían expresiones artísticas de inspiración democrática: indisolublemente vinculados a lo popular y de clara protesta social.

El *Baquiné de los angelitos negros* es un experimento sonoro sumamente interesante. Sorprende, por ejemplo, su combinación de timbres: una poderosa sección (y *descargas*) de cueros –bongós, conga, timbales– que alterna el protagonismo con el instrumento símbolo del mundo campesino, el *cuatro*. Cumplen un papel importante también en el *ballet* los (para la *salsa*) imprescindibles vientos-metal en entrejuego con violines y *violoncellos*. Aunque los violines habían sido utilizados ampliamente antes en la música "latina" (sobre todo en los *big bands* –orquestas de formato grande– de la sonoridad "tropical" pre-*salsa* de los años cincuenta) y en el *jazz*, era rarísimo escuchar los *violoncellos* en el Caribe fuera de la música "de concierto, erudita o clásica". Igual podría decirse del *piccolo*, que aparece también en ocasiones en el *Baquiné*. Entre los vientos-metal predominan, como en general en la *salsa*, los trombones

---

[2] El cantante cubano Antonio Machín había grabado antes –en los años cuarenta– una musicalización (como *bolero*) de este poema, que había ayudado a difundirlo popularmente aún más. Detalles en Cristóbal Díaz Ayala, *Cuando salí de la Habana, 1898-1998, Cien años de música cubana por el mundo*, San Juan, Fundación Musicalia, 1998, p. 256.

[3] Grabado como disco con el mismo título poco después, Nueva York, Fania, 1977, LPS 88800, serie 0698.

y trompetas, pero, en momentos, juegan un papel importante otros timbres más identificados con el *jazz*, como los saxofones alto y barítono. Utiliza también Willie Colón en su *Baquiné* otros instrumentos comúnmente presentes en las orquestas de *salsa*, como el piano y bajo acústicos y la flauta, pero además otros más bien asociados a la experimentación tímbrica contemporánea, sobre todo del *rock*, como el bajo eléctrico y el sintetizador. Este último, conviene aclarar, no se utiliza para sustituir al piano ni a ningún otro instrumento, como es común en sonoridades "comercializadas"; es muy inteligentemente trabajado para el desarrollo de un timbre propio. Finalmente, pueden escucharse en momentos también la guitarra y la batería.

A través de esta tímbrica tan compleja y variada, *El Baquiné de los angelitos negros* incorpora, para un "*ballet latino*", a la libre combinación de formas afrocaribeñas que conforman en general la *salsa*, elementos de otras tradiciones, sobre todo el *jazz latino* y la sonoridad asociada más bien a la música "erudita". No se recrea, por tanto, un baquiné tradicional. De hecho, tanto la carátula del LP, como los títulos de los diferentes números lo ubican contemporáneamente en la urbe *niuyorkina*. Aunque no tengo información de la coreografía, a nivel sonoro este experimento constituyó un logro a medias. En momentos la música parece de un estereotipado "*big band*" de los años cincuenta; pero las más de las veces se alcanza una "fusión" sonora novedosa de amplias posibilidades artístico-expresivas.

Unos años antes, en 1973, un compositor "popular" puertorriqueño negro, Heny Álvarez, y el pianista salsero *niuyorkino* judío Larry Harlow unieron esfuerzos para producir, desde la *salsa*, una ópera. Aunque podría tal vez considerarse más influida por la tradición norteamericana del *musical*, es significativo que los compositores de este intento de dramatización salsera hayan insistido en apropiar el término "clásico" de ópera, de connotaciones que lo vinculan claramente al mundo de "la cultura". Al igual que Willie Colón con su *ballet* unos años después, se consideraría importante adjetivar el concepto en términos identitarios: sería una ópera *latina*.

Por otro lado, *Hommy, a Latin Opera*,[4] en su argumento es una recreación afrocaribeña de la *rock-opera* inglesa *Tommy*. Esta recreación, no obstante su aparente "absurdo" mimetismo,[5] es sumamente intere-

---

[4] Nueva York, Fania, 1973, SLP 00425.
[5] Véanse los severos comentarios críticos de César Miguel Rondón, *El libro de la salsa*, Caracas, ed. Arte, 1980, p. 91.

sante, por la multiplicidad simbólica de sus variaciones. El personaje principal en *Tommy* era un niño ciego y sordomudo que maravilla por su habilidad en el juego de *ping-ball*. Para Hommy (pronunciado Omí como para recalcar su negritud) su *supuesto* impedimento físico –ciego y sordomudo también– no le impide manifestarse como un virtuoso del bongó. Es decir, la música no es sólo un medio a través de la cual se expresa un argumento; se convierte para éste en un elemento central. Y es que Hommy ve y escucha otras realidades, o a través de otros registros o filtros, con los cuales interactúa, se comunica o "habla" a través del ritmo. La música, sobre todo el ritmo, se convierte en la dimensión que expresa, o donde se manifiesta su "lugar" en el mundo y la historia, su "realidad", su espacio y su tiempo. La malévola *Acid Queen* de *Tommy*, se transforma en *Hommy*, maravillosamente interpretada por Celia Cruz, en la estupenda y bondadosa *Gracia Divina*, atravesada de numerosos referentes afrorreligiosos de la santería cubana, el *shango-cult* trinitario o el candomblé de Brasil. Así, la subcultura juvenil urbana de la *rockera Tommy*, se transforma en todo un universo étnico-civilizatorio alternativo. No es fortuito que esta "*latin opera*" de un niño (que remite al futuro), aparentemente ciego y sordomudo, concluya con un apoteósico *finale* exhortando a: *¡mírame, óyeme!*, es decir a *otra* manera de ver y oír.

A diferencia del *Baquiné*, cada canción de *Hommy* no es más que –ni pretende ser– lo que típicamente se iba llamando entonces *salsa*. Pero el conjunto representa una atrevida incursión en uno de los géneros más difundidos de la tradición "erudita". Es significativo que ambas invasiones salseras a las formas de la "música clásica" se dieran en torno a temáticas de índole étnico-"racial". De alguna forma planteaban la "orientalización" de "Occidente"; o, al menos, aperturas a la redefinición del "canon" en términos de la hibridez.

Esta invasión transgresora de las formas consideradas "cultas" se repitió desde el movimiento *salsa* varias veces durante esa década. En 1977, Harlow incursiona en la suite sinfónica, nuevamente con la definición identitaria de "lo latino". *La raza latina, a Salsa Suite*[6] enfatiza el carácter nomádico de esta identidad y, otra vez, lo étnico-"racial" en dicho nomadismo. Trata el tránsito de África a Nueva York vía el Caribe. Es interesante que la primera composición, que debe evocar supuestamente a África, es en realidad ya caribeña: una especie de *guaguancó* con

---

[6] Nueva York, Fania, SLP 00516.

una combinación tímbrica sencilla de tres voces –cueros, *cuatro*[7] y canto. En la medida en que la *suite* va complejizándose tímbricamente con el nomadismo, esta sencilla combinación inicial parece referir, más que directamente a África, a *los orígenes*, a la sencillez de "lo primitivo". Es una imagen que se enfatiza con el *ostinato* machacón del *cuatro*, cuando en realidad, en la tradición folklórica, el *cuatro* acompaña con una segunda voz melódica muy compleja y variada (véase el capítulo 3). En los compases iniciales de esta *salsa suite*, el *ostinato* de *cuatro* parece ejercer más bien la función de establecer el *toque* –el ritmo básico– a la manera del tambor *guiador* o *buleador* en la *bomba* o la *rumba*, sobre el cual florearán los cueros (más técnicamente, el *repicador* o *quinto*). Es significativo que en su evocación a los orígenes, la suite salsera *La raza latina* combine *cuatro* y cueros –plantación y contraplantación–, cuando la historiografía musical tradicional antillana había intentado más bien distanciarlos, a través de una concepción racista de la etnicidad en términos de la dicotomía "civilización-barbarie": una "civilizada" sonoridad melódica supuestamente "blanca", que era en realidad mulata, y otra "atrasada", percusiva, "negra", que en cierta medida, culturalmente, era "mulata" también. Es importante, además, su oblicua transgresión de los convencionalismos históricos: el *toque* –el ritmo básico que define el tiempo y espacio de esta sociedad originaria– se expresa desde la evocación campesina, desde la sonoridad de la contraplantación, mientras que de la opresiva y aplastante plantación emanan los floreos de la espontaneidad libertaria.

En la medida en que la *suite* va elaborando una creciente complejidad sonora, el tránsito territorial de su discurso verbal –de África a Nueva York vía el Caribe– se va tornando más bien en una metáfora de un nomadismo más profundo y complejo. *La raza latina* no se refiere fundamentalmente a una biología, a una "genética", a la persistencia de unos orígenes (lo que también se afirma), sino sobre todo a la *complejización* histórica de esos orígenes en sus desplazamientos espacio-temporales, en sus cambiantes geografías y tiempos. Remite, pues, sobre todo, a un proceso de formación cultural, que la *Salsa Suite* intenta expresar a través de una *elaboración* sonora *in crescendo*. Por ello, la importancia de invadir formas asociadas a "lo elaborado", a "lo culto" (en contraposición a "lo espontáneo" como instintivo, identificado como "primitivo", folklórico o popular). Pero resulta en una "invasión" transgresora, pues

---

[7] Podría ser también un *tres* cubano, o lo que en Cuba llaman laúd, que es muy similar al *cuatro* puertorriqueño y, como éste, símbolo de la sonoridad campesina.

subvierte la dicotomía sobre la cual se basa la distinción jerárquica de la forma "culta". Como analizamos en el capítulo anterior, el movimiento *salsa* intenta una trabajada elaboración de prácticas cimentadas en la espontaneidad. Lo espontáneo y lo elaborado no aparecen contrapuestos; se intenta desarrollar ambos en mutua interacción.

Esta década de *boom* salsero concluye con un segundo intento de apropiación "popular" de la forma ópera. Pero mientras *Hommy*, así como *La raza latina* y el *Baquiné de los angelitos negros*, se expresan principalmente a través de mitos y arquetipos, este segundo intento se ubica claramente en la vida diaria. A finales de los setenta, el cantautor salsero panameño *nuyorriqueñizado* Rubén Blades compone (y produce con el apoyo musical de Willie Colón) otra especie de ópera, precisamente en torno a la cotidianidad barrial latino-caribeña: *Maestra vida*, que apareció como producción discográfica en dos volúmenes en 1980.[8] Con sólo una excepción, donde se da voz al principal personaje femenino, Blades canta todas las composiciones y, en ese sentido, la forma ópera está más limitada que en *Hommy*, donde tienen voz diversos personajes interpretados por distintos cantantes. Sin embargo, la línea dramática está mejor desarrollada y los interludios orquestales entre "actos", simulan más a las *oberturas* operáticas. *Maestra vida*, sobre todo en su "aria" cumbre que da título al conjunto constituye, como examinamos en el capítulo 2, un ejemplo extraordinario de la riqueza de recursos y estrategias expresivas sonoras de la trabajada libre combinación de formas que caracteriza a las mejores *salsas*. Como hemos ido viendo a lo largo de este libro, son muchos otros los ejemplos salseros, aparte de esta invasión de formas "eruditas", en los cuales la elaboración sonora intenta realzar la improvisación espontánea. Pero esta reapropiación de formas pone de manifiesto la valoración que los artistas salseros hacen de sus composiciones como productos "culturales". Al mismo tiempo que expresan una deliverada *parejería* al establecerlo.[9]

Para este mismo período –alrededor de 1978, poco después del certamen de *Sin Nombre*– y por intermedio del más importante exponente puertorriqueño de la Nueva Trova, el cantautor Roy Brown, Danny

---

[8] Nueva York, Fania, JM576 y 577.

[9] El interesante término de *parejero* se utiliza en algunos países del Caribe como "orgulloso"; o, más bien, el orgullo de colocarse en posición de igualdad frente a un supuesto superior. He intentado examinar la *parejería* como una importante tradición cultural entre los artesanos mulatos en los inicios de la conciencia obrerista de principios del siglo XX en el ensayo "Socialista y tabaquero", *Sin Nombre* VIII: 4, marzo de 1978.

Rivera, el más renombrado cantante puertorriqueño de música popular romántica (entonces principalmente baladas), le comunicó a Cordero su interés por interpretar sus canciones, que había escuchado en voz de Margarita Castro, una de las figuras operáticas puertorriqueñas de un mayor relieve internacional. Este proyecto no cristalizó hasta casi veinte años después, en el concierto de música de Cordero *Entre guitarra y voz* celebrado en 1996, a cuyo análisis dedicaré gran parte de este capítulo. No creo que sea coincidencia, no obstante que, cuando el movimiento salsero irrumpía, a su manera, en el mundo de la ópera, desde el ámbito de la canción popular romántica se vislumbraran intentos paralelos.

Las canciones de Cordero de los años setenta invitaban a este tipo de experimentación, aunque su redefinición de la relación entre "lo culto" y "lo popular" habría de ir cuajando –junto a la labor de otros compositores– de manera más abarcadora en las próximas décadas. "Pregunta", como otras canciones de arte de Cordero de esa misma época ("Cadencia", "Cállate silencio mío...") no eran, evidentemente, el tipo común de canción popular que más corrientemente se escuchaba entonces. Pero sí fueron elaboraciones artísticas en gran medida enraizadas en las transformaciones (nacionales e internacionales) que experimentaba la canción romántica. Transformaciones, por ejemplo, secuenciales y armónicas, como lo que representó para el *bolero* su movimiento *feeling*, que se escuchaban en las composiciones del mexicano Armando Manzanero, elaborando innovaciones de, entre otros, César Portillo de la Luz en Cuba y Sylvia Rexach en Puerto Rico, algunos años antes. La canción popular estaba siendo atravesada también por las atrevidas armonías (sorpresivas) de un "Yesterday" de los Beatles o de Pink Floyd; las melifluas melodías de las canciones italianas que se premiaban en los festivales de San Remo, identificadas con los nombres de Emilio Pericoli y Sergio Endrigo, en evidente intercomunicación musical con líricos y poéticos cantautores españoles como Patxi Andion y Joan Manuel Serrat; las transformaciones temáticas de éstos y sobre todo del movimiento de la Nueva Trova en América Latina; las referencias frecuentes al "folklore" campesino y/o "clásico", etc. Muchas de estas amplias transformaciones, sólo mencionadas acá, se incorporaban a la música puertorriqueña a través de los arreglos de Pedro Rivera Toledo para las presentaciones de cantantes como Danny Rivera que, interesantemente, comenzaron a llamarse *conciertos*, y en las composiciones de los participantes nacionales del movimiento de la Nueva Canción. Es significativo que Danny Rivera, que incorporaba canciones de estos cantautores en sus presentaciones, alcanzara el pináculo de la popularidad en la canción romántica, mientras combinaba ésta con canciones de preocupación social develando la utopía de una cotidianidad diferente.

El hecho de que un cantante como Danny Rivera –el más popular de Puerto Rico entonces– se interesara en incursionar en un *bel canto* en el cual se filtraban las transformaciones en la tradición de la canción popular, podría haber representado, como para los salseros, un intento de colocar dicha tradición en los cánones de lo "culto". Significaba, entiendo, una alteración de las jerarquías que en torno al gusto se van conformando sociohistóricamente.

La sonoridad popular tuvo que haber atravesado por las atrevidas innovaciones salseras y sus desafiantes *parejerías*, los *boleros* de Sylvia Rexach y Armando Manzanero, las poéticas armonías y líricas de la Nueva Trova y por el fenómeno *pop* de un Danny Rivera, para que una composición como la sometida por Cordero al certamen de *Sin Nombre* de 1975 fuera considerada por músicos conocedores como una canción "popular". Es decir, no se trata solamente de una incorporación de "lo popular" en la llamada *música culta* (como tantos compositores han intentado en la historia), sino también de unas elaboraciones *desde* lo popular que posibilitaron el desdibujo de las fronteras.

Por otro lado, el episodio del certamen de *Sin Nombre* apunta también, como las mismas canciones de Cordero, hacia unas transformaciones en la composición de tradición "erudita" que la acercan a procesos que se experimentaban a nivel "popular". Es al examen de esa segunda vertiente en el proceso de conformación de elementos compartidos de un lenguaje musical complejamente entrelazado con las identidades sociales, a lo que quisiera dirigirme en la segunda sección de este capítulo final.

El surgimiento de las categorías "culto" y "popular", y su compleja interrelación, constituyen objetos centrales del análisis cultural de la relación entre música y sociedad en la modernidad.[10] Es preciso destacar que, no obstante tratarse de una problemática general, las músicas del Nuevo Mundo han sido especialmente sensibles en el siglo XX a intentos novedosos de redefinir su interrelación. Para la primera mitad de siglo contamos con los extraordinarias esfuerzos de Villa Lobos en Brasil,

---

[10] Véase, por ejemplo, de José Jorge de Carvalho, "As Duas Faces da Tradição, O Clássico e o Popular na Modernidade Latinoamericana", *Dados* XXXV: 3, 1992, pp. 403-434 (en español fue reproducido por la revista *Nuevo texto crítico* IV: 8, 1991, pp. 117-144) y de Nestor García Canclini, *Culturas híbridas*, Buenos Aires, Sudamericana, 1992.

Carlos Chávez y Silvestre Revueltas en México, en Cuba, por un lado, de Ernesto Lecuona y, por otro, de Alejandro García Caturla, Amadeo Roldán y más tarde sus "discípulos" del Grupo de Renovación Musical, y respecto al *jazz* los trabajos de Gershwin, Copland y muchos otros en los Estados Unidos, para mencionar sólo algunos ejemplos. En todos ellos, la relación "popular-culto" está atravesada por conflictivas consideraciones de etnicidad "racial".[11]

Para un trabajo futuro, me gustaría examinar la zigzagueante trayectoria histórica de las relaciones entre "lo culto" y "lo popular" en la sonoridad "tropical". En el capítulo final de este libro sólo quisiera dejar planteada la importancia de esta zona de estudio, a través del análisis del desafío salsero sobre la composición "clásica". Para facilitar la exposición del argumento, me concentraré en la obra de Ernesto Cordero, sobre todo aquella recogida en su concierto junto a Danny Rivera del año 1996, veinte años después del certamen de *Sin Nombre* con el cual abrimos el capítulo. Pero es importante aclarar –y por ello las menciones a otros compositores– que aquí no abordo su obra como creación individual, sino en la medida en que ilustra una "estructura de sentimiento"[12] epocal más amplia.

"CLÁSICO" EN CLAVE

Las composiciones de Ernesto Cordero y otros compositores contemporáneos van más allá de la larga tradición "clásica" de buscar "inspiración" en sonoridades populares. Apuntan, más bien, a la intercomunicación y porosidad mutua existentes entre lo "culto" y lo "popular" en sus *prácticas*, en sus maneras de hacer música. Al ir redefiniendo desde ambas direcciones su compleja interacción, se cuestionan las barreras tajantes que las han diferenciado, sobre todo en los últimos cien años: los excluyentes binarismos entre lo espontáneo y lo elaborado, lo llamado "accesible" y lo considerado "académico", la manifestación colectiva y la expresión personal.

---

[11] Véase análisis de Mareia Quintero, "A Cor e o Som da Nação: A idéia de mestiçagem na crítica musical do Caribe Hispânico Insular e do Brasil (1928-1948)", tesis de maestría, Universidad de São Paulo, 1996.

[12] Utilizando el concepto desarrollado por el analista cultural Raymond Williams (véase nota 143 del capítulo 2).

En la medida en que puede decirse que la *salsa* es, como hemos ido viendo a lo largo de este libro, un movimiento de expresión popular que se ha definido más por sus *prácticas* de elaboración sonora que por sus contenidos específicos, el desafío salsero a las jerarquías establecidas del "gusto" ha sido, a mi juicio, fundamental para el desarrollo de este tipo de porosidades que, desde la tradición "clásica", las composiciones de Cordero ejemplifican elocuentemente. Veámos algunas de estas prácticas que hemos discutido en diversas secciones del libro.

Entre guitarra y voz: diálogos entre melodía, armonía y ritmo

La tradición sonora "clásica occidental" –como examinamos en el primer capítulo– tiende a privilegiar la melodía, como el elemento medular de la música. La armonía y el ritmo se elaboran, tradicionalmente, en función de aquélla. Representa el predominio del canto sobre la danza, y del trovador individual sobre lo antifonal. Con la importancia de la canción de arte en su obra creativa, Cordero se manifiesta claramente marcado por esta herencia. Pero reconociéndose heredero también de otras tradiciones (*el que no tiene dinga tiene mandinga* –el que no tiene de indio tiene de negro– como reza el dicho popular y titula, de hecho, él una de sus composiciones), sus canciones por lo general se ubican en una de las más importantes prácticas de las grandes músicas "mulatas" de América (es decir, las músicas brasileña, caribeña y el *jazz*), engendradas desde el mundo popular. En éstas, la melodía sigue teniendo gran importancia, pero la armonía y el ritmo no se encuentran supeditadas a ella. No sólo ostentan una importancia equivalente (en ocasiones, incluso, predominante), sino manifiestan también una voz propia y desarrollos independientes. Se establecen unos interesantes diálogos e interrelaciones más "democráticos" entre los diversos elementos de la sonoridad.

Cordero fue formándose como compositor mientras paralelamente iba desarrollándose como intérprete de la guitarra, uno de los instrumentos donde más claramente se entremezclan funciones melódicas, armónicas y rítmicas. Quizá por esta integración de posibilidades ha asumido la guitarra el papel protagónico que ocupa en la tradición popular, mucha veces obligada por razones económicas a formatos pequeños. Por otro lado, su amplio registro y posibles texturas invitan a la elaboración de melodías colmadas de sutilezas y complejidades. En las canciones de Cordero, la guitarra no meramente "acompaña" al canto; más bien dialoga con él, muchas veces desarrollando armonías a través de melodías rítmicas complementarias que con frecuencia representan desarrollos de patrones armónicos y rítmicos propios. En ocasiones el canto asume un estilo *parlato*, como en la tradición *feeling* del *bolero* caribeño ("Mi versión" de Sylvia Rexach, por ejemplo)[13] o del *bossa nova* brasileño (un gran ejemplo: "Samba sobre una sola nota") para, como en éstos, resaltar la voz propia protagónica de la armonía en la guitarra, mientras el canto enfatiza el ritmo interno de las palabras. En canciones de Cordero como "Era mi dolor tan alto" (para voz, flauta y guitarra)[14] secciones completas del canto se establecen sobre sólo una nota resaltando la calidad rítmica de la melodía.

Dinga y Mandinga *y los ritmos melodizados*

Esto nos lleva a la discusión de una segunda práctica, de enorme importancia en la historia de la sonoridad popular puertorriqueña, que Cordero retrabaja desde su bagaje y formación en la música "clásica": la transferencia al plano melódico de ritmos originalmente percusivos. La conformación de las músicas "mulatas" en América ha estado atravesada de tensiones y conflictos profundos, pues el "encuentro" de las diversas tradiciones étnicas se dio en procesos históricos desgarradores, preñado de violencias, desigualdades e iniquidades. Muchas expresiones sonoras altamente significativas o valoradas debieron presentarse de manera solapada o camufladas. Como bien han señalado las investigaciones etnomusicológicas de Luis Manuel Álvarez, un campesinado étnicamente heterogéneo y mixto –pero que no quería presentarse como un "otro"– melodizó en sus *aguinaldos*, con la sonoridad "española" de los instrumentos de cuerda con plectro, patrones rítmicos de los tambores de *bomba* (véase capítulo 3). Así como también, posteriormente, los artesanos mulatos en su *danza puertorriqueña* disimulaban síncopas afrocaribeñas con el "acompañamiento" armónico del bombardino en la forma de *obbligato*, es decir a través de una segunda voz melódica, complementaria pero fundamental (capítulo 4).

Una de las características centrales de la obra de Cordero es, precisa-

---

[13] © de partitura 1960 por Southern Music Publishing Co. Inc. y reproducida en Tito Rodríguez, *Inolvidable* (piano/vocal ed.), Nueva York, Peer-Southern Publications, 1974, pp. 20-22.

[14] Publicada en Essen, Alemania, Verlag Hubertus Nogatz, 1997, KN 1220.

mente, esta práctica de tan hondos significados para nuestra tradición popular: ritmos que devienen melodías y viceversa. *Dinga y Mandinga* para guitarra, flauta, *violoncello* y bongós, en el programa del concierto de 1996, es un buen ejemplo,[15] entre muchos posibles (la pieza para guitarra sola "Nana para dormir a una negrita" de 1985, es extraordinariamente ilustrativa también).[16] La atmósfera indígena del *Dinga*... se establece con el tipo de escala pentafónica modal sobre la cual se desarrollan las melodías; pero el *mandinga* se cuela con los ritmos afrocaribeños que éstas manifiestan.[17] La compleja fluidez de la interrelación se reenfatiza con el "efectismo" de la flauta –que en trinos y ornamentaciones sutiles imita la zampoña–, mientras los bongós trascienden la posible sospecha de "efecto" de su "acompañamiento" rítmico, desarrollando claramente una voz propia, al punto que se le destina la *cadenza*. Ésta es libre, reenfatizando la práctica –tan importante en la tradición popular afroamericana– de la improvisación. Pero la partitura sí solicita explícitamente que en su *cadenza* el bongó elabore –con su voz rítmica improvisada– el tema melódico indígena presentado a comienzos de la composición. Por otro lado, la guitarra recurre a técnicas como la de cuerdas entrecruzadas, que evocan melódicamente la rítmica del tamborcillo.

Conviene mencionar los experimentos de melodización de ritmos de otros dos compositores, pues ilustran además otras prácticas que iremos examinando. En el cuarteto para cuerdas *Tres para cuatro* de Carlos Vázquez (1984) se elabora, a partir de un ritmo *ostinato*, una línea melódica que intercala doce citas: algunas de tonadas de *salsa* que se escuchaban en ese momento y otras de sus propias obras previas, integrando en la multiplicidad de melodías rítmicas posibles, lo íntimo-personal con lo social-compartido.

---

[15] La partitura fue publicada en París, Max Eschig, 1996, ME 9142.

[16] Grabada, entre otros, por el destacado guitarrista mexicano Gonzalo Salazar en el LP *Kaylay*, vol. 4 (colección dirigida por Juan Helguera), México, Universidad Autónoma Metropolitana, s.f. LME-562. Otras buenas interpretaciones son del guitarrista puertorriqueño Juan Sorroche en el CD *Música puertorriqueña para guitarra*, vol. 2, San Juan, ICP, 1990 ICP-C-18 y del norteamericano William Kanengiser en el CD *Caribbean Souvenirs*, San Francisco, GSP Rec. 1018CD, 1998. La partitura fue publicada bajo el título general de *Dos piezas afroantillanas*, en Heilderberg, Alemania, Chanterelle.

[17] Es interesante que en la *capoeira* (y en la cultura afrobrasileña, en general) *mandinga* no sólo refiera –como en el Caribe– a una etnia africana, sino ha venido a significar la habilidad para "camuflar" diversos movimientos con gracia y sorprender en esa forma al oponente.

Por otro lado, Raymond Torres concentra en la diversidad de tiempos al combinar la experimentación tímbrica con la melodización de ritmos en la pieza para piano y sintetizador (piano Fender) *La Guaracha del Macho Camacho* (1983), inspirada en la novela de Luis Rafael Sánchez. Torres, quien llegó a ser a mediados de los noventa Rector del Conservatorio de Música de Puerto Rico, dirigía entonces la Orquesta de Jazz en la Universidad de California en Los Ángeles. Presenta su melodización de ritmos a través de la combinación de dos pianos simultáneamente similares y tan disímiles: uno que evoca la más "clásica" de las sonoridades y otro la más contemporánea invención sonora. Este contraste tímbrico subraya la oposición estructural fundamental, que se encuentra en el propio recurso del ritmo deviniendo en melodía. El ritmo del cual parte en su transformación la línea melódica, es sencillamente *la clave* 3-2, el esqueleto rítmico básico tradicional de mucha de la música afrocaribeña. Este elemento rítimico *tradicional* contrasta con la línea melódica en la que se transforma, que evoca más bien la *modernidad* libertaria de las improvisaciones jazzísticas. Los contrastes de la cotidianidad social en la novela de Sánchez se hacen presentes musicalmente a través de contrastes sonoros.

Cantata del Valle de México *y el entrecruce contemporáneo de los tiempos históricos*

Una de las prácticas medulares de la sonoridad popular salsera es su combinación muy libre de formas previamente identificadas con momentos históricos diversos (capítulos 2 y 6). Mito, historia y cotidianidad se entrecruzan en inventadas utopías libertarias, en añoranzas de un futuro distinto vislumbrado desde valorados retazos de su pasado y presente. Esta práctica manifiesta o/y elabora una concepción del tiempo distinta a la línea ascendente unidireccional del "progreso" que desarrolló con fuerza la modernidad "occidental".

Los compositores "clásicos" puertorriqueños contemporáneos recurren con gran frecuencia a esta práctica, como ejemplifica, entre muchas composiciones, la *Cantata del Valle de México* para *mezzo soprano*, flauta, *violoncello* y guitarra de Ernesto Cordero, incluida en su concierto del año 1996 (la letra es del poeta mexicano Roberto López Moreno).[18]

---

[18] La partitura fue publicada en París, Max Eschig, 1990, ME 8746. Fue grabada por Sorroche (guitarra), Andrades (voz), Mariani (flauta) y Lanelli (*violoncello*) en LP de la

Elementos del *seis* –campesino, tradicional– y la *salsa* –urbana, contemporánea– se entremezclan con sonoridades que recuerdan los cantos gregorianos, salpicados de una que otra armonía impresionista y atonalismos modernos. Este entrejuego alterador de secuencias facilita la ruptura con preconceptos convencionales. Por ejemplo, en el *Recitativo* la atmósfera religiosa del canto gregoriano enmarca un texto que caracteriza un entorno natural-geográfico a través de imágenes de un agudo erotismo, como solemnizando nuestra tan humana animalidad; estableciendo la presencia de lo sagrado en lo profano, en lugar de anteponerlos.

La combinación no-secuencial de diversos tiempos históricos se entrelaza frecuentemente en la *salsa* con la alternancia de las diversas geografías que conforman la sonoridad "tropical" (capítulo 2). La práctica de esta doble combinación ha permeado también la composición "erudita". Atraviesa al menos tres de los conciertos para guitarra y orquesta de Ernesto Cordero. Pero un ejemplo que lo ilustra de manera más diáfana es la *suite* sinfónica *Brisas del Caribe* (1988) de Carlos Vázquez. Allí se intenta un interesante experimento en la forma. La estructura formal de la pieza en su conjunto es tomada de la tradición *clásica* europea de la época del Barroco (la *suite*). Pero esa tradición se caribeñiza transformando sus elementos constitutivos: las danzas que componen los diversos elementos. Al respecto nos dice el propio compositor:

En el Barroco, la suite se componía de diversas danzas, muchas de ellas populares para la época y las cuales el compositor estilizaba llevándolas así a un formato de concierto. Esos bailes representaban a diferentes países de la región europea: Allemande (Alemania), Polonaise (Polonia), Guigue (Escocia), Sarabande (España), Courante (Francia), etc. En esta obra, el compositor, emulando al Barroco, escoge algunos de los aires más populares de la región de donde es oriundo, el Caribe.[19]

Así, los movimientos dos al seis (la obra está dividida en siete) se titulan: *son aguajiraguarachao, allegro amerengao, nocturnal, oriza* y *alla reggae*. Incluye, pues y combina internamente, ritmos de los diversos

---

Asociación Nacional de Compositores de Puerto Rico, *Compositores puertorriqueños*, vol. II, San Juan, 1983.

[19] Reproducido del programa *La Sinfónica en la Universidad de Puerto Rico*, enero-febrero de 1988, San Juan, Orquesta Sinfónica de Puerto Rico, p. 36.

países caribeños a través tanto de formas populares tradicionales, como algunas en pleno continuado desarrollo contemporáneo. El intento integrador de lo tradicional y moderno, lo "popular" y lo "culto", en la estructura formal misma de la realidad sonoro-social que redefine, se traduce también y complejiza (atravesado por las problemáticas étnicas del Caribe) en el título que Vázquez escoge. *Brisas del Caribe* puede sonarnos a frase bucólica o de postal turística, si no recordamos que fue también la marca comercial de un alcoholado y una brillantina muy popular en los 50, con la cual (referente a la segunda) *estirábamos* las ondas de un cabello *rebelde* (*afro*) cuando se acostumbraba a hacerlo.

Estos rejuegos de tiempo y espacio –historia y geografías– en la composición "clásica" puertorriqueña contemporánea, recogen también, como la *salsa*, la realidad migratoria. Ello es evidente, sobre todo, en la composición de William Ortiz Alvarado. La pieza *Abrazo*,[20] por ejemplo, para cuarteto de guitarras es musicalmente muy abstracta, pero está colmada de significantes sociales. La polifonía de la heterogénea vida en Nueva York se presenta inicialmente un tanto caótica o desintegrada y, sin embargo, va lográndose una comunicación y empatía entre las cuatro guitarras que culmina en el *abrazo* que le da el título a la pieza. Éste ocurre a través de una evocación fugaz pero dramática del tal vez más célebre de todos los *boleros* "de trío": "Lamento borincano" (o "El jibarito") de Rafael Hernández, a cuya memoria dedica Ortiz Alvarado esta pieza. No hay que olvidar que Rafael Hernández formó su primer trío y compuso "Lamento borincano" en Nueva York (capítulo 5).

A la música de cámara de William Ortiz se dedica uno de los pocos CD hasta el momento grabados para un solo compositor de la música "clásica" contemporánea en el Caribe.[21] Su carátula presenta un mapa topográfico de Puerto Rico en verde ubicado entre los contornos de oscuros edificios de la urbe *niuyorkina*. El CD en su conjunto está atravesado por combinaciones muy libres entre formas musicales caribeñas (tradicionales y contemporáneas), sonoridades populares neoyorkinas (principalmente de la llamada "música negra de las calles") y sonoridades caribeñas de la urbe. Estas combinaciones aparecen también internamente en obras específicas, como la lírica *Bolero and Hip-Hop en Myrtle Avenue* para oboe y piano.

El entrejuego salsero de geografías y tiempos se incorpora también

---

[20] Grabada por el Buffalo Guitar Quartet en su LP *New Music for Four Guitars*, Nueva York, New World Records, 1990, NW 384-1 (disponible también en CD).

[21] San Juan, WO330CD, 1990.

en la composición "erudita" a través de experimentaciones tímbricas, como intentó la *salsa* según vimos antes, sobre todo en su transgresión de las formas "cultas". Luis Manuel Álvarez fue en los setenta el más atrevido innovador al respecto. En su pieza para narrador y orquesta *La Creación* de 1974, incorpora marímbula y güiro junto a la moderna tímbrica del sintetizador. *El sueño de Collores* del año siguiente, presenta un mayor desarrollo, pues siendo una obra atonal-microtonal con efectos de música electrónica está construida sobre un armazón tímbrico de voz e instrumentos típicos (*cuatro*, guitarra y percusión criolla). En un *happening* poliartístico montado en el café-teatro La Tea en 1975, Álvarez incluso inventó instrumentos para la incorporación tímbrica de tradiciones populares sonoras a expresiones vanguardistas.

Improvisación y descargas

La improvisación es –como he ido examinando a lo largo de este libro– una de las prácticas socialmente más creativas de las músicas "mulatas" de América. Se manifiesta en la *salsa* de diversas maneras, pero su máxima manifestación a nivel instrumental se encuentra en la práctica de las *descargas* (capítulo 6). La improvisación fue importante también en la música europea antigua, pero su presencia fue limitándose enormemente sobre todo a partir del siglo XVII en aquella vertiente de esta tradición musical que hoy llamamos "música clásica".

Los compositores puertorriqueños contemporáneos formados en esa tradición han ido rescatando la importancia de la práctica improvisatoria, fundamentalmente a través del recurso salsero de las *descargas*. En el concierto de Cordero del 1996, se expresa en la *descarga* de bongós que sirve de *cadenza* a *Dinga y mandinga*... Otro ejemplo, aún más rico, entre las composiciones de Cordero se encuentra en el último movimiento de su *Concierto criollo para cuatro y orquesta* de 1988.[22] Es más rico por su carácter dialógico, como son comúnmente las *descargas* en la *salsa*. La *cadenza* final del concierto se presenta como un diálogo imitativo de improvisado virtuosismo entre el *cuatro* y los bongós, sobre la base de un toque o ritmo básico que establecen las congas. Es significativo para el rejuego de tiempos, que Cordero incorpore a la música "clasica" la *descarga* de la contemporánea *salsa* en el diálogo improvisatorio de

---

[22] Incluido en el CD *Tres conciertos caribeños*, *Ernesto Cordero*, San Juan, Tropical *concerti*, EC-1997CD, 1997.

tímbricas-símbolo de las dos tradiciones históricas fundamentales de la sonoridad puertorriqueña: *el cuatro* de la contraplantación campesina y los cueros que evocan la sonoridad de plantación.

La fuerte tradición "clásica" de la autoridad que le otorga al compositor, dificulta el desarrollo pleno de la práctica improvisatoria en este tipo de música. Pero el reconocimiento de su valor e importancia se expresa en ocasiones a través de composiciones que simulan improvisaciones, y de tal manera la evocan y homenajean. Es el caso de las piezas *Descarga para clavicordio y Bongó-os* de Roberto Sierra o las *Improvisaciones para piano* de Alfonso Fuentes. Especialmente lograda nos parece, de este último, su "improvisación" *Plena n. 2* del 1991 (sobre la tradicional *plena* de Rafael Hernández, "Temporal").

Los tríos y la experimentación tímbrica "democrática"

De situaciones de desarraigo, vinculadas a los grandes movimientos migratorios generados por transformaciones socio-económicas, el mundo popular latinoamericano de las primeras décadas de siglo fue elaborando experimentos tímbricos en formatos pequeños y con instrumentos de fácil movilidad. Uno de los que más difusión y popularidad alcanzó fueron los *tríos*, de guitarras, voces y percusión menor. Los juegos de voces –primera, segunda y tercera voz acompañándose simultáneamente– abrieron grandes posibilidades de enriquecimiento armónico a una tradición de canto casi exclusivamente melódica (de trovador sólo o responsorial). Ello unido al diálogo entre las guitarras –instrumento, como señalamos, de tan amplio registro sonoro, y de tantas posibilidades expresivas, rítmicas, armónicas y melódicas– le imprimió a los *tríos* una riqueza sonora impresionante para un formato tan pequeño, sencillo y popular (véase capítulo 5).

En reconocimiento a esa inventiva, en algunas de sus composiciones más recientes, incluidas en su concierto del 1996, Cordero ha extendido su diálogo entre guitarra y voz al plural, experimentando la composición de canciones de arte sobre ese formato tímbrico. Recursos de largo abolengo "clásico", como el *fugato* o *canon* se revisten de una particular sonoridad "democrática", que celebra la inventiva ante el desarraigo.

Además de la experimentación de Cordero con la tímbrica de tríos bolerísticos, su composición –como la de muchos otros en la tradición "clásica" puertorriqueña contemporánea– sigue la práctica salsera de dar voz de especial protagonismo a timbres subvalorados en la tradición "clásica occidental", pero importantes en las tradiciones autóctonas populares. Anteriormente mencionamos la importancia de la *descarga* dialógica entre *cuatro* y bongós en su *Concierto criollo* y la asignación a los bongós de la *cadenza* en *Dinga y mandinga* de su concierto del 1996.

También es significativo que las obras cumbres de Cordero sean sus cuatro conciertos para guitarra y orquesta –al menos tres de los cuales han recibido amplio reconocimiento internacional–[23] cuando este instrumento, no obstante haber recibido sobre todo en el siglo XX considerable atención en la tradición "clásica", es aún principalmente identificado con sonoridades populares. Aparte de Cordero y otros compositores-guitarristas, no es a mi juicio fortuito que se haya recurrido de manera particularmente especial a este instrumento en la composición "clásica" contemporánea en el país. Previo a los años setenta era raro encontrar alguna composición "erudita" puertorriqueña para guitarra; hoy es difícil encontrar un compositor que no lo haya intentado o, al menos, concebido.[24] Es interesante que un compositor tan "vanguardista" –intencionalmente quebrador de moldes– como Francis Schwartz, haya recurrido a la experimentación tímbrica en este instrumento de tan sólido abolengo en la tradición popular, para expresar una aseveración socioculturalmente redefinitoria de tal importancia como su transferencia al plural (colectivo-cultural) de la célebre frase-título de Gershwin *I've got rhythm*. En los años ochenta compuso para guitarra, voz y participación del público su impactante pieza *We've got polyrhythm*.[25]

Podríamos mencionar muchos otros ejemplos de composiciones que otorgan voz protagónica a instrumentos asociados a la sonoridad popu-

---

[23] Tres prestigiosas casas publicadoras han impreso sus conciertos: la casa Hubertus Nogatz de Alemania publicó su *Concierto de Bayoán* de 1995; la casa Zanibón de Italia el *Concierto antillano* de 1983 y la casa Eschig de Francia su *Concierto evocativo* de 1977. El *Concierto antillano* ha sido grabado en dos ocasiones: por el guitarrista griego Costas Cotsiolis, el gran compositor cubano Leo Brouwer dirigiendo la Orquesta Filarmónica de "Liege" (Musica Viva MV88.045) y por el guitarrista brasileño Carlos Barbosa-Lima y Planen Djurov dirigiendo los *Sofia Soloists* en la prestigiosa serie de Concord (CCD-42048-2), 1997. Numerosas partituras suyas de piezas más reducidas se han publicado y/o grabado en diversos países.

[24] Es significativo que uno de los eventos de música "clásica" más importantes en las últimas dos décadas en el país haya sido el *Festival internacional de la guitarra* que en 1998 celebraba su décima edición.

[25] Grabada por Ana María Rosado en el CD del mismo título, Albany, Albany Records, TROY-087, 1992. La partitura fue publicada en París, Salabert, 1984.

lar, que se incorporan a la práctica salsera de una democrática valoración de la heterogeneidad de timbres, pero sólo quisiera, para terminar, no dejar pasar por alto el caso del trombón, instrumento central de la tímbrica salsera. Una de las primeras obras estrenadas del fino compositor Carlos Cabrer fue su *Pieza para trombón solo* de 1975. Igual formato utilizó William Ortiz Alvarado diez años después para su composición –significativamente situada en Nueva York nuevamente– *Subway*, donde sonoridades de la vida cotidiana se entremezclan con elaboraciones artísticas en la tímbrica expresiva fundamental de los migrantes hispanocaribeños a esa ciudad.

La composición contemporánea está marcada por la herencia de los compositores puertorriqueños de la generación inmediatamente anterior, a quienes se valora y respeta: sobre todo Héctor Campos Parsi, Amaury Veray y Jack Delano. Todos cultivaron intensamente la canción de arte, y sentaron las bases para una música puertorriqueña "clásica" contemporánea, incorporando elementos sonoros "populares" tradicionales a sus prácticas de composición "clásica-académica". Incorporando además *prácticas* populares de elaboración sonora, o entrecruzando dialógicamente algunas de esas prácticas con aquellas de su formación "clásica", Cordero ha expandido por rutas insospechadas las brechas que abrieron sus maestros.

En ese proceso, aunque atrevido y cauteloso pionero, Cordero no ha estado solo. De diversas maneras y con distintos recursos, otros compositores de formación "clásica", como hemos ido mencionando, han ayudado a ir configurando esta heterogénea tendencia.[26] También lo han hecho innovadores músicos de la tradición "popular", en diversas expresiones.

Para el mismo año del certamen de *Sin Nombre* aludido a comienzos de estos apuntes, uno de los más importantes compositores y musicólogos del país, Héctor Campos Parsi, presentaba el siguiente cuadro de tendencias para la composición "clásica" de ese momento:

---

[26] Aunque requeriría mucha más investigación para afirmarlo, lo que conozco –muy parcialmente– de la composición contemporánea en el Caribe me sugiere que el proceso analizado acá para Puerto Rico guarda paralelos con procesos similares en la región. Resulta sugestivo que se encuentren paralelos especialmente en compositores que también han centrado su creatividad en la guitarra, como Leo Brouwer de Cuba, Ernesto García de León de México (por ejemplo "Diálogos criollos" y "Son") y Frantz Casseus de Haití (por ejemplo "La danza de los hounsies").

En 1975, la música puertorriqueña está encauzada por dos vertientes principales: una conservadora, todavía asociada a aspectos de la tonalidad... y otra, en que figuran los vanguardistas...

y de Cordero en particular, sentenciaba entonces que

reacciona contra las complejidades de la composición contemporánea y vuelve *nostálgicamente* al mundo de la *tonalidad*[27] (énfasis míos).

Por otro lado, refiriéndose más bien a otros campos del arte y la cultura, el crítico Arcadio Díaz Quiñones señalaba para ese período que

Se fue produciendo un movimiento artístico y literario con un discurso de reivindicaciones, de rechazos fogosos y de afirmaciones... que conectaba perfectamente con una nueva y vigorosa historiografía. Junto a las líneas del nacionalismo tradicional se fue desarrollando otro nacionalismo, *un nuevo modo de sentir la pertenencia a la nación*. Distintos grupos en la década de los setenta se propusieron abrir nuevos canales de expresión, rompiendo con las nociones oficiales de la cultura, ampliando las posibilidades de la creación colectiva y recuperando importantes elementos de la cultura popular... *alterando las jerarquías establecidas* y *reinventando el canon y la tradición*...[28] (énfasis míos).

La trayectoria posterior de la composición "académica", y de manera especial la obra de Ernesto Cordero, evidencian lo limitado que resultaba dicotomizar tendencias musicales en torno a sólo uno de sus elementos constitutivos: la presencia o ausencia de la tonalidad.[29] Elemento central, sin duda, en la tradición "clásica occidental", que nucleó

---

[27] *La música en Puerto Rico*, *La Gran Enciclopedia de Puerto Rico*, vol. 7, Madrid, 1976, p. 325.

[28] Ensayo "Los años sin nombre" incluido en su libro *La memoria rota*, San Juan, Huracán, 1993, p. 129.

[29] Incluso, algunas composiciones de estas últimas décadas desafían internamente esta división dicotómica. Es el caso, por ejemplo de "Lago de los sueños" de Carlos Cabrer, estrenada por la Orquesta Sinfónica de Detroit en el Festival Casals de 1985, donde basándose en consonancias en lugar de disonancias, elabora una obra atonal que, no obstante, evoca la tonalidad. Otro ejemplo ilustrativo, diferente, es la composición para piano alterado, voz y cinta magnetofónica "Desde adentro" de Luis Manuel Álvarez organizada sobre la estructura de un pregón callejero. La obra comienza como composición atonal con recursos minimalistas y sufre una transformación dramática concluyendo en un lamento tonal sobre un *aguinaldo orocoveño*, amalgamando tradiciones sonoras populares urbanas y rurales con un vanguardismo creativo. Allí el atonalismo es más bien recurso, que principio ordenador.

su elaboración sonora en torno a la melodía, pero que sólo ha constituido un elemento importante entre otros en tradiciones que intentaban visiones alternativas, como las músicas "mulatas" populares de América, que tanta fuerza y pertinencia han manifestado en este siglo. El entrecruzamiento de *prácticas* de elaboración sonora y, en éstas, la importancia equivalente de la armonía y ¡sobre todo! el ritmo, resultaba tan vanguardista como los avatares de la tonalidad, y en estas latitudes, definitivamente, más relevante y pertinente socioculturalmente.

Las composiciones de Cordero no remitían a una "vuelta nostálgica" al pasado, sino a intentos –como señala Díaz Quiñones para otras artes del período– de redefinir "las nociones de cultura" y "las jerarquías establecidas", y a participar en la "reinvención del canon y la tradición". Conciertos como el de 1996 aludido, que combinan el dramatismo de la *mezzo soprano* con la ronca dulzura del baladista, el *violoncello* y los bongós, el piano "clásico" y los *tríos* bolerísticos en composiciones que entretejen prácticas de elaboración sonora desarrolladas en las tradiciones "clásica occidental" y "mulata" del Nuevo Mundo, participan –parafraseando al compositor norteamericano Elie Siegmeister, autor de uno de los más fabulosos conciertos para clarinete de este siglo estructurado sobre el *jazz*–

en la tarea de destruir la caduca división tajante entre música erudita o de arte, por un lado, y música tradicional o popular, de otro. Al hacerlo así ayudarán a destruir las diferencias sociales que esas divisiones musicales han simbolizado y ayudado a perpetuar.[30]

---

[30] Modificación de cita de su opúsculo *Música y sociedad*, México, Siglo XXI [1ra. ed., en inglés, 1938], 1980, p. 101.

BIBLIOGRAFÍA
(Publicaciones citadas en el texto)

Abad, José Ramón, *Puerto Rico en la feria Exposición de Ponce en 1882*, Ponce, Tip. el Comercio, 1885 (2a. ed., San Juan, Coquí, 1967).

Abbad y Lasierra, Fray Íñigo, *Historia geográfica, civil y natural de la Isla de San Juan Bautista de Puerto Rico* (1782), San Juan, Ed. UPR, 1959.

Acosta, Úrsula (con la colaboración de David Cuesta Camacho), *¿Quién era Cofresí?*, Hormigueros, P. R., s. ed., 1984.

Adorno, Theodor, *Introduction to the Sociology of Music*, Nueva York, Seabury Press, 1976 [1ra. ed. en alemán 1962].

Aguilar, Charlie, *Las máscaras. Tradición de nuestro pueblo* (Hatillo), Quebradillas, Puerto Rico, Imp. San Rafael, 1983.

Alegría, Ricardo, *La Fiesta de Santiago Apóstol en Loíza Aldea*, San Juan, Colección de Estudios Puertorriqueños, 1954.

Alegría, José S., "Las retretas", *Revista del Instituto de Cultura Puertorriqueña* (ICP) 2, enero-marzo de 1959.

Alén, Olavo, *De lo afrocubano a la salsa, Géneros musicales de Cuba*, San Juan, Ed. Cubanacán, 1992.

——————, *La música de las sociedades de tumba francesa en Cuba*, La Habana, Casa de las Américas, 1986.

Alonso, Manuel, *El gíbaro*, San Juan, Cultural, 1968 [1ra. ed. Barcelona, 1849; 2da. ed., en 2 tomos, 1884].

Álvarez, Luis Manuel, "La presencia negra en la música puertorriqueña", en González, Lydia Milagros ed., *La tercera raíz...*

——————, "La música navideña, testimonio de nuestro presente y pasado histórico", *Revista Musical Puertorriqueña* 3, diciembre de 1988.

——————, *African Heritage of Puerto Rican Folk-music: Poetic Structure*, ms. University of Indiana, 1979.

——————, *Antología de la música jíbara puertorriqueña*, San Juan, Ed. UPR (en prensa).

Álvarez Nazario, Manuel, *Origen y desarrollo del español en Puerto Rico (siglos XVI y XVII)*, San Juan, Ed. UPR, 1982.

——————, *El influjo indígena en el español en Puerto Rico*, San Juan, Ed. UPR, 1977.

——————, *El elemento afronegroide en el español de Puerto Rico*, contribución al estudio del negro en América, San Juan, ICP, 1974.

——————, "Historia de las denominaciones de los bailes de bomba", en *Revista del ICP* IV: 1, marzo de 1960.

Amado, Jorge, *Gabriela clavo y canela*, Buenos Aires, Losada, 1969 [1ra. ed. en portugués 1958].
Andrade, Coba y Carlos Alberto, *Literatura popular afro-ecuatoriana*, Otavalo, Instituto Otavaleño de Antropología, 1980.
Andueza, J.M., *Isla de Cuba Pintoresca*, Madrid, Boix ed., 1841.
Apel, Willie, *Harvard Dictionary of Music*, Cambridge, Mass., Harvard University Press, 1982.
Aponte Torres, Gilberto, *San Mateo de Cangrejos (Comunidad cimarrona en Puerto Rico)*, San Juan, Comité Historia de los pueblos, 1985.
Aragunde, Rafael, "Cuestionamiento y defensa actuales de la categoría de totalidad para un filosofar desde Puerto Rico", en Ramos, Francisco José (ed.), *Hacer: Pensar*, San Juan, Ed. UPR, 1994, pp. 13-32.
Arentz, Isabel (ed.), *América Latina en su música*, México, Siglo XXI-UNESCO, 1977.
Aristóteles, *Ética a Nicómaco*, Madrid, Instituto de Estudios Políticos, 1959.
Arjona Siaca, Ernesto (ed.), *Juan Morel Campos 1857-1896*, Ponce, Tip. Morel Campos, 1937.
Arocho Velázquez, Sylvia, "En búsqueda de una socio-historia económica de la música puertorriqueña", *Homines* X:1, enero-julio de 1986.
Arrom, José Juan, "Cimarrón: apuntes sobre sus primeras documentaciones y su probable origen", *Anales del Caribe* II, La Habana, Casa de las Américas, 1982.
————— y Manuel García Arévalo, *Cimarrón*, Santo Domingo, Ed. Fundación García Arévalo, 1986.
Attali, Jacques, *Bruits, essai sur l'économie politique de la musique*, París, Presses Universitaires de France, 1977 [ed. esp., México, Siglo XXI, 1995].
Babín, María Teresa, *Panorama de la cultura puertorriqueña*, San Juan, ICP, 1958.
Báez, Juan Carlos, *El vínculo es la Salsa*, Caracas, UCV y Ed. Derrelieve, 1989.
Bakhtin, Michael, *Rabelais and his World*, Cambridge, Mass., MIT Press, 1968.
Ballantine, Christopher, *Music and Its Social Meaning*, Johannesburg, Ravan Press, 1984.
Balseiro, José A., *Juan Morel Campos, El hombre y el músico*, San Juan, Tip. Germán Díaz, 1922.
Bartholomew, Wilmer T., *Acoustics of Music*, Nueva York, Prentice Hall, 1942.
Bartók, Béla, *Escritos sobre música popular*, México, Siglo XXI, 1979.
—————, *Hungarian Folk Music*, Londres, Oxford University Press, 1931.
Barton, Halbert E., *The Drum-Dance Challenge: An Anthropological Study of Gender, Race, and Class Marginalization of Bomba in Puerto Rico*, tesis PhD, Universidad de Cornell, 1995.
Bebey, Francis, *Musique de l'Afrique*, París, Horizons de France, 1969.
Béhague, Gerard H. (ed.), *Music and Black Ethnicity, The Caribbean and South America*, New Brunswick, Transaction Pub., 1994.

Bendix, Reinhard, *Nation-Building and Citizenship*, Nueva Jersey, J. Wiley & Sons, 1964.
Benítez Rojo, Antonio, *La isla que se repite*, Hanover, Ed. del Norte, 1989.
Benjamin, Walter, "The Work of Art in the Age of Mechanical Reproduction" [1936], republicado en su antología de ensayos, *Illuminations*, Nueva York, Harcourt, 1968.
Bennassar, Bartolomé, *L'Homme Espagnol: attitudes et mentalités du XVIe au XIe siècle*, París, Hachette, 1975.
Berman, Marshall, *Todo lo sólido se desvanece en el aire, la experiencia de la modernidad*, México, Siglo XXI, 1988 [1ra. ed. en inglés 1982].
Berríos, Marisol, *The Significance of Salsa Music to National and Pan Latino Identity* (tesis Ph.D.), en preparación, Universidad de Berkeley, California.
Bhabha, Homi, *The Location of Culture*, Londres, Routledge, 1994.
—————, "Remembering Fanon: Self, Psyche and the Colonial Condition", Prefacio a la reimpresión inglesa de Fanon, Frantz, *Black Skin, White Masks*, Londres, Pluto, 1986.
Bilby, Kenneth M., *The Caribbean as a Musical Region*, Washington, The Wilson Center, 1985.
Blacking, John, *How Musical is Man?*, Seattle, University of Washington Press, 1973.
Blanco, Jesús, *80 años de Son y Soneros en el Caribe, 1909-1989*, Caracas, Fondo Ed. Tropykos, 1992.
Blanco, Tomás, "El mito del Jíbaro", *Revista del ICP* 5, octubre-diciembre de 1959.
—————, "Elogio de la plena", *Revista del Ateneo Puertorriqueño* I: 1, marzo de 1935, uso ed. reproducida por Mariana Robles de Cardona, *Antología crítica del ensayo en Puerto Rico*, San Juan, UPR, 1950.
Blomster, W.V., "Sociology of Music: Adorno and Beyond", *TELOS* 28, verano de 1976.
Blum, Joseph, "Problems of Salsa Research", *Ethnomusicology*, vol. 22, núm. 1, enero de 1978, pp. 137-149.
Boggs, Vernon W. (ed.), *Salsiology, Afro-Cuban Music and the Evolution of Salsa in New York City*, Nueva York, Greenwood Press, 1992.
Bonó, Pedro Francisco, *El Montero. Novela de costumbres*, Santo Domingo, Col. del pensamiento dominicano, 1968 [1ra. ed. 1856].
Brau, Salvador, *La vuelta al hogar* (1877) reproducido en ICP, *Teatro puertorriqueño, cuarto festival*, San Juan, ICP, 1962, pp. 155-315.
—————, *Disquisiciones sociológicas*, San Juan, ed. UPR, 1956.
—————, *La fundación de Ponce*, San Juan, Tip. La Democracia, 1909.
—————, *Historia de Puerto Rico*, Nueva York, D. Appleton & Co., 1904.
—————, *Puerto Rico en Sevilla*, San Juan, s. ed., 1896.
—————, "La herencia devota", en *Almanaque de Damas para 1887*, San Juan, Tip. González Font, 1886.

———, *Ecos de la batalla*, San Juan, Lib. de González Font, 1886.
Burgos, Julia de, *Canción de la verdad sencilla*, San Juan, Imp. Baldrich, 1939.
Cabrera, Francisco Manrique, *Historia de la Literatura Puertorriqueña*, Nueva York, Las Américas Pub. Co., 1955.
Callejo, Fernando, *Música y músicos puertorriqueños*, San Juan, Ed. Coquí, 1971 [1ra. ed. 1915].
Camacho, B.G., *El Águila Negra o Roberto Cofresí, Intrépido pirata puertorriqueño, El temor de los navegantes*, Ponce, Tip. Camacho, 1934.
Cámara de Comercio de Ponce, *Memorial to the Honorable Senate and House of Representatives of the United States*, Ponce, López Press, 1904.
Campos Parsi, Héctor, *La música en Puerto Rico*, tomo 7 de *La gran enciclopedia de Puerto Rico*, San Juan, ediciones R, 1976.
Camuñas, Jaime, "La danza puertorriqueña: punto de partida sociológico", *Homines* 10: 1, enero-julio de 1986.
Canino, Marcelino, *El cantar folklórico de Puerto Rico (Estudio y Florilegio)*, San Juan, Ed. UPR, 1975.
Caro Baroja, Julio, *Inquisición, brujería y criptojudaísmo*, Barcelona, Ariel, 1970.
Carpentier, Alejo, *El camino de Santiago*, Buenos Aires, 1957.
———, *La música en Cuba*, México, FCE, 1946.
Carvalho, José Jorge de, "As Duas Faces da Tradiçao, O Clássico e o Popular na Modernidade Latinoamericana", *Dados* XXXV: 3, 1992, pp. 403-434, reproducido en español por la revista *Nuevo texto crítico* IV: 8, 1991, pp. 117-144.
Casals, Pablo, "Casals en Fortaleza, Se estusiasma con el Cuatro Boricua", periódico *El Mundo*, 13 de diciembre de 1955.
Casimir, Jean, "Estudio de caso respuesta a los problemas de la esclavitud y de la colonización en Haití", en Moreno Fraginals, Manuel (ed.), *África en América...*
———, *La cultura oprimida*, México, Nueva imagen, 1981.
Casti, John L., *Complexification, Explaining a Paradoxical World Through the Science of Surprise*, Nueva York, Harper, 1994.
Castillo, José del y Manuel García Arévalo, *Carnaval en Santo Domingo*, Santo Domingo, Amigo del Hogar, 1987.
Castro, Américo, *Iberoamérica*, Nueva York, Dryden Press, 1966.
———, *De la Edad Conflictiva, crisis de la cultura española en el siglo XVII*, Madrid, Taurus, 1976 [1ra. ed. 1961].
———, *La realidad histórica de España*, México, Porrúa, 1971 [1ra. ed. 1954].
———, *España en su historia. Cristianos, moros y judíos*, Barcelona, Crítica, 1983 [1ra. ed. 1948].
Catálogo general de la existencia del Almacén de música de Olimpio Otero (Ponce), Humacao, P.R., Imp. de F. Otero, 1883.
Catálogo general de las existencias del Almacén de música y pianos de Rossy, Montañez y Cía., San Juan, Tip. de González Font, 1899.

Cid y Mulet, Juan, *México en un himno, génesis e historia del himno nacional mexicano*, México, Costa-Amic, 1974.
Clarke, Donald, *The Penguin Encyclopedia of Popular Music*, Londres, Penguin, 1989.
Coll Cuchí, Isabel, *Cofresí*, San Juan, Tip. Giranes, 1973.
Coll y Toste, Cayetano, *Boletín Histórico de Puerto Rico*, vol. IX, San Juan, Tip. Cantero, Fernández y Co., 1922.
——————, "Los bailes de la catedral" (1691), en *Tradiciones y leyendas puertorriqueñas*, Barcelona, Ed. Maucci, 1951.
Cooke, Deryck, *Vindications, Essays on Romantic Music*, Cambridge, Cambridge University Press, 1982.
——————, *The Language of Music*, Londres, Oxford University Press, 1959.
Cooper, Lee, *The Pirate of Puerto Rico*, San Juan, Putnam's, 1972.
Coopersmith, J.M., *Música y músicos de la República Dominicana*, 2da. ed., Santo Domingo, Dirección General de la Cultura, 1974.
Copland, Aaron, *Cómo escuchar la música*, México, Fondo de Cultura Económica, 1980 [1ra. ed. en inglés, 1939].
Corominas, Joan (con Pascual, José), *Diccionario crítico y etimológico castellano e hispánico*, Madrid, ed. Gredos, 1980.
Crónica de San Juan o sea Descripción de las fiestas con que la ciudad de Puerto Rico ha celebrado a su Santo Patrono, San Juan, Imp. del Comercio, 1864.
Cueva, Agustín, *El desarrollo del capitalismo en América Latina*, México, Siglo XXI, 1977.
Curet, José, *Los amos hablan. Unas conversaciones entre un esclavo y su amo, aparecidas en El Ponceño, 1852-53*, San Juan, Ed. Cultural, 1986.
——————, *De la esclavitud a la abolición: Transiciones económicas en las haciendas azucareras de Ponce, 1845-1873*, CEREP-Cuadernos 7, San Juan, 1979.
Curtin, Philip D., *Two Jamaicas 1830-1865*, Cambridge, Mass., Harvard University Press, 1955.
Dávila Santiago, Rubén, *El derribo de las murallas y "El Porvenir de Borinquen"*, San Juan, CEREP-Cuadernos 8, febrero de 1983.
Davin, Anna, "Imperialism and Motherhood", *History Workshop* 5, primavera de 1978, pp. 9-65.
De la Torre, Jovino, *Siluetas ponceñas*, Ponce, Tip. de J. Picó Matos, 1900.
Defourneaux, Marcelin, *Daily Life in Spain in the Golden Age*, Londres, George Allan & Unwin, 1970.
——————, *L'Inquisition espagnole et les livres français au XVIIe siècle*, París, Presses Universitaires de France, 1963.
Del Toro Soler, Ricardo, *Huracán*, novela basada en la leyenda del pirata Roberto Cofresí (1896), Cabo Rojo, P. R., Tip. Bulls, 1936 (2da. ed.).
Deleito y Piñuela, José, *También se divierte el Pueblo (Recuerdos de hace tres siglos)*, Madrid, Espasa Calpe, 1944.

Deliz, Monserrate, *El himno de Puerto Rico, Estudio crítico de "La Borinqueña"*, Madrid, Ed. Gisa, 1957.
Derrida, Jacques, *Specters de Marx*, París, Ed. Galeleé, 1993.
Deschamps, Eugenio, *Juan Morel Campos*, Ponce, Tip. del Correo de P.R., 1899.
Descripción de las fiestas y regocijos públicos con que la ciudad de Puerto Rico ha celebrado el juramento prestado el 10 de febrero de 1844 a S.M. la Reina..., San Juan, Imp. de Simbernat, 1844.
Díaz Ayala, Cristóbal, *Cuando salí de la Habana, 1898-1998. Cien años de música cubana por el mundo*, San Juan, Fundación Musicalia, 1998.
—————, *Música cubana, del areyto a la Nueva Trova*, San Juan, Cubanacán, 1981.
Díaz Díaz, Edgardo, "La gomba paraguaya; un documento para el estudio de la bomba puertorriqueña", en revista *La Canción Popular* I: 1, enero-junio de 1986, pp. 8-14.
Díaz Quiñones, Arcadio, *La memoria rota*, San Juan, Huracán, 1993.
Diccionario de la Real Academia Española, Madrid, Espasa-Calpe, 1984.
Diccionario Velázquez de Español a Inglés, Chicago, Follet Pub. Co., 1964.
Domínguez Ortiz, Antonio, *Los judeoconversos en España y América*, Madrid, Ed. Istmo, 1978.
—————, *La clase social de los conversos en Castilla en la Edad Moderna*, ¿Madrid?, Inst. Barnes de Sociología, 1958.
————— y Bernand Vincent, *Historia de los moriscos*, Madrid, Revista de Occidente, 1978.
Dommanget, Maurice, *Historia del 1ro. de mayo*, Barcelona, ed. Lain, 1976 [1ra. ed. en francés, 1953].
Dower, Catherine, *Puerto Rican Music Following the Spanish American War, 1898*, Longham, Md., University Press of America, 1983.
Duany, Jorge, "Popular Music in Puerto Rico: Towards an Anthropology of Salsa", *Latin American Musical Review* 5:2, otoño/invierno de 1984, pp. 187-216.
Dufrasne, Emanuel, "Los instrumentos musicales afroboricuas", en González, L. M. (ed.), *La tercera raíz...*
—————, *Puerto Rico también tiene... ¡tambó! Recopilación de artículos sobre la plena y la bomba*, Paracumbé, 1994.
—————, "La Bomba: de Ponce y de todos los puertorriqueños", periódico *El Nuevo Día*, 27 de agosto de 1991, p. 75.
—————, "La africanía de los bailes de bomba: la interacción social durante los eventos musicales", *La Revista del Centro de Estudios Avanzados de Puerto Rico y el Caribe* 9, julio-diciembre de 1989.
—————, "Paracumbé: un proyecto para la autenticidad en música popular", en revista *Cruz Ansata* 10, 1987, pp. 199-213.
—————, "Tres cordófonos de origen africano en Puerto Rico, nuevos datos organológicos del Caribe hispano-hablante", *La Revista del Centro de Estudios*

Avanzados de Puerto Rico y el Caribe 5, julio-diciembre de 1987, pp. 71-77.
Durant, Alan, "Improvisation in the Political Economy of Music", en Norris, Christopher (ed.), *Music and the Politics...*
—————, *Conditions of Music*, Southampton, Macmillan, 1984.
Eisler, Hanns, *Escritos teóricos, Materiales para una dialéctica de la música*, La Habana, Ed. Arte y Literatura, 1990.
Escabí, Elsa y Pedro Escabí, *La décima, estudio etnográfico de la cultura popular de Puerto*, San Juan, Ed. UPR, 1976.
Escabí, Pedro, *Morovis, vista parcial del folklore de Puerto Rico*, San Juan, UPR-CIS, 1970.
Fanon Frantz, *Peau noire, masques blancs*, París, Ed. du Seuil, 1952 (traducido al español como *¡Escucha, blanco!*, Barcelona, Ed. Terra Nova, 1970).
—————, *Sociologie d'une révolution*, París, Maspero, 1966 [1ra. ed. en español, México, Era, 1968].
—————, *Les damnés de la terre*, París, Maspero, 1961 [1ra. ed. en español, *Los condenados de la tierra*, México, FCE, 1963].
Featherstone, Mike (ed.), *Global Culture: Nationalism, Globalization and Modernity*, Londres, Sage, 1990.
Fernández Méndez, Eugenio, "Introducción" a Brau, S., *Disquisiciones...*
Fernández Vallador, Roberto, *El mito de Cofresí en la narrativa antillana*, San Juan, Ed. UPR, 1978.
Ferré, Rosario, *Maldito amor*, México, Joaquín Mortiz, 1986.
Figueroa Berríos, Edwin, "Los sones de la bomba en la tradición popular de la costa sur de Puerto Rico", *Revista del ICP* 21, octubre-diciembre de 1963.
Figueroa Hernández, Rafael, *Ismael Rivera: el sonero mayor*, San Juan, ICP, 1993.
Finkelstein, Sidney, *Composer and Nation: The Folk Heritage of Music*, Nueva York, International Publishers, 1960.
Flores, Juan, *La venganza de Cortijo y otros ensayos*, San Juan, Huracán, 1997.
—————, "The Latino Imaginary: Dimensions of Community and Identity", en Rivera Nieves, Irma y Carlos Gil (eds.), *Polifonía...*
Fonfrías, Ernesto Juan, *Apuntes sobre la danza puertorriqueña*, San Juan, ICP, 1967.
Font, Cecilio R., *Cosas de la danza de Puerto Rico*, Madrid, Artes gráficas Ibarra, 1970.
Frith, Simon, *Performing Rites. On the Value of Popular Music*, Oxford, Oxford University Press, 1996.
—————, *Sound Effects, Youth, Leisure, and the Politics of Rock'n'Roll*, Nueva York, Pantheon, 1981.
Galán, Natalio, *Cuba y sus sones*, Valencia, Pre-textos, 1983.
Gammon, Vic., "Babylonian Performances, the Rise and Suppression of Popular Church Music", en Yeo, Eileen y Stephen (eds.), *Popular Culture...*
García, Ana María, *Cocolos y Rockeros* (film documental), San Juan, Pandora Films, 1992.

García Canclini, Néstor, *Consumidores y ciudadanos. Conflictos multiculturales de la globalización*, México, Grijalbo, 1995.
————, *Culturas híbridas*, Buenos Aires, Ed. Sudamericana, 1992.
————, *Las culturas populares en el capitalismo*, México, Nueva Imagen, 1982.
————, *Arte popular y sociedad en América Latina*, México, Grijalbo, 1977.
García de Arboleya, José, *Manual de la isla de Cuba. Compendio de su historia, geografía, estadística y administración*, La Habana, Imp. del Tiempo, 1859.
García, Gervasio y Ángel G. Quintero Rivera, *Desafío y solidaridad. Breve historia del movimiento puertorriqueño*, San Juan, Huracán-CEREP, 1982.
García Velázquez, Francisco, "El proceso de urbanización en Cuba", en Jorge Enrique Hardoy et al., *La urbanización en América Latina*, Buenos Aires, ed. del Inst., 1969.
Garnier, Jean-Pierre y Roland Lew, "From the Wretched of the Earth to the defense of the West", *The Socialist Register*, 1984.
Garrido, Pablo, *Esoteria y fervor populares de Puerto Rico*, Madrid, Ed. cultura hispánica, 1952.
Gaudier, Martín, *La Borinqueña*, Barcelona, ed. Rumbos, 1959.
Géigel, F.G., *Corsarios y piratas de Puerto Rico. Episodios en Puerto Rico durante la guerra de los Estados Unidos con los piratas de las Indias Occidentales 1819-1825*, San Juan, Cantero, Fernández y Cía., 1946.
Genel, Albert Andre, "De Grosourdy, médico del campesinado puertorriqueño en el siglo XIX", *Revista del ICP* 88, abril-junio de 1985.
Gil de Prann, Josefina, *Typical Christmas Customs in Puerto Rico*, San Juan, Imp. Correo Dominical, 1929.
Gillet, Charlie, *Sound of the City: The Rise of Rock and Roll*, Nueva York, Outerbridge & Dienstfrey, 1970.
Gilroy, Paul, *The Black Atlantic, Modernity and Double Consciousness*, Cambridge, Mass., Harvard University Press, 1994.
Glasser, Ruth, *My Music is My Flag, Puerto Rican Musicians and their New York Communities, 1917-1940*, Berkeley, University of California Press, 1995.
————, *"Que vivio tiene la gente aquí en Nueva York"; Music and Community in Puerto Rican New York, 1915-40*, tesis PhD., Universidad de Yale, 1991.
González, Lydia Milagros (ed.), *La tercera raíz, presencia africana en Puerto Rico*, San Juan, CEREP, 1992.
————, Ana Lydia Vega, et al., *El machete de Ogún*, San Juan, CEREP, 1989.
————, y Mario Visepó, *La herencia de un tambor* (film documental), San Juan, Cinetel, 1984.
González, José Luis, *El país de cuatro pisos y otros ensayos*, San Juan, Huracán, 1980.
————, "Literatura e identidad nacional", en Quintero Rivera, Ángel G. et al., *Puerto Rico: identidad nacional y clases sociales*, San Juan, Huracán, 1979.
González Mena, Enrique y Joaquín Telechea, *Guía comercial e industrial de la ciudad de Ponce*, Ponce, Tip. Baldorioty, 1903.

Grenet, Emilio, *Popular Cuban Music*, La Habana, Corosa y Co., 1939.
Griffiths, Gareth, Bill Ashcroft y Helen Tiffin (eds.), *The Post-colonial Studies Reader*, Londres, Routledge, 1995.
Grossberg, Lawrence, *We gotta get out of this place, Popular Conservatism and Postmodern Culture*, Londres, Routledge, 1992.
Guido, Walter, "'Interignorancia' musical en América Latina", en Arentz, Isabel (ed.), *América*...
Guillén, Nicolás, *Obra poética*, tomo I 1920-1958, La Habana, Inst. Cubano del Libro, 1972.
Guirnalda Puertorriqueña, Periódico de Amena Literatura y Modas I: 3, marzo de 1856.
Hanna, Judith Lynne, *To Dance is Human. A Theory of Nonverbal Communication*, Austin, University of Texas Press, 1979.
Hardoy, Jorge Enrique y Richard Morse (comps.), *Nuevas perspectivas en los estudios sobre Historia urbana Latinoamericana*, Buenos Aires, IIED, 1989.
Harker, Dave, *One for the Money, Politics and Popular Song*, Londres, Hutchinson, 1980.
Harvey, David, *The Condition of Postmodernity, An Enquiry into the Origins of Cultural Change*, Oxford, Basil Blackwell, 1989.
Hayward, Barry, "Memory and Creativity in the Interpretation of Early Music", París, 1991 (mimeo).
Henríquez Ureña, Pedro, "Música popular de América" (1929) reproducido en *Boletín de Antropología Americana* 9, julio de 1984.
Hill, Errol, *The Trinidad Carnival*, Austin, University of Texas Press, 1972.
Hine, T., *Populuxe*, Nueva York, Knopf, 1986.
Hobsbawm, Eric J. (ed.), *The Invention of Tradition*, Cambridge, Cambridge University Press, 1983.
——————, *The Age of Revolution 1789-1848*, Nueva York, Mentor Books, 1964 (trad. al español como *Las revoluciones burguesas*, Madrid, Guadarrama, 1974).
——————, *Bandits*, Londres, Penguin, 1969.
——————, *Primitive Rebels*, Manchester University Press, 1959.
Hoogbergen, Wim (ed.), *Born Out of Resistance, On Caribbean Cultural Creativity*, Utrecht, ISOR, 1995.
Horowitz, Irving Louis, "Rock on the Rocks -Bubblegum Anyone?", *Psychology Today*, enero de 1971, pp. 59-61, 83.
Ianni, Octavio, *A sociedade global*, Río de Janeiro, Ed. Civilização Brasileira, 1993 [ed. esp., *La sociedad global*, México, Siglo XXI, 1998].
Jahn, Janheinz, *Muntu: Las culturas neoafricanas*, México, FCE, 1963 [1ra. ed. en alemán, 1958].
Jiménez Báez, Ivette de, *La décima popular en Puerto Rico*, Xalapa, Universidad Veracruzana, 1964.
Jimeno Angius, D.J., *Población y comercio de la Isla de Puerto Rico*, Madrid, Tip. El correo, 1885.

Jones, Gareth Stedman, *Languages of Class, Studies in English Working Class History 1832-1982*, Cambridge, Cambridge University Press, 1983.
—————, *Outcast London. A study in the relationship between classes in victorian society*, Londres, Penguin, 1976.
Jones, L.Y., *Great Expectations: America and the Baby Boom Generation*, Nueva York, Coward, McCann y Geoghegan, 1980.
Kazantzakes, Nikos, *Alexis Zorba, el griego*, Buenos Aires, Ed. Carlos Lohlé, 1973.
King, John, et al., *Mediating Two Worlds, Cinematic Encounters in the Americas*, Londres, British Film Institute Pub., 1993.
Labra, Rafael María de, *La brutalidad de los negros*, Madrid, Imp. de Aurelio Aloria, 1876.
Laguerre, Enrique A. y Esther M. Melón, *El jíbaro de Puerto Rico: símbolo y figura*, Sharon, Conn., Troutman Press, 1968.
Lauer, Mirko, *Crítica de la artesanía. Plástica y sociedad en los Andes peruanos*, Lima, DESCO, 1982.
Lea, Charles Henry, *A History of the Inquisition*, 4 vols., Nueva York, Macmillan Co., 1906.
Lea, Charles, *The Moriscos of Spain, Their Conversion and Expulsion*, Nueva York, Greenwood Press, 1968 [1ra. ed. 1901].
Ledrú, Andre Pierre, *Viaje a la Isla de Puerto Rico* (1797), San Juan, Imp. militar de J. González, 1863.
Lee, Albert E., *An Island Grows, Puerto Rico, 1873-1942*, San Juan, A.E. Lee and Sons, 1963.
León, Argeliers, "Continuidad cultural africana en América", *Anales del Caribe* (La Habana) 6, 1986.
—————, *Del canto y el tiempo*, La Habana, Ed. Letras Cubanas, 1984 [1ra. ed. 1974].
—————, "Ensayo sobre la influencia africana en la música de Cuba", separata de *Revista Pro Arte Musical* (La Habana), 1959.
Leppert, Richard, *Music and Image; Domesticity, ideology and sociocultural formation in 18th Century England*, Cambridge, Cambridge University Press, 1988.
Lewis, Jane (ed.), *Labour and Love, Women's Experience of Home and Family, 1850-1940*, Oxford, Basil Blackwell, 1986.
Linares, María Teresa, *La música y el pueblo*, La Habana, Instituto Cubano del Libro, 1974.
Lipsitz, George, *Dangerous Crossroads, Popular Music, Postmodernism and the Poetics of Place*, Londres, Verso, 1994.
—————, *Time Passages, Collective Memory and American Popular Culture*, Minneapolis, University of Minnesota Press, 1990.
Loesser, Arthur, *Men, Women and Pianos, A Social History*, Nueva York, Simon and Schuster, 1954.
Lomax, Alan, *Folk Song Style and Culture*, New Brunswick, Transaction Books, 1968.

López, Ana M., "Are All Latins from Manhattan? Hollywood Ethnography and Cultural Colonialism", en King, John, *et al.*, *Mediating Two Worlds...*
López Cantos, Ángel, *Miguel Enríquez. Corsario boricua del siglo XVIII*, San Juan, Ed. Puerto, 1994.
——————, "Notas para una aproximación al carácter de los puertorriqueños (siglo XVIII)", Revista *Cruz Ansata* 10, 1987.
López Cruz, Francisco, "La marumba", *Revista del ICP*, 74, enero-mayo de 1977.
——————, *El aguinaldo en Puerto Rico*, San Juan, ICP, 1972.
——————, *La música folklórica de Puerto Rico*, Sharon, Conn., Troutman Press, 1967.
——————, *El aguinaldo y el villancico en el folklore puertorriqueño*, San Juan, ICP, 1956.
MacInnes, Colin, *Sweet Saturday Nights*, Londres, MacGibbon & Kee, 1967.
MacPherson, C.B., *The Political Theory of Possesive Individualism, Hobbes to Locke*, Londres, Oxford University Press, 1962.
Malavet Vega, Pedro, *Historia de la canción popular en Puerto Rico (1493-1898)*, Ponce, ed. Corripio, 1992.
——————, *Navidad que vuelve (La tradición y el cantar navideño en Puerto Rico)*, Ponce, Metmor, 1987.
Marín, Ramón, *Las fiestas populares de Ponce*, Ponce, Tip. El Vapor, 1875.
Marothy, János, *Music and the Bourgeois, Music and the Proletarian*, Budapest, Akademiai Kiado, 1974.
Marqués, René, *La carreta*, originalmente publicada en la revista *Asomante*, núm. IV de 1951 y núms. I y III de 1952.
Marshall, T.H., *Class, Citizenship, and Social Development*, Garden City, Nueva York, Doubleday, 1965.
Martindale, Don y Johannes Riedel, "Max Weber's Sociology of Music", introducción a Weber, *The Rational and Social...*
Marx, Karl y F. Engels, *El manifiesto comunista*, Madrid, Ed. Alba, 1987.
Masini, Juan, *et al.*, *Historia ilustrada de Yauco*, Yauco, Imp. Yauco Printing, 1925.
Matamba y Mostaza, *Las fiestas de Reyes*, San Juan, Tip. Viuda de González, 1896.
Matos Bernier, Félix, *Cromos ponceños*, Ponce, Imp. La Libertad, 1896.
Mayo Santana, Raúl, Mariano Negrón Portillo y Manuel Mayo López, "Esclavos y libertos: el trabajo en San Juan pre y post-abolición", *Revista de Ciencias Sociales* (CIS-UPR) XXX: 3-4, mayo de 1995.
Mayoral Barnes, Manuel, *Historia de Puerto Rico, primer tomo: De la formación de los pueblos*, Ponce, s. ed., s.f., ¿1942?
McClary, Susan, *Feminine Endings, Music, Gender, and Sexuality*, Londres, University of Minnesota Press, 1991.
McCoy, James, *The Bomba and Aguinaldo of Puerto Rico as they have evolved from indigenous African and European Cultures*, tesis Ph.D, Florida State University, 1968.
Medina González, Zenón, "Las fiestas populares", "Fiestas en Ponce", "La

Retreta en la Marina" (1882), *Pinceladas*, San Juan, Tip. Viuda de González, 1895, pp. 88-89, 90-91 y 92-93.

Méndez Quiñónez, Ramón, *Los jíbaros progresistas* (dedicado a los iniciadores de la feria de Ponce), dos volúmenes, Mayagüez, Imp. El Propagador, 1882.

Menezes Bastos, Rafael José, "Esboço de una teoría da música: para além de uma antropologia sem musica e de uma musicologia sem homen", *Anuário Antropológico* 93 (Río de Janeiro, Tempe Brasilero), 1995.

Mercadier, M.P.L., *Ensayo de instrucción musical*, San Juan, Imp. Militar, 1862.

Merriam, Alan P., *The Anthropology of Music*, Bloomington, Indiana, Northwestern University Press, 1964.

Miller, Arthur, *Death of a Salesman*, Nueva York, Viking Press, 1949.

Mirabal, Antonio, *Próceres del Arte*, Publicación de la Oficina Municipal de Historia, Ponce, 1956.

Miyares, Fernando, *Noticias particulares de la isla y Plaza de San Juan de Puerto Rico* (1775), San Juan, UPR, 1957.

Monclova Vázquez, Héctor I., "Yo no estoy para jugar. Mejor me quito", Entrevista a Roberto Rohena, Periódico *Claridad*, 6-12 de mayo de 1994, pp. 22-23.

Monserrat, Gabriel, *El poema del himno nacional argentino, con el poema de los himnos de todas las naciones, con antecedentes y juicios críticos de algunos*, Buenos Aires, Lib. del Colegio, 1932.

Monsiváis, Carlos, *Escenas de pudor y liviandad*, México, Grijalbo, 1988.

—————, *Amor perdido*, México, Era, 1977.

Morales Muñoz, Generoso, *Fundación del pueblo de Lares*, San Juan, Imp. Venezuela, 1946.

—————, *Fundación del pueblo de Gurabo*, San Juan, Imp. Venezuela, 1944.

Moreira, Sergio, recopilador, *Cuaderno de cantos patrióticos conmemorativos*, Caracas, Cultural Venezolana, 1974.

Morel Campos, Ramón, *Guía local y de comercio de la ciudad de Ponce*, Ponce, Imp. El Telégrafo, 1895.

Moreno Fraginals, Manuel (ed.), *África en América Latina*, México, Siglo XXI, 1977.

—————, F. Moya Pons y S.L. Engerman (eds.), *Between Slavery and Free Labor: the Spanish Speaking Caribbean in the Nineteenth Century*, Baltimore, Johns Hopkins University Press, 1985.

Moreno Rivas, Yolanda, *Historia de la música popular mexicana*, México, Alianza Editorial, 1979.

Mori, Cotarelo, "Introducción" a su *Colección de Entremeses, Loas, Bailes, Jácaros y Mojigangas, desde fines del siglo XVI a mediados del XVIII*, tomo XVII de la Nueva Biblioteca de Autores Españoles, Madrid, 1911.

Moringo, Marcos A. (ed.), *Diccionario manual de americanismos*, Buenos Aires, Muchnik ed., 1966.

Morse, Richard M., *The Urban Development of Latin America 1750-1900*, Stanford University Press, 1971.

Moscoso, Francisco, *Tribu y clases en el Caribe antiguo*, San Pedro de Macorís, Universidad Central del Este, 1986.

Muñoz de Frontera, Nélida, "La música religiosa en el siglo XIX: cuatro músicos puertorriqueños", mimeo inédito, ponencia leída en Simposio, San Juan, UPR,11 de marzo de 1989.

—————, *A Study of Selected 19th Century Puerto Rican Composers and their Musical Output*, tesis PhD, Nueva York University, 1987.

Muñoz, María Luisa, *La música en Puerto Rico: panorama histórico cultural*, Sharon, Conn., Troutman Press. 1966.

Negus, Keith, *Popular Music in Theory*, Cambridge, U.K., Polity Press, 1996.

—————, *Producing Pop, Culture and Conflict in the Popular Music Industry*, Londres, Edward Arnold, 1992.

Nistal, Benjamín, *Esclavos prófugos y cimarrones, Puerto Rico 1770-1870*, San Juan, ed. UPR, 1984.

—————, "Problems in the Social Structure of Slavery in Puerto Rico During the Process of Abolition, 1872", en Moreno Fraginals *et al.*, *Between Slavery and...*

Nolasco, Flérida, *Santo Domingo en el Folklore Universal*, Santo Domingo, Impresora dominicana, 1956.

Norris, Christopher (ed.), *Music and the Politics of Culture*, Londres, Lawrence & Wishart, 1989.

Norton, Richard y John Bokina, "Reseña a Marothy, *Music and....*" Revista *TELOS* 28, verano de 1976, pp. 227-234.

Onions, C.T. (ed.), *The Shorter Oxford English Dictionary On Historical Principles*, Oxford, Clarendon Press, 1972.

Onís, Federico de, "El Velorio que oyó Palés de niño en Guayama", *Revista del ICP* 5, octubre-diciembre de 1959.

Oostindie, Gert (ed.), *Ethnicity in the Caribbean, Essays in Honor of Harry Hoetink*, Londres, Macmillan, 1996.

Ormachea, Dano de, *Memoria* (1847), reproducida en Cayetano Coll y Toste, *Boletín Histórico de Puerto Rico*, vol. 2, San Juan, Tip. Cantero Fernández, 1915.

Ormachea, Fernando de, *Tipos, Costumbres, Impresiones, Aventuras y Desventuras (Popourrit de Aires Puertorriqueños)*, San Juan, El Agente, 1884.

Orovio, Helio, *Diccionario de la música cubana, biográfico y técnico*, La Habana, Ed. Letras cubanas, 1981.

Ortiz, Fernando, "La influencia afrocubana en el jazz norteamericano" (1950), reproducido en *Etnia y sociedad*, La Habana, Ed. de Ciencias Sociales, 1993, pp. 245-251.

—————, *Africanía de la música folklórica en Cuba*, La Habana, Universidad Central de las Villas, 1965 [1ra. ed. 1950].

—————, "La bomba de Puerto Rico", *Asomante* IX: 2, abril-junio de 1953, pp. 8-12.

————, *Los instrumentos de la música afrocubana*, La Habana, Dirección de Cultura del Ministerio de Educación, 1952.

————, *Estudiemos la música afrocubana y otros ensayos sobre el tema*, recogidos como separata de *Estudios Afrocubanos*, vol. V, 1940-1946.

————, "La fiesta afrocubana del Día de Reyes", *Revista Bimestre Cubana*, vol. XV, 1920.

Ortiz Ramos, Pablo Marcial, *A tres voces y guitarras*, San Juan, Corripio, 1991.

Ortiz, Renato, *Mundialização e cultura*, São Paulo, ed. brasiliense, 1994.

————, *Cultura e modernidade, A França no século XIX*, São Paulo, Ed. brasilense, 1991.

O'Reylly, Alejandro, *Memoria del Mariscal de campo D. Alexandro O'Reylly* (1765), reproducida entre otros en E. Fernández Méndez (ed.), *Crónicas de Puerto Rico*, vol. 1, San Juan, ELA, 1957.

Padilla, Félix M., "Salsa: Puerto Rican and Latino Music", *Journal of Popular Culture*, vol. 24, 1990, pp. 87-104.

Padilla, Robert, "La trayectoria de Roberto Rohena", ensayo que acompaña al CD *Roberto Rohena, The Fania "legends of salsa"*, vol. 4, Union, Nueva Jersey, Fania 705, 1994.

Palés Matos, Gustavo, *Romancero de Cofresí*, San Juan, Imp. Venezuela, 1942.

Pasarell, Emilio J., "El centenario de los conciertos de Adelina Patti y Luis Moreau Gottschalk en Puerto Rico", *Revista del ICP*, 2, enero-marzo de 1959.

Pedreira, Antonio, *Actualidad del jíbaro*, San Juan, UPR, 1935 (sobretiro del *Boletín UPR*, VI:1).

Pedreira, José Enrique, *Puerto Rico Sings, An Album of its Best-loved Songs*, Nueva York, Edward B. Marks Music Corp., 1957.

Peñaranda, Carlos, *Cartas puertorriqueñas 1878-1880*, San Juan, Cemi, 1967 [1ra. ed. Madrid, 1885].

Pérez Fernández, Rolando, *La binarización de los ritmos ternarios africanos en América Latina*, La Habana, Premio Casa de las Américas, 1988.

Pérez, Manuel A., *Estudio preliminar de las condiciones de vida en los arrabales de San Juan*, San Juan, PRRA, 1939.

Pérez Vega, Ivette, *El cielo y la tierra en sus manos. Los grandes propietarios de Ponce, 1816-1830*, San Juan, Ed. Huracán, 1985.

Pérez Villanueva, Joaquín (ed.), *La Inquisición española*, Madrid, Siglo XXI, 1980.

Periódico *El Ponceño* (1854).

Pfandl, Ludwig, *Cultura y costumbres del pueblo español de los siglos XVI y XVII*, Barcelona, Araluce, 1942 [1ra. ed. 1929].

Pichardo, Esteban, *Diccionario provincial casi razonado de Vozes y frases cubanas*, La Habana, Academia Cubana de la Lengua, 1953 [1ra. ed. 1836].

Pichaske, D., *A Generation in Motion: Popular Music and Culture in the Sixties*, Nueva York, Schirmer, 1979.

Picó, Fernando, *Don Quijote en motora y otras andanzas*, San Juan, Huracán, 1993.

————, *Al filo del poder. Subalternos y dominantes en Puerto Rico, 1739-1910*, San Juan, Ed. UPR, 1993.
————, *Vivir en Caimito*, San Juan, Huracán, 1989.
Pierce, John R., *The Science of Musical Sound*, Nueva York, W.H. Freeman and Co., 1992.
Pleasants, Henry, *Serious Music and All That Jazz!*, Nueva York, Simon & Schuster, 1969.
Porter, D., *An exposition of the facts and circumstances which justified the Expedition to Faxardo*, Washington, Devis and Force, 1825.
Possé, Abel, *Los perros del paraíso*, Barcelona, Ed. Fénix. 1983.
Price, Richard (ed.), *Sociedades cimarronas*, México, Siglo XXI, 1981.
Prigogine, Ilya, *El nacimiento del tiempo*, Barcelona, Tusquets, 1993.
———— e Isabelle Stengers, *La nueva alianza. Metamorfosis de la ciencia*, Madrid, Alianza, 1983 (también su traducción al inglés ampliamente modificada, *Order out of Chaos, Man's New Dialogue with Nature*, Nueva York, Bantam Books, 1984).
"Primera visita pastoral del Obispo Marti al Pueblo e Iglesia de la Ribera del Arecibo" (1763), *Boletín de Historia Puertorriqueña* II: 2, enero de 1950.
Puigross, Rodolfo, *La España que conquistó el nuevo mundo*, Buenos Aires, Cultural, 1965.
Quintero Herencia, Juan Carlos, "Notas para la salsa", Revista *Nómada* 1, abril de 1995.
Quintero Rivera, Ángel G., *Vírgenes, magos y escapularios*, San Juan, CIS-UPR, 1998.
————, "'La gran fuga': las identidades socio-culturales y la concepción del tiempo en la música 'tropical'", en Fiet, Lowell y Janette Becerra (eds.), *Caribe 2000: Definiciones, identidades y culturas regionales y/o nacionales*, San Juan, UPR, 1997, pp. 24-44.
————, "La música de Ernesto Cordero, Redefiniciones de lo culto y lo popular", *Diálogo* (San Juan, UPR), marzo de 1997, pp. 34-35.
————, "Salsa, democracia y cultura", rev. ArchipiéLAgo (México), año 2, núm. 10, enero-febrero de 1997, pp. 45-48.
————, "The somatology of manners: class, race and gender in the history of dance etiquette in the Hispanic Caribbean", en Oostindie, Gert ed., *Ethnicity in the Caribbean...*, 1996.
————, "Los modales y el cuerpo: 'El carreño' y el análisis de la emergencia del orden civil en el Caribe", revista *Nómada*, San Juan, 2, octubre de 1995, pp. 60-68.
————, "The Caribbean Counter-plantation Rural Formation Heritage and the Contemporary Search for Fundamentals", cap. 10, Van Vucht Tijssen, Lieteke *et al.* (eds.), *The Search for Fundamentals, The Process of Modernisation and the Quest for Meaning*, Dordrecht-Boston-Londres, Kluwer Academic Publishers y Netherlands' National Commission for UNESCO, 1995, pp. 175-185.

———, "Soneo salsero", revista *Studia* (Barranquilla, Colombia) I: 1, 1995, pp. 9-16.

———, "De la fiesta al festival, los movimientos sociales para el disfrute de la vida en Puerto Rico", revista *David y Goliath* (Buenos Aires, CLACSO), 54, febrero de 1989, pp. 47-54; publicado también en revista *Diá-logos de la comunicación* (Lima) 38, enero de 1994, pp. 96-107.

———, "El tambor camufado, la melodización de ritmos y la etnicidad cimarroneada", *Boletín Americanista* (Barcelona) 42-43, 1992, pp. 87-106. Publicado también en revistas *Africamérica* (Caracas) II: 2, enero-junio, 1994, pp. 15-24 y *América Negra* (Bogotá) núm. 8, diciembre de 1994, pp. 51-80.

———, "The Camouflaged Drum: Melodization of Rhythms and Maroonage Ethnicity in the Caribbean Peasant Music", *Caribbean Quarterly* (Kingston, Jamaica), vol. 40, num. 1, marzo de 1994, pp. 27-37.

———, "¡Cultura! En el Caribe nuestra consigna", en Federació Catalana, D'Assocacions i Clubs UNESCO, *Identidad cultural y modernidad*, Barcelona, 1990 (reimpreso en *Estudios Sociales Centroamericanos* 54, septiembre-diciembre de 1990, pp. 85-100).

———, "Imágenes e identidades", en Héctor Méndez Caratini, *Tradiciones. Álbum de la puertorriqueñidad*, San Juan, Brown, Newsom & Córdova, 1990.

———, "La música puertorriqueña y la contra-cultura democrática; Espontaneidad libertaria de la herencia cimarrona", revista *Folklore Americano* (del Instituto Panamericano de Geografía e Historia, México y Quito) núm. 49, enero-junio de 1990, pp. 135-167.

———, *Music, Social Classes, and the National Question of Puerto Rico*, Washington, Wilson Center, Smithonian Institution, *Working paper* 178, 1989.

———, "La cimarronería como herencia y utopía", revista *David y Goliath* (Buenos Aires, CLACSO), núm. 48, noviembre de 1988, pp. 37-51.

———, *Patricios y plebeyos: burgueses, hacendados, artesanos y obreros. Las relaciones de clase en el Puerto Rico de cambio de siglo*, San Juan, Huracán, 1988.

———, "La investigación urbana en Puerto Rico, breves comentarios sobre su trayectoria", en Fernando Carrión (ed.), *La investigación urbana en América Latina: caminos recorridos y por recorrer*, Quito, CIUDAD, 1987.

———, "Ponce, la danza y lo nacional", Revista *Música* (La Habana, Casa de las Américas), vol. 107, enero-junio de 1986, pp. 521.

———, "Base social de la transformación ideológica del Partido Popular", en Gerardo Navas (ed.), *Cambio y desarrollo en Puerto Rico*, San Juan, ed. UPR, 1985.

———, "Notas sociológicas sobre Mozart y su Sinfonía Haffner", Semanario *Claridad*, 5-11 de octubre de 1984, Suplemento *En Rojo*, pp. 16-17.

———, "Socialista y tabaquero: la proletarización de los artesanos", Revista *Sin Nombre* (San Juan), VIII: 4, enero-marzo de 1977, pp. 100-137 (publicado también en inglés en la Revista *Latin American Perspectives* 37 y 38, primavera y verano de 1983, pp. 19-38).

——————, "Las contradicciones de la acumulación capitalista y el llamado 'problema de población': análisis de las migraciones internas y el empleo entre 1900 y 1940 en Puerto Rico", en *Anales del Caribe* (La Habana, Casa de las Américas), núm. 2, 1982, pp. 97-137.

——————, et al., *Puerto Rico: identidad nacional y clases sociales (coloquio de Princeton)*, San Juan, Huracán, 1981.

——————, *Conflictos de clase y política en Puerto Rico*, San Juan, Huracán-CEREP, 1977.

——————, "Algunas aclaraciones imprescindibles para el análisis dinámico de la clase obrera", en *Revista de Ciencias Sociales* (San Juan), XVIII: 1-2, junio de 1974, pp. 145-200.

——————, *Culture and Politics in Contemporary Political Sociology*, Tesis MSc., Universidad de Londres (*London School of Economics and Political Science*), 1969.

Quintero Rivera, Ángel G. y Luis Manuel Álvarez, "La libre combinación de las formas musicales en la Salsa", en revista *David y Goliath* (Buenos Aires, CLACSO) 57, octubre de 1990, pp. 45-51.

Quintero Rivera, Ángel G. y Lydia Milagros González, *La otra cara de la historia*, San Juan, CEREP, 1984.

Quintero Rivera, Mareia, *A Cor e o Som da Nação: A idéia de mestiçagem na crítica musical do Caribe Hispânico Insular e do Brasil (1928-1948)*, tesis de maestría, Universidad de São Paulo, 1996.

——————, "Música 'inmoral' de las Antillas, algunos antecedentes a los debates sobre el rap", *Diálogo*, septiembre de 1995, pp. 14-15.

Rahier, Jean, *La décima: poesía oral negra del Ecuador*, s.l. ¿Quito?, ed. Abya yala, Centro cultural afro-ecuatoriano, s.f. ¿1987?

Ramírez Brau, Enrique, *Cofresí (Historia y genealogía de un pirata) 1791-1825*, San Juan, Casa Baldrich, 1945.

Ramírez, Serafín, *La Habana Artística*, La Habana, Imp. de la Capitanía General, 1891.

Rivera García, Eloísa, "Primeras notas del tema jíbaro en la literatura puertorriqueña", *Revista del ICP*, VII: 23, abril-junio de 1964.

Rivera Nieves, Irma y Carlos Gil (eds.), *Polifonía salvaje*, San Juan, ed. Postdata y UPR, 1995.

Robbins, James, "The Cuban Son as Form, Genre, and Symbol", *Latin American Music Review*, vol. 11, núm. 2, diciembre de 1990, pp. 182-200.

Roberts, John Storms, *Black Music of Two Worlds*, Nueva York, Morrow, 1974.

——————, *The Latin Tinge*, Nueva York, Oxford University Press, 1979.

Roberts Painsette, Joel, "Puerto Rico visto por los extranjeros" (1822), reproducido en *La Revista del Centro de Estudios Avanzados de P.R. y el Caribe* (San Juan) 5, julio-diciembre de 1987, pp.107-111.

Roberts Painsette, Joel, *Notas sobre México*, México, Ed. Jas, 1950.

Rockwell, John, *All American Music, Composition in the Late XXth Century*, Nueva York, Vintage, 1984.
Rodríguez, Augusto, "Apuntes para la historia de la danza puertorriqueña", *Revista del ICP*, XXII, núm. 84, julio-septiembre de 1979 (reproducción de artículo publicado en la rev. *Isla* en 1939).
Rodríguez Demorizi, Emilio, *Música y baile en Santo Domingo*, Santo Domingo, Lib. Hispaniola, 1971.
Rodríguez Juliá, Edgardo, *Una noche con Iris Chacón*, San Juan, Antillana, 1986.
—————, *La noche oscura del niño Avilés*, San Juan, Huracán, 1984.
—————, *El entierro de Cortijo*, San Juan, Huracán, 1983.
—————, *Las tribulaciones de Jonás*, San Juan, Huracán, 1983.
—————, *La renuncia del héroe Baltasar*, San Juan, Ed. Antillana, 1974.
Román, Patria, *The Construction of Latin Identities and Salsa Music Clubs in London: An Ethnographic Study* (tesis Ph.D.), Universidad de Leicester, 1996.
Rondón, César Miguel, *El libro de la salsa*, Caracas, ed. Arte, 1980.
Rosa Nieves, Cesáreo, *Apuntes sobre los bailes de Puerto Rico*, revista *Historia* I: 2, octubre de 1951.
Rosado, Marisa (ed.), *Ensayos sobre la danza puertorriqueña*, San Juan, ICP, 1977.
Rosario, José Colombán, *The Development of the Puerto Rican jíbaro and his Present Attitude Towards Society*, San Juan, UPR, 1935.
Rosario Luna, Ramón, "La fatuidad de un himno nacional 'combativo': Comentario semiológico-musical sobre *La Borinqueña*", revista *Postdata*, 9, 1994.
Rossi, Vicente, *Cosas de negros. Los orígenes del tango y otros aportes al folklore rioplatense*, Córdova, Argentina, s. ed., 1926.
Roth, Cecil, *Historia de los marranos*, Madrid, Altalena, 1979 [1ra. ed. 1932].
Rowe, William y Vivian Schelling, *Memory and Modernity, Popular Culture in Latin America*, Londres, Verso, 1991.
Rowland, Donald W., *History of the Office of the Coordinator of Inter-American Affairs*, Washington, Gov. Printing Of., 1947.
Royce, Anya Peterson, *The Anthropology of Dance*, Bloomington, Indiana University Press, 1977.
Russell, Tony, *The Encyclopedia of Rock*, Londres, Crown Pub., 1983.
Sachs, Curt, *Rhythm and Tempo, A Study in Music History*, Nueva York, W. W. Norton & Co., 1953.
—————, *Historia universal de la danza*, Buenos Aires, Ed. Centurión, 1943.
Said, Edward W., *Musical Elaborations*, Nueva York, Columbia University Press, 1991.
—————, *Orientalism*, Londres, Routledge & Kegan Paul, 1978.
Salazar, Adolfo, *La música moderna*, Buenos Aires, Losada, 1944.
—————, *Música y sociedad en el siglo XX*, México, FCE, 1939.
Salzman, Eric, *Twentieth-Century Music, An Introduction*, New Jersey, Prentice Hall, 1967.

Sánchez, Luis Rafael, *La importancia de llamarse Daniel Santos*, Hanover, N.H., Ed. del Norte, 1988.
——————, *Guaracha del macho camacho*, Buenos Aires, Ed. La Flor, 1976.
Sánchez Morales, Juan Rafael, *Origen y evolución de la canción patriótica. Historia del himno nacional de Guatemala*, Guatemala, Ministerio de Educación, 1969.
Santamaría, Francisco J., *Diccionario general de americanismos*, México, ed. P. Robredo, 1942.
Santana, Arturo, *Puerto Rico y los Estados Unidos en el periodo revolucionario de Europa y América (1789-1825)*, San Juan, ICP, 1957.
Sardá, Agustín, *La isla de Puerto Rico, estudio histórico y geográfico*, Madrid, Tip. de E. Sánchez, 1889.
Scarano, Francisco, *Sugar and Slavery in Puerto Rico. The Plantation Economy of Ponce, 1800-1850*, Madison, University of Wisconsin Press, 1984.
——————, *Inmigración y clases sociales en el Puerto Rico del siglo XIX*, San Juan, Ed. Huracán, 1981.
Schechter, John M., "Los Hermanos Congo y Milton Tadeo Ten Years Later: Evolution of an African-Ecuadorian Tradition", en Béhague, Gerard H. (ed.), *Music and Black Ethnicity*...
Sepúlveda, Aníbal y Jorge Carbonell, *Cangrejos-Santurce, Historia ilustrada de su desarrollo urbano (1519-1950)*, San Juan, CARIMAR, 1987.
Sheperd, John et al., *Whose Music? A Sociology of Musical Languages*, New Brunswick, Transaction Books, 1977.
Sicroff, Albert A., *Les controverses des status de pureté de sang en Espagne du XVe au XVIIe siècle*, París, Lib. Marcel Didier, 1960.
Siegmeister, Elie, *Música y sociedad*, México, Siglo XXI, 1980 [1ra. ed. en inglés, 1938].
Silbermann, Alphons, *Estructura social de la música*, Madrid, Taurus, 1962.
Singer, Roberta, "Tradition and Innovation in Contemporary Latin Popular Music in New York City", *Latin American Music Review*, VI: 2, 1983.
——————, *My Music is Who I am and What I Do* (tesis Ph.D), Bloomington, Indiana University, 1982.
Soler, Josep, *La música*, vol II, *De la Revolución Francesa a la época de la economía*, Barcelona, Montesinos, 1982.
Solomon, Maynard, *Beethoven Essays*, Cambridge, Mass., Harvard University Press, 1988.
——————, *Beethoven*, Buenos Aires, Javier Vergara ed., 1983 [1ra. ed. en inglés 1977].
——————, "Eleven Theses on Beethoven", *TELOS* 27, primavera de 1976, pp. 182-184.
——————, "Beethoven and the Enlightenment", *TELOS* 19, primavera de 1974, pp. 146-154.
——————, "Beethoven, Sonata and Utopia", *TELOS* 9, otoño de 1971, pp. 32-47.

Solomon, Robert C., "Beethoven and the Sonata Form", *TELOS* 19, primavera de 1974, pp. 141-146.
Sombart, Werner, *Lujo y capitalismo*, Madrid, Alianza ed., 1979.
Stanley, Sadie (ed.), *New Grove Dictionary of Music and Musicians*, Londres, Macmillan, 1980.
Starr, Frederick, *Bamboula! Life and Times of Louis Moreau Gottschalk*, Oxford University Press, 1995.
Sued Badillo, Jalil y Ángel López Canto, *Puerto Rico negro*, San Juan, Ed. Cultural, 1986.
Summerfield, Penelope, "Deliberate Selection in the Evolution of Music Halls in London", en Yeo, Eileen y Stephen (eds.), *Popular Culture...*
Supicic, Ivo, *Music in Society: A Guide to the Sociology of Music*, Suyvesant, Nueva York, Pendragon Press, 1987.
Tagg, Philip, "'Black Music', 'Afro-American music' and 'European music'", *Popular Music*, vol. 8, 1989, pp. 285-298.
Tanner, Paul O. W., Maurice Gerow y David W. Megill, *Jazz*, Dubuque, Iowa, WCB Publ., 1988.
Tapia y Rivera, Alejandro, *Mis memorias 1826-1882 o Puerto Rico, como lo encontré y como lo dejo*, Nueva York, de Louise y Rossboro Inc., 1928.
——————, *Cofresí*, San Juan, Tip. de González, 1876.
Tió, Aurelio, "La Borinqueña -El himno de Puerto Rico", *Boletín de la Academia Puertorriqueña de la Historia*, VIII, núm. 29, enero de 1983.
Todd, Roberto H., "La Junta Revolucionaria de Nueva York 1895-1898", *Puerto Rico Ilustrado*, 21 de septiembre de 1935, p. 37.
Torregrosa, José Luis, *Historia de la radio en Puerto Rico*, San Juan, Esmaco, 1992.
Trigo, Enrique, *Ismael Rivera, Retrato en boricua* (film documental), San Juan, Maga Films, 1988.
Truesdell, C., *Great Scientists of Old as Heretics in "The Scientific Method"*, Charlottesville, University Press of Virginia, 1985.
——————, *Essays in the History of Mechanics*, Nueva York, Springer, 1968.
Ubarri, Pablo, "Carta oponiéndose a la extensión del sufragio" (1880) y "Carta combatiendo al Instituto Civil de segunda enseñanza", ambas en Coll y Toste, *Boletín histórico...*, vol. V (1918), pp. 229 y 257.
Ulloa, Alejandro, *La salsa en Cali: Cultura urbana, música y medios de comunicación*, Medellín, Universidad Pontificia Bolivariana, 1988.
Unión Mercantil e Industrial de Ponce, *Memoria*, Ponce, Tip. El Vapor, 1886.
Urfe, Odilio, "La música y la danza en Cuba", en Manuel Moreno Fraginals, (ed.), *África en América Latina,...*
——————, "La música folklórica, popular y del teatro cubana", en sin autor, *La cultura en Cuba socialista*, La Habana, Ed. Letras Cubanas, 1982, pp. 151-173.
Valls, Manuel, *La música en el abrazo de eros. Aproximación al estudio de la relación entre música y erotismo*, Barcelona, Tusquets, 1982.

Vasallo, Francisco (ed.), *El aguinaldo puertorriqueño* (1843), incluido en Emilio Colón (ed.), *Primicias de las letras Puertorriqueñas*, San Juan, ICP, 1970.

——————— (ed.), *El cancionero de Borinquen*, Barcelona, Imp. de Martín Carlé, 1846.

Vázquez Calzada, José L., "Demographic Aspects of Migration", en History Task Force, Centro de Estudios Puertorriqueños, *Labor Migration Under Capitalism: The Puerto Rican Experience*, Nueva York y Londres, Monthly Review Press, 1979.

Vázquez, Carlos, "Brisas del Caribe", reproducido del Programa *La Sinfónica en la Universidad de Puerto Rico*, enero-febrero de 1988, San Juan, Orquesta Sinfónica de Puerto Rico.

Vega, Ana Lydia *et al.*, *Historia y literatura*, San Juan, Ed. Postdata, 1995.

———————, *Falsas crónicas del Sur*, San Juan, Ed. UPR, 1991.

———————, *Pasión de historia y otras historias de pasión*, Buenos Aires, Ed. de la Flor, 1987.

———————, *Encancaranublado y otros cuentos de naufragio*, La Habana, Premio Casa las Américas, 1982.

——————— y Carmen Lugo Filippi, *Vírgenes y mártires*, San Juan, Ed. Antillana, 1981.

Vega, José Luis, *Reunión de espejos*, San Juan, Ed. Cultural, 1983.

Vega Druet, Héctor, "Valor sociocultural de la Bomba y la Plena", *Revista de estudios folklóricos de Ponce*, s.f.

———————, *Historical and Ethnological Survey on the Probable African Origins of the Puerto Rican Bomba*, tesis Ph.D., Wesleyan University, Conn. 1979.

Veray, Amaury, "Vida y desarrollo de la danza puertorriqueña" y "La misión social de la danza de Juan Morel Campos", ambos en Rosado (ed.), *Ensayos sobre la danza...*

———————, *Manuel Gregorio Tavárez, Soledad y plenitud*, San Juan, Ateneo, 1960.

———————, "Presentación de José Ignacio Quintón", *Revista del ICP*, III: 8, julio-septiembre de 1960.

———————, *Elisa Tavárez, Estudio biográfico*, San Juan, DIP, 1958.

Vidal Amstrong, Mariano, *Ponce: notas para su historia*, San Juan, Comité Historia de los Pueblos, 1983.

———————, *Estampas, tradiciones y leyendas de Ponce*, Burgos, Imp. de Aldecoa, 1959.

Vidal, Teodoro, *Las caretas de cartón del Carnaval de Ponce*, San Juan, Ed. Alba, 1983.

Viñas Mey, Carmelo, *El problema de la tierra en la España de los siglos XVI y XVII*, Madrid, Instituto Jerónimo Zurila, 1941.

———————, *Las estructuras agrosociales de la colonización española en América* (sobretiro de *Anales de la Real Academia*, núm. 46, s.l., 1969).

———————, *La sociedad americana y el acceso a la propiedad rural* (sobretiro de *Revista Internacional de Sociología*, núms. 1, 2-3 y 4, s.l., s.f.).

Vizcarrondo, Roberto, *Los españoles hidalgos de Puerto Rico: Estudio sobre la ideología dominante en la Ciudad durante el segundo tercio del siglo XVIII*, tesis de maestría, San Juan, Centro de Estudios Avanzados de Puerto Rico y el Caribe, 1978.

Vox, *Diccionario general ilustrado de la lengua española*, Barcelona, Bibliograf SA, 1986.

Walcott, Derek, *Green Night: Poems 1948-60* (1962), incluido en *Selected Poems*, Nueva York, Farr, Stross and Co., 1964.

Walker, Geoffrey, *Política española y comercio colonial 1700-1789*, Barcelona, Ariel, 1979.

Wallerstein, Immanuel, *El moderno sistema-mundial*, México, Siglo XXI, vol. I, 1979 y vol. II, 1984.

Wallis, Roger y Kriester Malm, *Big Sounds from Small Peoples, The Music Industry in Small Countries*, Nueva York, Pendragon Press, 1984.

Weber, Max, *The Rational and Social Foundations of Music*, Martindale, D. et al. (eds.), Southern Illinois University Press, 1958.

Westrup, Sir Jack y Harrison, F. Ll., *Collins Encyclopedia of Music*, Londres, Chancellor Press, 1985.

Williams, Patrick y Laura Chrisman, *Colonial Discourse and Postcolonial Theory*, Nueva York, Columbia University Press, 1994.

Williams, Raymond, *The Country and the City*, Londres, Chatto & Windus Ltd, 1973.

——————, *The Long Revolution*, Londres, Pelican Books, 1971.

Wolf, Eric R., *Europe and the People Without History*, Berkeley, University of California Press, 1982 [ed. esp., México, FCE, 1987].

Yeo, Eileen y Stephen Yeo (eds.), *Popular Culture and Class Conflicts 1590-1914, Explorations in the history of labour and leisure*, Sussex, The Harvester Press, 1981.

Younmans, John G., *Social Dance*, Palisides, Goodyear Pub., 1969.

Zárate, Manuel F. y Dora Zárate, *La décima y la copla en Panamá*, Panamá, Estrella de Panamá, 1953.

Zayas, Alfredo, *Lexicografía antillana*, La Habana, 1914.

Zeno, Francisco M., *Historia de la capital de Puerto Rico*, San Juan, Departamento de Hacienda, 1959.

DISCOGRAFÍA
(Grabaciones y partituras impresas a las cuales se hacen referencias directas en el libro)

Asociación Nacional de Compositores de Puerto Rico, libro de partituras *La canción de arte en Puerto Rico*, San Juan, ANC, 1986.
Asociación Nacional de Compositores de Puerto Rico, LP, *Compositores puertorriqueños*, vol. 2, San Juan, ANCO, 1983.
Barbosa-Lima, Carlos, *O Boto*, CD, Concord, California, Concord Concerto CCD-42048-2, 1997.
Blades, Rubén, *Amor y control*, CD, Miami, Sony, CDZ-80839, 471643-2, 1992.
Blades, Rubén, *Caminando*, CD, Miami, Sony, CD-80593, 1991.
Blades, Rubén, *Escenas*, LP, Nueva York, Elektra 60432-1, 1985.
Blades, Rubén, *Buscando a América*, LP, Nueva York, Elektra 960352, 1984.
Blades, Rubén y Willie Colón, *Canciones del solar de los aburridos*, LP, Nueva York, Fania, JM 597-0798, 1981.
Blades, Rubén y Willie Colón, *Maestra vida*, LP doble, Nueva York, Fania JM 576 y 577, 1980.
Blades, Rubén y Willie Colón, *Siembra*, LP, Nueva York, Fania JM 00-537, serie 0798, 1978.
Blades, Rubén y Willie Colón, *Metiendo mano*, LP, Nueva York, Fania SLP 00500, 1977.
Brouwer, Leo y Costas Cotsiolis, *Latin American Guitar Concertos* (Piazzola, Villa-Lobos, Cordero), Atenas, Grecia, Música Viva MV88.045, 1993.
Cabán Vale, Antonio, *El Topo en las manos del campo*, LP, San Juan, Guamaní GLD 001-B, 1975.
Colón, Willie, *Criollo*, LP, s.l., RCA Int., IL7-7334, 1984.
Colón, Willie, *Baquiné de los angelitos negros*, LP, Nueva York, Fania, LPS 88800, serie 0698, 1977.
Colón, Willie y Héctor Lavoe, *Asalto Navideño*, LP, Nueva York, Fania SLP 399, 1971.
Colón, Willie y Héctor Lavoe, *La gran fuga*, LP, Nueva York, Fania SLP 394, 1971.
Colón, Willie y Ramón Rivera Alers, *¡Se chavó el vecindario!*, LP, Nueva York, Vaya records (Fania) VS-42, 1975.
Cordero, Ernesto, *Entre guitarra y voz*, CD, San Juan, Reja 00108, 1998.
Cordero, Ernesto, *Tres conciertos caribeños*, CD, San Juan, Tropical *concerti*, EC-1997CD, 1997.
Cordero, Ernesto, *Era mi dolor tan alto* (voz, flauta y guitarra), partitura, Essen,

Alemania, Verlang Hubertus Nogatz, KN 1220, 1997; grabada interpretada por Ilca López, *mezzo* soprano, en Cordero, Ernesto, *Entre guitarra*...

Cordero, Ernesto, *Dinga y mandinga* (para guitarra, flauta, *violoncello* y bongos), partitura, París, Max Esching, ME 9142, 1996.

Cordero, Ernesto, *Concierto de Bayoán* (para guitarra y orquesta), partitura, Essen, Alemania, Verlag Hubertus Nogatz, K&N 1251, 1995; grabado por Iván Rijos, guitarrista, en Cordero, Ernesto, *Tres conciertos*...

Cordero, Ernesto, *Cantata del valle de México* (para *mezzo* soprano, flauta, *violoncello* y guitarra) partitura, París, Max Esching, ME 8746, 1990; grabada interpretada por Ilca López, *mezzo* soprano, en Cordero, Ernesto, *Entre guitarra*... y por E. Andrades en Asociación Nacional..., *Compositores*...

Cordero, Ernesto, *Concierto Criollo para cuatro y orquesta* (1988), interpretado por Edwin Colón Zayas, *cuatro* fue incluido en Cordero, Ernesto, *Tres conciertos*...

Cordero, Ernesto, *Dos piezas afroantillanas*, partituras, Heidelberg, Alemania, Ed. Chanterelle 722, 1985.

Cordero, Ernesto, *Nana para dormir a una negrita*, partitura en Cordero, Ernesto, *Dos piezas*...; grabación incluida en Salazar, Gonzalo, *Kaylay*; Sorroche, Juan, *Música puertorriqueña*...; Kanengiser, William, *Caribbean*...; y Barbosa Lima, Carlos, *O Boto*.

Cordero, Ernesto, *Concierto Antillano* (para guitarra y orquesta), partitura, Padua, Italia, Zanibon 6199, 1983; interpretado por Barbosa Lima, guitarra y Planen Djurov dirigiendo los *Sofia Soloists* fue incluido en Barbosa Lima, Carlos, *O Boto*; e interpretado por Costas Cotsiolis, guitarra y Leo Brouwer dirigiendo la Orquesta Filarmónica de *Liege* fue incluido en Brouwer y Cotsiolis, *Latin American*...

Cordero, Ernesto, *Concierto Evocativo* (para guitarra y orquesta), partitura, París, Max Esching ME 8703, 1977; grabado por Leonardo Egúrbida, guitarrista, en Cordero, Ernesto, *Tres conciertos*...

Cortijo, Rafael, *Baile con Cortijo y su combo*, LP, San Juan, Gema, 1958.

Cortijo, Rafael, *Bailar con Cortijo y su combo*, LP, San Juan, Tropical, TRLP-5107, c. 1957.

Fania All Stars, *Crossover*, LP, Nueva York, Columbia 36109, 1979.

Feliciano, Cheo, *Sentimiento tú*, LP, San Juan, Vaya, JMVS-95 - 0798, 1980.

Foro de Compositores del Caribe, *La música en el Caribe II*, CD doble, San Juan, Instituto de Estudios del Caribe, UPR-Río Piedras FCC 001/2CD, 1997.

Dufrasne, Emanuel y su grupo "Paracumbé", *Bomba y plena*, LP, San Juan, Paracumbé Inc., 1987.

Harlow, Larry, *La raza latina, a salsa suite*, LP, Nueva York, Fania, SLP 00516, 1977.

Harlow, Larry y Henny Álvarez, *Hommy, a Latin Opera*, LP, Nueva York, Fania, SLP 00425, 1973.

Kanengiser, William (guitarra *clásica*), *Caribbean Souvenirs*, CD, San Francisco, GSP Rec. 1018CD, 1998.
Lavoe, Héctor, *La voz*, LP, Nueva York, Fania F-461, 1975.
Leavitt, Ralphy y su orquesta La Selecta, *Somos el Son*, LP, San Juan, Bronco 139, 1986.
Marc Anthony, *Todo a su tiempo*, CD, Miami, Sony CDZ-81582, 1995.
Matamoros, Miguel, *Son de la loma* (1923), disco 78 rpm, Nueva York, Victor 81378, 1928.
Miranda, Ismael, *Éste es Ismael Miranda*, LP, Nueva York, Fania, LPS 88553, 1975.
Miranda, Ismael y Willie Colón, *Doble Energía*, LP, Nueva York, Fania, LPS 88553, 1975.
Miranda, Ismael y Larry Harlow, *¡Abran paso!*, LP, Nueva York, Fania LP 7738, 1971.
Morel Campos, Juan, *Danzas*, partituras, San Juan, Instituto de Cultura Puertorriqueña, 1958.
Ortiz Alvarado, William, *Abrazo*, Grabada por el Buffalo Guitar Quartet, *New Music for Four Guitars*, LP, Nueva York, New World Records NW 384-1, 1990.
Ortiz Alvarado, William, *Música de cámara*, CD, San Juan, WO330CD, 1990.
Palmieri, Eddie, *Vámonos pa'l monte*, Tico, LP 1225 (el LP no señala fecha; el CD posterior indica la fecha de 1976, pero tiene que haber salido antes de 1973, cuando Palmieri cambia de sello disquero).
Palmieri, Eddie, *Recorded Live at Sing Sing II*, LP, s.l., Tico, CLP1321, s.f.
Palmieri, Eddie, *Justicia*, LP, s.l., Tico SLP 1188, s.f. ¿1968?
Portela, Paco, *El fiel enamorado*, grabada por el Septeto Matamoros, disco 78 rpm, La Habana, Victor 46334, 1928.
Puente, Tito, *El rey bravo*, LP, Nueva York, Tico Division Rulet, 1962.
Rexach, Sylvia, *Mi versión*, partitura de bolero incluida en Rodríguez, Tito, *Inolvidable...*, pp. 20-22.
Rivera, Danny, *Mi hijo*, LP, Hialech, Florida, Velvet LPVS-1450, 1971.
Rivera, Ismael, *Oro*, LP, San Juan, Tico, JMTS 1433, serie 0698, 1979.
Rivera, Ismael, *Esto sí es lo mío*, LP, San Juan, Tico, LPS 99.024, serie 0698, 1978.
Rodríguez, Tito, *Inolvidable*, partituras (piano/vocal), Nueva York, Peer-Southern Publications, 1974.
Rohena, Roberto, *El Pueblo pide que toque...*, CD, Miami, Musical Productions, MPCDP.6143, 1994.
Rohena, Roberto, *The Fania "legends of salsa"*, vol. 4, CD doble, Union, New Jersey, Fania 705, 1994.
Rohena, Roberto, *Apollo Sound IV*, LP, Nueva York, Fania LP-423, 1972.
Rohena, Roberto, *Roberto Rohena y su Apollo Sound*, LP, Nueva York, Fania LP7585, originalmente por Disquera Internacional, 1969.
Rosado, Ana María (guitarra *clásica*), *We've got polyrhythm*, CD, Albany, Albany Records, TROY-087, 1992.

Salazar, Gonzalo (guitarra *clásica*), *Kaylay*, vol. 4 (Colección dirigida por Juan Helguera), LP, México, Universidad Autónoma Metropolitana, LME-562, s.f., ¿1987?

Santa Rosa, Gilberto, *En vivo desde Carnegie Hall*, CD doble, Miami, Sony Tropical CD2T-81647/469781-2, 1995.

Santa Rosa, Gilberto, *Dos tiempos a un tiempo*, CD, Miami, Sony CDZ 80895, 1992.

Santa Rosa, Gilberto, *Perspectiva*, CD, Miami, Sony, CDZ 80689, 1991.

Santa Rosa, Gilberto, *Good Vibration* (producido por Rafael Ithier), LP, Combo, RCSLP 2049, 1986.

Schwartz, Francis, *We've got polyrhythm*, partitura de pieza para guitarra y efectos de voz y participación del público, París, Ed. Salabert, 1984 (Grabada por Rosado, Ana María, *op. cit.*)

Sorroche, Juan, *Música puertorriqueña para guitarra*, vol. 2, CD, San Juan, ICP, ICP-C-18, 1990.

tipografía: compuservicios
impreso en publimex, s.a.
calz. san lorenzo 278-32
del. iztapalapa, c.p. 09850, d.f.
dos mil ejemplares y sobrantes
30 de julio de 1999

www.ingramcontent.com/pod-product-compliance
Lightning Source LLC
Chambersburg PA
CBHW020940230426
43666CB00005B/99